LIBRAIRIE HISTORIQUE. Rue des Noyers, 49. (Boulevard Saint-Germain.)

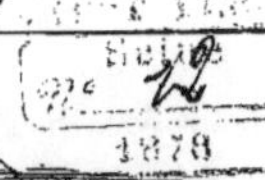

Il aperçut, à quelques pas de lui, une grande et belle fille qui le regardait.

# LES DRAMES DE L'INTERNATIONALE

## PROLOGUE

Le 28 avril 1866, le procureur impérial de la Seine recevait le rapport suivant qui lui était adressé par l'un des commissaires de police les plus intelligents de Paris :

Monsieur le Procureur impérial,

Un crime des plus audacieux, et sur lequel je n'ai pu encore recueillir que des renseignements incomplets, vient d'être commis dans un petit hôtel de la rue du Rocher, appartenant à M$^{me}$ Milton, qui l'habitait avec sa domestique, la nommée Ursule Collet.

Informé, le 24 août, vers huit heures du matin, par un sieur Durandeau, qui exerce dans le voisinage de l'hôtel l'industrie de brocanteur, je me suis empressé de me rendre sur les lieux pour procéder sans retard aux constatations légales, et mettre la justice sur la voie des recherches à effectuer.

L'hôtel qui m'était désigné comme ayant été le théâtre du crime est situé rue du Rocher, non loin de la rue de la Bienfaisance, c'est-à-dire dans les environs de ce quartier communément connu autrefois sous le nom de *Petite-Pologne*.

L'hôtel est entre cour et jardin.

Il se compose de deux étages et d'un rez-de-chaussée.

Le rez-de-chaussée et le premier étage étaient occupés par M^me veuve Milton, qui l'habitait depuis six années environ, en compagnie de la fille Ursule Collet.

Le rez-de chaussée, dans lequel j'ai pénétré en premier lieu, ne m'a pas paru tout d'abord rien offrir de particulier.

Les meubles du salon, recouverts de leurs housses, n'avaient point été dérangés, et la fenêtre de cette pièce, qui ouvre sur le jardin, était hermétiquement fermée. La salle à manger ne présentait non plus aucun désordre; j'ai trouvé les armoires intactes, le buffet garni de son argenterie, toute chose enfin régulièrement à sa place, et sans cesser de prendre note du résultat de mes investigations, j'ai passé alors dans la cuisine, où m'attendait un spectacle saisissant.

Là, dans un coin de la pièce, derrière la porte d'entrée, gisait, étendu sans vie, le cadavre d'une femme, que le sieur Durandeau, qui m'accompagnait, reconnut tout de suite pour être celui de la nommée Ursule Collet.

Cette malheureuse avait encore le cou et la bouche fortement comprimés par une serviette en toile, marquée des lettres G. M. qui sont les initiales des nom et prénom de sa maîtresse. Les membres étaient glacés et avaient la rigidité de la mort.

Il résulte du rapport du docteur Dumont, demeurant rue Saint-Lazare, 105, que la mort de cette infortunée a été déterminée par la strangulation, et qu'elle avait dû cesser de vivre depuis plus de huit heures, ce qui fait remonter la perpétration du crime au 23 au soir, ou aux premières heures du 24.

La cuisine dans laquelle je venais de trouver le cadavre d'Ursule Collet était loin de présenter le même aspect que les autres pièces du rez-de-chaussée.

Quelques ustensiles tels que bouillottes, casseroles, philtres, boîtes à thé, jonchaient le plancher; une table même était renversée; on peut conclure de ce désordre qu'il s'est passé là une lutte terrible dans laquelle Ursule Collet a fini par succomber sous les efforts d'un adversaire énergique, impitoyablement acharné à sa perte.

Malheureusement, ce crime n'est pas le seul qui devait s'offrir à mes investigations ; et, après avoir relevé toutes les constatations qui pouvaient me mettre sur les traces de l'assassin, j'ai poursuivi l'enquête par l'examen minutieux du premier étage.

On accède au premier étage de l'hôtel par un escalier dont les marches commencent au vestibule dallé du rez-de-chaussée et aboutissent à un large palier.

Chose singulière...

La porte qui fait face à l'escalier était entre-bâillée, et je n'ai eu qu'à la pousser pour pénétrer dans la pièce obscure qui sert d'antichambre à l'appartement.

Cet appartement se compose d'un salon, d'une salle à manger et d'une chambre à coucher sur laquelle s'ouvrent deux grands cabinets qui prennent jour sur le jardin.

J'ai visité d'abord le salon et la salle à manger, mais sans rien remarquer dans l'état des lieux qui pût donner le soupçon d'un crime ou d'une scène de violence.

Ce n'est qu'en pénétrant dans la chambre à coucher de M^me Milton que je me suis trouvé en face du second tableau de ce drame sanglant.

Cette chambre est meublée avec un grand

luxe. Un tapis couvre le parquet ; à gauche, en entrant, on aperçoit le lit enveloppé de dentelles et de soie. Sur la cheminée, une garniture de marbre et d'or ; à droite, une armoire à glace en ébène à filets d'argent ; çà et là, des meubles de Boule et des vases d'onyx. Enfin, au milieu, suspendue au plafond par des chaines d'acier poli, une lampe, dans laquelle brûlait encore une veilleuse qui ne jetait plus que de pâles et indécis reflets.

Au premier abord je ne distinguai rien.

Les doubles rideaux de soie appendus aux fenêtres interceptaient le jour et laissaient à peine glisser à l'intérieur quelques rayons du soleil levant.

Mais, au bout de quelques secondes, j'aperçus un nouveau cadavre, étendu sur le parquet, aux pieds d'une table placée au milieu de la chambre.

J'avançai avec précaution, pour ne rien compromettre des constatations ultérieures, et je ne tardai pas à reconnaître que ce nouveau cadavre était celui de M<sup>me</sup> veuve Milton.

La victime était couchée sur le côté. Son bras gauche noué, pour ainsi dire, autour de la table, semblait s'être tordu dans une horrible et suprême convulsion ; l'autre, labouré de nombreuses blessures, pendait inerte et sanglant sur le tapis.

Ses épaules étaient entièrement nues, ses cheveux noirs retombaient dénoués et en désordre ; sa robe, déchirée en de nombreux endroits, laissait voir au-dessous du sein gauche une large blessure, profonde de plusieurs centimètres.

Tout attestait, dans l'état de la malheureuse femme, l'énergie de la lutte qu'elle avait tenté d'engager avec l'assassin ; mais sa vigueur, sa résolution n'avaient réussi qu'à prolonger cette lutte désespérée, à laquelle elle devait fatalement finir par succomber.

M<sup>me</sup> Milton venait d'entrer dans sa trente-deuxième année.

Elle était veuve depuis longtemps déjà et n'habitait Paris que pendant huit mois de l'année. Les quatre autres mois elle les passait, dit-on, en Angleterre, à Sheffield, où elle avait conservé des intérêts considérables dans l'exploitation de houillères fondées autrefois par son mari.

Durandeau prétend, le fait lui aurait été affirmé par Ursule, qu'il y avait dans la vie de cette femme certaines particularités de nature suspecte. Elle lui a assuré même qu'elle n'a peut-être pas été tout à fait étrangère aux faits bizarres qui, vers 1859, se sont produits à Sheffield. Il s'agissait, Monsieur le Procureur impérial se le rappelle certainement, de crimes inouïs commis par des assassins mystérieux et restés inconnus.

Quoi qu'il en soit de ces assertions que je ferai vérifier, M<sup>me</sup> veuve Milton était une de ces beautés devant lesquelles le regard s'arrête, impérieusement fixé, et, sous la pâleur et l'immobilité de la mort il était impossible de ne pas remarquer l'exquise distinction de ses traits et l'admirable délicatesse de ses formes.

Ce dernier détail que je relève en passant aura peut-être son importance quand il s'agira de déterminer les mobiles qui ont pu pousser à ce double crime l'assassin que nous aurons à rechercher.

Un de ces mobiles parait, du reste, avoir été le vol.

J'ai pu constater, en effet, que la serrure de l'armoire à glace avait été fracturée, et que l'on avait enlevé de ce meuble tous les objets d'or ou d'argent qui, par leur forme ou leur poids, pouvaient être facilement emportés.

Nous n'y avons trouvé qu'un coffre-fort de trente centimètres de hauteur, sur vingt de largeur, lequel, solidement rivé à l'armoire même, n'avait pu être ni crocheté ni brisé, malgré les efforts qui ont été faits dans ce but.

Dans un des compartiments du coffre-fort, que j'ai fait ouvrir devant moi, se trouvaient les valeurs suivantes, savoir :

1° Un bon du Trésor de 25,000 francs ;

2° Dix actions du chemin de fer du Nord;

3° Cinq obligations de la Ville de Paris ;

4° Enfin, un titre de rente de trois mille francs au nom de M<sup>me</sup> veuve Milton.

C'est à peu près le quart de la fortune que l'on attribue à la victime.

Tels sont les faits principaux sur lesquels s'est portée mon investigation, et que je me suis empressé de consigner sur mon procès verbal.

Mais là ne se bornait pas la mission que j'avais à remplir. J'avais à rechercher avec la même vigilance si les premiers faits acquis ne pouvaient offrir quelque indice utile à l'instruction qui allait s'ouvrir, et sur ce point, comme sur les autres, je dois compte de tous les renseignements qui sont parvenus à ma connaissance.

Les renseignements sont des plus étranges.

Il y a dans ce drame des éléments bizarres dont je n'ai rien relevé l'équivalent dans aucune autre affaire criminelle. Mais, de quelque nature que soient ces éléments, si invraisemblables qu'ils me paraissent, je les relaterai tels que je les ai recueillis, sauf à en tirer plus tard les inductions rigoureuses qui doivent conduire à la découverte de la vérité.

Voici donc dans quelles circonstances extraordinaires se serait accompli le double crime que j'ai été appelé à constater.

Il n'est pas douteux, pour tout esprit un peu familier avec les mystères des affaires criminelles, que l'assassin de M<sup>me</sup> veuve Milton devait être un habitué de l'hôtel de la rue du Rocher, soit qu'il connût et fréquentât la fille Collet, qui aurait éveillé ses convoitises en lui parlant de sa maîtresse, soit que, d'une condition plus élevée, il entretînt avec la veuve elle-même des rela-tions assez étroites pour qu'il ait pu être reçu dans son intimité.

Les deux hypothèses sont également admissibles et permettent d'établir avec la même vraisemblance comment il a dû procéder.

Je ne dirai pas de quelle façon l'assassin a pénétré dans l'hôtel.

Sur ce point, je n'ai jusqu'à présent rien découvert qui pût me fixer.

Aucun vestige de pas au dehors ; rien non plus dans le vestibule ; — seulement de la cuisine à l'escalier on distingue des empreintes d'un soulier grossier et lourd, lesquelles sont légèrement souillées d'une boue mêlée de sable fin qui provient évidemment du jardin.

Par une étrange contradiction, qui cependant n'est pas impossible à expliquer, à partir du palier du premier étage, les empreintes prennent tout à coup une autre forme, et on reconnaît à ne s'y pas tromper la trace d'un soulier verni délicat et fin.

Y aurait-il eu deux assassins, au lieu d'un?

Je ne me suis pas arrêté une seconde à cette supposition.

Je suis fondé à penser, au contraire, que l'assassin, après avoir étranglé la fille Ursule Collet, a changé de chaussures en arrivant à l'appartement de M<sup>me</sup> Milton, soit pour ne pas donner l'éveil à celle-ci, soit pour préparer des causes d'erreur aux recherches de la justice.

Mais ce détail, loin de nuire aux investigations auxquelles je me suis livré, n'aurait servi qu'à éclairer mes doutes et fixer mes irrésolutions, si j'avais dû en avoir.

Les particularités qui précèdent démontrent en effet, de la façon la plus péremptoire, que l'assassin a commencé par la nommée Ursule.

Je rechercherai et j'établirai plus tard, je l'espère, comment il a pu s'introduire dans la cuisine, sans laisser l'empreinte de ses pas ni au dehors ni dans le vestibule ; mais ce qu'il y a d'acquis, dès à présent, c'est qu'il a pénétré d'abord dans la cuisine, qu'il a lutté avec la fille Collet, qu'il l'a étranglée et étouffée, et que, ce meurtre accompli, il s'est dirigé vers l'appartement de M^me Milton.

Une circonstance recueillie au cours de l'enquête permet en outre de préciser à peu près l'heure à laquelle ce premier crime a dû avoir lieu.

Vers sept heures du soir, le 23, une femme du quartier, fruitière au n° 25 de la rue de la Bienfaisance, a vu Ursule qui lui a remis une boite au lait vide qu'elle devait lui rapporter pleine le lendemain matin.

Les deux femmes se connaissaient ; elles ont causé un instant de choses indifférentes ; puis la fruitière s'est retirée, et elle a entendu la nommée Collet fermer derrière elle la porte du vestibule à double tour.

C'est donc, en tenant compte de cette déposition et des termes du rapport du docteur Dumont, entre huit heures du soir et minuit, que la malheureuse a dû succomber.

Quant à la seconde victime, le même procédé d'observation va me servir pour préciser autant que possible comment les faits se sont passés.

L'assassin répare le désordre de sa toilette, change de chaussures et pénètre dans l'appartement.

M^me Milton est dans sa chambre à coucher.

Il est dix heures du soir, onze peut-être, puisque la lampe de nuit est allumée.

La malheureuse veuve est sans défiance.

L'homme qui vient à elle lui est connu...

C'est un ami, peut-être un amant.

On cause assis auprès de la table ; on est dans l'intimité ; on va prendre le thé que la bonne prépare au rez-de-chaussée.

Tout à coup l'homme se lève, se précipite sur sa victime, la frappe de son couteau et s'apprête à l'abattre à ses pieds.

Mais il a trop compté sur une victoire facile : la malheureuse, un moment surprise, oppose une énergique résistance ; elle est jeune, vigoureuse, elle ne veut pas mourir. Elle pare avec son bras les coups que lui porte l'assassin.

A son tour, elle se jette affolée sur lui, et le saisit aux cheveux.

Mais un dernier coup plus adroit et plus sûr la frappe au cœur et elle roule enfin sur le parquet, échevelée, sanglante, serrant encore dans sa main convulsive une touffe de cheveux qu'elle a arrachée au misérable.

Voilà la scène.

C'est ainsi qu'elle s'est passée, et les inductions lumineuses que l'on en peut tirer vont nous permettre de donner à la justice les principaux traits de la physionomie de l'assassin.

Cette partie de mon procès verbal est délicate, j'en conviens volontiers ; mais si les observations que je consigne ici peuvent paraitre empruntées à certains procédés d'Edgar Poë qui les avait empruntés lui-même à Voltaire, elles acquièrent dans la circonstance actuelle une importance telle, qu'il n'a pas été permis de les repousser.

Le double assassinat une fois constaté, il s'agissait de rechercher quel avait pu être l'assassin ; et j'ai trouvé dans la nature même des premiers faits révélés les indices certains qui devaient infailliblement m'amener à établir son identité.

Voici quelques-uns de ces précieux indices.

En premier lieu, l'assassin est jeune.

Les cheveux noirs que nous avons recueillis des doigts crispés de la victime appartiennent évidemment à un homme dont l'âge peut varier entre vingt-cinq et trente ans.

En second lieu, il a la main petite et nerveuse, et porte les ongles longs et taillés en pointe. — On a constaté sur le cou de la fille

Collet l'empreinte de cette main et la marque profonde de ces ongles.

En outre, il est de la taille moyenne, —plutôt que grand, — ainsi que l'atteste la forme délicate de son pied, dont le soulier a laissé une sorte de décalque sanglant sur le parquet du premier étage.

Enfin, il doit appartenir à la classe aisée de la société et avoir certaines habitudes d'élégance.

Un bout de manchettes déchirée a été trouvé dans un petit coin de la chambre à coucher; la toile en est fine et piquée avec un soin qu'on ne rencontre guère que chez les meilleurs faiseurs de la capitale.

L'affaire de la rue du Rocher avait produit une profonde sensation dans tout Paris; le bruit s'en était répandu dès la première heure, et chacun s'ingéniait à démêler, comme je le faisais moi-même, quel pouvait être le mobile du crime commis, et surtout quel pouvait en être l'auteur.

C'est dans le quartier surtout où le meurtre s'était accompli que l'émotion était la plus forte, et la curiosité plus ardente.

Dès le matin, une foule compacte accourut dans les environs, interprétant mes moindres paroles, épiant mes moindres actes, et ce n'a pas été une facile besogne que de me prémunir contre le zèle intempestif et inconsidéré des officieux de bas étage.

L'affaire du signalement était, entre autres, fort importante; elle demandait à être conduite avec beaucoup de prudence, et je n'en voulus laisser voir que les principaux traits, pour ne donner l'éveil à personne.

Mais dès le début je compris que ma prudence était inutile.

Les interrogatoires que j'ai fait subir, dès le premier jour, aux personnes du quartier qui entretenaient avec l'hôtel des relations plus ou moins suivies, ont paru d'abord donner, en effet, raison à mes inductions, et le personnage que je venais de reconstituer, jeune,

brun, élégant, de taille moyenne, ne tarda pas à prendre un corps et à devenir un être réel et connu.

La fruitière entre autres déclara sans hésiter que mon signalement ne pouvait se rapporter qu'à M. Gilbert l'ingénieur, et Durandeau, le brocanteur, confirma cette déclaration en ajoutant que l'hypothèse d'un crime commis par ce jeune homme, tout invraisemblable qu'elle parût, n'était cependant pas absolument inadmissible.

C'était une piste. Il fallait voir où elle allait me conduire.

Malheureusement, le mystère s'accentue ici d'une façon inattendue, et le drame de l'hôtel Milton s'enveloppe tout à coup de ténèbres pour ainsi dire impénétrables.

Quel était ce Gilbert? quelles relations l'unissaient à Mme Milton? quel intérêt puissant a pu le pousser jusqu'au crime?

A tout prix, il importait de pénétrer cette sanglante énigme; et comme ce Gilbert, qui apparaissait tout à coup dans l'affaire, pouvait seul nous en livrer le mot, c'est sur lui que j'ai dirigé toutes mes investigations.

En voici sommairement le résultat:

Gilbert Dumesnil est un jeune homme de vingt-huit à trente ans.

Élève de l'École centrale, il exerce depuis cinq années environ la profession d'ingénieur et occupe à Paris une situation relativement considérable.

A sa sortie de l'École, il est allé visiter les principales usines de France et de l'étranger, en Allemagne et en Amérique, et il a consacré deux années à parfaire son instruction professionnelle.

On n'a pu me dire à quelle famille il appartenait, mais les renseignements qui me sont parvenus sur son compte m'autorisent à penser qu'il est né en Angleterre, d'un père français, que son patrimoine était maigre, et qu'à la suite de ses voyages il

était revenu à Paris à peu près sans ressources.

Mais il jouissait dès lors d'une de ces noto-
riétés que l'industrie recherche, et il ne tarda
pas à être attaché en qualité d'ingénieur à
la compagnie du chemin de fer du Nord.

Son retour à Paris coïncide avec son em-
ménagement chez M<sup>me</sup> Milton.

L'hôtel de la rue du Rocher se compose
de deux étages, ainsi que je l'ai dit au commencement de ce rapport.

Le rez-de-chaussée et le premier étaient
habités par la jeune veuve, et comme le second étage demeurait inoccupé depuis la
mort de son mari, qu'il lui était parfaitement inutile ; que d'ailleurs, il *existait un
escalier distinct* pour cet appartement, M<sup>me</sup>
Milton qui passait pour être un peu intéressée,
s'était décidée à prendre un locataire sur
lequel elle n'avait pu recueillir que les meilleures références.

De l'aveu de tous ses voisins, que j'ai interrogés, M<sup>me</sup> Milton n'eut jamais lieu de se
repentir de sa détermination.

Ursule Collet, qui aimait assez à raconter
les affaires de sa maîtresse, avait depuis longtemps édifié tout le quartier sur la conduite
de l'ingénieur Gilbert Dumesnil.

Une jeune fille n'eût pas été plus rangée.

Et discret... et généreux... et travailleur !...

Ce qu'il y a de certain, ce dont tout le
monde pouvait témoigner, c'est que bien
souvent sa lampe restait allumée jusqu'aux
premières lueurs du jour.

Il faisait des plans, des dessins de machines,
des projets d'usine.

Ursule assurait que tout cela était exécuté
avec un tel soin, que l'on eût juré que c'était
de l'*imprimé* ou de la *gravure*.

Le seul défaut que l'on eût entendu reprocher à ce jeune homme, c'était sa timidité...

Il était sombre, peu communicatif, et jamais on n'avait vu un ami passer le seuil de
sa chambre.

Quant à M<sup>me</sup> Milton, il paraît qu'elle parlait de Gilbert avec indifférence, et seulement
comme d'un locataire dont la régularité lui
était agréable.

Leurs rapports étaient au surplus fort li-
mités.

A chaque époque de terme, le jeune ingénieur faisait une visite à sa propriétaire.
Celle-ci le recevait dans son salon. On causait avec enjouement pendant une demi-
heure. Puis Gilbert se levait, saluait avec
courtoisie et se retirait pour ne revenir que
trois mois après.

C'était tout !

En dépit des attestations favorables qui me
parvenaient de toutes parts sur le compte de
ce jeune homme, qu'à tort ou à raison j'a-
vais cru pouvoir soupçonner d'un crime
aussi épouvantable, je ne me tins pas pour
satisfait, et je poursuivis mon enquête, en
opérant sur-le-champ une perquisition minu-
tieuse dans l'appartement du second.

Mais, à mon grand étonnement, je trouvai
cet appartement absolument vide.

Tout ce qui appartenait à Gilbert Dumesnil avait disparu, il ne restait dans le salon
de travail que certaines ébauches de tracés,
et, dans la chambre à coucher, que quelques
objets de lingerie, dont une chemise déchirée et tachée de sang, et deux paires de
chaussettes.

Je m'emparai vivement de ces objets qui
me semblaient destinés à devenir de pré-
cieuses pièces de conviction, et je demeurai
confondu en constatant que chemise et chaussettes étaient marquées d'initiales qui ne se
rapportaient nullement aux nom et prénom
du locataire.

Tout cela était étrange et avait besoin d'é-
claircissements.

Gilbert était donc absent ; où était il allé ?
à quelle époque remontait son départ ? d'où
vient que l'on ne m'en avait rien dit ?

La Compagnie du chemin de fer à laquelle
Gilbert était employé pouvait seule me fixer

sur ce point, et je m'y suis rendu sans délai.

J'ai vu les administrateurs, j'ai consulté les chefs de bureau, j'ai causé avec les employés, et de ce côté, comme rue du Rocher, j'ai acquis la certitude que j'avais affaire à une sorte d'exception, une individualité rare, sur laquelle tous les rapports semblaient s'entendre pour entonner un véritable concert d'éloges.

Gilbert Dumesnil a obtenu un congé il y a un mois environ.

Il avait, avant son départ, entretenu quelques-uns de ses chefs d'un système de traction bien supérieur à celui qu'emploient nos chemins de fer français, et il était disposé à aller l'offrir à une compagnie anglaise.

Il a dû se rendre à Londres.

Une lettre de lui existe, datée de cette ville, dans laquelle il annonce qu'il a été mis en relations avec un M. Charton, capitaliste américain, qui a apprécié son système, et, des termes de cette lettre, il semble résulter qu'il a formé le projet de partir pour New-York.

Huit jours après, c'est-à-dire trois semaines avant le crime, on l'a revu à Paris. Il s'est montré dans les bureaux de la Compagnie, a entretenu longuement le directeur de ses espérances, et tout en exprimant le regret de ne point trouver en France les ressources nécessaires pour tirer un parti lucratif de sa découverte, il a déclaré qu'il allait prochainement s'embarquer au Havre pour l'Amérique.

Depuis on ne l'a plus revu.

Il n'y avait rien à dire à toutes ces attestations, et les assurances que je recevais de toutes parts eussent dû me convaincre.

Il n'en a pas été ainsi.

Tout cela, au contraire, n'a fait que me confirmer dans mon premier sentiment.

Évidemment, ce Gilbert n'est pas un homme ordinaire.

Comment! à l'âge où le sang circule ardent dans les veines, où le cœur bat, où l'âme aspire vers l'inconnu ; au milieu de cette ville unique où mille séductions vous épient au détour de chaque rue, quand on n'a qu'à tendre les lèvres pour boire à toutes les ivresses, voilà un homme, jeune, beau, intelligent, né avec l'instinct de l'élégance et le désir de la fortune, qui ferme son cœur aux bruits du monde, qui s'isole dans le travail, et repousse ces mains provoquantes qui se tendent vers lui pleines de promesses...

C'est impossible !

Ce n'est pas, d'ailleurs, le même intérêt vulgaire qui détermine tous les crimes, et les mobiles s'élèvent en raison directe du rang que le criminel occupe dans la hiérarchie intellectuelle.

Donc, je ne me contentai pas de ce que je venais d'apprendre, et je ne tardai pas à recueillir bientôt le fruit de mon scepticisme obstiné.

Le lendemain même du jour où j'avais porté mon enquête dans les bureaux de l'administration du chemin de fer du Nord, un employé subalterne de cette administration se présenta chez moi et demanda à me parler.

Je m'empressai de le faire entrer.

— Monsieur, me dit cet homme avec une certaine émotion, hier vous êtes venu à la Compagnie et vous avez demandé des renseignements sur M. Gilbert Dumesnil.

— En effet, répondis-je à cet homme.

— Êtes-vous satisfait de ce que vous avez appris?

— Pas tout à fait.

— C'est ce que j'ai pensé.

— Sauriez-vous quelque chose, vous-même, qui fût de nature à nous éclairer?

— Je le crois!

— Il s'agit donc de faits graves!

— Peut-être...

— Parlez! mon ami, parlez; c'est le devoir de tout honnête homme de venir en aide à

Il vit tout à coup apparaître la silhouette d'un homme.

la justice, et il vous sera tenu compte de votre bonne volonté.

En parlant ainsi, j'offris un siége à mon interlocuteur, qui s'assit et reprit, après un instant de silence :

— J'ai beaucoup connu M. Gilbert, poursuivit cet homme, et je dois dire que j'ai rarement rencontré un employé plus doux, plus bienveillant et plus généreux.

— Mais...

— Attendez. Seulement, quand on vous a affirmé hier que M. Gilbert vivait absolument seul et comme un petit saint, je n'ai pas pu m'empêcher de sourire; car, moi, monsieur, j'ai été mis dans la confidence de ses secrets, et j'ai pensé que peut-être, si l'on cherchait de ce côté, les idées que l'on a sur lui changeraient du tout au tout.

— Voyez-vous cela ! Et comment avez-vous été admis dans cette confidence?

— Par mes fonctions.

— Que voulez-vous dire?

— Je suis garçon de bureau.

— Eh bien?

— Eh bien ! M. Gilbert me faisait faire ses courses, et plus d'une fois j'ai porté des lettres.

— A qui ?

— A une femme.

— Sa maîtresse ?

— Pour sûr.

— Comment s'appelle cette femme ?

— Mlle Georgette.

— Et où demeure-t-elle ?

— Rue du Helder, 196.

Une maîtresse ! une fille ! une de ces créatures comme l'on en retrouve presque toujours derrière les malheureux que le vice ou le crime amène périodiquement sur les bancs de la cour d'assises.

Je ne m'étais pas trompé.

C'était un premier mystère, une première honte dans la vie de Gilbert. Il n'était pas impossible d'en découvrir d'autres.

Je voulus en avoir immédiatement le cœur net ; je demandai une voiture, je donnai au cocher l'adresse de la rue du Helder, et je partis.

Un quart d'heure après, je sonnais à la porte de Mlle Georgette.

Une bonne vint m'ouvrir et se mit à me toiser des pieds à la tête.

— Ta maîtresse est-elle là ? demandai-je brusquement et pour éviter un trop long préambule.

— Mais... monsieur, balbutia la soubrette.

— Elle y est ? Bien ! Dis-lui que le commissaire de police de la rue du Rocher désire lui parler, et qu'il insiste pour être reçu immédiatement.

Ces paroles m'ouvrirent tout de suite toutes les portes, et je fus introduit aussitôt auprès de Mlle Georgette.

L'appartement qu'occupe cette fille est meublé avec un luxe qui accuse une situation exceptionnelle.

J'ai su depuis qu'elle mène un grand état et qu'elle tient un des premiers rangs dans le monde de la galanterie parisienne.

Elle a vingt ans à peine.

Elle est jolie, bien faite, brune avec des yeux bleus ; elle n'a pas paru intimidée de ma démarche, et son aplomb ne s'est pas démenti un seul instant.

Je lui ai demandé la permission de procéder à une perquisition chez elle, et c'est elle-même qui m'a ouvert toutes ses armoires et la plupart de ses meubles.

J'ai trouvé dans le secrétaire trente-trois obligations du chemin de fer du Nord, deux coupons de rente et diverses sommes assez considérables en or et en billets ; en tout environ soixante-dix mille francs.

Tout en me livrant à cette opération, j'observais la jeune femme.

Elle me suivait d'un œil ironique, mais curieux.

A un moment, nos regards se rencontrèrent, elle se prit à sourire.

— Qu'avez-vous donc ? lui demandai-je.

— Dam !... répondit-elle, je trouve tout cela si drôle que l'on vienne fouiller ainsi dans mes bibelots... Est-ce que vous n'allez pas bientôt finir ?

— C'est fait !

— Eh bien, ce n'est pas trop tôt. Seulement, j'espère que maintenant vous allez m'expliquer...

— L'objet de ma visite ?

— Précisément.

— Vous ne vous en doutez donc pas ?

— Et comment voulez-vous que je m'en doute ?

— Faites des aveux.

— De quoi s'agit-il ?

— De M. Dumesnil.

— Gilbert ?...

— Vous le connaissez ?

— Cette bêtise ?

— Comment ?

— Oh! pardon, c'est une manière de dire que je le connais beaucoup.

— Et c'est de lui, sans doute, que vous tenez ces valeurs?

— Par exemple! Gilbert? mais il était pauvre.

— Votre liaison remontait à plusieurs années.

— A dix-huit mois au plus.

— Combien vous donnait-il par mois?

— Mais, rien du tout.

— Au moins vous faisait-il des cadeaux?

— Oh! il ne se ruinait pas. D'ailleurs, je ne l'aurais pas souffert; je ne l'aimais pas pour son argent.

— Cependant, ces soixante-dix mille francs?...

La jeune femme haussa légèrement les épaules avec un geste inimitable

— Je n'avais pas que M. Dumesnil, répondit-elle d'un accent qui était sincère à force d'être impudent.

Je m'inclinai, et j'allais me diriger vers la porte.

Georgette me retint.

— Ah ça! dit-elle alors avec une certaine vivacité; c'est une charade, tout ça, et je voudrais bien deviner. Il lui est donc arrivé malheur à ce pauvre Gilbert?

— Oui, mademoiselle.

— Il aura fait quelque bêtise?

— Une bêtise... qui pourrait le mener au bagne.

—Lui!... mais qu'est-ce donc, mon Dieu? expliquez-vous.

—Vous le voulez?

— Je vous en prie.

— Eh bien, M. Gilbert Dumesnil est soupçonné d'avoir assassiné Mme veuve Milton et sa domestique Ursule Collet.

En prononçant ces paroles, je ne quittais pas des yeux la jeune femme que j'avais devant moi.

Je la vis pâlir tout à coup; un frémisse-ment violent agita ses membres et elle porta ses deux mains à son front.

— Horrible! c'est horrible! balbutia-t-elle, et vous êtes sûr de ce que vous avancez?

— A peu près.

— Mme Milton!.,.

— Sa propriétaire.

— Et Ursule!

— Vous la connaissiez aussi...?

Au lieu de répondre, la jeune femme releva vivement la tête et attacha sur moi ses deux grands yeux profonds.

— Voyons, voyons! reprit-elle au bout d'un instant, et comme sous l'influence d'une émotion dont elle ne démêlait pas bien elle-même le véritable caractère. Voyons! vous dites Mme Milton, n'est-ce pas?

— En effet.

— Un crime horrible... J'ai lu hier ce récit dans les journaux, et il y a trois jours que le meurtre a été commis?

— Précisément.

L'expression de son visage se transforma subitement. Un éclair ironique sillonna son regard et un pli railleur crispa sa lèvre.

— Je le disais bien! murmura-t-elle, c'est encore une sottise de la police. Vous avez cru mettre dans le mille et vous n'avez attrapé que le zéro.

— Que voulez-vous dire? fis-je tout étonné de cette évolution.

Je veux dire, monsieur, répondit impé-tueusement Georgette, que M. Gilbert ne peut être le meurtrier de Mme Milton, parce que Mme Milton a été assassinée il y a trois jours et que M. Gilbert Dumesnil est parti pour New-York voilà deux semaines?

— Quoi! vous affirmez...

— J'affirme, monsieur, que j'ai accompa-gné M. Gilbert au Havre; qu'au Havre ce même M. Gilbert a devant moi retenu et payé sa place à bord du *Franklin*, et que le len-demain, 10 avril, il prenait la route de l'A-mérique. J'espère que c'est clair, cela, et, dans cette situation, il me paraît difficile d'admettre que vos soupçons puissent avoir quelque apparence de fondement.

J'avoue que je restai confondu devant cette déclaration à laquelle j'étais loin de m'attendre.

La jeune femme était-elle sincère en me communiquant ce renseignement? Cette réponse ne lui avait-elle pas été soufflée par l'assassin lui-même pour le cas où elle serait interrogée?

Il fallait au plus tôt éclaircir ce point important, et c'est ce que je m'empressai de faire.

Dès le soir même, je faisais venir dans mon bureau l'agent Lemonnier, et voici les mesures que je prenais :

Je croirais oiseux de faire ici l'éloge de l'agent dont je viens d'écrire le nom.

Lemonnier appartient à la police depuis l'année 1843, et il a, dès son entrée dans l'institution, apporté au service de ses délicates fonctions une prudence, une activité, un flair qui l'ont en peu de temps désigné à l'attention de ses chefs.

Lemonnier est un agent tout à fait hors ligne : perspicacité exceptionnelle, intelligence et éducation peu communes, il est destiné, selon toute vraisemblance, à arriver rapidement aux postes les plus élevés.

Il a été successivement régisseur de grandes propriétés dans le Berry et dans l'Anjou; puis, directeur d'une compagnie d'assurances, et il n'est entré dans la police qu'après avoir perdu une partie de sa fortune.

Le soir même du jour où j'avais vu la fille Georgette, je fis donc appeler Lemonnier et je pris avec lui les mesures que réclamait le fait nouveau qui venait de m'être révélé.

Lemonnier avait, du reste, depuis le commencement de l'affaire, déployé un zèle qui m'a été bien précieux ; le mystère qui planait sur ce double meurtre l'attirait ; il dépensait une activité fiévreuse à la recherche du coupable, et, comme moi, il était resté convaincu que le criminel ne pouvait être que l'ingénieur Gilbert Dumesnil.

L'alibi que venait de m'indiquer la fille Georgette parut un moment le déconcerter, sans l'ébranler cependant dans sa conviction.

Il me demanda à partir pour le Havre, — ce que j'allais lui proposer.

Je lui donnai mes instructions, et il s'éloigna, le soir même, à onze heures.

Cet agent m'a fait le lendemain la relation de son voyage, et en voici le résumé succinct :

A son arrivée au Havre, il se fit descendre à l'hôtel de Normandie.

C'était là que Gilbert avait dû passer, la veille de son départ.

Lemonnier déclina sa qualité au maître de l'établissement, et obtint immédiatement la communication du registre des voyageurs.

A la date indiquée par Georgette, figuraient bien les noms de Gilbert Dumesnil, ingénieur, et de Mlle Georgette Morvand, sans profession.

Lemonnier ne se contenta pas de ce renseignement qui, pour être positif, n'en était pas moins banal, et il se transporta à l'office même des paquebots américains.

Là, mêmes assurances.

Bien mieux, on avait pris la précaution de copier le signalement du passager, et, devant cette nouvelle et formelle attestation, il n'était plus possible de conserver le moindre doute.

C'était bien Gilbert, l'ingénieur de la Compagnie du chemin de fer du Nord, le locataire de Mme Milton !

Il était arrivé le 9 avril au Havre, en était parti le 10 à la marée du matin, et n'avait pu se trouver à Paris le 24 pour commettre l'horrible assassinat de la rue du Rocher.

L'alibi était précis et inattaquable.

Lemonnier revint du Havre un peu désappointé.

Il voulait douter encore; mais c'était bien difficile.

Le mieux était évidemment de chercher ailleurs ; d'abandonner cette piste pour en découvrir une autre ; de ne pas s'obstiner et de recommencer à nouveau l'enquête qui venait d'aboutir à un résultat si complétement infructueux.

C'est ce que nous allons faire.

Mais, en attendant, je n'ai pas voulu remettre davantage l'envoi de ce procès-verbal négatif ; les éléments qu'il renferme sont précieux, c'est du moins mon opinion, et je ne doute pas qu'ils ne servent puissamment aux recherches ultérieures que la police ne manquera pas de faire.

Le commissaire,<br>DURIVEAU.

Paris, 29 avril 1867.

———

L'insuccès que constatait le procès-verbal dont nous venons de donner un long et fidèle extrait, ne découragea pas les hommes qui s'étaient lancés à la quête d'une piste.

L'affaire devenait peut-être plus difficile après une première erreur. Il fallait resserrer davantage la surveillance, organiser des moyens d'action nouveaux, faire entrer des agents tout frais qui ne fussent point butés déjà aux vraisemblances des premières suppositions.

L'activité ne se ralentit pas, et, pendant plusieurs mois, on se crut vingt fois sur le point d'atteindre la vérité.

Mais vingt fois aussi on se vit contraint de renoncer à l'espoir mal fondé que l'on avait conçu, et toute la fièvre dépensée à cette occasion n'aboutit qu'à faire ressortir davantage l'impuissance de la police.

C'était humiliant.

On finit par se relâcher, et bientôt tous les agents jusqu'alors acharnés à la découverte du coupable durent finalement s'avouer vaincus.

Un seul homme, Lemonnier, continuait obstinément ses recherches, mais isolément,

sans rien communiquer à personne, avec cette patience invraisemblable du Corse, qui, placé en embuscade, attend pendant de longues années derrière les makis le passage de son ennemi.

Lemonnier n'avait jamais entendu parler des makis de la Corse ; mais il avait loué une petite mansarde dans un bouge de la rue de la Bienfaisance, et de là il guettait.

Quoi ?

L'hôtel de la rue du Rocher !

C'est une chose acquise, dit on, et qui ressort des nombreuses observations recueillies par la police, qu'à une heure donnée le criminel, fatalement attiré par une monstrueuse nostalgie, revient toujours sur le théâtre du crime qu'il a commis.

Lemonnier attendait cette heure fatale.

Et chaque soir, penché à la fenêtre de sa mansarde, il plongeait son regard avide sur le silencieux hôtel dont la silhouette se détachait, sinistre et sombre, des constructions qui l'entouraient.

Depuis le crime, l'hôtel était resté inhabité.

Le seul héritier direct de Mme veuve Milton était M. Carpentier, son frère, maître de forges dans la Haute-Marne.

Au lendemain de la catastrophe, il était venu à Paris, avec sa fille unique, Berthe, une enfant de seize ans, et s'était empressé de mettre en vente un hôtel dont il n'avait que faire, et où sa sœur avait été assassinée.

Mais le souvenir du crime, trop récent encore, avait fait tort à l'immeuble, et aucun acquéreur sérieux ne s'était présenté.

Il y avait déjà plus d'une année de cela.

C'était à désespérer.

Les clefs en avaient été confiées à Durandeau le brocanteur, et c'est à lui que l'on renvoyait toutes les personnes qui se présentaient pour visiter les lieux.

Une véritable sinécure pour le brave homme.

L'hôtel était donc resté hermétiquement

fermé; les volets demeuraient clos; l'herbe poussait dans la cour d'entrée, et le soir, quand on passait le long du grand mur triste qui donnait sur la rue, on ne pouvait se défendre d'un certain sentiment d'épouvante superstitieuse, comme à l'approche des enclos de la mort!

Depuis un an, Lemonnier avait exercé une surveillance obstinée sur l'immeuble en question.

L'actif agent couchait le plus souvent dans la mansarde, et bien des fois l'aube naissante l'avait surpris à son poste d'observation.

Certes, il était patient et entêté; mais il y a des bornes à tout, et il commençait à s'irriter de l'inutilité de ses efforts, lorsqu'arriva la singulière aventure que nous allons raconter.

Une nuit, Lemonnier venait de rentrer dans sa mansarde; il était tard déjà, il avait été retenu à la Préfecture par les obligations de sa fonction; minuit venait de sonner.

Il était fatigué et avait besoin de repos.

Il allait donc gagner directement son lit, quand un remords le prit et, comme pour l'acquit de sa conscience, il se dirigea vers la fenêtre, qu'il ouvrit.

Mais il n'eut pas plutôt jeté un regard sur l'hôtel qu'un cri de stupéfaction jaillit de ses lèvres, et qu'il porta ses deux mains à ses yeux pour s'assurer qu'il n'était point le jouet de quelque hallucination.

A travers les volets du second étage filtrait une petite lumière tremblotante.

Il y avait quelqu'un dans l'appartement occupé naguère par Gilbert Dumesnil!...

L'agent respira bruyamment.

Il avait failli suffoquer.

Et d'abord, il crut qu'il se trompait, et plongea de nouveau son regard à travers l'ombre.

Mais il n'y avait pas à douter. Quoique les volets fussent fermés, la petite lumière rayait la nuit de pâles clartés qui glissaient doucement à travers les lames des persiennes!

Lemonnier tressaillit dans tout son être.

— Enfin! balbutia-t-il avec satisfaction, il est venu; c'est lui ou quelque complice! Eh bien! c'est ce que nous allons savoir.

Il sortit aussitôt de la mansarde, descendit l'escalier, et, une fois dans la rue, se dirigea rapidement vers la demeure du brocanteur.

La boutique était fermée. Lemonnier frappa rudement à la porte.

Durandeau venait de s'endormir, et le premier sommeil est dur.

Il ne se réveilla qu'au troisième appel.

— Qui est là? demanda-t-il derrière la porte.

— Moi, Lemonnier; ouvre, répondit l'agent

— Que se passe-t-il donc?

— Je vais t'expliquer ça.

La porte s'ouvrit, Lemonnier entra; les deux hommes se trouvèrent seuls.

— Eh la! la! s'écria Durandeau, vous avez l'air tout bouleversé.

— Il y a bien de quoi.

— Expliquez-vous.

— Tout à l'heure, dans l'hôtel, je viens d'apercevoir...

— Un locataire?

— Tout au moins une lumière qui prouve qu'il y en a un.

— Et c'est ce qui vous a mis aux champs...

— Pardieu!

— Eh bien, vous avez tort de vous *dévisser* comme ça, car je sais de quoi il retourne.

— Toi!

— Sans doute.

— Qu'y a-t-il donc.

— Il y a que l'hôtel est vendu; que le propriétaire est venu me demander les clefs et que c'est lui qui illumine...

Lemonnier ne répondit pas.

Il avait froncé les sourcils et baissé la tête.

— Ainsi, reprit-il bientôt comme s'il se fût parlé à lui-même, l'hôtel est vendu?

— D'aujourd'hui!

— Et quel homme est l'acquéreur?

— Oh! vous savez, ni chair ni poisson, un homme entre deux âges, moitié poivre et sel, mais poli tout de même, et généreux... il m'a donné une guinée.

— C'est donc un Anglais?

— Un Américain.

— Et il s'appelle?

— Charton.

Lemonnier passa sa main rapide sur son front. Il était évidemment en proie à un vif dépit, et l'assurance que l'on venait de lui donner contrariait toutes ses suppositions.

Toutefois, il n'abandonna pas tout de suite la partie, et continua l'interrogatoire commencé.

— Charton! répéta-t-il, Charton! Il me semble que ce nom ne m'est pas inconnu. Au moins as-tu causé avec lui?

— Fort peu.

— Alors, tu ne sais pas ce qu'il vient faire en France, ni s'il compte habiter l'hôtel?

— De tout cela, il ne m'a rien dit. Un clerc de notaire l'accompagnait ; il était huit heures du soir. M. Charton avait l'air pressé d'entrer en possession et cela a même été cause d'une erreur dont il n'aura pas le temps de s'apercevoir, et que je réparerai demain à la première heure.

— De quelle erreur veux-tu parler? demanda Lemonnier.

Le brocanteur prit un air important.

— Vous savez mieux que personne, dit-il, que l'hôtel a deux étages, n'est-ce pas?

— Après.

— Et que le second est absolument indépendant du premier, de telle sorte qu'on ne peut s'y rendre que par une porte et un escalier qui donnent sur le jardin.

— Eh bien?

— Eh bien! figurez-vous que, dans ma précipitation, j'ai oublié de remettre à M. Charton les clefs sans lesquelles on ne peut gagner l'appartement qu'habitait M. Dumesnil.

A ces mots, l'agent fit un soubresaut, et un éclair jaillit de ses yeux.

— Es-tu bien sûr de ce que tu avances-là? demanda-t-il d'une voix qu'il avait peine à raffermir.

— Tiens! si j'en suis sûr.

— Tu as ces clefs?

— Les voici.

— Et tu prétends que M. Charton...?

— Je prétends que M. Charton a dû être fort empêché, s'il a voulu visiter l'immeuble. Mais, comme il n'est pas revenu me trouver, et que d'ailleurs il paraissait fatigué, j'estime qu'à l'heure qu'il est il dort profondément sans se douter que les lieux où il repose ont été le théâtre du plus abominable de tous les crimes.

Pour toute réponse, Lemonnier saisit le bras du brocanteur et l'entraîna au dehors avec une autorité qui n'admettait pas de réplique.

Quelques secondes après, ils se trouvaient à quelques pas de l'hôtel, et l'agent faisait remarquer à Durandeau la lumière qui brillait au second étage.

— Voilà qui est étrange, dit ce dernier après un silence effaré.

— Tu vois, repartit Lemonnier, que le nouveau propriétaire connaît les êtres, et qu'il n'a pas besoin de clef pour ouvrir les portes.

— En effet.

— Il y a là un mystère.

— Je le crois.

— Et il faut l'éclaircir.

— Comment?

Lemonnier réfléchit un moment, sans cesser d'observer ce qui se passait dans l'hôtel.

Ce qu'il remarquait en ce moment lui semblait encore plus inexplicable.

A cette heure, en effet, ce n'était pas seulement le second, c'était aussi le premier étage qui était éclairé.

Il n'y comprenait plus rien.

Cependant son hésitation dura peu, et il se tourna vers le brocanteur:

— Nous sommes sur une piste nouvelle, lui dit-il à voix rapide et basse ; et le hasard se met de la partie pour nous favoriser ; il importe de ne pas laisser échapper cette occasion.

— Mais que faire? interrogea Durandeau.

— Une chose fort simple, continua Lemonnier.

— Laquelle?

— Il y a une issue, n'est-ce pas, pour chaque étage...

— En effet.

— Eh bien, tu vas, toi, te poster à la porte du premier étage, et moi, à la porte du second : de cette façon, l'acquéreur, quel qu'il soit, ne pourra nous échapper, et il faudra bien qu'il passe par nos mains.

— Mais quelle est votre idée ?

Lemonnier se prit à sourire.

— Mon idée, répondit-il, je te l'expliquerai plus tard. Veille cette nuit, observe avec soin, exécute ta consigne sans murmurer, et demain nous saurons quelque chose, ou j'y perdrai mon nom.

Durandeau ne répondit pas.

Sur l'invitation de l'agent, il alla se poster sur les degrés de l'escalier qui conduisait à l'appartement naguère occupé par l'ingénieur, et pendant qu'il s'allongeait sur les dalles, Lemonnier se dirigeait vers la porte qui donnait sur le vestibule de l'hôtel.

Quand ces dispositions eurent été prises, deux heures sonnaient à l'horloge de la gare voisine.

La lune s'était voilée. Il faisait nuit noire.

Lemonnier, qui ne perdait aucune occasion d'observer, remarqua qu'à ce moment même la lumière du premier et celle du second s'éteignaient en même temps, et, sûr désormais du succès de son entreprise, il s'allongea contre la porte du vestibule et se livra au sommeil.

Combien de temps resta-t-il ainsi?

Il n'eût pu le dire.

Quand il se réveilla, le jour était venu, et, pour n'éveiller les soupçons de personne, il gagna un charmille, d'où il pouvait tout observer sans être vu.

Une heure environ s'écoula de la sorte.

Puis, la porte de l'hôtel s'ouvrit, et un homme parut.

C'était M. Charton.

Le brocanteur l'avait bien dépeint :

Un homme de quarante à cinquante ans ; figure placide, cheveux grisonnants, paraissant bien constitué, d'ailleurs, et robuste autant qu'on peut le désirer.

M. Charton avait un cigare entre les dents. Il jeta un regard investigateur à droite et à gauche, lâcha une bouffée de tabac, et gagna d'un pas dégagé la porte de la rue par laquelle il ne tarda pas à disparaître.

— Et d'un ! murmura Lemonnier, dès qu'il l'eut vu s'éloigner.

Mais ce n'était pas M. Charton qui l'intriguait le plus ; il y avait encore le locataire du second, et c'est celui-ci qu'il désirait surtout rencontrer.

Il s'empressa d'aller rejoindre le brocanteur.

— Eh bien! lui demanda-t-il dès qu'il l'aperçut, as-tu vu quelqu'un, toi, pendant cette nuit ?

— Je n'ai vu personne, répondit Durandeau.

— A merveille. Donne-moi les clefs de cette porte. L'oiseau n'est pas envolé ; je veux le prendre dans le nid.

— Et que ferai-je, pendant ce temps-là ?

Il s'était accroché au rocher.

— Tu vas retourner à ton magasin, et si j'ai besoin de toi, j'irai te le dire.

Et, sans plus tarder, l'agent se précipita dans l'escalier.

Arrivé au palier du second étage, il s'arrêta et sonna.

La réponse se fit un peu attendre ; — il entendit, pendant quelques secondes, aller et venir dans l'intérieur de l'appartement.

Puis enfin la porte s'ouvrit, et une jeune fille d'une éclatante beauté parut sur le seuil.

C'était un type étrange !

D'une taille un peu au-dessus de la moyenne, brune avec des yeux bleus, profonds et vifs, cette jeune fille, qui pouvait avoir dix-huit ans, présentait dans l'ensemble de sa personne un air particulier d'audace et de résolution qui n'était ni de son âge ni de son sexe.

Dès qu'elle eut ouvert la porte et aperçu l'agent, elle enveloppa ce dernier d'un regard dont la vivacité déconcerta un moment Lemonnier ; puis, paraissant prendre tout à coup son parti, elle esquissa un sourire ironique, et fit un signe imperceptible de la tête.

— A qui ai-je l'honneur de parler? demanda-t-elle d'une voix harmonieuse et sonore, et avec un léger accent dont Lemonnier ne démêla pas la nationalité.

Lemonnier s'inclina.

— Je désirais parler à M. Charton, répondit-il en faisant un pas pour pénétrer dans l'appartement.

— M. Charton est absent pour le moment, fit la jeune fille, droite et immobile sur le seuil de la porte.

— C'est que j'aurais bien désiré lui parler.

— Eh bien, il faudra revenir.

— En son absence, ne pourrais-je au moins vous entretenir quelques instants?

La jeune fille, étonnée autant qu'irritée de l'insistance de son interlocuteur, releva brusquement la tête et fronça le sourcil.

— Pardon, monsieur, dit-elle, mais je vous ai adressé tout à l'heure une question à laquelle vous n'avez pas encore répondu. Avant de pousser plus loin cet entretien, voulez-vous bien, je vous prie, me dire à quel singulier personnage j'ai affaire?

L'agent salua une seconde fois.

— C'est trop juste, répondit-il; je m'appelle Lemonnier, mademoiselle; je suis attaché à la police de sûreté de Paris, et c'est dans l'intérêt de M. Charton lui-même que je sollicite de vous quelques minutes d'entretien.

La jeune fille se prit à sourire, et à son tour elle s'inclina avec une politesse exagérée.

— Il fallait donc le dire tout de suite, dit-elle avec enjouement. Et comme votre franchise charmante mérite de trouver sa récompense, je vous dirai que je m'appelle Diana Charton, fille de M. Charton, sujet américain, que nous sommes arrivés hier à Paris, et que nous comptons quitter la capitale dès que seront réglées les affaires d'intérêt relatives à l'acquisition de cet hôtel.

Et maintenant, ajouta-t-elle, en poussant la porte de l'appartement et invitant du geste Lemonnier à y entrer, s'il vous plaît de passer le seuil de ma chambre, je me ferai un véritable plaisir de répondre aux questions que vous voudrez m'adresser.

A l'accent de la jeune fille, et à son attitude surtout, Lemonnier comprenait bien que l'on se moquait de lui; mais sa curiosité était trop vivement éveillée pour qu'il se résignât à rester en si bon chemin, et, sur l'invitation qui lui était faite, il pénétra résolûment dans l'appartement.

Son premier coup d'œil ne rencontra d'ailleurs rien qui lui parût de nature suspecte. Tout au plus remarqua-t-il avec intérêt un charmant revolver à six coups placé sur une table, près du lit où Diana avait dormi.

— Vous aviez donc quelque appréhension de passer la nuit dans cette chambre? demanda Lemonnier en indiquant le revolver du doigt.

— Oh! nullement, répondit Diana avec insouciance; seulement, dans mon pays, on laisse volontiers aux femmes le soin de défendre leur honneur et leur vie, et ces armes, qui effraieraient les jeunes filles d'Europe, sont chez nous en quelque sorte les jeux de l'enfance et la distraction de la jeunesse. Au surplus, pourquoi aurais-je eu peur de passer la nuit dans cette chambre? Serait-elle donc hantée par des fantômes ou des revenants?

Lemonnier dressa l'oreille.

— Je ne pense pas, répondit-il, mais peut-être, en faisant l'acquisition de cet hôtel, avez-vous appris en raison de quel événement terrible il est resté longtemps inhabité.

Diana haussa les épaules.

— Oui, on nous a dit cela, répliqua-t-elle avec une petite moue qui lui allait à ravir. Mais, nous autres Américaines, nous n'avons pas les superstitions niaises des hommes d'Europe, et ce qui a éloigné les acquéreurs est précisément ce qui attire mon père.

— Comment cela ?

— Dame ! c'est clair, cependant. Voici un hôtel où un drame sanglant s'est passé, dit-on, et sur lequel, depuis, semble peser une sorte de malédiction publique. L'immeuble qui valait deux cent mille francs il y a un an est vendu aujourd'hui pour cent mille à peine. C'est donc cinquante pour cent de bénéfice net que mon père doit au crime qui a été commis, et à ce compte on serait presque tenté de remercier l'assassin.

Lemonnier ne répondit pas tout de suite.

Il écoutait et regardait.

La jeune fille était charmante. Sa voix avait une sonorité exquise, son regard des caresses naïves ou provocantes ; et quand ses lèvres s'entr'ouvraient pour sourire, elles laissaient voir une double rangée de dents éblouissantes et saines.

— Ainsi, reprit-il au bout d'un instant, c'est avec une complète connaissance du meurtre dont cet hôtel a été le théâtre, que votre père s'en est rendu acquéreur ?

— Précisément, monsieur.

— Et vous devez partir bientôt ?

— Dans quelques jours, peut-être plus tôt.

— Pour revenir ?

— Probablement.

— Voulez-vous me permettre de vous adresser quelques dernières questions ?

— La complaisance que j'ai apportée jusqu'à présent à vous répondre doit vous assurer que je ne vois aucun inconvénient à continuer.

— M. Charton, votre père, est industriel ?

— Mon père, monsieur, est un des commerçants les plus riches de New-York.

— Mais ce n'est pas le seul désir de voir cet hôtel qui l'a attiré en France ?

— Vous avez raison, monsieur ; le véritable motif de ce voyage, je n'ai aucun intérêt à le cacher : c'est... mon prochain mariage !

— Vous vous mariez ?

— Dans quelques mois, avec un jeune ingénieur établi depuis une année à New-York, et sur le compte duquel mon père a voulu prendre des renseignements lui-même.

— Voilà qui est sensé de sa part.

— Oh ! c'était bien inutile.

— Pour vous, peut-être, mademoiselle ; mais je comprends que M. Charton...

— Du reste, nous avons été servis à souhait et comme par miracle, car il paraît que cet appartement où j'ai passé la nuit, la chambre même où nous sommes à cette heure, ont été habités longtemps par le jeune homme que je dois épouser.

Lemonnier fit un bond.

— Que dites-vous ? s'écria-t-il hors de lui.

— La vérité !

— Mais alors... ce jeune homme... ce fiancé...?

— C'est M. Robert Linley ! répondit simplement la jeune fille.

Lemonnier jeta un regard effaré sur Diana.

Et il allait répliquer quand un fait inouï vint à se passer, qui glaça tout son sang dans ses veines.

Il y avait dans la chambre un placard dont la porte était restée entr'ouverte.

Comme il se tournait vers Diana, trois coups frappés contre le mur attirèrent son attention de ce côté.

Il ne quittait pas Diana des yeux, et crut la voir tressaillir.

— Qu'y a-t-il donc ? demanda-t-il vivement.

Mais l'émotion de la jeune fille, si tant est qu'elle fût réelle, s'était déjà dissipée.

— C'est mon père qui est rentré, répondit-elle avec assurance, il m'appelle, et il faut que je me hâte de l'aller rejoindre.

Et sans attendre une objection, elle fit signe à Lemonnier de la suivre, gagna l'escalier, et arriva en peu d'instants dans le jardin.

Une fois là, elle salua son interlocuteur d'un geste rapide.

— S'il vous plaît de voir mon père, monsieur, dit-elle d'un ton au fond duquel l'agent s'obstina à relever une pointe d'ironie, vous pourrez le trouver pendant quelques jours encore, tous les matins.

Puis elle disparut.

Quant à Lemonnier, il était pensif et sombre.

Il réfléchissait.

— Un passage! dit-il au bout d'un instant, — il y a un passage secret qui met en communication le premier étage avec le second. Voilà donc le mystère expliqué! et, dès demain, je saurai à quoi m'en tenir.

Mais le lendemain, quand il revint, il ne trouva à l'hôtel de la rue du Rocher ni M. Charton, ni M<sup>lle</sup> Diana, sa fille.

Les nouveaux propriétaires avaient disparu.

Seulement, dans l'appartement du premier, il ramassa deux cartes d'une forme particulière, imprimées en langue anglaise, et qui étaient ainsi disposées.

Nous traduisons :

1<sup>re</sup> CARTE

> **ASSOCIATION INTERNATIONALE DES TRAVAILLEURS**
>
> **Carte de Membre affilié**
>
> Par cette carte nous certifions que M. MAURICE BRENARD a été admis en qualité de Membre de ladite Association, et qu'il a payé sa cotisation annuelle.
>
> THOMAS SMITH, *secrétaire.*
> COWELL SURVEY, *trésorier.*
> J. G. EVEN, *secrétaire du Conseil général de Londres.*

2<sup>e</sup> CARTE

> **LIGUE DES MÉTIERS (Trades-Unions)**
>
> **Carte de Membre affilié**
>
> Nous certifions que M. CHARTON est admis en qualité de Membre de la *Ligue des métiers*, et que toutes les sections de ladite ligue devront l'accueillir et lui prêter assistance.
>
> BROADHEAD, *secrétaire à Sheffield.*

FIN DU PROLOGUE.

# I

**Maurice Bernard**

La *Ligue des métiers,* — l'*Association internationale des travailleurs*, telles sont les deux expressions qui résument dans les temps modernes les différentes manifestations ouvrières pour la revendication des droits du salariat.

La *Ligue des métiers* avait commencé son œuvre, en Angleterre, bien avant que l'*Internationale* fût venue au monde.

Est-elle née de la même idée ; ces deux puissantes associations avaient-elles le même but ; devaient-elles employer les mêmes procédés ? C'est ce que nous aurons tout le loisir d'examiner dans le cours de ce récit. — Toujours est-il, qu'à l'heure qu'il est, la *Ligue des métiers,* qui n'était, au début, qu'une société uniquement occupée de protéger et de défendre les intérêts des ouvriers anglais, a suivi la pente naturelle et logique de son développement, et qu'au moment où paraissent ces lignes, elle fait, pour ainsi dire, partie intégrante de la grande Association internationale.

Nous n'avons pas l'intention de nous attarder dans les détails de l'organisation de ces sociétés qui occupent aujourd'hui le monde entier, mais, pour l'intérêt et l'intelligence des événements que nous avons à raconter, il est utile que nous fassions connaître quelques-uns des procédés employés par la *Ligue des métiers* ou les *Trades-unions.*

Le lecteur voudra bien nous pardonner cette digression.

C'était en 1866, le 8 octobre, à Sheffield.

Au moment le plus sombre de la nuit, une formidable détonation se fait tout à coup entendre, une maison entière s'écroule, sous l'explosion d'une boîte à poudre qui venait d'éclater dans la cave.

Toute la ville fut à l'instant sur pied, et l'on se mit avec ardeur à la recherche du coupable.

Peine inutile, recherches vaines, l'auteur du crime demeura ignoré.

A quelque temps de là, même catastrophe, explosion analogue, sans que la justice fût plus heureuse dans la découverte.

Et les crimes continuèrent ainsi, mystérieux, impénétrables.

Une fois, c'est un ouvrier qui tombe, dans une salle pleine de monde, frappé d'une balle lancée par un fusil à vent.

Une autre jour, un même crime est commis sur la personne du nommé Parker.

Toujours la victime appartient à la classe ouvrière, toujours l'assassin échappe aux investigations de la justice.

L'émotion était grande à Sheffield. Une commission spéciale fut nommée à l'effet d'éclairer et de rassurer le pays sur d'aussi abominables forfaits ; et il lui fut donné des droits illimités pour arriver à la constatation de la vérité.

« Il existe, en Angleterre, dit M. le comte de Paris, à qui nous empruntons une partie des détails qui précèdent (1), un principe tutélaire de procédure criminelle, aux *termes* duquel le témoin, obligé par serment à dire la vérité devant le tribunal, ne peut être, *s'il s'accuse lui-même,* poursuivi sur les aveux ainsi obtenus de lui.

La commission eut le droit d'accorder la même immunité aux témoins qu'elle appelait, et ce droit devait être entre ses mains un ins-

(1) *Les Associations ouvrières en Angleterre.* Germer-Baillière, éditeur.

trument puissant, puisqu'il lui permettait d'amnistier les vrais coupables, pourvu qu'ils avouassent leurs crimes.

L'effet ne se fit pas attendre.

Pendant vingt-cinq jours, on eut le spectacle étrange de coupables racontant leurs méfaits et apportant un soin scrupuleux à n'omettre aucun détail.

Alors, la vérité se fit jour.

Le lien secret qui existait entre tous ces crimes se montra; le rôle des coupables se dessina, et l'on vit apparaître l'inspirateur, les exécuteurs et les complices qu'ils avaient soudoyés.

Dans tous ces crimes, on trouva la main de la *Ligue des métiers* et de son président Broadhead.

Imbues de l'esprit de monopole qu'elles semblaient avoir hérité des corporations du moyen âge, la plupart des sociétés ouvrières de Sheffield et de l'Angleterre ne se contentaient pas de soutenir les grèves, ce qui était le but avoué de leur institution.

Elles prétendaient exercer sur leur industrie une influence absolue, imposer aux patrons toutes les volontés de la majorité de leurs membres, y *asservir la minorité*, et pour cela *obliger* PAR TOUS LES MOYENS *tous* les ouvriers à entrer dans leur sein.

Quand la persuasion était reconnue insuffisante, on avait recours à l'assassinat. Le secrétaire de l'association l'a déclaré lui-même avec cette assurance que lui donnait l'impunité promise à ses aveux.

Le prix des assassinats était payé par la caisse de l'association. Les livres en portent la mention et ce prix varie de 100 à 500 francs.

Chaque membre était d'ailleurs tenu de protéger le coupable; le secret fut toujours scrupuleusement gardé!

Mais si l'on voulait que le criminel fût couvert du voile le plus impénétrable, il n'en était pas de même des motifs du crime.

La *Ligue* tenait en effet expressément à ce qu'ils fussent manifestes.

La main de l'Union était toujours reconnue... on pouvait se dire à l'oreille que le lendemain un autre récalcitrant irait grossir la liste des victimes, et l'Union régnait par la terreur et s'élevait au rang de ces tribunaux de la Sainte-Vehme qui prononçaient des arrêts dont l'exécution seule demeurait enveloppée de mystère.

Une fois la lumière faite sur les forfaits, la tranquillité parut renaître, et l'Association ne donna plus signe de vie qu'à de rares intervalles.

On crut que son existence était finie, qu'elle avait renoncé à la lutte, qu'elle se retirait du combat...

Il n'en était rien !

Presque à la même époque, une autre association non moins redoutable, plus puissante cent fois, s'était formée en Angleterre, et, en peu de temps, elle avait poussé au loin des racines fécondes.

C'était l'*Internationale*.

Celle-ci ne se dissimulait point dans l'ombre, comme l'autre ; elle affirmait audacieusement ses principes en plein jour; elle ne craignait pas d'élever dans toutes les capitales une tribune du haut de laquelle elle lançait l'appel à tous les ouvriers.

Comme on l'avait dit naguère de l'institution des Jésuites, c'était une épée dont la poignée était à Londres, et la pointe partout.

Les idées qu'elle préconisait étaient d'ailleurs de nature à lui attirer de nombreux prosélytes parmi les ouvriers et les prolétaires.

Elle disait aux pauvres et aux déshérités de ce monde : L'empire vous appartient, car vous êtes les plus forts, étant les plus nombreux, et *la force prime le droit*.

Vous avez été jusqu'ici les esclaves du capital, et, pour qu'il n'y ait plus d'esclaves sur cette terre, nous tuerons à jamais le capital.

Il y a des hommes, privilégiés de la nature, qui se sont, grâce à leur intelligence, fait la part du lion dans les biens de ce monde, et nous réduirons à néant les prétentions de l'intelligence, en proclamant l'*équivalence des fonctions.*

Enfin, vous voyez chaque jour aller et venir autour de vous des jeunes gens qui ne sont riches que parce qu'ils se sont donné la peine de naître... et nous vous ferons les égaux de ces hommes en supprimant les lois d'héritage et restituant tous les biens à la *collectivité!*

Le *collectisme* et le *mutuellisme*, voilà la formule de l'avenir... tels sont les deux termes entre lesquels se partageront les groupes qui voudront adopter le moderne Évangile.

Beaucoup de ceux auxquels on s'adressait avec de semblables paroles n'en démêlaient pas bien le sens; mais ces malheureux avaient tant à se plaindre de la vie, que sans se rendre compte de la justice de cette revendication, séduits par l'espoir que l'on faisait luire à leurs yeux, ils cherchaient avidement, du fond de leur nuit noire, le phare promis qui devait leur indiquer la route des destinées nouvelles!...

—————

Quelques mois s'étaient passés depuis les faits que nous avons racontés aux chapitres précédents.

C'était à la fin de septembre, par une de ces douces soirées d'automne que la nature semble avoir faites exprès pour la mélancolie et le rêve.

Le jour était à son déclin.

Le soleil descendait lentement à l'horizon, et baignait de ses flots d'or la vallée profondément encaissée que traverse la Marne, à quelques lieues de Chaumont. Il pouvait être sept heures.

Les bruits du jour se taisaient peu à peu; à travers les premières buées transparentes du soir, on voyait, au flanc des coteaux ou le long des sentiers escarpés, les troupeaux qui regagnaient péniblement leurs étables.

Seules, quelques chèvres obstinées continuaient de brouter, et de temps à autre on entendait le cri des pâtres activant le bétail ou lançant à la nuit les notes tristes de leurs mélopées rurales.

A ce moment, un voyageur, débouchant par la route de Paris, s'engagea dans un des chemins à pentes roides, qui des hauteurs conduisent dans la vallée.

C'était un tout jeune homme.

Vingt-cinq ans à peine.

Ses jambes nerveuses et droites étaient emprisonnées dans de grandes guêtres de cuir; il portait une veste de velours, un chapeau de feutre, une cravate roulée négligemment autour du col, et appuyait sa marche résolue et ferme sur un bâton de coudrier qu'il avait évidemment emprunté aux arbustes du chemin.

Au moment de s'engager dans le sentier, il parut hésiter un moment.

Son regard se porta à l'extrême horizon où s'élevaient les hautes cheminées d'une usine; un sourire de satisfaction illumina son visage, et, sous l'empire d'un sentiment nouveau, il partit.

Seulement, il avait à peine fait cinquante pas, qu'il s'arrêtait de nouveau au milieu du sentier.

Son nom venait d'être prononcé à ses côtés.

Il se retourna vivement, et aperçut à quelques pas de lui, sur le revers du fossé, une grande et belle fille qui le regardait avec une curiosité mêlée d'un vif intérêt.

— Je ne m'étais pas trompée, dit la jeune

fille en souriant; c'est bien vous, Maurice Bernard! Ah! pour cette fois, au moins, vous avez grandi, et vous voilà devenu un homme!

## II

### La Rencontre

Le jeune homme auquel s'adressaient ces paroles n'avait pas été longtemps à reconnaître celle qui lui parlait de la sorte, et son premier mouvement fut de franchir le fossé pour aller à sa rencontre.

Mais déjà la jeune fille avait sauté sur le sentier, et elle était près de lui, avant qu'il eût fait un pas.

— Jeanne! dit-il avec une expansion de bon aloi, béni soit le hasard qui te place la première sur ma route quand je reviens à Varennes. Aucun visage ne pouvait m'être plus agréable que le tien.

En parlant ainsi, Maurice serrait avec effusion deux mains que la jeune fille ne songeait pas à lui retirer.

— Oh! je sais quelqu'un qui va être bien heureux aussi, répliqua-t-elle au bout d'un instant.

— Qui cela? fit Maurice.

— Le docteur, donc.

— Mon père...

— Oui, M. Bernard. Ah! il a souvent parlé de vous, allez, depuis trois ans, et voulez-vous que je vous dise..?

— Dis, Jeanne, dis.

— Eh bien, il n'était pas toujours content.

— Pauvre père!

— Vous lui avez donc fait du chagrin quelquefois?

— Moi!...

— Dame! c'est que voyez-vous, depuis que M<sup>me</sup> Bernard n'est plus là, le pauvre homme n'est pas toujours bien gai.

Un nuage passa à ces mots sur le front de Maurice, et un profond soupir s'échappa de sa poitrine.

— C'est vrai, répondit-il d'un ton vague, et comme s'il se fût parlé à lui-même; la maison doit être bien triste depuis que celle qui en était l'âme nous a quittés... et puis, mon père est sévère, il ne comprend pas que l'on puisse avoir d'autres aspirations que celles au milieu desquelles il a vécu. Sans le vouloir, peut-être, j'ai quelquefois froissé ses idées. Mais, je vais le voir, Jeanne; nous allons vivre l'un près de l'autre, l'un pour l'autre même, s'il le veut; nous parlerons de ma mère, et je n'aurai pas de peine à dissiper les quelques ombres qui ont obscurci un moment notre sainte amitié.

— A la bonne heure! fit Jeanne, et comme vous, j'ai confiance et bon espoir.

Tout en parlant, ils descendaient le sentier qui, des hauteurs, conduit aux rives encaissées de la Marne.

Jeanne et Maurice s'étaient connus presque enfants.

Nés dans des conditions bien différentes, l'âge les avait un moment rapprochés, jusqu'au jour où les graves préoccupations d'un état à choisir avaient forcé le jeune homme à s'éloigner.

Le père de Maurice était un de ces modestes médecins de campagne, qui, après avoir exercé dans un des plus pauvres cantons de la Haute-Marne, avait fini par accepter une place dans l'usine considérable de M. Carpentier, laquelle était située au village même de Varennes. Il avait fait de son fils un mécanicien, et c'est en cette qualité que ce der-

Un homme était à leur tête.

nier revenait au bourg, où un emploi lui était réservé à l'usine.

Quant au père de Jeanne, c'était un simple ouvrier, autrefois maçon, aujourd'hui mineur, qui, en dépit des misères qu'il avait éprouvées, des chagrins dont la vie l'avait abreuvé, était resté résigné et ferme, sans laisser entamer jamais son honnêteté et son héroïsme!

Naguère habitant de Paris, il avait vu mourir successivement sa femme et quatre de ses enfants.

Il ne lui restait plus que Jeanne!

Tous ceux qui le connaissaient savaient bien, que le jour où il eût perdu celle-ci, il se serait tué.

Mais Jeanne ne demandait pas à mourir; elle était grande, robuste, saine, et elle faisait la joie et l'orgueil de son père.

C'est en devisant de mille choses, en évoquant le passé, en interrogeant l'avenir, que les deux jeunes gens avançaient à pas lents, à travers la campagne, vers l'usine dont les hautes cheminées coupaient l'horizon lointain.

Le soleil avait disparu; la vallée n'apparaissait plus à leurs regards que baignée des premières ombres du soir.

Le calme était tout à coup venu; plus une plainte, plus un cri; à peine, de loin en loin, l'appel mélancolique et doux de quelque clocher de village.

Rien ne saurait dire le charme d'un pareil tableau. Maurice, qui avait été longtemps sevré de semblables jouissances, s'y abandonnait tout entier et sans arrière-pensée.

Il y avait bien des troubles dans son cœur, bien des amertumes aussi dans son esprit, mais à cette heure la paix s'était faite en lui, et l'air vivifiant et pur qu'il respirait semblait avoir communiqué à tout son être une vitalité nouvelle.

A un moment cependant, il secoua vivement la tête comme pour chasser ces rêveries inaccoutumées qui menaçaient de l'envahir, et il se retourna avec un fin sourire vers la jeune fille qui l'accompagnait.

— Voici une heure bientôt, dit-il, que nous parlons de choses fort intéressantes à coup sûr, mais tu ne m'as rien dit encore de toi-même, et j'ai l'air de n'en prendre aucun souci.

— Eh! que voulez-vous que je vous dise de moi? s'écria Jeanne, d'une voix sonore et gaie... Ma vie se passe ici toujours égale. C'est aujourd'hui comme c'était hier. Ce sera demain comme aujourd'hui. Il n'y a rien qui puisse changer mon sort.

— Mais te voilà grande maintenant, Jeanne, l'âge est venu pour toi aussi; et avec l'âge, la beauté. Avec des yeux comme les tiens, on n'a pas grand'peine à trouver ce que toute jeune fille cherche à ton âge.

— Quoi donc?

— Un amoureux!

— Quelle folie!

— N'y as-tu jamais songé?

— A quoi bon?

— Dame, tu n'as pas, je suppose, résolu de rester vieille fille.

Jeanne haussa les épaules et garda le silence pendant quelques secondes.

Maurice l'observait avec attention et il ne lui fut pas difficile de constater que sa poitrine se soulevait avec une certaine agitation.

— Oh! oh! dit-il avec enjouement, j'ai donc deviné; il y a quelque chose, l'amoureux est trouvé?

— Non, monsieur Maurice.

— Peut-être est-ce l'embarras du choix?

— Pas davantage.

— Qu'est-ce donc alors?

Jeanne était devenue soucieuse. Une ombre avait passé sur son front. Elle tenait les yeux baissés vers la terre.

— C'est bien difficile à expliquer, répondit-elle peu après. Je n'ai pas résolu, en effet, de rester vieille fille, et j'ai déjà, plusieurs fois, été demandée en mariage.

— Je crois bien!

— Il faut choisir... pourtant.

— Voilà?

— Et, jusqu'à présent, je n'ai pu me décider.

— Pourquoi?

— Ah! ne riez pas de moi, monsieur Maurice, et n'allez pas me trouver ridicule; mais, voyez-vous, parmi ceux qui se sont présentés, il n'y a guère que des hommes grossiers, sans éducation, qui regardent leur femme comme une ménagère et pas du tout comme une compagne, et quand je songe que je pourrais être traitée comme les malheureuses que je connais, cela m'effraie et m'arrête. Comprenez-vous?...

— Parfaitement.

— Alors j'attends.

— Quoi?

— Je ne sais.

— Mais ce n'est pas un avenir.

Jeanne remua tristement le front.

— Je ne l'ignore pas, répondit-elle. Eh!
que voulez-vous? il n'y a rien à faire à cela,
et je préfère encore rester comme je suis que
de subir le sort des autres.

— Et tu n'as jamais aimé personne? tu
ne souffres pas de cet isolement où **tu vis**?
tu n'as pas pensé qu'un jour...

Maurice allait continuer... Mais Jeanne venait de le quitter brusquement, et sans qu'il
pût se rendre compte de ce qui se passait, il
la vit courir en avant, et s'arrêter au coude
du chemin.

— Écoutez! écoutez! dit-elle alors en faisant signe à Maurice.

Ce dernier s'empressa d'aller la rejoindre.

On entendait en ce moment, à une très-
faible distance, le galop de trois chevaux qui
venaient dans leur direction.

— Qu'est-ce que cela? demanda vivement
Maurice.

— Vous allez voir, répondit Jeanne d'un
ton essoufflé.

— Mais explique-moi.

— Les voici, regardez.

Jeanne n'avait pas fini de prononcer ces
paroles que deux jeunes filles, montées sur
deux magnifiques bêtes de race, passaient,
avec la rapidité de l'éclair, suivies à peu de
distance par un cavalier, mis avec la dernière
distinction.

— Quelles sont ces deux femmes? interrogea Maurice avec curiosité.

— L'une est M^lle Berthe Carpentier, répondit Jeanne, et je ne connais la seconde
que sous le nom de Diana.

— Mais l'homme qui les accompagne?

On l'appelle Robert Linley.

Et si l'ombre du soir n'avait pas été si
épaisse, Maurice eût pu remarquer qu'en
prononçant ce nom, une subite pâleur était
montée au visage de **Jeanne**.

## III

### L'inconnu

Mais lui-même était, du reste, sous l'impression d'un autre sentiment.

Des trois personnes qui venaient de passer,
emportées par le galop de leurs chevaux, il
n'en avait vu qu'une,

La première... M^lle Carpentier.

Berthe!

Il y avait trois années qu'il ne l'avait vue.
C'était alors une enfant; elle avait au plus qua-
torze ans, et si parfois son regard s'était arrêté sur son frais visage, c'était avec cette
sympathie inconsciente qui s'attache à tout
ce qui est faible, qui se sent attirée par tout
ce qui est pur.

Mais en moins de trois années, l'enfant
était devenue une belle jeune fille; sa taille
s'était développée; elle avait acquis cette
grâce exquise de la femme qui lui manquait,
et tout son corps s'était modelé comme sous
l'amoureux ciseau d'un sculpteur invisible.

Il était impossible de rêver rien de plus
charmant, et, en la voyant passer, Maurice
s'était demandé si c'était bien là l'enfant
qu'il avait entrevu naguère.

— Comme la voilà belle, maintenant, dit-il,
en se tournant vers Jeanne, et comme son
père doit en être fier !

En effet, répondit Jeanne, mais vous savez...
M. Carpentier est un homme un peu dur, il
est habitué au commandement, et je crois
bien que la pauvre demoiselle n'est pas toujours heureuse.

— Est-ce possible?

— M. Bernard vous en dira long à ce sujet.

— Mon père la voit donc?

— Souvent! le docteur est devenu par état le confident de bien des misères, et Mlle Berthe a été plus d'une fois, en cachette de son père, lui porter ses petites économies pour les pauvres qu'il visite.

— Pauvre enfant!

— A part ça, cependant, elle ne paraît pas souffrir beaucoup: elle mène une vie active, très-occupée; elle monte à cheval; elle chasse avec son père, et, depuis que les deux étrangers sont à l'usine, elle n'a pas reposé une journée.

— Des étrangers? fit Maurice.

— M. et Mme Robert Linley.

— Ils sont donc amis de M. Carpentier?

— Je vais vous dire... Il paraît que M. Charton, le père de Mme Linley, a acheté à M. Carpentier une maison qu'il possédait à Paris, et comme M. Linley, le gendre, est ingénieur, qu'il s'occupe d'usines et de forges, qu'en outre c'est un grand chasseur, on a invité les jeunes époux à venir passer ici la saison d'automne.

— Et depuis combien de temps sont-ils à Varennes?

— Depuis deux mois.

Maurice et Jeanne avaient continué de marcher, et maintenant ils ne se trouvaient plus qu'à un kilomètre au plus de l'usine.

Arrivée là, Jeanne s'arrêta.

— Est-ce que tu vas me quitter? demanda Maurice avec étonnement.

— Il le faut bien, répondit la jeune fille; nous ne suivons plus le même chemin. Pendant que vous allez vers l'usine, où vous trouverez M. Bernard, moi, je me dirigerai vers ma cabane, qui est située sur la lisière de ce petit bois que vous voyez d'ici.

— Au revoir donc, Jeanne, dit alors le jeune homme.

— Au revoir, monsieur Maurice, dit la jeune fille.

Ils se serrèrent encore une fois la main, et tous les deux se séparèrent prenant chacun un chemin opposé.

Maurice se mit à marcher à pas rapides, il avait hâte d'arriver; il avait hâte surtout de revoir et d'embrasser son père.

Non pas qu'il fût dégagé de toute appréhension au sujet de cette première entrevue; depuis trois années qu'il avait quitté Varennes, bien des choses s'étaient passées, bien des événements s'étaient accomplis, qui avaient un moment compromis les relations du père et du fils, et menacé de les séparer à tout jamais.

Le docteur Bernard, habitué à guider son fils, n'avait pu voir sans étonnement le jeune homme entrer dans une voie qu'il condamnait, et professer des opinions qui froissaient au plus haut degré la religion politique qu'il avait observée jusqu'alors.

Nous expliquerons plus loin en quoi consistait cette religion, et quelle voie Maurice avait choisie dans la vie.

Qu'il nous suffise, pour le moment, de dire que le vieillard et le jeune homme avaient échangé pendant quelque temps des lettres sourdement irritées, et que c'est l'épouvante même d'une situation aussi tendue qui avait précipité le retour de Maurice.

Ce dernier aimait son père à l'adoration, et s'il ne voulait pas sacrifier son amour filial aux convictions profondes qu'il devait à l'étude des questions modernes, du moins il était bien résolu à tout tenter pour éviter une rupture.

C'est donc sous l'empire de ces sentiments qui s'étaient fait jour en lui, qu'il avait accepté de revenir à Varennes et d'occuper les fonctions de mécanicien à l'usine de M. Carpentier.

Il espérait qu'une fois près de son père, vivant de la même vie, pouvant échanger ses idées dans une intimité adoucie encore par un amour réciproque, il parviendrait à ramener le vieux docteur à l'indulgence pour des aspirations auxquelles il se montrait si hostile.

Toutefois, à mesure qu'il avançait, l'hésisitation revenait au cœur de Maurice, et toute sa fermeté était bien près de l'abandonner.

Déjà, il touchait aux premières maisons du bourg, la maison paternelle n'était plus qu'à une centaine de mètres, quand il aperçut, à quelques pas de lui, sur la gauche du chemin, la grille ouverte d'un modeste cimetière de campagne.

Il tressaillit.

C'est dans ce cimetière que sa mère avait été inhumée, et il se sentait pris d'un désir immodéré d'aller s'agenouiller sur sa tombe!

Maurice avait vécu longtemps dans les villes ou les ateliers, et il ne croyait plus à grand'chose en ce monde.

Mais le souvenir de sa mère lui avait toujours été sacré, et il lui conservait une sorte de vénération superstitieuse.

Il franchit donc la grille d'un pas résolu et pénétra dans la nécropole.

Tout à cette heure y était silence et mystère, mais il savait où trouver la tombe sainte; il y marcha sans la moindre hésitation, et ce fut avec une émotion douce et triste à la fois qu'il s'agenouilla sur la pierre.

Combien resta-t-il de temps ainsi penché, recueilli et priant?

Qu'importe!

Ce qui n'est pas douteux, c'est qu'il pria du fond de son cœur, et que, lorsqu'il se releva et reprit sa route, son pas était plus ferme et toute hésitation avait disparu de son esprit.

Un quart d'heure après, il frappait à la porte du docteur Bernard.

Or, ce même jour, et presque à la même heure, un fait singulier se passait dans ce même petit bourg.

Il n'y avait guère qu'une auberge à Varennes, et encore n'était-on pas habitué à recevoir des voyageurs.

Cela s'appelait cependant l'auberge du *Cheval blanc*, et les propriétaires actuels y avaient vu des jours heureux.

C'était du temps où la grande route passait au milieu même du bourg; mais depuis une rectification imaginée par les ponts et chaussées avait tout changé, et, à part quelques rouliers obstinés, le voyageur proprement dit y donnait peu.

Ce soir-là, vers dix heures, au moment même où les deux domestiques allaient se retirer, plusieurs coups retentirent contre la porte, et une voix s'éleva dans la nuit qui demandait un gîte.

On s'empressa d'aller ouvrir.

Celui qui entra alors était un homme d'une quarantaine d'années, les cheveux coupés ras, les favoris épais et roux, à la voix rude et à l'allure ronde et franche.

Il fit quelques pas dans la salle du rez-de-chaussée et vit qu'une maigre chandelle éclairait seule les lieux.

Ah! ah! dit-il en soufflant bruyamment, il paraît que l'on se couche de bonne heure ici, mais j'espère cependant que vous voudrez bien m'octroyer un lit.

— Si monsieur veut me suivre, dit la servante.

— Tout de suite, mon enfant, tout de suite, d'autant que je tombe de sommeil et de fatigue. Seulement, quelques questions préalables avant de me mettre au lit.

Que désire monsieur?

— C'est bien ici, n'est-ce pas... que je trouverai l'usine de M. Carpentier?

— C'est bien ici.

Et le docteur Bernard?

— Précisément.

— Et son fils, Maurice?

— Et son fils également, car il est arrivé ce soir même.

— N'y a-t-il pas encore à l'usine une personne que l'on désigne sous le nom de Robert Linley!

— Si bien, monsieur, à preuve qu'il y habite depuis bientôt deux mois.

— C'est à merveille ; en voilà assez pour une fois, et maintenant, ouvrez la marche, mon enfant, je vous suivrai avec empressement.


## IV


### Le puits abandonné


Le lendemain, vers deux heures du matin, Robert Linley, l'hôte de M. Carpentier, sortait de l'usine le fusil sur l'épaule et prenait le chemin qui, après avoir traversé le village de Varennes, se dirige vers les bois qui couronnent les hauteurs environnantes.

Robert Linley était un grand chasseur, ainsi que l'avait dit Jeanne à Maurice, et deux fois au moins par semaine il quittait le bourg de bonne heure pour aller se livrer à sa passion favorite.

Il était vêtu d'un costume de chasse qui faisait valoir toutes les élégances de sa taille. Ses guêtres de cuir dessinaient sa jambe droite et ferme, sa veste l'enserrait comme un justaucorps, et, en le voyant passer, l'allure dégagée et le pas assuré, on ne pouvait se défendre d'un mouvement involontaire de sympathie.

Robert Linley avait à peine trente ans ; ce n'était pas précisément un beau garçon, et il n'avait jamais dû viser à la notoriété du gandin.

Mais la pâleur mate de son visage, ses mains délicates et fines, son pied petit et bien cambré, témoignaient d'une distinction réelle.

Seule, l'expression du regard semblait, chez cet homme, faire disparate dans l'ensemble de sa physionomie.

C'était quelque chose de bizarre et d'inexplicable.

A de certains moments l'œil était placide et doux, mélancolique et vague comme celui d'une gazelle, mais souvent aussi, et cela brusquement, sans transition, le sourcil se contractait tout à coup, le regard devenait mobile et farouche, et il s'en dégageait comme des lueurs fauves, dont on pouvait difficilement soutenir l'éclat !

Au départ de l'usine, Robert Linley était un peu soucieux et triste ; de sombres préoccupations pesaient évidemment sur son esprit, et il n'avançait qu'à pas lents sur la route dans laquelle il s'était engagé.

Mais, dès qu'il eut dépassé les dernières maisons du bourg, la fraîcheur de la nuit rafraîchit son sang et lui rendit tout son calme, et c'est d'un pas plus délibéré qu'il gagna les abords du bois.

La nuit était belle et sereine ; la lune éclairait les profondeurs de l'horizon, et la brise lui apportait les senteurs pénétrantes de la plaine.

Comme il approchait des premiers taillis, il vit tout à coup apparaitre la silhouette d'un homme qui se détachait à quelques pas devant lui.

Il s'arrêta.

Est-ce toi, Mathon ? dit-il à voix rapide et basse.

C'est moi, monsieur Linley, répondit l'homme en se rapprochant.

— Tu m'attendais ?

— Selon l'ordre que vous m'aviez donné ce matin.

C'est bon... J'espère que les autres seront comme toi, exacts au rendez-vous. Partons ?

Les deux hommes pénétrèrent sous bois.

Celui que Linley venait de désigner sous le nom de Mathon était un mineur de l'usine, que, depuis son arrivée à Varennes, le jeune ingénieur avait pour ainsi dire pris à son service.

Brutal, grossier, paresseux, Mathon était l'objet d'une répulsion générale.

Doué d'un force physique redoutable, il s'imposait à ses compagnons de travail par la terreur qu'il leur inspirait, et jamais on n'eût osé lui chercher querelle. A plusieurs reprises, cependant, on avait tenté de le renvoyer ; mais une intervention mystérieuse s'était produite chaque fois, et, en dépit de sa paresse notoire, des propos menaçants qu'il ne cessait de proférer contre ses chefs, on l'avait maintenu dans ses fonctions.

— Et où allons-nous comme ça cette nuit monsieur Robert ? demanda Mathon à son compagnon, tout en avançant sous les taillis.

— Cette nuit, répondit Robert, nous allons au *Puits abandonné*.

— Oh ! oh ! mais il n'y a pas de gibier de ce côté... vous le savez bien.

— C'est possible.

— Est-ce que ce ne se serait pas pour chasser que nous sommes sortis ?

— Tu le verras.

— Quand cela ?

— Quand nous serons arrivés.

Mathon secoua lentement la tête.

— Ah ! ça, il se passe donc quelque chose ? dit-il au bout d'un instant.

— Peut-être.

— Il va y avoir du nouveau.

— Est-ce là ce que tu désires ?

— Pardieu ! je moisis ici, moi. Croyez-vous par hasard que ça soit bien agréable de vivre toute sa vie dans un trou noir, pour gagner à peine de quoi manger, tandis que d'autres n'ont qu'à se ballader et à manger des ortolans ?

— Tu aimes donc les ortolans ?

— Je ne sais pas seulement ce que c'est.

— Enfin, tu n'es pas content de ton sort ?

— Il n'y a donc pas de quoi ?

Robert se prit à sourire.

— Tu aurais dû te marier ? dit-il ironiquement.

— Moi ! fit le mineur en exécutant un bond effaré.

— Et pourquoi pas ?

— Une femme, des enfants ! des liens à toutes les pattes, merci ; j'aime mieux autre chose... Voyez-vous, d'abord, vous m'avez mis l'eau à la bouche...

— Comment cela ?

— Vous m'avez parlé de ceux qui possèdent, des maîtres, — de ces hommes qui ont de l'argent à ne savoir où le fourrer. — Depuis ce jour-là, je ne puis plus dormir.

— Et tu attends.. ?

— Et j'attends ! répondit le mineur.

Ils marchaient tantôt l'un à côté de l'autre, tantôt l'un devant l'autre, selon que le sentier se présentait large ou étroit. Ils avaient pénétré profondément dans le bois : de temps en temps, des clairières s'offraient devant eux, et, à travers les arbres plus clairs-semés, ils apercevaient au loin des échappées de lumière qui ressemblaient à des fantômes.

C'était un silence et un calme dont rien ne saurait donner une idée.

Tout à coup, Mathon saisit son fusil et tomba en arrêt.

— Qu'y a-t-il ? demanda vivement Robert.

— N'avez-vous pas entendu ? répondit le mineur.

— Quoi donc ?

— Un bruit de pas sur les feuilles sèches.

— C'est quelque renard, sans doute.

— Ou un espion.

— Tu en vois partout.

— Oh ! je connais le Carpentier. C'est une vieille canaille qui n'hésiterait pas à nous faire suivre, s'il avait des soupçons.

— Mais il n'en a pas !

— Faut-il tirer ?

— Fais ce que tu veux.

Robert n'avait pas achevé que le coup partait.

Et presque aussitôt ils entendirent un cri humain, et un bruit de pas qui fuyaient avec rapidité.

— Que vous disais-je? fit Mathon, en reposant son fusil.

— C'est singulier, dit Robert.

— Voulez-vous que je me lance sur la piste?

— Non, c'est inutile. Nous voici bientôt arrivés à destination, et nous n'avons plus de temps à perdre. Pressons donc le pas, et demain nous éclaircirons ce mystère.

Ils se remirent en marche.

Le sol sur lequel ils marchaient avait changé de nature. Ce n'était plus le terrain argileux et mou de la forêt qu'ils venaient de traverser; une barre de roches stériles en avait coupé brusquement la couche argileuse, et maintenant leurs pieds s'appuyaient sur de nombreuses scories de charbons et de minerai.

Ils approchaient évidemment d'un gisement houiller.

La route s'escarpait, le terrain devenait pelé et nu, et toute végétation avait disparu.

A un quart de lieue environ, sur un coteau de trois cents mètres à peu près d'élévation, se profilait un de ces échafaudages bizarres qui, dans la nuit, éclairés par la lumière de la lune, apparaissent de loin, aux pays houillers, comme le squelette colossal de quelque animal antédiluvien.

C'est là ce que Robert Linley appelait le *Puits abandonné*.

Une vieille cabane en ruines y attenait, à laquelle on accédait par un escalier dont, à cette heure, les marches étaient rongées par le temps.

C'était sinistre à voir, et on eût difficilement trouvé dans le pays un homme, fût-ce un mineur, qui eût consenti à y passer la nuit.

Mais Linley et Mathon étaient étrangers à

des défaillances de ce genre, et, en moins de dix minutes, ils eurent atteint la cabane, dont ils poussèrent résolûment la porte.

Puis ils entrèrent.

Seulement, en dépit de leur fermeté habituelle, ils ne purent, ni l'un ni l'autre, réprimer un mouvement de surprise, quand, à leur entrée, ils aperçurent devant eux trois hommes qui venaient de se lever et qui les saluaient avec une gravité silencieuse et froide.

<h3 style="text-align:center">V</h3>

Robert leur rendit leur salut, en les désignant par leurs noms.

Le premier était un homme de cinquante ans; il s'appelait Douski, et arrivait de la Posnanie.

Le second était plus jeune de quinze années, et portait le nom de Lutton.

Le dernier avait au plus vingt-cinq ans, et Robert lui serra la main, en l'appelant Marco.

— Vous êtes exacts, reprit Linley, après un silence de quelques secondes, et je n'attendais pas moins de votre zèle. Depuis combien de temps êtes-vous ici?

— Depuis dix minutes, répondit Dousky.

— Et quand repartez-vous?

— Dans une demi-heure.

— Asseyez-vous donc alors, prenez place sur ces bancs de bois, et causons des affaires de notre association...

Et, sur cette invitation, les trois hommes s'assirent pendant que Robert restait debout.

Mathon se tenait près de la porte, qu'il avait fermée.

— A toi d'abord, Dousky, continua bien-

Je vois ce que c'est, vous m'avez oublié.

tôt Robert, quelles nouvelles nous apportes-tu de nos frères du Nord?

— Nos frères du Nord sont prêts, répondit le Polonais; depuis, nos agents ont pénétré jusqu'au cœur de la Russie, ils se sont mêlés aux paysans et aux serfs, ils ont poussé même jusqu'aux mines de la Sibérie, et, à cette heure, nous comptons plus de cent mille travailleurs qui ont adhéré à l'association.

— Bien! approuva Robert; auront-ils des armes?

— Ils en auront.

— Et sont-ils résolus à s'en servir pour la bonne cause?

— Ils sont prêts à se lever en masse au premier signal!

Robert fit un signe de tête, et se tourna vers Lutton.

— Et toi, poursuivit-il, qu'as-tu à nous apprendre de l'Angleterre?

Lutton eut un sourire ironique.

— L'Angleterre a devancé la France?

répondit-il; elle est prête depuis longtemps, et elle attend.

— Le nombre de nos frères a-t-il augmenté?

— La *Ligue des métiers* y compte, à cette heure, huit cent mille soldats.

— La Ligue des métiers, soit! Mais ces soldats sont-ils disposés à se joindre à nous?

— Que l'Internationale jette le cri d'alarme, et ils marcheront.

Robert se tourna alors vers Marco.

— A ton tour, lui dit-il, tu es un de nos agents les plus jeunes, mais tu as rendu déjà d'éminents services à l'association. Qu'as-tu fait, en France, depuis notre dernier entretien?

— Rien, ou presque rien, répondit Marco; l'empire a jeté la démoralisation dans les masses; l'ardent désir des jouissances immédiates oblitère la vertu et la résolution, et il faudra quelques années encore avant que nous atteignions le but!

Robert se tut.

Une expression soudaine avait assombri les traits de son visage, et son œil, aux regards étranges, lançait autour de lui des lueurs fauves.

— Oui, c'est bien cela! dit-il d'un ton vague, le temps n'est plus aux caractères énergiques. La société n'enfante plus que des bâtards pourris, et il faudra que la révolution passe encore une fois son niveau sanglant sur cette terre dégénérée!

Puis il releva la tête et promena son regard sur les trois hommes qui l'écoutaient avec une admiration mêlée d'une sorte de terreur.

— Comment se fait-il qu'après trois révolutions politiques aussi radicales que celles de 1789, 1830 et 1848, les travailleurs se trouvent encore aujourd'hui dans le même état de gêne et d'oppression qu'autrefois.

Comme nos pères, nous voulons la liberté, comme eux nous voulons l'égalité, mais nous sommes la génération nouvelle, nous combattons avec des armes nouvelles, avec des idées nouvelles et puisque nous avons déjà pu établir la solidarité révolutionnaire internationale entre quatre millions d'associés, nous pouvons dire hardiment que le temps des dissertations est passé et que celui de l'action approche.

On vous a parlé de République, et il y a des hommes qui sont venus vous dire que là était le salut.

Ces hommes vous trompent.

Ceux-là sont encore attachés aux vieilles formules du passé, et ce sont celles de l'avenir qu'il nous faut proclamer.

Eh bien, écoutez, vous tous qui êtes les infatigables pionniers de l'œuvre moderne, écoutez, et retenez bien les paroles que vous devrez redire à ceux vers lesquels vous allez retourner (1)!

Et, en parlant ainsi, Robert secoua rudement le front, ses sourcils se contractèrent encore davantage, ses lèvres se crispèrent avec une sorte de rage mal contenue, et sa physionomie prit un caractère soudain de férocité hideuse.

— Ils sont insensés! dit-il, s'ils ne sont pas aveugles, ceux qui ne comprennent pas que notre révolution sociale peut seule mettre fin à la pourriture effrayante qui a envahi toutes les couches de la société; assez longtemps la bourgeoisie nous a tenus en échec, c'est à nous qu'il appartient de la remplacer, et de fonder enfin le règne de la Justice!

Trois fléaux existent qui rongent incessamment les productions de l'humanité, ce sont: le *prêtre*, le *soldat*, le *rentier*; et, pour se soustraire aux influences malsaines de ces trois classes, il importe de les combattre sans pitié jusqu'à ce qu'elles aient disparu.

Telle est la question, entendez-vous bien!... et si nous ne nous laissons pas désagréger,

(1) Nous avons à peine besoin de prévenir le lecteur que la plupart de ces propositions sont empruntées textuellement aux discours prononcés dans le congrès de l'Internationale.

avant trois années peut-être l'empire du monde appartiendra aux ouvriers !

Robert se tut encore une fois ; l'expression de dureté qui avait un moment contracté ses traits avait disparu, il était redevenu calme et une certaine satisfaction éclairait même son visage.

— Si vous saviez ! reprit-il au bout d'un instant, si vous saviez les rêves enchantés qui ont parfois visité mon sommeil, rêves qui ne seront rien auprès de la réalité, si nous sommes des hommes à l'heure terrible de la revendication.

Avant trois ans, — croyez-en ce que je vous dis, moi, qui ne cesse de tâter les pouls à l'Europe et qui constate chaque année, chaque mois, tous les jours, la fièvre qui brûle ses artères, — avant trois ans, il y aura entre la France et l'Allemagne un des plus redoutables conflits qui aient ensanglanté le monde.

Cette heure sera la nôtre.

Que ce soit la France ou l'Allemagne qui y succombe, que nous importe ?

Nous n'appartenons ni à un parti, ni à un pays, nous sommes l'Internationale, nous avons quatre millions de soldats... et la nation vaincue sera notre proie.

Voilà l'avenir, mes amis ; voilà le but, voilà la récompense promise à nos efforts.

Allez donc à votre mission, répandez de tous côtés la bonne nouvelle et revenez dans quelques mois avec des contingents nouveaux.

Les trois hommes se levèrent, sur ces mots, et tous trois se précipitèrent à l'envi pour serrer les mains de Robert.

Puis ils allaient se diriger vers la porte, quand Mathon leur adressa un signe énergique et prompt qui leur ordonnait de rester.

— Qu'y a-t-il ? fit Robert étonné.

— Il y a que j'ai entendu du bruit, répondit le mineur, et que quelqu'un nous écoute et nous épie.

— C'est impossible, voulut dire encore Robert.

— Eh bien, nous allons nous en assurer, répliqua Mathon.

Et, sans attendre d'autres objections, il franchit le seuil de la porte et s'élança au dehors.

Quelques minutes plus tard, il reparaissait triomphant, traînant après lui la malheureuse Jeanne, qui le suivait plus morte que vive.

— Ah ! tu nous espionnais, misérable ! s'écriait le mineur ; tu écoutais aux portes pour aller rapporter à c'maître ou au fils Bernard. Eh bien ! nous allons rire alors...

Mathon aurait continué longtemps sur ce ton, si Robert ne s'était pas interposé.

— Je me charge d'interroger cette enfant, dit-il aux trois hommes et à Mathon ; elle n'est peut-être pas si coupable que vous le supposez, et je saurai, en tous cas, prendre toutes les mesures nécessaires.

Au revoir, mes amis ; continuez votre voyage. Et quant à toi, Mathon, va m'attendre dans la clairière.

Les trois hommes partirent sur cette invitation, et malgré le vif désir que Mathon avait de demeurer, après quelques secondes d'hésitation. Il s'éloigna à son tour, tout en grommelant.

Robert restait seul avec Jeanne.

VI

**Le secret de Jeanne**

Jeanne s'était laissée tomber accablée sur le banc de bois, et la lune, qui l'enveloppait de ses rayons, faisait encore ressortir sa pâleur de marbre.

Elle était violemment émue, sa gorge se soulevait avec agitation. Elle tenait obstinément les yeux baissés vers le sol.

Robert, lui, debout près de la porte qu'il venait de fermer, la contemplait en silence, et, à cette heure, dans les circonstances où elle se présentait à lui, il s'émerveillait de cette beauté robuste et saine, devant laquelle il avait passé bien souvent sans la remarquer.

Jeanne était belle ainsi, et je ne saurais dire quelle étrange sensation fit un moment frissonner Robert dans tout son être.

Il avait rencontré déjà dans sa vie bien des femmes belles et désirables, mais la beauté de Jeanne ne ressemblait en rien à celle des autres femmes, et il se demandait curieusement quel rôle jouait dans tout ceci le hasard qui la lui envoyait en un pareil moment.

Il s'approcha et s'assit près de la jeune fille, qui tremblait.

— Jeanne, dit-il alors d'un ton grave et profond, serait-il vrai que vous n'êtes venue ici que pour épier mes démarches et rapporter mes paroles?

Et comme Jeanne gardait le silence:

— Vous vous taisez, continua-t-il, vous êtes donc coupable.

— Non! non! n'en croyez rien, répondit impétueusement la jeune fille.

— Cependant les apparences sont contre vous.

— C'est vrai.

— Vous m'avez suivi dans la nuit, vous êtes venue sur mes pas, et vous étiez là, tout près, pendant notre entretien.

— Je ne puis le nier.

— Qui donc vous avait chargée de m'espionner?

— Personne.

— Pourquoi vous trouviez-vous là?

— Ne me le demandez pas.

— Cependant, si vous vous obstinez à vous taire, quelle opinion voulez-vous que j'aie de votre conduite? Que voulez-vous que je pense?

Jeanne joignit les mains:

— Tout! monsieur Robert, tout! répondit-elle, excepté que je joue ici un misérable rôle. Si vous saviez!...

— Mais je ne demande pas autre chose. Parlez.

— Je ne puis.

— Préférez-vous que je vous interroge?

— J'aime mieux cela.

— Eh bien! répondez-moi, mon enfant, sans détour, avec une entière franchise, et surtout n'ayez pas peur de moi et ne tremblez pas, ainsi que vous le faites en ce moment.

Robert avait pris ses mains, qui étaient glacées par l'émotion; il l'attira doucement contre sa poitrine.

Jeanne était sans force, incapable de résister; elle subissait une de ces prostrations bizarres qui enlèvent parfois à la femme jusqu'à la conscience de ses actes.

— Voyons! poursuivit Robert que cette scène commençait à intriguer au dernier point et qui avait déjà comme un vague soupçon de la réalité; voyons, quelqu'un vous a-t-il parlé de moi?

— Personne, monsieur, je vous le jure, répondit Jeanne.

— C'est de votre propre mouvement que vous êtes venue, cette nuit, dans la forêt?

— C'est cela.

— Saviez-vous que moi-même j'y dusse venir?

— Oui.

— Mais vous n'aviez aucune intention de me trahir?

— Oh! sur mon âme...

— Et si quelqu'un cherchait à savoir ce qui s'est passé ici, tout à l'heure, vous vous garderiez de le dire?

— On me tuerait plutôt.

— C'est bien, mon enfant, et, en retour de cette sympathie, de ce dévouement que je vous inspire, je vous promets, moi, mon amitié tout entière.

Jeanne était si près de Robert que ce dernier sentait son cœur battre avec force dans sa poitrine.

Il ne lui en fallut pas davantage pour comprendre ce qui s'y passait.

Il eut comme un éblouissement, et l'émotion de la jeune fille commença à le gagner.

— Savez-vous bien, mon enfant, continuat-il, que celui-là sera bien heureux qui, un jour, pourra se faire aimer de vous?

— Ne me dites pas cela, balbutia Jeanne avec un frisson.

— Pourquoi donc?

— Je ne veux aimer personne.

— Quelle folie!

— Je suis trop pauvre, et dans ma condition...

— Et y a-t-il une condition pour une femme? Aucun homme ne vous a donc encore dit combien vous êtes belle, et ce qu'il y aurait de bonheur et d'ivresse dans l'amour d'une enfant telle que vous.

— Laissez-moi.

— Jeanne!

— Mon Dieu!

— Ne t'éloigne pas.

— Je veux partir.

— Et si je te disais que je t'aime! que je n'ai pu voir ta beauté, sans en être ému, que je ferai tout, entends-tu, que je ferai tout pour l'obtenir.

Jeanne ne put en entendre davantage; une secrète épouvante s'était emparée d'elle; elle voulut s'enfuir, et chercha à se dégager de l'étreinte de Robert.

Ce dernier était vigoureux et résolu; d'ailleurs, le jeu lui plaisait, et il chercha à la retenir, en dépit de ses efforts.

Mais, au moment où il tentait une dernière fois de l'enlacer dans ses bras, la pauvre enfant poussa un cri douloureux, une pâleur livide se répandit sur ses joues, et elle s'affaissa défaillante sur le banc.

— Jeanne! Jeanne! s'écria Robert effrayé, qu'avez-vous? Parlez-moi.

La jeune fille rouvrit les yeux...

— Ce n'est rien! répondit-elle avec un doux sourire.

— Mais vous souffrez?

— Un peu.

— Qu'est-ce donc?

— Une blessure.

— Que dites-vous?

— Oh! elle est légère.

— Et qui vous l'a faite?

— Mathon.

— C'est impossible!

— Cette nuit, rappelez-vous... Vous étiez sous bois, vous avez cru entendre du bruit, Mathon s'est arrêté, a armé son fusil, et...

— Il vous a atteinte?

— A l'épaule.

Robert réprima un geste irrité.

Était-ce l'émotion provoquée par cet incident? n'était-ce tout simplement que la contrariété d'être arrêté dans ses projets? Nous ne saurions le dire.

Toutefois, il comprit qu'il fallait en rester là, pour cette nuit, et reprenant les mains de Jeanne :

— Pauvre enfant! dit-il du ton le plus doux, vous ne m'en voulez pas au moins de cette cruelle erreur?

— Pourquoi vous en voudrais-je? repartit Jeanne en retrouvant un peu de force.

— Désirez-vous que je vous laisse?

— Je vous en prie.

— Eh bien! je vais partir.

— Merci.

— Mais à une condition.

— Laquelle?

— Je vous reverrai.

— Ne me le demandez pas. Oubliez cette nuit. Ne cherchez plus à me rencontrer.

— Vous me demandez là une chose qui

sera désormais au-dessus de mes forces. Il faut que je vous revoie.

— Mais mon père?

— Il travaille, la nuit, à l'usine. Il ne saura rien.

— Oh! quelle faiblesse... quelle honte plutôt!

— Vous viendrez?

— Non! non !

Robert se pencha vers Jeanne, et ses lèvres s'appuyèrent longuement sur son front.

— Jeanne, ajouta-t-il d'une voix ardente et basse, demain à la même heure qu'aujourd'hui je viendrai au *Puits abandonné;* si vous voulez me rendre bien heureux, vous viendrez m'y rejoindre. Au revoir donc, mon enfant, et je veux compter cette nuit au nombre des plus douces que j'ai passées dans ma vie.

Il fit un signe affectueux de la main et sortit de la cabane.

Le jour commençait à poindre.

Il pressa le pas, car il voulait rentrer à l'usine de bonne heure.

Au milieu de la clairière, il trouva Mathon qui l'attendait.

— Eh bien! lui cria celui-ci dès qu'il l'aperçut, avez-vous fait parler la petite?

— Je sais tout ce que je voulais savoir, répondit Robert.

— Et qu'a-t-elle vu ou entendu?

— Absolument rien. Du reste, demain j'aurai avec elle une conversation à la suite de laquelle elle sera la première intéressée à garder le secret.

Mathon regarda Robert avec étonnement.

— Je ne vous comprends pas, dit-il en clignant des yeux.

— Tu n'as pas besoin de comprendre, répliqua le jeune homme en se remettant en marche.

Mais il n'avait pas fait cinquante pas, qu'il s'arrêtait pour échanger un regard rapide avec son compagnon.

— Cette fois, dit ce dernier, j'ai bien entendu, et ce qui est plus fort, j'ai vu...

— Quoi?

— Une ombre qui a passé là-bas au fond de la clairière.

— Je ne m'étais donc pas trompé, moi aussi, car j'ai cru voir et entendre.

— Tout le monde s'est donné, cette nuit, rendez-vous dans la forêt.

— Qui cela peut-il être? fit Robert.

Mathon eut un geste impatient :

— Quand je vous dis que tout cela me paraît louche! grommela-t-il, et si vous n'y prenez garde, ça finira mal.

— Que crains-tu?

— Tout! puisque je ne sais rien.

— Eh bien! il y a un moyen de s'assurer de la vérité.

— Lequel?

— Je vais rentrer seul, et, pendant que j'irai de mon côté, toi, tu suivras la piste.

— Ce sera facile.

— Va donc! sois prudent, ne néglige aucune précaution, et, si tu découvres quelque tentative de trahison ou d'espionnage, n'hésite pas.

Mathon remua la tête d'un air résolu.

— Quant à cela, dit-il, n'ayez aucune inquiétude, mon *flingot* est un ami sûr, et il n'a jamais raté son coup.

Les deux hommes se séparèrent sur ces mots.

Mathon s'enfonça sous bois, dans la direction du *Puits*, tandis que Robert reprenait le chemin du bourg.

Seulement, au bout d'un quart d'heure, et quand il se fut assuré que Mathon ne pouvait plus le voir, il changea subitement de direction, et prit une route opposée à celle qui conduisait à l'usine.

Cependant voici ce qui se passait du côté du *Puits abandonné.*

## VII

### Rêverie au bord d'un puits

Jeanne était restée comme anéantie après avoir vu disparaître Robert.

Sa blessure était peu grave, mais elle avait communiqué une sorte de fièvre à ses veines, et l'émotion qu'elle venait d'éprouver s'augmentait encore du souvenir récent d'un événement qui s'était accompli au lieu même où elle se trouvait.

La cabane où elle était assise s'élevait, nous l'avons dit, aux bords d'un puits de sondage, abandonné depuis quelques années.

Le puits n'avait pas moins de neuf cents mètres de profondeur et on assurait même qu'il existait dans l'intérieur de profondes galeries que l'on avait dû abandonner en raison des éboulements qui s'y étaient produits.

Pendant trois années, on y avait travaillé sans relâche, et ce ne fut qu'à la suite d'un accident survenu à l'outil de sonde, qui s'était brisé dans le trou même, que l'on s'était vu obligé de suspendre les opérations.

Or, quelques jours après l'abandon définitif du puits, un ouvrier mineur, le père de Jeanne, monté sur la plate-forme de sondage, essayait encore, dans un suprême effort, de ramener l'outil engagé.

Le père Morion était obstiné, et, dans un de ces moments de prescience qui ne sont pas rares chez le sondeur, il voulait vaincre l'obstacle qu'il lui semblait deviner au fond du trou.

C'était une sorte de lutte comme il s'en livre souvent dans l'ombre des mines, entre l'ouvrier et les obstacles que lui oppose la nature.

La machine à vapeur, organe moteur de la sonde, tirait de toute sa force sur la tête des tiges que Morion secouait violemment, lorsque tout à coup un craquement sinistre se fait entendre.

Le câble venait de se rompre.

Mais là n'était pas seulement l'intérêt dramatique.

En même temps que le craquement, un cri de douleur s'était élevé, et on avait couru à Morion.

Le malheureux avait la main sur la première tige, très-près d'un plancher de service par où elle s'engageait.

Cette main restait prise comme dans un étau, serrée par le poids énorme de plusieurs milliers de kilogrammes.

L'engin voulait redescendre, et sans cette main interposée là, comme un coin, il serait retombé au fond.

On allait, on venait, avec des paroles effarées, et tous les ouvriers, perdant la tête, cherchaient vainement un moyen de dégager le père Morion.

La position était des plus critiques.

A chaque instant il pouvait être entraîné et précipité dans l'abîme.

C'était horrible !

Seul, Morion conservait son sang-froid.

De la main qui restait libre, il indiqua à ses camarades la tige qu'il fallait scier pour faire cesser ses intolérables tortures, et ce n'est que dix minutes plus tard qu'il fut enfin délivré.

Mais sa main était broyée et sanglante.

Il dût relever lui-même ses chairs déchirées, les rassembler dans un linge trempé d'eau fraîche et regagner à pied la misérable cabane qu'il habitait sur la lisière du bois (1).

Les exemples d'un aussi vaillant courage ne

(1) *Le Monde souterrain*, par M. Simonin.

sont pas rares chez les mineurs, et l'industrie a ses martyrs et ses héros comme la guerre.

Jeanne était bien jeune quand cet événement était arrivé, mais elle s'en rappelait tous les détails, comme s'il se fût passé la veille.

Elle voyait encore son père rentrant pâle et mutilé à la maison.

Il ne proférait aucune plainte, aucun cri de douleur ; il s'ingéniait surtout à rassurer son enfant qui se tordait les bras à son chevet.

C'est pour elle surtout qu'il craignait la mort. S'il n'avait pas eu sa Jeanne bien-aimée, la vie lui eût été bien indifférente.

Accoudée à la fenêtre de la cabane, la pauvre enfant prenait un cruel plaisir à évoquer un à un tous ces souvenirs.

Sa pensée était pleine de tristesse, son cœur plein d'amertume.

Et cependant, — explique qui le pourra ces contradictions, — au-dessus de cette tristesse et de cette amertume, planait le sentiment d'une joie exquise comme elle n'en avait encore jamais éprouvé.

Elle songeait à Robert ! et quand le souvenir de la scène qui venait d'avoir lieu lui revenait à l'esprit, elle se sentait prise comme d'une défaillance nerveuse.

Elle se rappelait tout, et son front brûlait toujours du baiser que ses lèvres y avaient imprimé.

Puis elle pensait au lendemain.

Aurait-elle la faiblesse ou le courage de revenir ? Braverait-elle, pour cette amour insensé qui dévorait ses chairs, le danger d'être suivie, reconnue et déshonorée ?

Que deviendrait son père, si jamais une pareille honte l'atteignait !

Ce serait plus qu'une faute, — un crime !

Jeanne pressa son front de ses deux mains, et resta longtemps absorbée dans une rêverie douce et pénible à la fois.

Le jour se levait.

Une ligne rose teintait l'horizon, et les premiers rayons du soleil, pâles encore et baignés de vapeurs, commençaient à pénétrer dans la profondeur des bois.

Les oiseaux s'éveillaient et mêlaient leurs doux babils au murmure monotone des ruisseaux.

La nature entière sortait de son sommeil ; on sentait que la vie allait renaître, et des tressaillements d'extase emplissaient l'étendue.

Jeanne contemplait frissonnante le tableau qu'elle avait sous les yeux, et qui rassénérait son cœur en charmant son regard.

Elle était restée déjà trop longtemps éloignée du bourg. Son père n'allait pas tarder à rentrer, et son absence pouvait être remarquée.

Elle se leva et gagna la porte.

Au moment où elle allait en franchir le seuil, elle recula interdite et retenant un cri de surprise.

De l'autre côté du puits, un homme était debout qui la regardait avec un sourire ironique.

Quel était cet homme ? que faisait-il à cette heure, en cet endroit ?

Jeanne ne l'avait jamais vu. C'était évidemment un étranger. Mais pourquoi se trouvait-il précisément en même temps qu'elle aux abords du *Puits abandonné* ?

Elle était violemment inquiète, et n'osait plus ni avancer ni reculer.

— Eh bien ! est-ce que je vous fais peur, la belle enfant ? dit l'inconnu sur un ton railleur.

Jeanne s'élança résolue au dehors elle s'engagea sur la passerelle jetée en travers du trou noir.

Mais, arrivée au milieu, le pied lui manqua, tant elle était émue, et elle eût infailliblement disparu dans l'abîme si s'étranger ne l'avait retenue.

Les ouvriers couraient à la hâte.

— Eh! là... là!... fit ce dernier de la même voix ironique, vous allez comme une folle, mon enfant, et si le hasard ne m'avait pas placé ici...

— Monsieur!... fit Jeanne confuse.

— Auriez-vous encore peur de moi?

— Mais je ne vous connais pas.

— Pardieu! le contraire serait bien plus étonnant, puisque je suis arrivé à Varennes depuis quelques heures à peine, et que je les ai passées, partie à l'auberge du *Cheval blanc*, partie au milieu de cette forêt.

Et comme Jeanne ne répondait pas :

— Du reste, ajouta-t-il, si l'on est fort mal à l'auberge, on est, en revanche, fort bien dans ce bois, d'autant qu'il me parait fort bien fréquenté.

Jeanne releva vivement la tête.

— Que voulez-vous dire, monsieur? demanda-t-elle.

— Ce que vous savez aussi bien que moi, puisque vous étiez dans la cabane, répondit l'étranger.

— Il y a donc longtemps que vous êtes là?

Deux heures au moins.

— Et vous avez vu ?

— J'ai vu l'ingénieur Robert Linley et le mineur Mathon, plus trois autres gaillards qui ne me semblaient pas être venus en ces lieux uniquement pour voir lever l'aurore.

Jeanne frissonna.

Le ton dont ces paroles avaient été prononcées lui était particulièrement désagréable. Le personnage lui-même ne lui était pas sympathique. Quels projets nourrissait donc cet homme, et d'où venait qu'à peine arrivé à Varennes, il connaissait déjà et désignait par leurs noms deux hommes qu'il rencontrait évidemment pour la première fois ?

Jeanne soupçonna un danger pour celui qu'elle aimait, et voulut en avoir le cœur net.

— Est-ce que vous connaissez M. Robert ? demanda-t-elle sans hésiter à son interlocuteur.

— Oui et non, répondit l'étranger, j'ai entendu parler de lui, voilà tout.

— A Paris ?

— A Paris, et ailleurs...

— Est-ce donc pour lui que vous êtes venu à Varennes ?

— Oh ! pas précisément.

— Vous êtes ingénieur ?

— Non.

— Industriel ?

— Pas davantage.

— Mais alors ?

L'inconnu jeta un joyeux éclat de rire, qui fut bien près de déconcerter la pauvre enfant.

— Allons ! allons ! dit-il, je vois ce que c'est ; vous voulez me faire jaser, la petite ; mais tenez-vous calme et ne vous mettez pas ainsi en frais : de plus malins que vous l'ont essayé et il n'y en a pas un encore qui ait réussi.

Et pendant que Jeanne se taisait :

— D'ailleurs, continua-t-il avec une bonhomie admirablement jouée, je n'ai aucun secret à cacher, et, puisque vous paraissez le désirer, je vais vous dire sans détour et qui je suis et pourquoi je suis venu, et quel service j'ai à réclamer de vous !

## VIII

— Seulement, ajouta l'inconnu, ces aveux que je consens à vous faire, je ne m'y résignerai qu'à une condition.

— Laquelle ? fit Jeanne en observant avec attention son interlocuteur.

— C'est que vous garderez pour vous mes confidences, et que, surtout, vous n'en ferez jamais part à l'homme qui vient de sortir d'ici.

— Quel homme ?

— Robert Linley, pardieu !

Jeanne fit un mouvement.

— Ce que vous avez à me dire, répondit-elle, intéresse donc M. Robert ! C'est donc de lui que vous voulez me parler ?

— Sans doute.

— Et vous voulez que je m'engage à garder le secret ?... J'avoue que je ne comprends pas votre but et que je m'explique difficilement quelle peut être votre intention.

L'inconnu sourit.

— C'est cependant bien simple, répliqua-t-il, à tort ou à raison j'ai cru deviner que vous portiez un sérieux intérêt à Robert.

— Quand cela serait ?

— Cela est, puisque vous ne le niez pas. Eh bien, tout à l'heure, en vous rencontrant ici, en vous voyant soucieuse et troublée, j'ai formé le projet de vous sauver !

— Moi !

— Vous. Je m'y connais. Vous êtes en ce

moment sur une pente mauvaise, vous vous y laissez aller sans trop vous défendre, un pas encore peut-être, et vous ne pourrez plus revenir en arrière.

— Mais, Monsieur...

— Voyez! Je vous parle raison, et déjà vous êtes impatiente de voir cesser cet entretien. C'est un symptôme fort grave, et je crains bien d'être arrivé trop tard.

Jeanne fit quelques pas, comme pour s'éloigner.

— Vous partez! fit l'inconnu.

— Mais il me semble que j'en ai assez entendu, répondit la jeune fille avec dignité.

— Et vous ne désirez pas savoir...

— Qui vous êtes? Que m'importe? Tout ce que je sais, et cela me suffit dès à présent, c'est que vous n'aimez pas M. Linley, et comme je n'ai rien promis, que je n'ai pris aucun engagement, je lui ferai connaître qu'il a en vous un ennemi, dont il fera bien de se méfier.

— C'est votre dernier mot? dit l'inconnu.

Jeanne ne répondit pas, et déjà elle se disposait à descendre l'escalier pour retourner au bourg, quand une détonation se fit entendre, suivie peu après d'un cri de détresse.

D'où le coup était parti, il lui eût été difficile de le dire.

Mais l'inconnu venait d'être frappé à ses côtés; il avait poussé un appel suprême de détresse, et, s'affaissant sur lui-même, il avait roulé dans l'abîme.

Cependant, il n'avait point disparu encore.

De ses doigts crispés et sanglants, il s'était accroché aux ronces qui poussaient à l'orifice du puits, et là haletant, hors d'haleine, entraîné par son poids vers le gouffre, il cherchait à remonter sur le bord.

Vaine tentative.

Le gouffre attirait sa proie, — dès ce moment c'était fait de lui, et chaque effort même qu'il tentait devait hâter le moment fatal de la chute.

Jeanne, glacée d'horreur, appelait au secours de toutes les forces qui lui restaient; mais personne n'était là, pour sauver le malheureux, et elle ne devait compter que sur elle-même.

Elle n'hésita pas.

Elle se pencha héroïquement au bord du puits, et, au risque d'être précipitée dans l'abîme, elle tendit la main au malheureux.

Seulement, comme ce dernier se dressait pour atteindre cette main secourable, il reçut sur le crâne un coup de bâton vigoureusement asséné, et, perdant cette fois toute force et toute énergie, il ferma les yeux, poussa un soupir douloureux et disparut dans le trou noir.

Jeanne s'était rejetée en arrière, cachant ses yeux dans ses mains, épouvantée.

C'est à peine si elle avait reconnu Mathon, qui était devant elle.

Mathon poussa un bruyant éclat de rire.

— *Requiescat in pace!* dit-il en se penchant sur le gouffre pour s'assurer que la victime avait bien disparu.

— Ah!... qu'avez-vous fait, malheureux! s'écria Jeanne, vous l'avez tué..!

— Je l'espère bien.

— C'est un crime abominable.

— Allons donc!

— Mais il ne vous avait rien fait.

— Qu'en savez-vous?

— Vous ne le connaissiez pas.

Mathon haussa les épaules.

— Est-ce qu'on a besoin d'avoir jamais vu ces gens-là pour les reconnaître, répondit-il d'une voix énergique.

— Que voulez-vous dire? fit Jeanne étonnée; vous savez donc quel est cet homme, vous avez donc deviné ce qu'il venait faire dans ce pays?

Mathon ébaucha un geste discret.

— Suffit, je m'entends, répondit-il, celui-ci a son affaire faite, il est à cette heure bien et dûment enterré, et je ne suppose pas que vous ayez l'intention de demeurer ici pour dire des prières sur sa tombe. Donc, si vous m'en croyez, vous ne resterez pas plus longtemps dans ces parages, et vous éviterez de parler des choses qui s'y sont passées.

Jeanne comprit vraisemblablement la justesse des recommandations qui lui étaient adressées; car, après avoir fait un signe d'assentiment, elle descendit résolûment l'escalier du puits, et gagna le bois.

Quant à Mathon, il plongea une dernière fois son regard dans le gouffre pour s'assurer que la victime ne remontait pas, et quand il fut bien convaincu que tout était en ordre de ce côté, il reprit son fusil, et ne tarda pas à s'éloigner à son tour.

Quelques minutes plus tard, un silence profond régnait autour du vieil échafaudage, et nul n'eût pu croire qu'un drame sanglant venait de s'y passer.

Cependant, l'inconnu n'était pas mort, et en dépit de la blessure qu'il avait reçue et de la chute qu'il avait faite, il restait quelque chance de le voir revenir à la vie.

Voici ce qui était arrivé :

Nous avons dit que certaines galeries, autrefois exploitées, mais abandonnées depuis, menaient à ce puits que l'on avait vainement tenté de percer.

Au point d'intersection de ces galeries et du puits, on avait établi des planchers qui depuis longtemps étaient vermoulus et ne présentaient plus aucune solidité.

L'inconnu était tombé d'abord sur l'un de ces planchers qui s'était brisé sous son poids, mais qui avait amorti sa chute, si bien qu'en arrivant au second étage le plancher avait résisté cette fois, et qu'il était resté là, perdant son sang, épuisé par les efforts qu'il avait faits, et n'ayant plus même la conscience de ce qui s'était passé.

Il s'était évanoui.

Combien de temps demeura-t-il dans cette situation?...

Quand il revint à lui, les ténèbres les plus épaisses l'enveloppaient, il n'entendait et ne voyait rien, et une seule sensation dominait sa pensée, celle du gouffre qu'il sentait au dessous de lui, et dont quelques mauvaises planches le séparaient.

A chaque mouvement qu'il faisait, les planches craquaient près de se rompre, et il s'attendait à chaque instant à les voir s'effondrer sous lui.

Toutefois, il n'est point de ténèbres si profondes auxquelles le regard ne finisse par s'habituer, et un quart d'heure s'était à peine écoulé qu'il commençait à s'orienter dans cette tombe où il était enfermé vivant.

Et alors, l'instinct aidant et aussi le sentiment de la conservation, il advint une chose étrange...

Il vit!...

A travers l'ombre, il soupçonna une solution de continuité dans le mur qui l'enserrait.

Et avec cette intuition, merveilleusement développée par le désir ardent de la vie, il devina qu'à un mètre de lui, au plus, s'ouvrait une galerie souterraine.

Il ne prit pas le temps de la réflexion, et, ramassant ses forces, en un bond énergique il s'élança dans le vide.

Le hasard le servit à propos.

Il avait, en effet, à peine mis le pied dans la galerie, que les planches sur lesquelles il était couché un moment auparavant, éclataient en mille pièces et allaient s'abimer dans le gouffre.

Une fois là, toutefois, il était loin d'être sauvé !

## IX

### La chambre noire

La galerie était étroite et sinueuse, et l'on ne pouvait s'y engager et la parcourir qu'à la condition de s'y traîner à genoux, avec les plus grandes précautions.

Elle pouvait n'avoir aucune issue praticable ; elle pouvait être obstruée en plusieurs endroits par des éboulements ; et, ce qui était non moins dangereux, on courait le risque d'y rencontrer tout à coup sous ses pas un autre puits, plus large et plus profond que le premier.

Dans ces trois cas, c'était la mort certaine. la mort lente, hideuse, implacable !

Toutefois cette perspective n'effraya pas l'inconnu. Il venait d'échapper comme par miracle à la mort, et il lui semblait qu'il était manifestement protégé.

Il ne sentait plus ses blessures, il avait oublié le coup terrible qui avait failli lui fendre le crâne ; et, désormais résolu à tout tenter pour se sauver, il se mit à ramper le long de la galerie, sondant le terrain avec prudence, s'arrêtant pour regarder ou écouter, et reprenant sa route chaque fois que le résultat de ses observations l'invitait à avancer.

Tout d'abord, la galerie ne présenta que peu d'obstacles à la marche.

Le procédé était fatigant, mais sans danger.

De temps en temps les couches friables de charbons s'émiettaient au-dessus de sa tête et le couvraient de poussière.

Quelquefois encore, il rencontrait sur sa route de larges flaques d'eau provenant d'infiltrations pluviales.

Mais c'était là le moindre de ses soucis. Ce qu'il cherchait avidement c'était l'issue ; ce qu'il attendait avec une fiévreuse impatience, c'était un bruit, une lueur qui lui annonçât qu'il approchait du but.

Jusque-là, rien n'était encore venu qui pût lui faire espérer le succès.

Ses forces commençaient à s'épuiser ; une sueur glacée inondait ses membres ; il avait les mains et les genoux déchirés et sanglants.

Il se reposa quelques minutes.

Il lui coûtait de perdre ainsi un temps précieux ; mais l'ombre était toujours aussi épaisse et le silence aussi profond.

Que faire ?

C'était à désespérer.

Il se trouvait alors dans une partie de galerie un peu plus élevée et où l'on pouvait demeurer assis.

Il appuya ses coudes sur ses genoux, laissa tomber sa tête dans ses mains et réfléchit.

Ce ne fut pas long.

Il n'était pas, lui, dans son trou pour songer.

D'ailleurs, il y avait, à cette brusque interruption de ses réflexions, une cause aussi puissante qu'inattendue.

Quelque chose comme un reflet de lumière avait tout à coup rayé les ténèbres qui l'enveloppaient.

Il tressaillit.

S'était-il trompé ? Avait-il été le jouet de quelque cruel mirage ?

Il le crut, mais sans cesser d'observer.

Et bientôt un frisson de joie folle galvanisa tous ses membres...

Cette fois, en effet, ce n'était pas seulement une lueur qu'il avait entrevue ; c'était le bruit de deux voix humaines qui était parvenu jusqu'à lui.

Il secoua la tête avec énergie et poussa un soupir de soulagement.

Puis, sans chercher davantage l'explication de ce fait singulier, il se mit à ramper avec une ardeur centuplée par la confiance.

Cinq minutes plus tard, il atteignait l'orifice d'un puits qui communiquait avec une sorte de chambre circulaire, dépendante de la galerie inférieure.

Au milieu de cette chambre il y avait une table sur laquelle brûlaient deux bougies.

A cette table, un homme était assis et écrivait.

Pendant le premier moment, il ne put distinguer aucun des traits de cet homme.

Seulement, il remarqua qu'il y avait sur la table une grande quantité d'enveloppes portant chacune son adresse, et que, de temps en temps, l'homme prenait dans un coffret placé à côté de lui une poignée de billets de banque qu'il distribuait par parts inégales à chacun des correspondants auxquels il écrivait.

A en juger de loin, le coffret pouvait bien contenir deux ou trois cents billets de mille francs.

Quel était donc cet homme si riche, et à quels mystérieux correspondants adressait-il de pareilles sommes?

Il attendit qu'il relevât la tête, pour retenir ses traits.

L'homme paraissait absorbé par la besogne qu'il accomplissait; mais il fallait bien aussi qu'il prît quelques intervalles de repos.

Ce ne fut pas long.

En effet, à un moment, il interrompit sa correspondance, releva le front, et se retourna vers un personnage que l'on ne voyait pas.

L'inconnu fit un mouvement de surprise.

Il venait de reconnaître Linley.

— Oh! oh! se dit-il à lui-même, est-ce que, sans m'en douter, j'aurais trouvé l'homme que je cherche?

Cependant, à l'appel de Linley, le personnage qui était resté caché jusqu'alors venait de s'avancer.

C'était un enfant.

Il avait quinze ans au plus, pâle, malingre, un peu contrefait, et l'inconnu retrouva dans son attitude, dans ses gestes, dans son regard, cette expression que l'on ne trouve guère que chez le gamin, ou pour parler avec plus de réalisme, chez le *voyou* de Paris.

Robert avait fait un paquet des lettres qu'il venait de cacheter, il le tendit à l'enfant.

— Tiens, le Palot, lui dit-il, voici ce que j'ai à te confier aujourd'hui; tu vas partir ce soir même pour Chaumont, et tu iras remettre ce paquet au destinataire ordinaire.

— M. Charton, répondit le Palot, rue Buxereuilles, 30! Connu!

— Demain, à la première heure, tu seras de retour.

— Parbleu!

— Et, je le répète, avant un mois, si tu es bien sage, j' t'emmène avec moi à Paris.

— Oh! Paris! répéta le Palot avec une effusion de convoitise indicible.

— Va, va, ne perds pas de temps, prends par la galerie de droite; moi je sortirai par celle de gauche ; à demain.

— A demain! dit l'enfant.

Et il disparut.

Alors, Robert se leva, remit la cassette dans un trou de la muraille, qu'il dissimula sous un simple bloc de charbon. Puis, ayant allumé un cigare, il souffla les bougies et ne tarda pas à s'éloigner.

L'inconnu écouta pendant quelques minutes le bruit de ses pas qui se perdait au loin, et quand le silence se fut rétabli, quand il put se croire assuré qu'il n'existait plus pour lui aucun danger d'être surpris, il se laissa glisser dans le puits et alla tomber dans la chambre.

Une fois là, il essaya de s'orienter.

Il fit à tâtons le tour de la chambre, sondant le mur et cherchant la cachette.

Quand il l'eut découverte, il en tira le coffret, qu'il ouvrit, et duquel il enleva un des billets de banque qui s'y trouvaient renfermés.

Cette soustraction opérée et toutes choses remises en place, il gagna la galerie par laquelle il avait vu disparaître le Palot, et ne tarda pas, à son tour, à recouvrer sa liberté.

Il faisait nuit noire.

Au premier ruisseau qu'il rencontra, il répara le désordre de sa toilette, et après avoir fait disparaître la couche de poussière dont ses vêtements, son visage et ses mains étaient souillés, il reprit vivement sa route vers le bourg.

Peu après, il atteignait l'auberge du *Cheval blanc*, et faisait demander en toute hâte le docteur Bernard.

Ce dernier avait la religion de sa profession, et il ne faisait guère attendre quand on l'appelait.

Il se rendit donc immédiatement à l'invitation pressante qui lui était adressée.

— Monsieur, dit l'inconnu, dès qu'il se trouva seul avec lui, avant de m'abandonner à vos soins et de vous faire connaître l'accident dont j'ai été victime, voulez-vous me permettre de vous adresser une question?

— Quelle question? fit le docteur, surpris de ce début.

— Voulez-vous me donner votre parole d'honneur que vous ne répéterez à personne ce qui va vous être confié, et promettez-vous de garder, quoi qu'il arrive, le secret que vous allez recevoir?

Le docteur Bernard releva la tête avec un sentiment de fierté blessée.

## X

### Le docteur Bernard

— Monsieur, répondit-il d'un ton digne et calme, la question que vous m'adressez est oiseuse, pour ne pas dire blessante; je connais les devoirs de ma profession, je sais qu'il est des cas où le médecin devient, pour ainsi dire, un confesseur... et les secrets que j'ai pu recueillir ainsi dans ma vie mourront tous avec moi.

L'inconnu remercia.

— Bien! approuva-t-il, vous êtes un homme d'honneur, on me l'avait dit déjà, et je vous prie de m'excuser, si j'ai cru devoir...

— De quoi s'agit-il! interrompit le docteur.

— Écoutez-moi, monsieur. Je ne puis vous faire connaître les véritables raisons qui m'ont obligé à venir, pour quelque temps, m'établir au village de Varennes, mais ce que j'ai à vous raconter est assez grave pour m'autoriser à demander que mes confidences ne passent pas le seuil de cette chambre.

— Je vous le promets! dit le docteur.

— En outre, vous ne ferez connaître à personne la gravité de mon état, si tant est que j'aie été blessé grièvement, ce que vous seul pouvez établir.

— Vous avez donc été blessé? fit le docteur avec surprise.

— J'ai reçu une chevrotine en pleine poitrine.

— Quand cela?

— Ce matin.

— Et c'est à cette heure seulement que vous me faites appeler?

— Parbleu ! j'aurais bien voulu vous y voir ! Il m'est arrivé des choses si bizarres à la suite de cet... *accident*, que je n'ai pu rentrer à l'auberge que tout à l'heure.

Le docteur s'était levé, avait examiné avec un soin minutieux la blessure de son singulier client, et, pendant qu'il procédait à un premier pansement, il adressait à l'inconnu des questions qui témoignaient non-seulement de son étonnement mais encore de l'intérêt que lui inspirait la situation.

— C'est bien en effet, dit-il, une blessure produite par une chevrotine. Vous avez été tiré presque à bout portant, de bas en haut, et selon toute vraisemblance, malgré la gravité de l'assertion, par un chasseur habile, qui vise bien d'ordinaire.

— C'est aussi mon avis, répondit l'inconnu.

— Où cela s'est-il passé ?

— Au *Puits abandonné*.

— Vous étiez auprès de l'échafaudage ?

— Précisément.

— Et le chasseur se trouvait, lui, au pied du monticule ?

— Vous y êtes.

— Tiré de bas en haut — c'est évident — une fois frappé, vous êtes tombé.

— C'est clair.

— Et vous avez donné de la tête sur quelque tronc d'arbre, où vous êtes resté étourdi sur le coup...

Le blessé se prit à sourire.

— Il y a de cela, dit-il, et vous êtes vraiment un habile homme ; seulement vous ne devineriez jamais, si je ne vous l'expliquais, l'aventure qui m'est arrivée à la suite de cette blessure. Laissez-moi vous dire...

Le docteur mit le doigt sur ses lèvres.

— Non, pas cette nuit, interrompit-il, vous êtes fatigué, vous avez besoin de repos. Une veille prolongée pourrait aggraver votre état. Remettons à demain ce supplément d'explications.

— Vous le voulez ?

— Je l'exige.

— Et vous me promettez de nouveau que vous ne ferez connaître à personne, du moins jusqu'à ce que je vous y autorise, l'accident dont j'ai été victime ?

— Je vous le jure.

— A la bonne heure, j'ai confiance en vous. Vous êtes un honnête homme, et je vous prouverai avant peu que vous n'aurez pas obligé un ingrat.

— Qu'est-ce à dire ? fit le docteur intrigué.

— C'est-à-dire qu'avant que nous nous séparions, je veux vous rendre un véritable service d'ami.

— A moi ?

— A vous.

— Mais... vous ne pouvez me connaître. C'est la première fois que je vous vois... De quel service peut-il être question entre nous ?

— Vous m'avez ordonné de remettre à demain toute explication, répondit l'inconnu, et je veux me conformer à votre invitation. Toutefois, un dernier mot encore avant votre départ. — Vous avez un fils, n'est-ce pas ?

— Sans doute, fit le docteur.

— Il s'appelle Maurice ?

— En effet.

— Et il est de retour à Varennes depuis hier soir ?

— C'est cela.

— Eh bien, cher docteur, soignez-moi bien, remettez-moi sur pied promptement, et je vous dirai, sur votre fils, certaines choses qui pourront lui être utiles et le sauver peut-être des dangers sérieux dont il est menacé.

Le docteur fit un mouvement et regarda son interlocuteur avec une curiosité mêlée d'appréhension.

Mais ce dernier était évidemment à bout de forces, il laissa retomber sa tête sur l'oreiller, et, brisé de fatigue, il ne tarda pas à fermer les yeux et à s'endormir.

Morion était devenu livide.

Le docteur lui tâta le pouls une dernière fois, recommanda à la servante de l'auberge de le laisser reposer tranquillement et de ne pénétrer dans sa chambre qu'au moment de la prochaine visite, qu'il viendrait faire le lendemain, vers dix heures du matin.

Puis, il s'éloigna fortement préoccupé.

La nuit se passa sans autre incident digne d'être rapporté.

Le blessé dormit du plus profond et du plus régulier sommeil.

A peine quelques mouvements vinrent-ils l'agiter à de rares intervalles, et ce fut avec un vif sentiment de bien-être qu'il se réveilla le lendemain, dès les premières lueurs du jour.

Il était six heures.

Il jeta autour de lui des regards incertains et encore ensommeillés, cherchant à rappeler ses souvenirs et reprendre possession de lui-même.

C'était une constitution robuste entre toutes que celle de cet homme!

Il se tâta à plusieurs reprises, constata

qu'il n'avait aucune lésion sérieuse et que, sa blessure étant légère, il pourrait sous peu de jours reprendre ses occupations.

Une satisfaction non équivoque rayonna sur son visage, et comme l'objet de son voyage était vraisemblablement de la plus haute importance, il se glissa hors du lit, s'habilla péniblement, et gagna une table placée près de la fenêtre.

Alors, il tira de sa poche le billet de banque qu'il avait soustrait, la veille, dans le coffret de la chambre noire, et il se mit à l'examiner avec une avide et soupçonneuse attention.

Cela dura une demi-heure environ, pendant laquelle l'inconnu passa tour à tour par toutes les alternatives de la joie et de la déception, tantôt proférant des paroles incohérentes, tantôt poussant de profonds soupirs de découragement.

Enfin, il remit, d'un geste désappointé, le billet de banque dans sa poche, prit une plume et du papier et commença à écrire.

Mais il eut à peine tracé quelques lignes, qu'un nuage passa sur ses yeux, la plume lui glissa des doigts et il roula sans connaissance sur le plancher.

Heureusement, le docteur Bernard entrait dans la chambre à ce moment même.

Il appela à lui, deux garçons accoururent, et le blessé fut déposé aussitôt sur son lit.

Cela dura à peine cinq minutes.

Machinalement, le docteur avait jeté un regard sur la lettre commencée, et machinalement aussi, il en avait lu les premières lignes.

Il en eut comme le vertige.

La lettre débutait ainsi :

« Monsieur le Commissaire,

« Conformément aux instructions que vous m'avez données, je suis parti le 24, et suis arrivé à Varennes, le 25, à 10 heures du soir.

« Quoique je ne sois pas encore bien édi-

fié sur le compte de Robert Linley et de Maurice Bernard, je crois devoir vous faire connaître ce qui... »

Il n'y en avait pas davantage.

Le docteur jugea que c'était déjà bien assez.

Que venait donc faire cet homme à Varennes, et par quelle mystérieuse coïncidence le nom de Maurice figurait-il dans cette lettre?


## XI

### Le billet de mille francs

Malheureusement les événements qui survinrent ne permirent pas au docteur d'éclaircir le mystère qui enveloppait son client.

A partir du moment où il le trouva sans connaissance auprès de la lettre qu'il venait de commencer, l'inconnu tomba, en effet, sérieusement malade. La fièvre le prit, les désordres cérébraux les plus graves se manifestèrent, et, pendant plus d'un mois, on put craindre pour ses jours.

Au bout de ce temps seulement, une amélioration sensible se révéla tout à coup dans son état. La mémoire et le calme lui revinrent, et un jour, le docteur se crut assez rassuré sur son compte pour lui permettre de se lever et de sortir.

Il y avait longtemps que le docteur épiait ce moment; aussi dès qu'il vit son malade sur pied, et rendu à toute sa liberté d'esprit, il s'empressa de lui demander des explications sur la lettre dans les premières lignes de laquelle le nom de son fils était mentionné.

L'inconnu hésita un moment à répondre.

Mais il n'était pas homme à reculer longtemps devant une situation difficile et il remit à quelques jours de là pour faire au docteur une réponse catégorique.

Seulement, le jour venu, quand le docteur vint au rendez-vous indiqué, il ne trouva pas l'inconnu.

Il était parti le matin même, sans dire ni où il allait, ni à quelle époque il reviendrait.

Toutefois, il avait laissé, sous enveloppe, avec quelques mots de remerciement, le billet de mille francs qu'il avait pris, la nuit de son aventure, dans le coffret de la chambre noire.

Dans la courte lettre qui l'accompagnait, l'inconnu priait le docteur de vouloir bien demander à M. Carpentier le montant du billet et de faire distribuer aux pauvres de la commune le surplus de la somme représentant ses honoraires dans le cas peu probable où ces honoraires n'atteindraient pas le chiffre de mille francs.

Le docteur trouva le procédé bizarre, comme tout ce qui touchait à son client.

Mais il voulut se conformer strictement aux instructions qui lui étaient adressées.

Ses honoraires n'atteignaient pas 500 francs. C'était une bonne aubaine pour les pauvres!

Il remit donc au caissier de l'usine le billet qu'il avait reçu et le pria de vouloir bien faire lui-même la distribution indiquée.

Mais, à son grand étonnement, le caissier se mit à examiner le billet avec une profonde attention, et, après quelques minutes à peine de cet examen, il pria le docteur de passer dans son cabinet.

— Mon cher Bernard, lui dit-il en lui serrant les mains, voulez-vous me permettre de vous demander de quelle personne vous tenez ce billet de banque?

— Mais je le tiens d'un de mes clients, répondit le docteur.

— Un ouvrier?

— Non pas.

— Quelque employé de l'usine?

— Pas davantage.

— De qui donc alors?

— Eh! pardieu, d'un voyageur, un inconnu, qui est descendu au *Cheval blanc,* s'y est fait inscrire sous le nom de *Berger,* et que j'ai soigné pendant le mois qui vient de s'écouler.

Le caissier fronça les sourcils.

— Eh bien! reprit-il, je commence à m'expliquer maintenant la générosité de votre client, et il pourrait la manifester souvent de la sorte sans courir la chance de se ruiner jamais.

— Que dites-vous?

— Je dis, mon cher ami, que ce billet est faux, et que votre client est probablement un adroit filou.

— Est-ce possible? Mais ce serait horrible, et il faut...

Le caissier mit un doigt sur ses lèvres.

— Il faut agir avec prudence, cher docteur, interrompit-il, et se garder d'ébruiter l'affaire. Votre homme a filé, et c'est là le malheur; mais si nous ne disons rien, il reviendra peut-être, alléché par le succès, et alors..

— Nous le livrerons à la justice.

— C'est cela!

— Je vous comprends; ce que vous dites doit être la vérité, et jusqu'à ce qu'un nouvel incident se produise, je me conformerai à vos avis.

L'affaire en resta là.

Le caissier conserva le billet de banque, qu'il mit en lieu sûr, et le docteur reprit les modestes fonctions qu'il occupait à l'usine, sans plus se préoccuper de son singulier client.

L'usine de M. Carpentier était une des plus importantes du grand bassin de la Marne, et elle n'occupait pas moins de deux mille ouvriers.

Il y avait près de soixante années qu'elle s'était fondée dans la vallée de Varennes, et elle n'avait pas tardé à prendre rang parmi les premiers établissements métallurgiques du pays.

Quand M. Carpentier en fit l'acquisition, elle était en pleine prospérité.

C'était un homme actif que M. Carpentier; ancien ouvrier lui-même, il avait débuté par les fonctions les plus pénibles et les plus dangereuses.

C'est en Angleterre, dans une exploitation, alors aux mains de M. Milton, qui n'était pas encore le mari de sa sœur, qu'il avait d'abord été employé.

Il avait dû passer par tous les échelons de la classe ouvrière.

Dès l'âge de huit ans, il entrait dans une mine de fer.

Le métier était des plus rigoureux.

Il fallait se lever à deux heures du matin, l'hiver comme l'été, pour ne rentrer qu'à sept heures du soir.

Pendant seize ou dix-sept heures, l'enfant poussait des chariots dans les galeries, hautes parfois seulement de dix-huit pouces, mal ventilées et où l'acide carbonique s'amassait souvent en telle quantité, que trois ou quatre lampes placées côte à côte ne donnaient pas assez de lumière pour permettre de charger le minerai.

Des vingt compagnons qui collaboraient au même travail, il était le seul qui eût résisté à cette atmosphère empestée et à ce labeur excessif.

Mais il ne se découragea point.

Son histoire est celle du travail honnête et obstiné, et, à ce titre, il est bon qu'on la raconte.

A peine arrivé à l'âge d'homme, en dépit des terribles épreuves qu'il avait traversées, le jeune Carpentier s'était consacré au plus rude travail du mineur, pour obtenir un salaire plus considérable et améliorer plus rapidement sa position.

Dans ce but, il prend à l'entreprise le percement des galeries à travers les roches, là où il faut travailler dans l'eau jusqu'aux genoux, et sous une pluie qui dégoutte incessamment des parois; puis il suit les cours du soir que l'on venait de fonder pour les ouvriers, il étudie, il cherche à s'instruire, et finit par franchir successivement tous les degrés de la hiérarchie industrielle.

Un jour, il est riche et se marie.

D'ouvrier qu'il était, il devient maître, propriétaire, et prend en mains un établissement dont ses connaissances spéciales, son intelligence, sa fermeté ne tardent pas à développer la prospérité.

Quoi de plus honorable, et quel plus bel exemple d'énergie persévérante dans le travail à donner aux économistes modernes qui parlent d'équivalence des fonctions et de collectivisme?

Du reste, M. Carpentier était resté fidèle à son origine; loin d'en rougir, il se plaisait souvent à raconter les difficultés de ses débuts.

Il aimait les ouvriers, ne se trouvait heureux qu'au milieu d'eux, et si les paresseux et les ivrognes rencontraient chez lui une sévérité qui allait quelquefois jusqu'à la rigueur, il s'était toujours, par contre, montré humain et bienveillant pour les travailleurs laborieux et rangés.

Jusqu'alors, grâce à cette attitude, il n'avait pas eu à subir de grèves sérieuses.

A plusieurs reprises, quelques mauvaises têtes l'avaient bien menacé d'abandonner les mines ou les forges et d'entraîner à leur suite le contingent des ouvriers honnêtes.

Mais la fermeté du maître avait toujours triomphé de ces tentatives de révolte, et quelques exécutions énergiques et promptes n'avaient jamais manqué de ramener l'ordre dans les ateliers.

Ce n'est pas à dire pourtant qu'il n'y eût, parmi ces deux mille hommes placés sous sa direction, bien des éléments dangereux.

M. Carpentier le savait, il connaissait les meneurs, les faisait surveiller incessamment, et ne laissait passer aucune occasion de leur faire sentir son autorité et leur impuissance.

Telle était la situation.

La fraction dissolvante des ouvriers de l'usine subissait le joug d'un patron résolu et implacable, mais elle était loin d'être soumise et surtout d'avoir abandonné tout espoir d'engager tôt ou tard une lutte dont l'issue lui serait favorable.

Jusqu'alors, le danger n'était pas imminent.

M. Carpentier vivait donc heureux, sans trop d'appréhensions pour l'avenir, et il partageait son temps entre son établissement, qui était son orgueil, et sa fille, Berthe, qui était sa joie.

Il n'avait plus qu'une préoccupation maintenant, il ne formait plus qu'un rêve pour sa vieillesse ; mêlant dans une même aspiration d'avenir les deux objets de sa constante sollicitude, il voulait trouver dans l'homme qui devait un jour devenir l'époux de sa fille, l'industriel qui pourrait en même temps continuer l'œuvre de l'usine.

Tout était là désormais pour l'excellent père, et il ne demandait à Dieu, pour clore dignement sa vie, que la réalisation de ce rêve.

Mais bien des obstacles terribles devaient s'y opposer, et il ne tarda pas à comprendre que les épreuves depuis si longtemps évitées ne pouvaient manquer de l'atteindre lui-même.

Un jour, en effet, un bruit sinistre se répandit tout à coup dans le bourg de Varennes.

## XII

### La grève

Marcel Dubard, un des employés supérieurs de l'établissement, revenant d'un voyage qu'il avait fait dans les divers centres industriels de France et de l'étranger, arriva une nuit à l'usine, et, malgré l'heure avancée, il demanda à parler à M. Carpentier.

Ce dernier s'empressa de le recevoir.

Marcel Dubard était un de ces hommes auxquels M. Carpentier avait quelquefois songé, quand le double souci de l'établissement de sa fille et de la direction de son usine venait le préoccuper.

Il comptait alors trente-cinq ans à peine ; sorti de l'École polytechnique, il avait donné sa démission pour entrer dans l'industrie, où il avait rapidement fait son chemin.

Il était actif, d'une instruction solide, d'une sûreté de jugement remarquable, et, comme il réalisait à peu près le rêve caressé par M. Carpentier, ce dernier n'avait pas hésité à lui donner une large part dans la surveillance et la direction de son établissement.

Marcel Dubard était fatigué de la route qu'il venait de faire ; mais ce n'est pas seulement cette fatigue qui altérait ses traits, et M. Carpentier devina tout de suite qu'il devait se passer quelque chose de grave.

— Qu'y a-t-il donc, mon ami ? lui demanda-t-il vivement. Et pourquoi n'avez-vous pas attendu à demain pour me parler ?

— J'ai pensé, monsieur, répondit le jeune ingénieur, que, dans la situation où nous sommes, il n'était pas prudent de perdre du temps, et j'ai voulu tout d'abord vous édifier sur ce qui arrive...

— Qu'arrive-t-il ?

— Des choses particulièrement graves, des symptômes alarmants que j'ai recueillis dans mon voyage, et qui, rapprochés des faits qui viennent de se produire dans certains pays usiniers, attestent que le monde de l'industrie est menacé, et que, d'un jour à l'autre, il peut être ébranlé jusque dans ses fondements.

— Vous m'effrayez !

— Tant mieux, monsieur... Vous êtes un

esprit ferme, judicieux, et en vous révélant le danger, je savais d'avance qu'il valait mieux vous éclairer que de vous laisser dans l'erreur.

— Mais enfin, qu'avons-nous à craindre?

— La grève.

— Elle s'est produite ici quelquefois, et nous l'avons toujours étouffée en son germe.

— Naguères, c'était possible. Désormais, il n'y faut plus compter.

— Pourquoi?

— Parce que depuis quelque temps les aspirations de la classe ouvrière, d'abord limitées à des améliorations matérielles, se sont étendues en s'accentuant, et que ce n'est plus l'élévation du salaire qu'ils réclament, mais bien leur part de propriété qu'ils revendiquent.

— C'est de la folie.

— Folie dangereuse, en tous cas.

— Peut-être exagère-t-on aussi la portée de ces manifestations.

— Ah! n'en croyez rien et ne vous endormez pas comme les autres dans des illusions trompeuses. Ce n'était hier qu'un groupe, c'est aujourd'hui une armée.

— Mais où est-elle?

— Partout!

— Et quels sont ses chefs?

— Vous ne tarderez pas à les connaître.

— La lutte est donc déjà engagée?

— Depuis huit jours, en Angleterre, en Belgique, en Suisse, en France même, les grèves ont commencé.

— Mais ici, du moins, à Varennes, l'ordre n'a pas été troublé et rien de semblable n'est à craindre.

— Détrompez-vous.

— Cette armée, dont vous parliez tout à l'heure, n'a pas envoyé d'émissaires jusqu'ici.

— Elle en a deux depuis plusieurs mois.

— Quels sont-ils?

— On m'a dit leurs noms à Paris, mais en même temps on m'a fait jurer de ne les révéler à personne.

— Cependant...

— Je tiendrai mon serment jusqu'à ce que j'en sois délié.

M. Carpentier se leva sans répliquer et se mit à parcourir le cabinet avec agitation, serrant les poings avec colère ou jetant de temps à autre des regards courroucés sur l'usine.

— Non! non! s'écria-t-il enfin d'un ton énergique, c'est impossible! Si j'ai été sévère quelquefois pour les mauvais sujets, je me suis toujours montré humain et généreux envers les bons et laborieux ouvriers. Ce serait la plus noire ingratitude; ils n'oublieront pas ce que j'ai fait pour eux; leurs enfants que j'ai élevés, leurs filles que j'ai dotées, les soins dont ils n'ont cessé d'être l'objet; ils savent que j'ai été ouvrier moi-même; ce que j'ai acquis, je le dois à mon travail, et ils n'ignorent pas que la ruine pour moi ce serait la misère pour eux. Non, Marcel, vous vous trompez... Je connais mes soldats, moi, et il n'y en a pas deux qui consentent jamais...

M. Carpentier n'avait pas achevé, qu'un lointain murmure vint frapper son oreille et arrêter la parole sur ses lèvres.

Il regarda à travers la fenêtre, dans la nuit du dehors, et un frisson glaça ses membres.

— Qu'est-ce que cela veut dire? balbutia-t-il avec trouble.

— Qu'y a-t-il? demanda Marcel, en se rapprochant.

— Regardez, mon ami! Suis-je devenu aveugle, ou votre émotion, en me gagnant, m'enlève-t-elle la perception précise des objets. Ne voyez-vous pas, comme moi, que deux fourneaux sont éteints?

— En effet, répondit Marcel, en frissonnant à son tour.

— C'est la première fois, depuis vingt ans, que cela arrive.

— Y avait-il donc déjà quelques symptômes de révolte?

— On ne m'a rien dit.

— Cependant, ceci est significatif.

— Est-ce la lutte qui commence?

— Ecoutez...

Les deux hommes prêtèrent l'oreille.

Le murmure d'abord lointain et vague qu'ils avaient entendu semblait se rapprocher peu à peu.

Et maintenant, à travers les ténèbres, ils pouvaient distinguer comme une masse noire et confuse qui s'avançait en désordre.

— C'est la grève! fit Marcel.

— Vous avez raison, ajouta M. Carpentier avec abattement.

— Mes prévisions se réalisent, et ces chefs dont je vous parlais tout à l'heure...

— Ah! je vais donc les connaître, s'écria M. Carpentier en relevant le front avec énergie.

Son abattement n'avait été que passager, le sentiment d'un danger prochain lui rendait toute sa force et sa fermeté.

Il ouvrit la fenêtre pour mieux entendre et pour mieux voir.

Le groupe révolté avançait.

Il se composait d'une cinquantaine de forgerons et de quelques mineurs.

A leur tête marchait un ouvrier, tenant son pic à la main.

Marcel le reconnut tout de suite.

— C'est Mathon! dit-il à voix rapide et basse.

— Je m'en doutais, répondit M. Carpentier: est-ce l'un des deux chefs que l'on vous a désignés?

— Non!

— N'importe! je vais le recevoir.

Et il se disposait à descendre à leur rencontre, quand la porte du cabinet s'ouvrit.

Un homme entra.

Marcel et M. Carpentier firent un mouvement de surprise.

C'était un mendiant.

Longue barbe blanche, vêtements déchirés, souliers éculés, chapeau sans bourdaloue.

Sous ce costume, le mendiant ne manquait pas cependant d'un certain aspect.

Il salua avec aisance.

— Que voulez-vous? qui êtes-vous? que venez vous faire ici, en un pareil moment? demanda impétueusement M. Carpentier.

Le mendiant mit un doigt sur ses lèvres.

— Nous n'avons pas une minute de trop, répondit-il; il ne faut pas que ces hommes me voient, et je n'ai que quelques paroles à vous dire.

— Que signifie...?

— Accordez-leur aujourd'hui tout ce qu'ils demanderont... et avant huit jours je vous promets de vous en débarrasser...

— Mais encore une fois, qui êtes-vous?

— Trop tard!... Les voici... Je reviendrai.

Et, sans attendre d'autre réponse, le mystérieux mendiant se rejeta vivement dans un cabinet, qu'il ferma derrière lui en se retirant.

Il était temps!

Les ouvriers venaient de faire irruption dans les bureaux de M. Carpentier, tandis que, par une autre porte, Berthe, attirée par le bruit, accourait, tremblante, se placer auprès de son père.

Ce dernier avait jeté ses regards avides sur le groupe et, dans le premier moment, c'est à peine s'il reconnut quelques-uns des révoltés.

Mais après les premières secondes d'émotion passées, et quand il eut repris son sang-froid et sa présence d'esprit, il ne put réprimer un mouvement d'étonnement douloureux en apercevant Maurice Bernard debout au milieu de ces hommes.

— Maurice! murmura-t-il avec un sentiment pénible.

— Maurice ! balbutia en même temps, derrière lui, la voix mourante de Berthe.

Cependant Mathon s'était avancé.

M. Carpentier le prévint.

— Quant à toi, dit-il d'un ton ferme, je savais bien que nous nous trouverions un jour, en face l'un de l'autre et dans de pareilles circonstances : tu es le plus mauvais ouvrier de l'usine ; tu n'as jamais su que fomenter ici le trouble et le désordre, et je ne t'ai gardé jusqu'à présent qu'à la sollicitation de ma fille, qui ne croyait pas si mal placer ses sympathies. Mais ma faiblesse aura des bornes, puisque ton insubordination n'en veut pas connaître, et c'est une affaire que nous ne tarderons pas à régler, je te le promets !

Et maintenant, parle en ton nom ou au nom de tes camarades : qu'as-tu à me dire, et que viens-tu réclamer ?

M. Carpentier s'était exprimé au milieu du silence de tous ; pas un mot, pas un murmure ne l'avait interrompu ; quelques-uns des mineurs, sentant la justesse des reproches, avaient baissé la tête et pris une attitude humiliée. Seul Mathon continuait de porter le front haut, et son regard, chargé de haine et de menaces, allait alternativement de M. Carpentier à Berthe, et de Berthe à Marcel Dubard.

— Les reproches que vous m'adressez, répondit-il, peuvent être justes, mais ce n'est pas le moment de discuter cette question, et nous venons pour autre chose.

— Quels sont vos griefs ? demanda M. Carpentier.

— Il y en a trois.

— Voyons.

— Et d'abord, on a remplacé par des câbles en fil de fer les cordes de chanvre qui nous servaient à descendre dans les puits. Nous demandons que l'on revienne à l'ancien système qui nous offrait plus de garantie.

— Après ?

— Ensuite, la journée de travail n'est point assez payée, et nous voulons que l'on élève le salaire de 4 francs 50 à 5 francs par jour.

— C'est le second grief, — il y en a un troisième ?

— Parfaitement.

— Quel est-il ?

— Ce n'est pas la première fois que nous réclamons à ce sujet, et jamais on n'a tenu compte de nos réclamations.

— Explique-toi ?

— Il y a dans l'usine un homme dont nous avons tous à nous plaindre.

— Ah ! ah !

— Sous prétexte qu'il a été à l'École polytechnique, il se croit le droit de nous traiter comme des chiens ; il ne laisse passer aucune occasion de nous vexer et de nous imposer une discipline des plus rigoureuses ; nous exigeons que l'on renvoie cet homme.

— Est-ce tout ?

— C'est tout.

— Je résume donc vos griefs : Vous voulez, n'est-ce pas ? que l'on remplace les fils de fer par des cordes de chanvre, que l'on élève à 5 fr. la journée de 4 fr. 50, enfin, que M. Marcel Dubard soit remercié et quitte l'usine.

— C'est cela.

— Eh bien ! mes amis, je vous promets d'examiner avec intérêt les demandes que vous venez de présenter. Il m'est difficile d'y répondre tout de suite, et vous le comprendrez de reste ; mais demain je réunirai, pour les consulter, les hommes compétents de l'usine, et j'espère que nous arriverons à nous entendre. Retournez donc à votre travail, mes amis, et attendez avec confiance le résultat des mesures qui vont être prises.

Ces paroles avaient jeté un profond étonnement parmi les ouvriers.

Ils ne s'attendaient pas à une solution si prompte, ni si satisfaisante surtout...

Il l'attira doucement contre sa poitrine.

Ils regardaient Mathon qui, lui-même, était fort embarrassé de sa contenance.

Enfin, ils prirent leur parti, et, après avoir salué M. Carpentier, ils gagnèrent la porte un à un.

M. Carpentier les y suivit.

Quand ce fut le tour de Maurice à passer devant lui, il lui frappa légèrement sur l'épaule et l'invita à rester.

— J'ai à vous parler, Maurice, lui dit-il. Voulez-vous bien m'accorder quelques minutes d'entretien ?

Maurice rentra dans le bureau, pendant que M. Carpentier se tournait vers Marcel et Berthe.

— Marcel, ajouta-t-il d'un ton décidé, ramenez, je vous prie, cette enfant jusqu'à sa chambre, et quand j'aurai fini avec M. Maurice, vous voudrez bien me venir rejoindre?

Maurice eut un tressaillement involontaire.

Quand il vit Berthe s'éloigner, triste et comme brisée, au bras de Marcel, une pâleur livide se répandit tout à coup sur ses traits, et une sourde rage gonfla sa poitrine.

Mais il n'eut pas le temps de s'abandonner à ce mouvement désordonné.

Tout le monde avait disparu, et il se trouvait seul en présence de M. Carpentier.

— Ce que je disais tout à l'heure à Mathon ne saurait vous être appliqué, reprit ce dernier après un court silence. C'est avec étonnement, avec un profond chagrin, que je vous ai aperçu au milieu des ouvriers qui viennent de sortir, et j'avais à cœur de vous le dire à vous et sans témoins.

— Monsieur !... voulut interrompre Maurice.

M. Carpentier fronça le sourcil et ses traits prirent une expression de dureté.

— Vous êtes depuis peu à l'usine, Monsieur, poursuivit-il, et il est possible que vous n'ayez pas eu le temps encore d'apprendre ce que j'ai fait pour vous.

— Comment !...

— Votre père était un pauvre médecin de campagne qui gagnait péniblement sa vie à courir, par tous les temps, après une clientèle de malheureux qui ne le payaient pas. Je l'ai appelé près de moi ; je lui ai donné l'abri, la table et des appointements avec lesquels il a pu payer les dettes qu'il avait contractées pour vous donner une bonne éducation et un état convenable.

— Mais...

— Quand votre mère est morte, — je déplore d'avoir à rappeler un pareil souvenir, mais il le faut ! — quand votre mère est morte, c'est moi, monsieur, qui ai pris soin de quelques parents malheureux qu'elle laissait derrière elle : je les ai placés, je les ai aidés de mes deniers, aujourd'hui toute votre famille, grâce à moi, est à l'abri du besoin, dans le présent comme dans l'avenir... Vous ne m'interrompez plus ?

Maurice était fort ému.

Debout, la main appuyée sur le bureau de chêne, son regard restait fixé sur le parquet.

A l'interpellation directe de M. Carpentier,

il s'était contenté de relever le front, pendant qu'un amer sourire plissait ses lèvres.

— J'attends que vous ayez fini, monsieur, dit-il avec calme.

— Mais c'est tout ! fit M. Carpentier.

— Alors... je puis répondre.

— Je vous écoute.

Il y eut un moment de silence. Puis, Maurice parut surmonter les hésitations auxquelles il était livré, et il se redressa avec une fierté digne, sans insolence.

— Vous me reprochez, monsieur, dit-il, ce que vous avez fait pour ma famille et pour moi, et je n'aurai garde de vous trouver importun ou sévère. Toutefois, c'est une singulière manière d'obliger les gens que de leur imposer une reconnaissance étroite et rigoureuse ; car, du moment où la reconnaissance deviendrait une obligation, le bienfait serait bien près d'avoir été un calcul.

— Maurice ! interrompit M. Carpentier étonné d'un tel langage.

— Pardon, monsieur. Vous m'avez permis de répondre et j'use du droit que vous venez de me donner vous-même. En ce qui me touche d'ailleurs, je puis bien tout dire, si cela doit vous rassurer : Ma présence au milieu des grévistes est toute simple, et elle n'a pas la signification que vous lui avez attribuée. Cette nuit, je me rendais à mon travail. En arrivant à l'usine, j'ai trouvé les ouvriers fort agités. La révolte couvait déjà depuis quelque temps, fomentée et attisée par je ne sais qui. Quand on m'a vu passer, on m'a appelé. Ils voulaient m'entraîner, et je me suis efforcé de les calmer. Malheureusement, il y a de mauvais esprits partout, monsieur, et j'ai vu bien vite que je risquais, à prêcher de la sorte, le peu d'influence que j'ai acquise sur mes compagnons de labeur. Alors, je n'ai pas hésité ; pour éviter un malheur plus grand, pour, au besoin, m'opposer à des collisions terribles, je me suis mêlé à eux, et je les ai accompagnés jusqu'ici. Voilà le rôle que j'ai joué, monsieur, et je défie mon plus mortel ennemi d'y trouver à redire.

Maurice parlait avec l'autorité que donne un cœur loyal et droit, et à mesure qu'il parlait, l'irritation de M. Carpentier s'apaisait comme par enchantement.

Quand il eut fini, l'honnête homme lui tendit la main par un mouvement spontané.

Mais, à sa profonde stupéfaction, Maurice ne prit pas cette main qu'on lui offrait et recula de quelques pas.

— Qu'est-ce à dire? fit M. Carpentier, dont toute la colère revint subitement.

— C'est-à-dire, monsieur, répondit Maurice, que, puisque le hasard des événements nous met en présence, je tiens à ne vous rien laisser ignorer de ce qui se passe, et à vous faire connaître les dangers sérieux qui vous menacent. Ce service que je veux vous rendre aujourd'hui acquittera peut-être ceux que vous avez rendus naguères à ma famille.


## XIII


### Le mendiant


M. Carpentier s'y perdait. Jamais on ne lui avait parlé de la sorte, et, à côté de l'irritation dont il était animé, un autre sentiment, plus puissant, s'était emparé de son esprit, la curiosité!

Il était intrigué.

Depuis que Maurice était revenu à l'usine, c'est à peine s'il l'avait vu, s'il lui avait parlé.

Il savait que le jeune homme appartenait aux idées nouvelles qui ont, dans les temps modernes, acquis une si rapide influence sur l'esprit des ouvriers, et cela suffisait pour le tenir en médiocre estime.

On ne lui avait jamais dit, d'ailleurs, qu'il fût un ouvrier hors ligne, et certes il ne s'attendait guère à trouver inopinément devant lui cet homme énergique et calme, intelligent et élevé qu'il venait de découvrir dans le fils du docteur Bernard.

Cependant Maurice avait repris.

— La tentative de grève qui vient de se produire, dit-il, est un de ces nombreux accidents qui, depuis quelques années, en France et à l'étranger, ont plusieurs fois mis en péril l'existence de certaines industries ; le plus souvent on a réprimé ces révoltes et le sang a coulé! Quelquefois, aussi, les patrons se sont montrés humains et des conciliations sont intervenues; mais, que la révolte se soit terminée par la conciliation ou par la répression, la question sociale moderne n'en reste pas moins toujours menaçante, et, si l'on tarde longtemps encore, elle imposera elle-même la sanglante solution qu'elle apporte.

— Est-ce donc que vous prenez parti pour ces hommes? demanda M. Carpentier.

— Je suis fils de bourgeois, et ouvrier, monsieur, et j'appartiens à l'association des travailleurs; c'est vous dire que leur cause est la mienne et que je ferai tout pour la faire triompher par les moyens que la loyauté autorise.

— Oui, je connais cela! on est séduit par le but, on espère que l'on pourra résister aux entraînements de la lutte, et un jour... on devient criminel, quand on croyait...

Maurice interrompit du geste.

— Oh! je ne nie pas, dit-il, qu'il n'y ait dans cette multitude bien des éléments mauvais, qui, à l'heure de la lutte, peuvent devenir dangereux et terribles. Ils sont pour la plupart ignorants, grossiers, abandonnés à tous les vices qu'engendre la misère. Mais il y a une chose qui exerce toujours son autorité sur ces natures abruptes et sans culture, c'est la force morale qui se dégage du talent et de l'intelligence.

M. Carpentier haussa les épaules.

— Et ce sont là les illusions que vous nourrissez, répliqua-t-il avec ironie; c'est avec de pareils éléments que vous espérez élever votre nouvelle société.

— Nous le tenterons du moins.

— Soit! fit M. Carpentier, et je ne veux pas troubler vos rêves d'utopistes; mais vous ne comptez pas, je suppose, que je livrerai mon établissement aux tentatives de vos amis. Cette usine est ma seule fortune, c'est la dot et l'avenir de mon enfant, je la défendrai jusqu'à la dernière goutte de mon sang.

— Vous avez raison, monsieur, et je n'entends pas qu'il puisse s'élever un doute sur ma conduite. Mon parti est pris, et avant huit jours j'aurai quitté Varennes.

— Vous voulez partir?

— La résolution que je prends aujourd'hui était dans ma pensée depuis quelque temps déjà.

— Pourquoi?

— Je ne puis le dire.

— Quoique votre présence ici puisse, je le crois, devenir un danger, je ne verrai pas votre départ sans regret.

— Moi, Monsieur, je m'éloignerai avec douleur! c'est avec une peine cruelle que je me séparerai de tout ce que j'aime au monde, mais je sens que je le dois et c'est pour cela que je le veux!

M. Carpentier resta quelques moments interdit.

L'accent dont ces dernières paroles avaient été prononcées l'avait profondément ému; plus que jamais, il comprenait que Maurice n'était pas un homme ordinaire, et il ne savait plus s'il devait le retenir ou le laisser s'éloigner.

— Qu'il soit donc fait comme vous l'avez résolu, dit-il enfin; cette conversation aura eu du moins ce bon résultat, que l'on gardera de vous ici un meilleur souvenir.

— En ce cas, Monsieur, répondit Maurice, voici ma main que j'avais retirée tout à l'heure, et si vous voulez bien la serrer une dernière fois, je serai heureux d'emporter de Varennes l'assurance de votre estime et de votre sympathie.

M. Carpentier n'y tint pas.

Il prit la main que lui offrait le jeune homme, la serra affectueusement, et, comme Maurice se retirait et gagnait la porte, il l'accompagna jusqu'au seuil avec des paroles cordiales.

Puis il rentra dans son cabinet, s'assit à son bureau et se prit à réfléchir profondément à ce qui venait de se passer.

M. Carpentier n'était pas un bourgeois vulgaire, livré tout entier aux intérêts matériels, et il avait pensé souvent que tout n'était pas exagéré dans les réclamations qui se produisaient de la part de ses ouvriers.

Mais quoi! il avait fait sa vie ainsi, et il lui était pénible de la voir troubler inopinément, quand il songeait déjà à s'endormir dans le calme d'une vieillesse exempte de soucis.

Toutes les idées qui venaient parfois le visiter accoururent en foule le visiter de nouveau.

Il pensa à sa fille dont il fallait assurer l'avenir, à son usine à laquelle il était urgent peut-être de donner une direction nouvelle.

Ces projets qu'il avait éloignés, parce qu'il s'y mêlait l'obligation d'une retraite, prirent tout à coup à ses yeux une importance inattendue, et il lui sembla qu'il y avait dans le hasard des événements une sorte d'avertissement qu'il ne fallait pas repousser.

Comme il en était là de ses réflexions, un bruit se fit derrière lui et attira son attention.

Marcel était devant lui.

— Vous m'avez dit de revenir, dit Marcel, et j'attendais.

M. Carpentier fit un signe de tête.

— Oui, en effet, je me rappelle, répondit-il, j'avais à vous parler. Mais je suis bien fatigué aujourd'hui, j'ai besoin de repos... et si vous le voulez, nous remettrons à demain.

— Je suis à vos ordres.

— Deux mots seulement avant de nous séparer.

— Parlez.

M. Carpentier sourit.

— On m'a, pendant votre absence, dit-il, longuement entretenu de vous.

— Qui cela? fit Marcel.

— Quelqu'un qui vous porte un vif intérêt et voudrait vous voir heureux.

— C'est grave alors?

— Très-grave.

— Mais encore...?

— Répondez-moi franchement, mon ami, êtes-vous libre?

— Sans doute.

— J'entends que vous n'avez contracté aucun engagement qui puisse lier votre vie.

— C'est cela.

— Eh bien, c'est tout ce que je désirais savoir; demain nous reprendrons cet entretien, et peut-être alors me sera-t-il permis d'être plus explicite.

Sur ces mots, M. Carpentier salua Marcel qui se retira, et il se dirigea vers sa chambre à coucher.

Le jour commençait à poindre, et il avait hâte d'aller se remettre au lit.

Mais, au moment où il allait pousser la porte de sa chambre, un homme en sortit brusquement et vint à sa rencontre.

C'était le mendiant!

M. Carpentier fit deux pas en arrière, par un mouvement instinctif de frayeur.

Le mendiant s'inclina en riant.

— Je vois ce que c'est, dit-il d'un ton enjoué, vous m'aviez oublié... et vous vous étonnez de me trouver encore là... Mais je suis obstiné, voyez-vous... et il m'est arrivé plus d'une fois de rendre service aux gens malgré eux.

Du reste, poursuivit-il, on n'est pas un vagabond, comme vous pourriez le croire à en juger par l'apparence... et si vous vouliez bien jeter les yeux sur cette carte... vous seriez tout de suite édifié à mon endroit.

M. Carpentier prit machinalement la carte qu'on lui présentait. Mais il ne l'eut pas plutôt parcourue qu'il fit un geste de profonde surprise, et se mit à regarder curieusement son interlocuteur.

<h3 style="text-align:center">XIV</h3>

<h3 style="text-align:center">Berthe Carpentier</h3>

— Il n'y a pas de sot métier, monsieur, dit le mendiant, et vous verrez bientôt que je sais le mien.

— Mais enfin, répliqua M. Carpentier, si cette carte me dit qui vous êtes, et surtout ce que vous êtes, elle ne m'apprend pas ce que vous venez faire chez moi.

— C'est juste! Quand je suis entré dans ce bureau, précédant de quelques pas les aimables forgerons grévistes, je n'ai pu vous dire que peu de mots.

— Eh bien?

— Il s'agit maintenant de les compléter. Mais à quoi bon! puisque vous me connaissez... qu'il vous suffise de savoir que je viens ici pour vous être utile, que je sais à quels misérables vous avez affaire, et que je ne vous demande pas huit jours pour les démasquer.

— Au surplus, dit M. Carpentier, en reconduisant son interlocuteur jusqu'à la porte, je désire ne pas me trouver mêlé à l'affaire qui vous amène; l'usine me donne assez de soucis en ce moment, sans que je cherche d'autres sujets de préocupation; seulement, vous êtes libre d'exercer vos fonctions tout à votre aise, et chaque fois que vous aurez besoin de quelques renseignements, vous voudrez bien vous adresser à M. Marcel Dubard.

Le mendiant salua.

— C'est parfait! répondit-il, mais je crois bien que je n'aurai besoin de personne.

— Tant mieux!

— Sans adieu donc, Monsieur, et si je puis me permettre de vous donner un conseil en vous quittant, ne négligez jamais les avis que je vous enverrai, à quelque heure et dans quelques circonstances qu'ils vous parviennent.

Sur ces mots, le mendiant s'éloigna.

Cette fois, le jour était tout à fait venu et le mouvement commençait à reprendre dans le pavillon qu'occupait M. Carpentier avec sa fille.

Aussi ne fut-il pas absolument étonné de voir Berthe venir à sa rencontre, au moment où il allait rentrer.

Cette vue récréa doucement l'industriel et chassa, pour un instant, les noires idées qui l'obsédaient.

— Déjà levée? fit-il en souriant et en la baisant au front.

— Oh! je ne me suis pas couchée, répondit la jeune fille. J'étais trop inquiète et je voulais voir comment finirait cette épouvantable nuit.

Berthe était vêtue d'un long peignoir blanc, ses cheveux dénoués flottaient en désordre sur ses épaules, et rien ne saurait rendre l'expression charmante de son visage un peu pâle et fatigué.

M. Carpentier l'attira doucement sur sa poitrine.

— Chère enfant, dit-il visiblement attendri, c'est la première fois que tu assistes à de pareilles scènes et je comprends que tu aies eu peur; mais je suis heureux de pouvoir te rassurer. Les choses se sont passées beaucoup mieux que je ne l'espérais d'abord, et tout est arrangé.

— Vous vous êtes entendu avec ces malheureux?

— Je me suis entendu avec eux en leur promettant tout ce qu'ils demandent.

— Alors il n'y aura personne de renvoyé?

— Personne.

— Bien sûr?

— Je te le jure!

Le visage de Berthe rayonna.

— A la bonne heure, dit-elle, et voilà les solutions comme je les aime. Il est si cruel de penser à ces pauvres ouvriers réduits à la misère, sans asile, sans pain, et ne pouvant plus trouver à travailler!

— Oui, oui, c'est cruel, qui le nie? Mais est-ce donc ma faute à moi, et n'ai-je pas toujours été généreux envers ces ingrats qui me menacent aujourd'hui?

— On sait, mon père, que vous êtes humain et bon, et il n'est personne qui ne vous rende justice, au fond du cœur... Enfin! tout est pour le mieux, vous l'avez dit, et demain ils seront tous à leur poste.

— Tous, un seul excepté, cependant.

— Ah! et qui donc?

— Le fils Bernard.

— Maurice!

— Lui-même.

— Vous l'avez renvoyé?

— Non pas.

— Mais vous disiez...?

— Je disais, ma chère enfant, que Maurice va quitter l'usine.

— Bientôt?

— Quand il le voudra; demain, dans huit jours, je ne sais au juste, je ne précipiterai p is son départ, mais je ne ferai rien pour l retenir.

Berthe était devenue tout à coup pensive.

— C'est étrange! balbutia-t-elle, comme si elle se fût parlé à elle-même.

— Quoi donc? demanda M. Carpentier.

— Ce départ inattendu... dont il n'avait parlé à personne. Il vous aura irrité peut-être?

— Pas du tout.

— Alors, c'est vous... qui...?

M. Carpentier prit les mains de sa fille et se mit à l'observer avec inquiétude.

— Ah! çà, dit-il, d'un ton presque ironique, que t'importe donc que M. Bernard fils reste à l'usine, ou qu'il retourne d'où il est venu? Tu ne le connais pas, tu ne lui as peut-être jamais parlé, et je cherche vainement la cause de cet intérêt subit.

Berthe avait rougi et pâli vingt fois pendant que son père lui parlait. Elle était évidemment troublée, et n'avait pas l'habileté de dissimuler son émotion.

Enfin, elle fit un effort sur elle-même et parvint à ramener le calme dans son cœur.

— Vous cherchez, répondit-elle en remuant la tête avec une douce malice, et cependant, ce n'est pas bien difficile à trouver.

— Que veux-tu dire? fit M. Carpentier.

— Dame! je ne suis pas ingrate, moi, cher père, et je n'ai pu oublier les soins touchants, et dévoués dont M. Bernard vous a entouré pendant votre dernière maladie.

— Ça, c'est vrai, approuva M. Carpentier.

— Vous pouviez mourir, et il vous a sauvé.

— On le dit.

— Eh bien! songez-y donc, mon père, quand M. Bernard apprendra que son fils le quitte, qu'il va encore une fois rester seul au monde, après avoir espéré finir ses jours dans les bras de M. Maurice, croyez-vous que le pauvre docteur ne va pas souffrir, que son cœur ne sera pas brisé, et il nous en voudra

peut-être d'une séparation dont il pourra penser que vous êtes la cause.

M. Carpentier baisa longuement les petites mains de Berthe.

— Tu as raison toujours! dit-il, et certes je ne veux pas oublier, plus que toi, le dévouement de Bernard; mais il n'y a rien à faire désormais sur ce point. Maurice est résolu. J'ai tenté de le retenir, et je ne pense pas que rien puisse le faire revenir sur sa détermination.

Laissons donc ce sujet, ajouta l'industriel après un moment de silence. Nous y reviendrons, d'ailleurs, en temps et lieu, et je te promets alors de faire tout ce que je pourrai en faveur du fils de notre ami. Seulement, et puisque tu as parlé de ma récente maladie, je veux à mon tour t'entretenir d'un sujet très-grave qu'il n'est pas déplacé de traiter en ce moment.

Berthe redressa la tête.

— De quel sujet s'agit-il donc? demanda-t-elle avec une pointe d'ironie.

— Tu railles! fit M. Carpentier, et pourtant il s'agit d'une chose dont les petites filles comme toi ne devraient pas parler légèrement.

— Vous m'effrayez.

— Il y a de quoi.

— Qu'est-ce donc?

— Un mariage.

— Pour moi?

— Pour toi.

— Ah! ce n'est pas sérieux, n'est-ce pas?

Et, pendant que M. Carpentier s'épanouissait en un gros rire bruyant, la pauvre enfant devenait pâle comme un suaire.

— Eh bien! eh bien! tu ne ris plus? dit le père en remarquant la morne attitude de sa fille.

— C'est qu'aussi vous me dites des choses bien faites pour m'effrayer.

— Tu as peur du mariage?

— Je n'y ai jamais songé.

— Et pourquoi donc?

— Parce que je suis trop jeune encore, mon père; parce que je vous aime, que je suis heureuse près de vous, et que l'idée de vous quitter me rendrait tout mariage odieux.

M. Carpentier haussa les épaules.

— Et qui te parle de me quitter; répliqua-t-il. C'est tout l'opposé, au contraire.

— Comment?

— Sans doute, si tu acceptais l'offre que j'ai à te faire, si le choix que j'ai en vue pouvait te plaire, nous ne nous quitterions jamais. Nous resterions l'un près de l'autre, toujours, et j'aurais réalisé le plus doux rêve de ma vie, qui est de rencontrer un successeur dans le mari que tu choisiras.

Berthe était devenue sérieuse en écoutant son père. A mesure qu'il parlait, elle comprenait qu'il y avait chez lui un projet depuis longtemps conçu et mûri, et elle commençait à s'inquiéter de ce qu'elle avait pris tout d'abord pour des paroles sans conséquence.

— Vois-tu, poursuivit M. Carpentier, j'ai souvent réfléchi à ta position, ma pauvre enfant; tu es bien jeune encore, c'est vrai, mais moi, en revanche, je suis déjà bien vieux, bien usé, bien brisé de fatigue, et de dégoût des affaires. Si je venais à te manquer tout à coup... c'est possible. Cela s'est vu. Je frémis rien que d'y penser. Tu serais seule au milieu des embarras d'une liquidation redoutable, livrée aux inspirations de ton cœur naïf et bon, exposée à tous les dangers, à toutes les inexpériences. N'as-tu jamais songé à cela?

— Jamais.

— Il faut tout prévoir cependant.

— Non! non! C'est horrible à penser. Si vous mouriez, est-ce que je pourrais vivre? Mon Dieu! ne me dites pas de ces choses-là. Tenez! rien que l'idée m'en fait frissonner et pleurer.

Et comme un sanglot vint lui couper la parole, M. Carpentier lui mit la main sur les lèvres.

— Allons, allons, enfant, dit-il d'une voix attendrie, calme-toi, ne pleure pas ainsi, je n'ai pas voulu te faire de peine, j'ai eu tort de te parler de cela aujourd'hui; tu es encore énervée des émotions de la nuit, nous remettrons cette conversation à un autre moment, le veux-tu?

— Oui, père.

— Et tu vas être calme, tu vas essuyer ces méchantes larmes qui rougissent tes beaux yeux.

— Je vous le promets.

— A la bonne heure, et maintenant, regarde-moi bien, fais-moi ton plus doux sourire; et dis-moi que tu m'aimes, comme tu aimais ta mère.

A ce souvenir, Berthe eut un tressaillement nerveux dans tout son être, et elle se précipita éperdue dans les bras de son père.

— O ma mère! ma mère! murmura-t-elle en fondant en sanglots.

Le père était non moins ému que la fille, et, pendant quelques secondes, ce fut entre eux un doux échange de paroles troublées et de tendres larmes.

Cependant, Berthe ne tarda pas à se dégager de l'étreinte de son père et elle courut se réfugier dans sa chambre, pendant que M. Carpentier regagnait la sienne.

Elle avait la tête et le cœur perdus. Jamais dans la vie tranquille qu'elle avait menée jusqu'alors de pareilles émotions ne l'avaient agitée.

Au milieu du trouble dont elle était atteinte, elle cherchait vainement à quel espoir se retenir; elle se sentait entraînée vers un abîme sans fond et elle était comme sous l'influence fatale d'un implacable vertige.

En vain s'agenouilla-t-elle à son prie-Dieu et appela-t-elle à son aide toutes les puissances du ciel.

Elle restait anéantie et sans forces, et com-

Il ne faut pas se désoler de la sorte, papa Morin, vous retrouverez votre fille... dit le Palot.

prenait d'avance qu'elle devait être infailliblement vaincue si elle tentait d'engager la lutte.

Tout à coup, pourtant, elle releva vivement le front; un éclair sillonna son regard et elle se dressa droite, la lèvre frémissante, la poitrine gonflée.

Une résolution soudaine semblait avoir traversé son cerveau; elle marcha d'un pas fébrile à la cheminée et agita une sonnette qui communiquait avec la chambre de la bonne.

Celle-ci accourut immédiatement.

Elle était vive, accorte, intelligente et avait pour qualité dominante un attachement sans bornes à sa maîtresse.

Elle s'appelait Lucy.

— Lucy! dit Berthe d'un ton bref, donne-moi une robe, un châle et une mantille.

— Mademoiselle va sortir? dit Lucy étonnée.

— Oui.

— Tout de suite?

— Tout de suite.

Et comme la jeune soubrette hésitait,

— Voyons! hâte-toi, continua Berthe, ou si tu refuses de me servir, je prendrai moi-même les objets que je te demande.

Lucy ne répliqua pas davantage; en moins de cinq minutes, Berthe fut habillée et prête à sortir.

— Accompagnerai-je mademoiselle? demanda la soubrette, quand la toilette fut achevée.

— Oui, certes, répondit Berthe.

— Et où allons-nous?

— Tu le sauras tout à l'heure : viens, viens.

Elle jeta sa mantille sur ses cheveux, et peu d'instants après les deux femmes quittaient le pavillon.

Si le lecteur le veut bien, nous les laisserons faire, sans les suivre, le trajet qu'elles devaient accomplir, et, revenant sur nos pas, nous raconterons ce qui était advenu à Maurice après son départ du bureau de M. Carpentier.

Dans le premier moment, le jeune homme n'avait peut-être pas bien réfléchi à la résolution qu'il venait de prendre.

Il avait déclaré qu'il quitterait l'usine; il y était bien décidé à l'instant où il le disait.

Mais une fois sorti du bureau, dès qu'il eut mis le pied dehors, ses idées devinrent plus nettes, et il se mit à considérer, avec plus de sang-froid, le parti qu'il venait de prendre.

Il songea alors qu'il lui faudrait avoir une explication avec son père, que ce dernier jugerait peut-être sa conduite sévèrement, qu'enfin il allait avoir à subir des remontrances blessantes et des reproches mérités.

Au fond, cependant, ce n'était pas là le véritable et seul motif de sa préoccupation.

Ce qu'il redoutait le plus, c'était la séparation.

Quitter son père, dans de pareilles circonstances, le laisser seul, mécontent, irrité, malheureux!

Malheureux surtout!

Maurice avait trouvé son père bien changé déjà, lors de son retour, et il ne pensait pas sans amertume qu'il allait lui causer encore de nouveaux chagrins.

Il était fort soucieux.

Une suprême tristesse s'élevait de son cœur troublé, et c'est à pas lents, le front baissé, qu'il s'acheminait vers l'humble demeure du docteur.

Comme il poussait la porte à claire-voie qui fermait le jardin, un grognement joyeux salua son arrivée.

C'était Sultan, le chien de la maison.

D'ordinaire, Maurice ne passait jamais devant sa niche sans lui adresser un regard ou lui faire une caresse.

Cette fois, il franchit le seuil de la porte et se dirigea, sans se détourner, vers la maison du docteur.

Sultan poussa un soupir de désappointement et se recoucha, en grommelant, le long de sa niche.

A défaut de cœur, la pauvre bête avait l'instinct, et elle comprenait qu'il se passait quelque chose d'anormal dans l'esprit de son jeune maître.

Cependant ce dernier avait gagné la maison, et, en pénétrant dans la salle à manger, il s'était trouvé tout à coup en présence de son père.

Le visage du docteur se rembrunit à la vue de son fils.

## XV

### Le médecin de campagne

Le docteur Bernard était un homme de mœurs austères, qui n'avait jamais eu à se louer beaucoup de la vie.

A l'heure où il touchait déjà à la vieillesse, il ne se rappelait pas, dans son passé, une seule joie qui n'eût été mêlée de tristesse et d'amertume.

Élevé dans une famille pauvre, qui avait épuisé ses ressources pour lui procurer une profession libérale, il avait travaillé avec ardeur pour gagner tous ses grades, et ce n'est qu'à vingt-six ou vingt-huit ans, qu'il avait pu obtenir le diplôme de docteur.

Ce que ce parchemin représentait d'argent dépensé, de sacrifices ignorés, de luttes soutenues contre la misère, nul ne le croirait jamais.

Il se retrouvait à vingt-huit ans, instruit, excellent praticien, savant surtout! Mais cette distinction obtenue au prix de tant d'efforts incessants ne lui assurait pas même le pain quotidien, et il comprit bien vite que la vie, au lieu des jouissances auxquelles il avait quelque droit, lui tenait au contraire en réserve des privations nouvelles.

Il sortait à peine de la lutte qu'il fallait y rentrer.

Il ne s'en effraya pas.

C'était un esprit élevé, résolu, supérieur à toutes les petites faiblesses humaines.

Il quitta Paris qu'il aimait, rompit avec toutes les aspirations qui avaient bercé sa jeunesse studieuse, et, bien décidé à faire sa vie honnête en son obscurité, il vint s'établir dans un petit canton de la Haute-Marne.

Là, il vécut sans murmurer, sans envie, accomplissant ses modestes et utiles fonctions, comme s'il n'avait jamais eu d'autre ambition.

Quand le soin de ses malades ne l'attirait pas au dehors, il se renfermait dans l'étroit horizon de son humble demeure.

Il adorait les fleurs; son jardin faisait l'admiration de tous, et cette distraction suffit longtemps à son bonheur.

Puis, il se maria...

Il épousa une femme qui ne lui apportait pas de dot, mais qui était jeune, aimante et douce.

La maison prit dès lors un aspect plus riant, moins solitaire.

Elle devint un paradis quand la jeune femme mit Maurice au monde.

Bernard, naturellement taciturne et froid, passa par toutes les extases et tous les enfantillages de la paternité.

Jusqu'alors, il n'avait vécu que pour sa femme. — Voilà que maintenant le ciel lui envoyait un autre être à aimer!

Quel tableau que celui de cette demeure bénie à l'époque dont nous parlons!

Pendant la belle saison, quand on passait près de la maison en fleurs, on entendait comme un charmant babil de femme et d'enfant qui se confondait avec le doux gazouillement des oiseaux.

Plus d'une fois, au retour de ses visites, l'excellent docteur aperçut, sous la charmille ombreuse, les deux têtes de la mère et du fils mêlées en un long baiser. Et alors, ses yeux s'emplissaient involontairement de larmes, son âme s'élevait enivrée vers Dieu, et il bénissait le sort qui lui avait indiqué la véritable route du bonheur!

Hélas! un jour la maison fut tendue de noir, et des psalmodies lugubres s'élevèrent alentour, qui mirent en fuite les hôtes ailés du jardin.

La mort, jalouse de tant de félicités si pures, la mort avait pénétré dans l'oasis.

La femme était morte et on allait l'enterrer!

Bernard voulut suivre le corps jusqu'au cimetière.

On fit tout ce que l'on put pour l'en dissuader, rien n'ébranla sa résolution.

Sa douleur était horrible.

Il ne pleurait pas, il avait les yeux rouges et secs, son visage était plus pâle que le suaire dans lequel la pauvre morte avait été enveloppée.

Ce qu'il devint à partir du moment où la bière disparut dans la fosse béante, il ne le sut jamais lui-même.

On fut obligé de l'emporter, et pendant quelques semaines sa vie fut sérieusement en danger.

Mais la nature l'avait doué d'une constitution robuste et saine, et dans cette lutte contre la douleur et le désespoir, c'est l'homme qui fut le plus fort.

Seulement il se montra plus taciturne, plus froid, plus solitaire encore qu'il ne l'avait été jusque-là, et c'est à ces cruelles épreuves par lesquelles il avait passé, qu'il fallait attribuer sans doute la brusquerie presque farouche de son accueil habituel.

Quand il aperçut Maurice, tout ce passé si souvent pleuré lui était revenu, et une teinte sombre s'était répandue sur ses traits.

— Ah! vous voilà, dit-il au jeune homme, un peu décontenancé par cet accueil; j'ai appris de vos nouvelles tout à l'heure, et il paraît que, vous aussi, vous voulez prendre votre part de la révolte?

— Je vous assure... commença Maurice.

— Ne cherchez pas à nier; je sais tout.

— C'est-à-dire qu'au contraire on vous a laissé ignorer la vérité ou qu'on l'aura défigurée à dessein.

— On vous a vu cependant...

— Je ne me cachais pas.

— Vous êtes allé avec les grévistes chez M. Carpentier.

— C'est vrai!

— Et Marcel Dubard m'a assuré...

Maurice eut une explosion de colère à ce nom.

— Ah! je m'en doutais, s'écria-t-il hors de lui, c'est lui qui vous a irrité contre moi, c'est lui qui, sans se donner le temps de s'assurer de la vérité, ne craint pas de calomnier ceux qu'il redoute, eh bien, mon père, je vous remercie de ce que vous venez de m'apprendre, car je sais maintenant à qui m'adresser.

— Que comptez-vous donc faire? demanda le docteur en fronçant le sourcil.

— Une chose fort simple : avant une heure, M. Dubard m'expliquera de quel droit il se mêle de mes affaires.

— Une provocation!

— Je saurai de cette façon si cet homme est un lâche.

— Je vous le défends.

— Mon père! fit Maurice avec un mouvement douloureux, ah! je vous respecte et je vous aime plus que vous ne le pouvez supposer; mais ce n'est pas la première fois que je rencontre cet homme sur ma route, et, devant ses agissements déloyaux, personne ne pourra m'empêcher...

— Personne, dites-vous? demanda le docteur, dont l'œil eut un éclair.

— Je le jure!

— Pas même... moi?

— Pas même...

Maurice n'acheva pas.

Son père était devenu blême, une colère aveugle gonflait sa poitrine, et il pressait son front de ses deux poings crispés.

— Assez! assez! interrompit-il d'un ton violent; vous avez été le chagrin de mon âge mûr, vous deviendrez l'épouvante de ma vieillesse. Malheureux! vous ne vous contentez pas de m'abreuver d'amertume et de dégoût, vous cherchez encore à m'enlever l'estime des seuls amis qui me restent! ah! cela ne sera pas, entendez-vous, je veux mettre un terme à cette situation, vous ne me braverez pas plus longtemps et dès demain...

Maurice baissa la tête. Il connaissait son père; il savait la violence de son caractère, et il voulait éviter à tout prix de l'irriter davantage.

Mais le docteur était sur une pente fatale; il ne pouvait plus s'arrêter.

— Dès demain, continua-t-il, dès cet instant même, vous quitterez cette demeure. J'ai vécu seul, je mourrai seul, et, quoi qu'il arrive, je ne veux plus même savoir si vous êtes malheureux ou si vous devenez criminel.

— Mon père!

— Sortez.

— Vous me chassez?

— Je chasse de chez moi l'homme qui insulte mes amis et dont la conduite me déshonore et je n'adresse au ciel qu'une prière, c'est que jamais vous ne franchissiez le seuil de cette porte.

Maurice était accablé.

L'emportement de son père ne lui permettait pas de se justifier, et il n'osait ni rester ni s'éloigner.

Cependant la situation ne pouvait se prolonger longtemps, sans danger, il allait se retirer, sauf à revenir plus tard, quand un bruit de pas précipités se fit entendre dans le jardin et attira son attention de ce côté.

Il se retourna vivement et réprima un cri de surprise.

Berthe venait de pénétrer dans la chambre.

Elle fit à Maurice un signe rapide qui lui ordonnait la discrétion et marcha droit et sans hésitation vers le docteur.

Celui-ci venait de l'apercevoir et il s'était levé.

A l'aspect de la jeune fille, toute son irritation s'était apaisée comme par enchantement, et un sourire affectueux avait couru sur ses lèvres.

— Vous! ici ! à cette heure ! dit-elle, en lui prenant les mains. A quelle bonne action dois-je donc cette heureuse fortune?

Berthe allait répondre, mais le regard du docteur venait d'apercevoir Maurice, et un dernier tressaillement de colère fit trembler ses mains.

— Qu'avez-vous? demanda Berthe.

— C'est que... balbutia le docteur, peut-être désirez-vous... ?

— Que nous soyons seuls ; non ! M. Maurice n'est pas de trop, d'autant plus que j'ai à le remercier de la part de mon père.

Le docteur releva la tête, pendant que Maurice prêtait l'oreille.

— De votre père? des remercîments... à Maurice... répéta le docteur, au comble de la surprise.

— Eh ! sans doute, poursuivit la jeune fille, avec un angélique sourire ; mon père sait maintenant le rôle courageux qu'il a rempli dans la tentative de cette nuit, et il lui sait gré des bonnes intentions qu'il a manifestées.

— Pourtant, commença M. Bernard, ce que vous me dites s'accorde si peu...

— Avec ce que l'on vous a rapporté?

— En effet.

— Eh bien, on vous a induit en erreur.

— Mais... ce départ?...

— Quel départ ?

— M. Dubard m'avait assuré...

Au nom de Dubard, un même sentiment fit frissonner Berthe et Maurice.

Ce dernier, notamment, releva le front, pendant qu'un éclair sillonnait son regard.

— M. Dubard ne s'est pas trompé, mademoiselle, dit-il d'un ton ferme, et, bien que vous ayez eu raison d'affirmer que j'ai pu, cette nuit, rendre quelque service à M. Carpentier, il n'en n'est pas moins vrai que mon départ est décidé, et qu'avant huit jours j'aurai quitté l'usine.

— Vous l'entendez? fit le docteur.

Berthe garda le silence. Elle avait fait semblant de ne pas entendre. Mais un sanglot avait monté de son cœur à ses lèvres, et elle avait eu beaucoup de peine à l'étouffer.

Heureusement pour elle qu'un incident vint à ce moment mettre fin à son embarras et lui permettant de ne point répondre.

Quelqu'un venait, en effet, d'entrer dans la salle à manger et s'était précipité vers le docteur.

C'était Morion, le père de Jeanne.

Il avait le visage défait, les vêtements en désordre, et, à voir la sueur qui baignait son front, on devinait aisément qu'il venait de fournir une course pénible.

Dès qu'il eut aperçu le docteur, il poussa un cri de joie.

— Ah! vous voilà, monsieur Bernard! s'écria-t-il, si vous saviez comme je suis heureux de vous rencontrer, je craignais tant de vous trouver absent.

— Qu'y a-t-il donc? demanda le docteur avec intérêt.

— Il y a, que je viens vous chercher.

— Pour toi?

— Allons donc! est-ce que je suis jamais malade moi? Non, c'est ma fille, ma Jeanne bien-aimée!

— Que lui est-il arrivé?

— Je ne sais.

— Ce n'est pas grave, au moins?

— Ah! je l'espère, mon Dieu! Mais elle est rentrée tout à l'heure tout pâlotte, les yeux cernés, les lèvres blêmes. C'était l'heure du déjeuner; je lui avais préparé une belle corbeille de fruits, comme elle les aime. Pauvre chère âme, elle n'a rien voulu prendre.

— Elle n'avait pas faim.

— C'est ce que je me suis dit, mais tout de même ça m'a coupé l'appétit. Alors, je n'ai pas mangé non plus, je l'ai observée et ça m'a épouvanté, voyez-vous.

— Quoi donc?

Le malheureux père passa sa main mutilée sur son front pour étancher la sueur qui y perlait en abondance.

— C'est effrayant, poursuivit-il, elle est devenue verte, à force d'être pâle, elle a tourné les yeux, à n'en laisser voir que le blanc, et elle s'est affaissée sur sa chaise, où elle s'est évanouie. Moi, j'ai cru qu'elle était morte!

— Pauvre enfant!

— Oui, pauvre enfant! vous pouvez le dire, monsieur Bernard, je ne suis qu'un malheureux ouvrier, et depuis qu'elle est née, elle n'a guère connu que la misère, c'est affreux. Je l'ai prise dans mes bras, comme quand elle était toute petite, et je l'ai portée sur son lit. Mais ses mains et ses joues étaient glacées, et deux grosses larmes roulaient de ses yeux fermés. Elle souffrait, n'est-ce pas?

— Sans doute.

— Enfin, qu'est-ce que cela peut être!

— Nous allons le savoir.

— Ça ne peut pas être dangereux.

— Je ne le pense pas.

— Eh bien, venez, monsieur Bernard, partons, hâtons-nous. J'ai laissé près d'elle le Palot, qui lui est dévoué, mais je ne suis pas tranquille, et je voudrais être rassuré.

Le docteur serra affectueusement la main du vieil ouvrier. Il prit la pharmacie portative qu'il n'oubliait jamais d'emporter dans ses visites, et gagna la porte sur les pas de Morion.

— Toutefois, au moment de s'éloigner, il se retourna vers Berthe:

— Je vous demande pardon, mon enfant, lui dit-il, mais vous le voyez, je suis obligé de vous quitter.

— Soignez bien cette pauvre Jeanne, répondit Berthe, et ne vous inquiétez pas de moi.

— Si vous le voulez, Maurice vous reconduira jusqu'au pavillon.

— C'est inutile. Lucy est avec moi; je m'en retournerai avec elle.

— Au revoir donc, mon enfant.

— Au revoir, monsieur Bernard; et puisque vous me laissez seule, je vais profiter de l'occasion pour dévaliser votre jardin.

Le docteur sourit, prit les mains de Berthe qu'il baisa, et rejoignit Morion qui l'attendait impatient au dehors.

Une fois qu'elle les eut vus s'éloigner, Berthe prit tout de suite son parti, et marcha résolûment à Maurice.

— Monsieur Maurice, dit-elle d'un accent qu'elle essayait vainement, de raffermir, ce n'est pas vrai, n'est-ce pas, que vous ayez jamais eu l'intention de quitter Varennes ?

A cette brusque interpellation, Maurice jeta un regard étonné à la jeune fille.

— Mais vous vous trompez, mademoiselle, répondit-il ; car ce n'est pas d'aujourd'hui seulement que j'avais formé ce projet.

— Vous l'avouez !

— Pourquoi le cacherais-je ?

— Encore faudrait-il avoir des motifs sérieux pour prendre une pareille résolution.

— Oh ! ce ne sont pas les motifs qui me manquent...

— Peut-on vous les demander ?

— Je suis tout prêt à vous les faire connaître.

— Parlez donc, monsieur, parlez, car jusqu'à ce que vous vous soyez expliqué, votre conduite pourra paraître tout au moins singulière, pour ne rien dire de plus...

Depuis que Maurice était à Varennes, il avait souvent rencontré Berthe soit à l'usine, soit chez le docteur.

Plus d'une fois, ils avaient passé de longues heures ensemble pendant que le docteur était absent et que Lucy dévalisait le jardin, au profit du salon de M. Carpentier.

Maurice n'avait jamais aimé ; Berthe n'aimait pas encore.

Ils parlèrent du passé où ils avaient quelques souvenir communs.

Une même douleur devait contribuer à les rapprocher plus étroitement.

Berthe avait perdu sa mère fort jeune et Maurice pleurait toujours la sienne.

Ce dernier raconta la vie qu'il avait menée depuis son enfance ; il dit son isolement, la sévérité de son père, l'indifférence ou le dédain des hommes parmi lesquels il avait quelquefois espéré rencontrer un ami !

Et ce récit, fait avec simplicité, avait profondément touché la jeune fille.

Maurice n'était plus un ouvrier pour elle ; c'était le fils du docteur : un jeune homme intelligent, distingué, instruit, et qui pouvait se dire l'égal de tous ceux qui composaient le haut personnel de l'usine.

Elle était donc sans défiance, et, d'ailleurs, elle n'avait pas encore le soupçon d'un danger.

Cela dura quelques semaines.

Un jour M. Carpentier annonça à Berthe qu'il allait l'emmener avec lui, dans un court voyage qu'il devait faire.

C'était une absence de trois ou quatre jours, au plus. Mais, sans qu'elle pût s'expliquer pourquoi, le cœur de Berthe tressaillit, lorsqu'on lui parla de ce voyage.

Que se passait-il donc en elle ? Un mois plus tôt, elle aurait battu des mains et sauté au cou de son père, rien qu'à l'annonce d'un départ.

Elle ne dormit pas de toute la nuit qui suivit.

Puis, le lendemain, en revoyant Maurice, elle se sentit toute troublée et tout inquiète.

Et pourtant elle était heureuse !

Qu'est-ce que cela voulait dire ? Elle n'y comprenait rien. Jamais, rien de pareil ne lui était arrivé.

Vaguement, elle soupçonna qu'un sentiment nouveau, ignoré jusqu'alors, venait de s'emparer d'elle. Mais elle était si innocente et si pure, qu'elle n'en éprouva aucune frayeur.

Quant à Maurice, c'était autre chose.

Dès les premiers jours, il avait compris ce qui se passait dans son cœur, et il s'était abandonné à ce sentiment profond, irrésistible, sans même se demander vers quelle issue, vers quel abîme peut-être il allait être entraîné.

La beauté chaste, la grâce naïve, l'abandon inconscient de Berthe, étaient pour lui comme une révélation de la femme !

Il sentait bien que cet amour auquel il se

livrait ne pouvait pas avoir sa satisfaction. Il n'ignorait pas qu'il y avait entre Berthe et lui une distance qu'il ne pourrait franchir.

Mais que lui importait!

## XVI

### L'aveu

Dans la situation d'esprit où il se trouvait, ces relations innocentes suffisaient à le rendre heureux, il lui semblait qu'il n'était plus seul dans la vie, depuis le jour où il avait connu Berthe, et il se fût contenté du bonheur d'aimer, sans espoir de voir jamais partager son amour.

Depuis deux mois, ils vivaient ainsi, l'un près de l'autre, se rencontrant à des intervalles réguliers, c'est-à-dire presque tous les jours, échangeant leurs pensées avec un complet abandon, ne cherchant pas à pressentir l'avenir, et s'abandonnant sans réserve aux chastes et pénétrantes ivresses du présent.

Toutefois, il y avait pour Maurice de singulières intermittences dans ces ivresses, et quelquefois il se réveillait tout à coup du milieu de son rêve, pour apercevoir béants sous ses pieds les abîmes insondables de la réalité.

Il ne pouvait rien ignorer, lui! Dans l'usine, il entendait causer ses camarades : à 300 mètres de profondeur, on ne mesure ni ses paroles ni ses suppositions, et il avait bien vite appris que M. Carpentier destinait Berthe à Marcel Dubard.

Alors, le pauvre garçon se mit à être malheureux, avec tout le désespoir que peut contenir un cœur de vingt-cinq ans.

Il n'avait jamais eu une grande sympathie pour l'ancien élève de l'Ecole polytechnique; à partir de ce moment, il se prit à le haïr de toutes les forces de son âme.

La perspective des épreuves qui lui étaient réservées, celle des chagrins qu'il prévoyait pour lui dans un avenir prochain, éveillèrent plus d'une fois dans son esprit l'idée de fuir, mais la lutte était trop inégale entre les deux sentiments contraires qui se disputaient ses résolutions, et jusqu'alors il n'avait pu se décider à prendre un parti.

Il était resté!

Cependant, la situation venait de s'aggraver subitement. Il ne pouvait plus désormais demeurer à l'usine après la scène de la nuit précédente, et il lui fallait rompre héroïquement les liens qui l'unissaient à Berthe.

— Vous me demandez les motifs de mon départ, dit-il à la jeune fille, qui attendait sa réponse avec une vive impatience; et vous n'avez pas deviné ce qui se passait en moi depuis quelques jours?

— Qu'est-ce donc? dit Berthe avec étonnement.

— N'insistez pas, je vous en prie.

— Mais je veux savoir.

— Non, non, jamais, ne me le demandez pas, je ne puis rien dire.

— Voilà qui est étrange, vous l'avouerez, et si vous êtes résolu à quitter Varennes, à laisser ici votre père seul et malheureux, ceux qui lui portent intérêt et qui l'ont souvent plaint dans son malheur ont bien quelque droit...

— Vous le voulez.

— Je l'exige.

— Eh bien! ne vous en prenez qu'à vous, mademoiselle, si mes paroles vous offensent, et si l'aveu que j'ai à vous faire doit rendre plus irrévocable encore la séparation à laquelle je me résigne.

— Parlez, parlez!

— Je vais partir parce qu'il y a ici, à

Marchez! dit-il, d'un ton impérieux et implacable.

l'usine, un homme que je hais! Et je hais cet homme, entendez-vous bien, je le hais... parce qu'il doit être votre époux!

Berthe fit un mouvement.

— Que dites-vous? balbutia-t-elle en pâlissant, et de quelle personne voulez-vous parler?

— De M. Marcel Dubard!

— Qui vous a dit...

— Je le sais!

— Mais c'est faux.

— C'est vrai, vous dis-je; ah! je ne puis me tromper, moi; à la sourde colère que le nom ou la vue de cet homme éveille en moi, je sens qu'il vous aime et qu'entre nous il ne peut y avoir que du sang.

— Maurice!

— Vous le voyez, je vous offense, vous m'en voulez maintenant d'un aveu que vous avez sollicité. Pardonnez-moi! pardonnez-moi!

Berthe ne répondit pas tout de suite, elle resta un moment interdite et confuse, les yeux fixés au parquet, l'attitude indécise et soucieuse.

Puis enfin, elle releva le front, et arrêta son regard profond sur le jeune homme ébloui.

— Ainsi, dit-elle, c'est là la seule raison qui vous invite à partir?

— Je le jure.

— Et si l'on vous donnait la preuve que vous vous êtes trompé?

— Comment?

— Si l'on vous affirmait que M. Marcel Dubard m'est tout à fait indifférent.

— Mon Dieu!

— Vous resteriez?

— Ah! toujours, toujours.

— Eh bien, je vous promets, monsieur Maurice, je vous jure, s'il le faut, que jamais je ne serai la femme de cet homme!

— Oh! Berthe! Berthe! murmura Maurice en se laissant tomber à genoux devant la jeune fille.

Mais celle-ci comprit qu'elle en avait trop dit sans doute, car elle jeta vivement sa mantille sur ses cheveux, balbutia encore quelques paroles inintelligibles, et courut rejoindre Lucy dans le jardin.

Maurice était ivre et fou de bonheur.

Il allait et venait à travers la chambre, mordant ses poings pour ne point éclater, ou comprimant sa poitrine qui débordait.

Était-il encore de ce monde? Il n'eût pu le dire.

Pendant un quart d'heure, ce fut une ivresse incohérente, et qui touchait au délire.

Celui qui l'aurait vu ainsi eût pu croire qu'il était devenu insensé.

Tout à coup, cependant, il s'arrêta brusquement au milieu de la chambre, et prêta l'oreille.

Un bruit sinistre était venu jusqu'à lui.

## XVII

### Le gaz hydrogène carbonné

Maurice frissonna.

Dans ce bruit, il venait de démêler des cris de détresse, des appels désespérés, et jusqu'à son nom prononcé au milieu du désordre.

Il courut à la fenêtre, et, à son tour, il jeta un cri épouvanté.

De tous côtés, les ouvriers qui avaient quitté la mine, le matin même, couraient à à la hâte vers l'usine; une inquiétude profonde se trahissait sur leurs traits, et leurs gestes et leurs paroles effarés disaient surabondamment que quelque événement terrible s'accomplissait en ce moment.

Maurice descendit précipitamment, et arrêta un des mineurs.

— Mais qu'y a-t-il? qu'est-il arrivé? s'écriat-il, et où courez-vous ainsi?

— Vous ne savez donc rien...? répondit l'ouvrier.

— Parlez... expliquez-vous!

— Eh bien... c'est le *grisou*.

— Une explosion!

— Précisément; une explosion vient d'avoir lieu dans la galerie n° 7... on redoute un éboulement, et il y a là cinquante de nos camarades qui peuvent être écrasés d'un moment à l'autre.

Maurice ne répondit pas, mais son parti fut pris sur le champ, et il suivit celui qui lui parlait.

Soldat du travail, sa place était au milieu de ceux que le danger menaçait.

Il n'avait pas hésité.

Chemin faisant, il chercha à se renseigner sur les causes de l'événement.

— On ne sait rien encore, répondit celui qu'il interrogeait, on pense seulement que c'est Mathon qui a commis l'imprudence. Après sa visite de cette nuit à M. Carpentier, il a voulu aller rendre compte aux amis de ce qui s'était passé, on a abandonné un moment les travaux, on s'est mis à causer, et adieu les précautions! Le *grisou* était là qui guettait. Le *grisou* est le complice des patrons, voyez-vous, c'est l'ennemi acharné des travailleurs, et quand on cesse de veiller sur lui, voilà ce qui arrive.

Maurice réprima un sourire.

Ce que lui disait l'homme auquel il parlait, était l'expression naïve d'un sentiment généralement répandu dans tous les pays houillers.

Il y a la légende du *grisou*, dont une superstition aussi ancienne que le travail des mines a fait une sorte de démon souterrain toujours en lutte avec les ouvriers et qui leur dispute énergiquement et par tous les moyens le sol qu'on vient lui arracher.

Pour ceux de nos lecteurs qui pourraient l'ignorer, nous ne pouvons nous dispenser de donner quelques éclaircissements à ce sujet.

Il n'est malheureusement que trop vrai que le *grisou* est un des ennemis les plus redoutables que l'on puisse rencontrer dans les mines.

La vie du travailleur est ainsi exposée à mille périls inconnus, et, comme nous l'avons dit plus haut, l'histoire des luttes souterraines de l'ouvrier contre les éléments a ses héros et ses martyrs.

« Dans les mines, dit M. Edgar Hément, entre les couches de houille humide s'opèrent des réactions lentes; le gaz hydrogène s'unit en diverses proportions avec le charbon pour former différents composés.

« Un d'entre eux, qu'en chimie on nomme *hydrogène carbonné*, est précisément celui qui donne naissance au *feu grisou*. Voici comment: ce gaz, plus léger que l'air, s'élève dans les parties supérieures des galeries et se mêle avec lui en formant un mélange explosif.

« Si un mineur infortuné passe avec une lampe ordinaire dans la galerie où s'accumule le *grisou*, une détonation violente se produit instantanément en provoquant les plus graves accidents, au premier rang desquels il faut placer les éboulements. »

Les conséquences sont incalculables!

Les terrains inférieurs dont les bois de soutènement ne sont point assez solides cèdent à cette énorme pression, et malheur aux ouvriers qui se trouvent alors dans les galeries!

Broyés entre les charpentes et les blocs de charbon, ou tout au moins estropiés, il leur faut attendre, quand ils n'ont pas été tués sur le coup, que les travaux de sauvetage soient organisés.

C'est tout un drame, dont les ténèbres dérobent le plus souvent les cruelles et sanglantes péripéties, mais qui n'en est pas moins poignant ni moins digne de la pitié des hommes!

Tout en précipitant sa marche, Maurice pensait à toutes ces choses, et une suprême émotion s'élevait de son âme.

Il connaissait, lui, pour les avoir affrontés, les dangers de la vie de mineur, et il avait hâte d'arriver sur le lieu de l'événement pour y organiser les secours les plus prompts et les plus énergiques

A mesure qu'il avançait, la foule devenait plus compacte.

Une explosion de ce genre est un de ces événements par lesquels, dans une usine, tout le monde se sent frappé en même temps.

C'est à cette heure surtout que l'on comprend l'étroite solidarité qui existe entre tous les membres de la famille humaine, et il n'est pas un homme qui ne prenne sa part de l'épouvante commune.

Quand Maurice arriva à l'usine, tout le personnel était réuni. M. Carpentier, Marcel Dubard, Robert Linley, puis les maîtres, contre-maîtres, ouvriers, et, spectacle plus navrant, toutes les malheureuses femmes des mineurs qui se trouvaient en ce moment dans les galeries.

Berthe elle-même se tenait haletante et oppressée aux côtés de son père.

Bien que l'émotion fût universelle, un silence profond régnait dans cette foule.

On venait de prendre la résolution d'envoyer quelques hommes courageux au secours des ouvriers de la galerie n° 7; la cage qui devait les descendre était à niveau de la margelle du puits et l'on n'attendait plus que les hommes de bonne volonté auxquels on avait fait appel.

Trois mineurs s'étaient présentés. A leur allure résolue et ferme, on devinait qu'ils n'en étaient pas à faire leurs preuves de dévouement et de courage.

Ils prirent place dans la cage et se tournèrent vers quelques-uns de leurs compagnons, comme pour les inviter à les suivre.

— Eh bien? fit M. Carpentier.

— Me voici, répondit Maurice, en marchant d'un pas décidé vers la cage.

Mais au moment où il allait y mettre le pied, son regard rencontra celui de Marcel Dubard.

Derrière ce dernier, Berthe, plus morte que vive, se cramponnait au bras de son père pour ne pas tomber.

Alors, une pensée subite traversa l'esprit de Maurice, qui se dirigea aussitôt vers M. Carpentier.

— Pardon, Monsieur, dit-il, ne pensez-vous pas qu'il serait utile de nous faire accompagner par un ingénieur?

— Mais à quel propos? répondit M. Carpentier.

— Il peut y avoir à prendre, pour le sauvetage, des mesures dont ni ces hommes, ni moi, ne saurions accepter la responsabilité, et si M. Dubard...

L'ingénieur salua avec ironie.

L'ancien élève de l'Ecole pouvait avoir bien des défauts, qui tenaient à la raideur de son caractère, mais c'était par-dessus tout un homme courageux, et il n'eut pas une seconde d'hésitation.

— M. Bernard a raison, dit-il à M. Carpentier, et il ne fait que devancer mon désir. Ma présence peut être particulièrement utile dans les galeries, et, quand je ne m'y rendrais que pour montrer à tous comment chacun ici doit comprendre son devoir, ce motif serait plus que suffisant pour m'engager à suivre nos braves mineurs.

— Alors, nous partons? fit Maurice.

— Je suis prêt, répondit Marcel.

Et ils allèrent se placer côte à côte dans la cage.

— Tout est-il paré? demanda la voix retentissante d'un contre-maître.

— Tout est paré! répondit un ouvrier.

— Alors, on peut donner le signal...

Et M. Carpentier allait faire un signe, quand un homme fendit tout à coup la foule et vint se placer devant lui.

— Arrêtez! s'écria-t-il en levant ses deux mains suppliantes en l'air.

Tout le monde se tourna de son côté et un même cri s'échappa de toutes les lèvres.

C'était le docteur Bernard !

Maurice se sentit défaillir en devinant, à la pâleur de son visage, ce qui devait se passer en ce moment dans le cœur de son père !

## XVIII

### La main du mendiant

Le docteur était pâle, en effet ; mais son attitude n'avait rien d'abattu ni de dolent, et son regard ne se voila pas, quand il se tourna vers Marcel et Maurice.

— Vous oubliez quelqu'un ! dit-il alors, d'une voix qui ne tremblait point. Ma place est au milieu de vous.

— Mon père !... balbutia Maurice.

— Il n'y a pas de père, à cette heure, répliqua le docteur : il n'y a qu'un médecin, qui va disputer des malheureux à la mort.

Et, sans attendre d'autres objections, il franchit la margelle et prit place dans la cage.

Puis, se tournant vers le contre-maître :

— Et maintenant, le signal ! ajouta-t-il avec force.

Nul n'eut le courage de s'opposer à son héroïque dessein.

Des applaudissements enthousiastes éclatèrent même de tous côtés, et lorsqu'on vit le père et le fils se serrer la main avec effusion au moment solennel du départ, bien des yeux se mouillèrent de larmes, et chacun fit des vœux ardents pour le succès de leur entreprise.

Cependant le signal avait été donné.

Au son de la cloche, la cage s'etait mise en mouvement et avait descendu dans l'abîme, emportant sa charge humaine, étagée sur deux rangs.

Les six hommes disparurent dans le gouffre, et la foule haletante se précipita à l'orifice pour les voir descendre.

Pendant quelques minutes, on entendit le bruit de leurs voix.

Puis, le bruit alla bientôt en diminuant, pour se perdre enfin tout à fait dans le silence des mines.

La lueur incertaine des lampes qu'ils avaient emportées brilla bien encore pendant quelques instants aux regards inquiets de ceux qui les suivaient, mais cette lueur elle-même ne tarda pas à s'éteindre, et on ne vit, on n'entendit plus rien.

Ils appartenaient maintenant aux redoutables hasards du monde souterrain.

La foule s'éparpilla alors dans tous les sens, mais sans s'éloigner du théâtre de l'événement dont chacun voulait connaître les suites, et il ne resta autour du puits que les hommes affectés au service spécial du sauvetage.

Nous avons dit que, parmi les spectateurs attirés par ce sinistre, se trouvait Robert Linley.

Nous devons ajouter que derrière Robert se tenait le petit Palot, que nous avons déjà présenté au lecteur, et plus loin, confondu dans la foule, en apparence indifférent, mais en réalité attentif et anxieux, le mystérieux mendiant, qui s'était trouvé mêlé un moment à la grève des forgerons.

Quand la cage eut disparu, et que chacun se fut retiré, le petit Palot se rapprocha de Robert, et le tira doucement par un des pans de son paletot.

Robert se retourna.

— Ah ! ah ! c'est toi, lui dit-il, en souriant, tu n'es donc pas descendu dans les galeries ?

Le Palot fit un geste insouciant.

— C'est pas qu'on y descendrait aussi bien qu'un autre, répondit-il d'un ton intraduisible ; mais pour le quart d'heure, j'ai autre chose à faire.

— Diable... et qu'est-ce donc ?

— Il faut que je vous parle.

— A moi ?

— Tout de suite.

— C'est grave alors?

— Vous le verrez.

— Voyons! voyons, parle! je t'écoute.

Le Palot attira Robert à l'écart, et il reprit, après avoir jeté deux ou trois regards soupçonneux autour de lui.

— Voilà ce que c'est, dit le Palot : il y a quelque temps vous vous êtes aperçu qu'un billet de mille avait disparu de votre cassette, au « Puits abandonné », et vous avez pensé que c'était moi qui l'avais effarouché.

— Mais j'ai été renseigné depuis; j'ai appris qu'un étranger, du nom de Berger, tombé dans le puits par accident, en avait été miraculeusement sauvé. La date de l'accident dont il s'agit coïncide avec celle de la soustraction. Je n'ai pas douté un seul instant...

— Que le voleur ne fût le nommé Berger.

— Précisément.

— Et vous ne vous êtes pas inquiété du reste?

— A quoi bon?... Cet étranger a quitté le pays; il ne me connaît pas, je ne l'ai jamais vu; il peut bien, si cela lui plaît, aller se faire pendre ailleurs.

— Eh bien! il paraît que ça ne lui plaît pas.

— Comment!

— Je veux dire qu'il préfère se faire pendre ici.

— Qu'est-ce que cette plaisanterie?

Le Palot haussa les épaules, par un mouvement d'ironique compassion ;

— C'est égal, répliqua-t-il, vous pouvez être un millionnaire et avoir des *fafiots* à remuer à la pelle, mais vous n'êtes pas fort.

— Hein !

— Quand je vous dis qu'il est à Varennes.

— Berger?

— Qu'il s'appelle Berger ou Lambert, l'homme au billet de mille est ici.

Robert fronça le sourcil.

— Depuis longtemps? demanda-t-il vivement.

— Depuis quelques jours, répondit le Palot.

— Tu l'as vu?

— Je fais mieux... je le vois.

— Où cela?

— Ne vous détournez pas tout de suite. Seulement, dans quelques secondes, regardez à votre gauche, dans la direction du pavillon Carpentier... et là vous verrez votre homme.

Robert observa les recommandations du Palot, et, au bout d'un instant, il fit un mouvement.

— Mais c'est un mendiant! observa-t-il avec un reste d'incrédulité.

— Vous y êtes!

— Un vieillard?

— Parfait !

— Et tu crois?...

— Voulez-vous vous en convaincre par vous-même?

— Oui, certes.

— Eh bien, tout à l'heure, dirigez-vous vers le pavillon, en passant près du mendiant, examinez-le avec attention, et, si vous vous fendez d'une pièce de dix centimes en sa faveur, regardez bien la main dans laquelle vous déposerez votre pièce.

— Qu'est-ce que cette main peut bien avoir de particulier?

— Oh! presque rien, répartit le Palot; seulement, cette main, qui est pleine et qui n'a pas une ride, me paraît être celle de Berger plutôt que celle du vieillard que vous venez de voir.

Robert regarda le Palot sans chercher à cacher sa surprise.

— Sais-tu que cette observation est remarquable? lui dit-il, et j'étais loin de croire à tant de pénétration de ta part.

— On fait ce qu'on peut, répondit le gamin.

— Je vais vérifier le fait.

— A votre aise.

— Et si tu as dit vrai...

— Récompensez-moi, ça me fera plaisir...

— Si tu as dit vrai, tu seras content, je t'en réponds.

En parlant ainsi, Robert quitta le Palot et se dirigea vers le mendiant.

Ce dernier n'avait pas cessé de l'observer sans en avoir l'air, et quand il vint à passer près de lui, il se courba le plus qu'il put, et tendit vers Linley une main tremblotante.

Robert s'arrêta un moment, fouilla dans sa poche et en tira une pièce de monnaie qu'il déposa dans la main du vieillard.

Celui-ci salua et se confondit en remercîments.

Robert avait eu tout le temps de l'observer et il savait tout ce qu'il voulait savoir!

Or, pendant cet incident, voici ce qui se passait dans la galerie n° 7, vers laquelle Maurice était descendu avec son père et Marcel Dubard.

## XIX

### La descente

Au son de la cloche, la cage avait descendu dans le puits, et bientôt, au milieu du silence haletant de tous les spectateurs, elle avait disparu dans le trou noir.

Pour donner une idée exacte des scènes auxquelles nous allons faire assister le lecteur, il est utile que nous donnions ici en quelques mots la physionomie de ce monde souterrain dans lequel les acteurs de ce récit allaient pénétrer.

C'est grandiose et sinistre tout à la fois.

Nous avons dit plus haut en quoi consistaient les opérations de sondage.

Une fois le sondage terminé et la profondeur de la houille étant connue, on creuse le puits.

« L'opération est plus ou moins longue, raconte M. Edgard Hément, selon que le terrain est rocailleux ou friable. »

Dans ce dernier cas, on recouvre les parois du puits de boiseries ou de murailles pour combattre les poussées du terrain.

Le puits se divise en trois compartiments, le premier pour le passage des tonnes servant à remonter à la surface le charbon abattu dans la mine; le deuxième pour l'installation des échelles conduisant au fond des mines; le dernier pour le tuyau d'aspiration d'une puissante pompe destinée à puiser dans les galeries l'eau qui s'y infiltre constamment.

A l'orifice du puits, une charpente solide, aux formes massives, qu'on nomme *chevalement*, soutient une énorme poulie sur laquelle s'enroule le câble auquel on suspend les *bennes*.

Une fois le puits creusé, commence le percement des galeries.

La difficulté est la même que pour le forage des puits.

Les galeries taillées dans des terrains ébouleux sont boisées ou muraillées, suivant le plus ou moins de stabilité des parois.

Les galeries muraillées peuvent avoir la forme de voûtes ovales ou en plein cintre.

Les galeries boisées sont disposées différemment.

De distance en distance, on établit des cadres de bois en forme de trapèze, entre lesquels on chasse des planches ou des bois ronds non équarris. Les plus grandes galeries ont au plus deux mètres de hauteur et deux mètres et demi de largeur.

Les galeries ouvertes, on procède à l'exploitation.

Pour qu'elle se fasse d'une façon régulière et méthodique, les premiers soins sont donnés à l'aménagement.

Ainsi, certaines galeries sont affectées à l'aérage, d'autres au roulage, d'autres enfin au passage des eaux. »

Ces dernières sont même employées, dans certaines mines, comme voies de transports. On charge la houille dans de petits bateaux que l'on amène jusqu'à la base du puits, en se rendant au réservoir qui y est situé.

Telle est en substance la physionomie d'une mine en pleine exploitation.

Qui en a vu une les a, pour ainsi dire, vues toutes.

La descente dans le puits, on le conçoit du reste, est quelque chose de saisissant et de solennel.

C'est une sensation étrange que celle que l'on éprouve quand le câble commence à se dérouler autour de la poulie, et que l'on se sent tout à coup emporté vers les entrailles de la terre.

Tout à l'heure la lumière, le bruit, le mouvement. — Maintenant la nuit, le silence, l'immobilité anxieuse et terrible !

Si vous regardez au-dessous de vous, le trou béant et noir vous donne le frisson.

On serait tenté de remonter, si on osait.

Mais le sort en est jeté, il faut aller jusqu'au bout ; on jette instinctivement un adieu à la lumière... et on fait le sacrifice de sa vie.

« D'abord, une sensation indéfinissable paralyse toute gaieté. A la lueur terne et vacillante des lampes de mineurs, vous ne voyez autour de vous que des murailles suintantes.

« De temps en temps, vous apercevez des trous noirs dans la paroi, — ce sont des ouvertures de galeries.

« Enfin, la benne est arrivée au fond, vous respirez, quoique la chaleur soit insupportable (la température, d'après de nombreuses observations, croît *d'un degré* pour une aug-

mentation de profondeur de *trente-trois mètres* environ). » (1)

Ni Maurice, ni Marcel Dubard, ni même le docteur Bernard n'éprouvèrent ces sensations qui s'emparent de ceux qui, pour la première fois, descendent dans un puits de mine ; ils étaient depuis longtemps familiarisés avec de telles impressions ; et en ce moment, d'ailleurs, un intérêt supérieur dominait toutes leurs pensées.

Il y avait d'abord, peut-être, le danger sérieux qu'ils allaient courir, mais il y avait surtout, disons-le à leur éloge, le désir ardent d'arriver à temps pour porter secours aux malheureuses victimes de la catastrophe.

Pendant le trajet, ils n'échangèrent aucune parole, tant leur cœur était oppressé. Ils passèrent successivement sans s'arrêter devant les galeries que l'éboulement n'avait pas ébranlées, et atteignirent ainsi la galerie n° 7 qui était désignée comme ayant été le théâtre de l'événement.

Du reste, à mesure qu'ils approchaient du terme de la descente, la scène changeait d'aspect.

Un bruit confus de voix, mêlé de plaintes et d'imprécations, montait jusqu'à eux. Les lueurs des lampes rayaient l'ombre en s'entre-croisant ; on allait et l'on venait au-dessus d'eux avec un effarement plein de désordre ; il était évident que leur arrivée était signalée et qu'on les attendait.

Quand la cage stoppa, elle se trouvait à niveau de la galerie, et une quinzaine de mineurs se précipitèrent à sa rencontre.

— C'est le docteur ! c'est Maurice ! c'est Jacques !

Vingt cris partirent à la fois, saluant les nouveaux venus avec enthousiasme et comme des libérateurs.

---

(1) *Histoire d'un morceau de charbon*, par M. Edgard Hément.

A ses pieds venait de rouler le tronc mutilé d'un mineur.

Maurice sauta le premier à terre, puis vint le docteur, puis enfin Marcel Dubard.

A la vue de ce dernier, Mathon, qui était au nombre des mineurs, ne sut réprimer un geste de colère.

— Lui ! s'écria-t-il d'un ton farouche, lui encore ! c'est donc pour nous braver qu'on l'a envoyé !

Et un murmure de mauvais aloi s'éleva, comme un sinistre écho à ces paroles.

— Vous choisissez bien mal votre temps, pour me reprocher ma présence dans les galeries, répliqua le jeune ingénieur d'un ton sec et dur ; si j'y suis venu d'ailleurs, c'est sur l'ordre de notre maitre à tous, de M. Carpentier, et...

— Que disais-je ? riposta Mathon en se tournant vers ses compagnons, quand nous demandons qu'on le renvoie... on choisit ce moment, pour nous l'imposer.

— Voulez-vous donc m'empêcher de faire mon devoir ? Les moyens de sauvetage me regardent... et malgré votre opposition...

— Nous nous sauverons nous-mêmes.

— Et comment?

— Nous n'avons pas besoin de vous, et je dirai même plus, c'est que votre présence... ici... nous inspire moins d'irritation encore que de défiance.

— Ah ! misérable ! s'écria Marcel, blessé au vif par cette injure.

Et Dieu sait à quelle extrémité il allait se porter et quelles conséquences pouvaient se produire, quand Maurice se jeta entre les deux hommes et repoussa résolûment Mathon.

— Qui donc a le droit de commander, de toi ou de moi ? lui dit-il avec énergie. Ce que tu fais là Mathon, est odieux. A cette heure, tout sujet de haine doit être oublié, et nous n'avons qu'à nous occuper des victimes que nous venons sauver !

Puis se tournant vers les ouvriers :

— Et d'ailleurs, ajouta-t il, M. Marcel Dubard est descendu à ma sollicitation; il n'a pas hésité à venir exposer sa vie, comme nous exposons la nôtre, pour secourir nos compagnons malheureux. Il est donc ici sous ma sauvegarde, et le premier qui oserait renouveler les grossières insultes de Mathon pourrait me considérer comme son plus implacable ennemi.

Et maintenant, à l'œuvre, mes amis; nous avons déjà perdu beaucoup trop de temps. Hâtons-nous de nous porter aux endroits menacés et que chacun fasse, sans répliquer, ce qui lui sera ordonné soit par M. Marcel Dubard, soit par moi-même.

Il n'en fallut pas davantage.

Maurice exerçait une réelle autorité sur les mineurs dont il partageait et dont il allégeait souvent les misères.

On ne demandait qu'à lui obéir, et on se mit immédiatement à l'œuvre.

En moins de dix minutes, ils s'étaient partagés en trois groupes, dont l'un était commandé par Marcel Dubard; l'autre, par Maurice; le troisième, enfin, par le docteur.

Ce dernier groupe resta à la base du puits, tandis que les deux autres s'engageaient dans les deux voies de la galerie n° 7.


## XX


### La galerie n° 7


Pendant quelques minutes, le groupe qui marchait sous la direction de Maurice s'avança dans la galerie en prenant toutes les précautions que leur sécurité réclamait.

L'explosion avait eu lieu à l'extrémité de la galerie sinueuse, et un éboulement s'était produit dont il n'avait pas encore été permis de déterminer l'importance et la gravité.

Dès les premières constatations cependant, il fut facile de s'assurer que la catastrophe était relativement moins terrible qu'on ne le supposait.

L'éboulement n'avait désagrégé qu'une faible partie des parois muraillées; quelques poutres de soutènement avaient bien cédé sous la pression du terrain, mais c'étaient là des dégâts que l'on pouvait promptement réparer, et Marcel Dubard y donna immédiatement tous ses soins.

Pendant qu'il s'arrêtait avec son escouade, Maurice continuait sa route avec la sienne.

Il s'agissait pour eux de fouiller prudemment les décombres amoncelés et de rechercher les victimes mortes ou respirant encore qui pouvaient y être enfouies.

A un moment, et tout en marchant, Mathon se rapprocha de Maurice.

— Savez-vous bien, monsieur Maurice, lui dit-il à voix rapide et basse, que les camarades et moi nous ne sommes pas contents de vous ?

— Vraiment ! fit Maurice en se retournant ; et qu'ai-je donc fait qui ait pu vous déplaire ?

— Oh ! il ne faut pas railler, voyez-vous, car ce que je vous dis est sérieux.

— De quoi s'agit-il ?

— De votre conduite de ce matin.

— Ne suis-je pas allé, avec vous, chez M. Carpentier ?

— Sans doute ; mais vous auriez aussi bien fait de ne pas venir.

— Pourquoi cela ?

— Parce que vous n'avez rien dit, que vous avez opiné du bonnet à toutes les réponses du patron, et qu'en dernier lieu vous êtes resté seul à jaboter avec lui.

— Et c'est là ce qui te contrarie ?..

Mathon fit un geste soupçonneux.

— Oh ! ce n'est pas tout, répondit-il, et nous avons d'autres griefs.

— C'est un acte d'accusation complet.

— Peut-être.

— Voyons le second chef ?

— Il est plus grave.

— Diable !

— Tout à l'heure, quand j'ai interpellé le Dubard sur sa présence parmi nous, vous vous êtes interposé et vous avez même été très-dur pour moi.

— Ne le méritais-tu pas ? Était-ce bien le moment pour engager une querelle quand le danger est autour de nous, quand nos compagnons attendent nos secours avec impatience ?

— Possible ! mais je n'aime pas que l'on ait deux visages, et il faudra bien qu'avant peu vous vous décidiez à être avec nous ou contre nous.

— Tu me menaces !

— Je vous avertis, tout au plus... mais l'heure venue, vous verrez bien si je *canne*.

Maurice haussa les épaules et appuya son regard plein de résolution et de fermeté, sur le front de son farouche interlocuteur.

— Soit ! répliqua-t-il, nous verrons cela !

Seulement, d'ici-là, écoute bien à ton tour ce que j'ai à te dire. Je ne suis et ne veux être l'esclave ni de M. Carpentier, ni de l'association à laquelle nous appartenons tous deux ; je n'entends relever que de ma conscience, et jamais, entends-tu, jamais, toi ni les tiens, vous n'obtiendrez de concession de ma part, soit par la menace, soit par la violence ; tiens-toi donc cela pour dit, et j'espère que tu n'y reviendras plus.

Maurice prit les devants, sans plus se soucier de Mathon qui grommelait derrière lui.

On arriva ainsi peu après à un chantier d'abattage qui avait été plus particulièrement endommagé.

Des débris de planches, mêlés à des pans de murailles écroulés, interceptaient le passage, et l'on pouvait craindre que quelques malheureux n'eussent trouvé la mort en cet endroit.

On se mit au travail.

On déblaya le terrain, on releva les débris, on ouvrit péniblement un sentier, mais nulle part on ne rencontra un seul vestige d'homme ou d'enfant enseveli.

On finit par passer outre.

Tout à coup, un cri partit du milieu de la troupe, et chacun suspendit sa marche.

— Qu'y a t-il ? demanda vivement Maurice, en s'adressant à celui qui avait poussé le cri.

— Je crois que nous brûlons ! répondit ce dernier.

— Qui te le fait supposer ?

— Regardez.

Maurice se baissa à terre, et projeta les reflets de sa lampe sur l'endroit qui lui était indiqué.

Tout son sang se glaça dans ses veines...

A ses pieds venait de rouler le tronc mutilé d'un mineur.

— C'est Lormeau ! fit un des ouvriers qui s'était précipité pour l'examiner ; il travaillait au bout de la galerie, au moment de l'explosion, il aura été lancé contre la muraille, et il en est mort.

— Le malheureux ! fit Maurice avec un frisson.

— Oh ! pour ce qui est de lui, continua l'ouvrier, il n'est plus à plaindre, mais c'est sa femme !

— Combien a-t-il d'enfants ?

— Cinq.

— Horrible ! horrible !...

Un silence de stupeur succéda à ce rapide et lugubre colloque.

— Eh bien ! c'est la mère Lormeau qui va en faire du *chabanais*, dit Mathon au bout de quelques secondes, et M. Carpentier et les autres n'ont qu'à bien se tenir.

— Mais c'est là un de ces accidents douloureux que nul ne pouvait prévoir ni prévenir, objecta Maurice, un patron n'en saurait être rendu responsable sans injustice.

— Si vous voulez, répliqua Mathon d'un ton incisif ; mais, tout de même, il n'est pas mauvais de le laisser croire...

Cependant on avait relevé le corps et on l'avait placé sur le revers du chemin pour le reprendre au retour.

Cette opération se fit au milieu du silence général, et sans qu'aucune autre réflexion fût prononcée.

Quand elle fut terminée, chacun se remit en marche, absorbé par les pénibles impressions que cet incident lui avait inspirées.

Mais ils n'avaient pas fait cinquante pas, qu'ils s'arrêtèrent de nouveau et échangèrent des regards inquiets.

Ils venaient d'atteindre un endroit de la galerie où aboutissait un de ces puits, dans lesquels on ne descend qu'à l'aide d'échelles très-étroites, et qui donnent passage au corps d'un homme seulement.

Comme ils approchaient de ce puits, un bruit singulier avait frappé l'oreille de ces hommes habitués à écouter au milieu du si-

lence et à percevoir le moindre son ou la moindre lueur à travers les ténèbres.

— N'avez-vous pas entendu ? fit Jacques en se penchant vers Maurice.

— En effet ! répondit ce dernier.

— Qu'est-ce que cela peut être ?

— On dirait le souffle haletant d'une poitrine humaine.

— C'est quelque nouvelle victime.

— Probable.

—Ecoutons.

Tous se courbèrent et retinrent leur respiration pour mieux entendre.

Mais, peu à peu, le bruit s'était accentué davantage, et maintenant il était facile d'en déterminer le véritable caractère.

Evidemment, un mineur s'était engagé dans le puits à la base duquel ils se trouvaient, et il descendait dans la mine par l'échelle étroite et glissante.

Au bout d'un instant, toutes les incertitudes et tous les doutes disparurent, car une voix aiguë et claire ne tarda pas à s'élever, qui jeta aux échos des ténèbres ce refrain d'un chant patriotique qui a eu son jour de popularité :

> Mourir pour la patrie,
> C'est le sort le plus beau,
> Le plus digne d'envie !

Et le dernier vers s'éteignait dans l'air, quand le chanteur, sautant des derniers échelons, vint tomber au milieu du groupe attentif.

Une même exclamation de surprise s'échappa à sa vue de toutes les lèvres.

— Le Palot ! dirent à la fois tous les mineurs.

— Lui-même, répondit l'enfant en saluant avec une importance comique.

— Et que viens-tu faire ici ? demanda Mathon qui soupçonnait quelque incident.

— Je viens ici pour affaire sérieuse, dit le Palot, et c'est précisément vers vous que je suis dépêché en ambassadeur.

## XXI

### Le mal de Jeanne

Pendant que tout ce qui appartenait de près ou de loin à l'usine, c'est-à-dire tout le bourg de Varennes, attendait anxieux le résultat des recherches faites ou des mesures prises à l'effet de sauver les victimes de la catastrophe, un homme s'était retiré presque indifférent, ou du moins absorbé par un chagrin plus profond ou une inquiétude plus poignante.

C'était un ouvrier cependant, et l'un des plus dévoués à M. Carpentier; mais à cette heure il souffrait lui-même d'une peine horrible, et son cœur déchiré était incapable de s'intéresser aux malheurs d'autrui.

Le père Morion était en proie à une peur sans nom.

Cette maladie de Jeanne qui se manifestait si subitement, et sans cause apparente l'épouvantait au delà de toute expression.

Pendant que le docteur examinait la malade, et recueillait ses réponses articulées d'une voix faible et confuse, il était là, haletant, oppressé, cherchant à lire sur le visage de l'homme de l'art l'impression qui pouvait s'y trahir.

Mais le docteur était impassible.

La consultation dura à peine cinq minutes, puis M. Bernard écrivit une ordonnance insignifiante, recommanda le repos et gagna la porte, en promettant de revenir le lendemain.

Le père Morion le suivit jusque sur le chemin.

— Eh bien, monsieur Bernard, demanda-t-il, le regard plein de trouble... êtes-vous content de la petite?

— Oui, mon ami, répondit le docteur avec une grande douceur, et j'espère qu'elle sera tout à fait bien dans quelques jours.

— Mais qu'a-t-elle donc?

— C'est bien difficile à t'expliquer autrement que par des termes techniques que tu ne comprendrais guère et qui ne t'éclaireraient pas.

— Ce n'est pas grave, au moins?

— Pas du tout.

— Vous me le promettez?

— Je le jure.

Par un mouvement plus prompt que la pensée, Morion saisit les mains du docteur, qu'il porta vivement à ses lèvres.

— Que fais-tu donc? fit le docteur, en retirant sa main.

Le mineur remua lentement la tête.

— Ah! c'est que vous ne savez pas comme je l'aime, répondit-il d'une voix passionnée. Pauvre chère âme, c'est tout ce qui me reste du passé! Et puis elle est si bonne, elle m'aime tant aussi! Voyez-vous, quand je pense à cela, j'ai le cœur bien triste.

— Il faut réagir contre ces défaillances.

— C'est plus fort que moi.

— Je reviendrai demain.

— Ne manquez pas, n'est-ce pas? et si elle allait plus mal, si ça devenait grave, vous ne me cacheriez rien, vous me diriez tout!

— Je te le promets!

Morion rentra un peu consolé.

Mais sa tristesse persistait néanmoins et il vint s'asseoir au chevet de Jeanne.

Celle-ci s'était presque dressée sur son séant et elle épiait son visage d'un œil ardent.

Morion frissonna sous l'étrange expression de ce regard.

— Qu'as-tu, ma pauvre enfant? balbutia-t-il; et pourquoi me regardes-tu ainsi?

— Vous avez suivi le docteur, dit Jeanne, il vous a parlé de moi?

— Sans doute.

— Que vous a-t-il dit?

— Rien que des choses rassurantes... Ça ne sera rien; il me l'a répété à plusieurs reprises, et il a ajouté même que, dans trois ou quatre jours, tu serais tout à fait bien.

— Et c'est tout?

— C'est tout.

— Alors, vous êtes rassuré?

— Ça se voit, n'est-ce pas?

Un pâle sourire éclaira les traits amaigris de Jeanne, puis elle laissa retomber sa tête fatiguée sur l'oreiller et ferma doucement les yeux.

Morion demeura quelque temps à la contempler en silence.

La respiration de la jeune fille était calme; aucune souffrance ne venait contracter ses traits; elle entrait évidemment dans une phase d'apaisement qu'il importait de ne pas troubler.

Il marcha sur la pointe du pied et alla s'asseoir près de la fenêtre.

Puis il resta là longtemps, le regard perdu à l'horizon, l'esprit plongé dans un océan de pensées vagues, sans se douter de ce qui se passait hors de cette chambre où son enfant dormait.

Tout à coup, il releva le front.

Il venait d'entendre le bruit de pas furtifs dans le sentier qui conduisait à sa cabane.

Il se pencha au dehors, et aperçut une femme.

C'était Berthe!

Il alla vivement à elle.

— Et Jeanne? demanda Berthe, dès qu'elle l'aperçut.

— Ah! vous êtes bonne, et le ciel vous bénira, s'écria le père Morion. Dieu merci, le docteur n'est pas inquiet, et ce ne sera rien.

— Puis-je la voir?

— Venez, venez! La pauvre enfant va être bien heureuse!

Au bruit de ces quelques paroles, échangées cependant à voix basse, Jeanne était sortie de son assoupissement.

En reconnaissant M<sup>lle</sup> Berthe Carpentier, elle poussa un petit cri, et son visage se couvrit d'une subite rougeur.

— Je resterai quelque temps auprès d'elle, dit alors Berthe en se tournant vers le père Morion. Lucy viendra me rejoindre dans une demi-heure. Vous pouvez donc nous laisser seules jusque-là.

— Comme vous le voudrez, mademoiselle, répondit l'excellent père; avec vous, je sais que ma Jeanne est mieux encore qu'avec moi!

Et il sortit.

Berthe s'approcha aussitôt du lit de Jeanne et s'assit à son chevet.

La pauvre enfant était bien inquiète, elle aussi; elle avait failli s'évanouir quand elle avait vu Maurice disparaître dans le puits; et ce n'est que par un effort surhumain qu'elle était parvenue à cacher à tous ce qui se passait dans son cœur.

Aussi, dès que la foule se fut dispersée, et comme son père se trouvait retenu à la mine par l'intérêt puissant qui se dégageait pour lui du drame qui s'y accomplissait, elle s'empressa de s'éloigner sans rien dire à personne. — Heureuse d'occuper son cœur et de le distraire par l'attrait d'une bonne action, elle était accourue en toute hâte vers l'habitation de Jeanne, où Lucy devait la venir rejoindre.

— Jeanne! ma pauvre Jeanne, dit-elle d'un ton affectueux, comme te voilà pâle et triste! Tu as donc bien souffert?

Jeanne fit un signe affirmatif.

— Mais ce n'est pas dangereux, continua Berthe; le médecin l'a dit.

— Je le sais, répondit Jeanne.

— Et cela t'a rassurée?

— Un peu !

— Alors, il faut reprendre courage. Il ne faut pas se laisser abattre de la sorte, d'abord, pour toi-même... et ensuite... pour ton père.

— Mon père ! fit Jeanne avec un frisson.

Berthe la regarda étonnée.

— Qu'as-tu donc ? demanda-t-elle.

— Rien.

— On dirait que tu as peur.

— Moi !

— Est-ce que ton père t'a grondée, est-ce qu'il t'a fait de la peine ?

— Lui ! c'est le meilleur des hommes.

— A la bonne heure ; il n'a plus que toi au monde ; tu es toute sa joie, tout son bonheur, et la moindre souffrance que tu éprouves est pour lui...

Berthe n'acheva pas.

Un sanglot venait de s'échapper des lèvres de Jeanne, et des larmes abondantes avaient jailli de ses yeux.

Berthe lui prit les mains avec une effusion de tendresse.

— Mon Dieu ! s'écria-t-elle. Mais qu'y a-t-il ? Sais-tu bien que tu m'effraies !

Jeanne ne répondit pas.

— Voyons, réponds, insista Berthe, ne me cache rien ; il y a autre chose que tu ne veux pas dire ; entre femmes, on peut tout se confier, et je vois bien que tu es malheureuse.

— Oui, oui, bien malheureuse ! murmura Jeanne, en roulant sa tête dans ses mains.

— Parle alors...

— C'est que c'est horrible !

— Quoi ?

— Non... je n'oserai jamais !... Vous, si douce, si pure, si bien élevée...

— Eh bien ?

— Vous ne pourriez comprendre.

— C'est donc bien grave ?

— Vous allez me mépriser.

— Que dis-tu ?

Jeanne se tordit les mains avec violence.

— Et cependant, balbutia-t-elle, je ne puis rester ainsi plus longtemps sans mourir !... Ce secret me tue... et puis, qui sait... si un malheur arrivait...

— Jeanne, calme-toi...

Jeanne se dressa sur son séant.

— Ecoutez, dit-elle tout à coup, d'une voix pleine de fièvre, écoutez... A vous, qui n'avez pas même le soupçon de ces choses odieuses, je veux tout dire, car vous seule êtes assez pure pour me pardonner !

— Explique-toi.

— J'y suis résolue ; je vais tout vous confier, mais auparavant, laissez-moi vous adresser une prière.

— Laquelle ?

— Si dans quelque temps... on ne peut tout prévoir... si je venais à mourir.

— Tu es folle.

— Non ! mais si ce malheur arrivait, et que... c'est affreux à dire... enfin, jurez-moi, mademoiselle Berthe, que si je venais à mourir, jurez-moi que vous prendriez soin de mon enfant ?

Et, épuisée par cet aveu douloureux, la malheureuse alla cacher sa tête échevelée dans son oreiller.

Berthe était restée terrifiée.


## XXII

### Lui ! c'est lui !

Non loin de la cabane habitée par le père Morion, s'élevait un petit bouquet d'arbres qui n'était séparé de la forêt que par un espace de terrain d'environ mille mètres.

C'est dans cette oasis de verdure, qu'après son repas le père Morion allait d'ordinaire fumer sa pipe et prendre un peu de repos.

C'est de ce côté qu'il se dirigea, après

avoir laissé sa fille en compagnie de M⁰ᵉ Carpentier.

Depuis le matin, il étouffait.

Il avait besoin d'air.

Bien que le docteur l'eût calmé, bien que la présence de Berthe fût pour lui un motif de sécurité complète, cependant toute inquiétude n'avait pas disparu de son esprit.

Il était soucieux.

Cette indisposition subite de Jeanne, à laquelle il ne pouvait donner une cause matérielle, le troublait profondément.

Les explications du docteur ne l'avaient pas complétement rassuré... Il voyait toujours son enfant défaillante et pâle, sans mouvement et sans vie, et près de rendre, entre ses bras, son dernier souffle.

Il craignait qu'on ne lui cachât quelque chose; et vaguement, instinctivement, il soupçonnait quelque danger sérieux dans l'état de Jeanne.

Il gagna le petit bois à pas lents et s'assit sur un tertre de gazon, aux pieds de quelques ormes vigoureux.

L'air pur et frais qui venait de la forêt prochaine lui faisait du bien à respirer... Relativement, en ce moment, il se trouvait heureux.

Et peu à peu il oublia ses appréhensions.

Puis, chose bizarre peut-être, — mais logique cependant, — le calme de la nature ne tarda pas à le pénétrer, le charme du tableau qui se déroulait devant lui berça doucement son esprit, et il finit par s'assoupir, la tête appuyée dans ses mains.

Il avait passé toute la nuit à travailler, et, le matin, il n'était rentré chez lui que pour y trouver son enfant malade.

Il était brisé de fatigue et d'émotions!

Il s'endormit et resta ainsi près d'une demi-heure.

Quand il revint à lui, il avait presque oublié ce qui s'était passé, et se sentit comme réconforté.

Il promena son regard incertain de tous côtés, et le sentiment de la réalité le reprit insensiblement.

Alors, avec le souvenir de Jeanne, le désir de la revoir s'empara de lui.

Il se leva.

Mais il n'avait pas fait deux pas qu'il se prit à tressaillir.

Quelques mots venaient d'être prononcés à peu de distance, à travers lesquels il avait cru entendre son nom.

Il prêta l'oreille, tout en plongeant son regard sous les arbres.

Dans le petit bois, il y avait, à quelque distance de lui, deux hommes, dont l'un lui faisait face, dont l'autre lui tournait le dos.

Il ne put distinguer ce dernier, mais il reconnut l'autre tout de suite.

C'était Mathon.

Il écouta.

— Vous savez! disait Mathon sur un ton moitié sérieux, moitié railleur, il paraît que la petite est malade depuis ce matin.

— Qui t'a dit cela?

— Le Palot; il l'a gardée pendant que le père allait chercher le médecin.

— Eh bien?

— Eh bien! ça vous regarde; et d'après ce que j'ai pu comprendre, c'est là une maladie dont vous ne seriez pas tout à fait innocent.

— Que veux-tu que j'y fasse?

— Ah! ni moi non plus; mais tout de même, il y a à se méfier, car je connais le père, et s'il venait à savoir...

L'interlocuteur de Mathon haussa les épaules, et ne répondit pas sur-le-champ.

Quant à Morion, il était devenu livide, et une sueur glacée avait perlé à ses tempes.

Quel était cet homme, auquel on parlait ainsi de sa fille? En quoi pouvait-il se trouver mêlé à l'indisposition de Jeanne?

Un nuage passa sur ses yeux.

Mais il était trop vivement intéressé par

Eh bien! dit Diana, est-ce que vous avez peur de moi?

e qu'il venait d'entendre pour ne pas essayer d'en entendre davantage, et, l'oreille tendue, les deux mains sur ses lèvres pour comprimer sa respiration, il attendit la suite de cette étrange conversation.

— Laissons cela, reprit l'interlocuteur de Mathon, dans lequel le lecteur a dû déjà reconnaître Robert Linley; si ce que tu dis est vrai, si ce que tu supposes doit arriver, ils n'auront pas à se plaindre de moi; mais en voilà assez sur ce sujet et nous avons à nous occuper d'autres choses.

— De quoi donc?

— Le Palot ne t'a rien dit?

— Rien.

— Il se passe cependant des choses fort graves.

— Lesquelles?

— Un jour, au bord du *Puits abandonné*, tu as cru t'être débarrassé d'un homme qu'à bon droit je considérais comme dangereux.

— Berger?...

— Précisément.

— Eh bien! il est mort.

. — Il est vivant, au contraire, et il a surpris notre secret !

— Et cet homme est à Varennes?

— Depuis quelques jours.

— Mais qu'y vient-il faire?

— Tu le demandes!... Il vient nous épier et nous trahir.

Mathon fit un mouvement de farouche menace.

— C'est ce que nous verrons, dit-il avec une sombre résolution; et si vous voulez bien me donner son signalement, je vous réponds qu'avant peu il aura cessé d'être dangereux.

Robert le contint du geste.

— Il ne s'agit point de s'exposer, à l'heure où un danger sérieux nous menace.

— Mais il nous dénoncera.

— Nous ne lui en laisserons pas le temps.

— Que ferez-vous?

— J'ai mon idée.

— Cependant...

— Ne m'as-tu pas dit que Lormeau a été tué ce matin, dans la mine?

— Et je le répète.

— C'était un des nôtres...

— Parfaitement.

— Et sa femme, si je ne me trompe, est une mégère qui n'est pas facile à mener.

— Vous y êtes.

— Eh bien... je fais mon affaire du reste... Tu vas te rendre au cabaret tenu par la mère Lormeau... et, avant une heure, j'irai t'y rejoindre.

— Mais que faudra-t-il lui dire, en attendant?

— Tu lui diras que l'*Internationale* n'est pas sans cœur et sans entrailles, comme les patrons, et que l'association, prévenue du malheur qui vient de la frapper, lui envoie un secours de cinq cents francs.

— C'est beaucoup !

— C'est le quart de ce que je ferai pour elle.

Mathon se prit à rire.

— Excusez ! dit-il, vous n'y allez pas de main morte; et j'en connais plus d'une qui vous livrerait son époux à meilleur marché !

Morion n'avait pas perdu un mot de la conversation à laquelle il venait d'assister. L'intérêt poignant qui s'en dégageait lui avait fait un instant oublier Jeanne.

Mais quand il vit Mathon se lever et se disposer à partir, la mémoire lui revint tout à coup, son regard se fit ardent et s'attacha avec une sorte de fièvre au visage de Robert.

C'est à peine si Morion connaissait ce dernier; il l'avait rencontré une fois ou deux tout au plus, et s'était contenté de le saluer sans le regarder.

Mais cette fois ce fut différent.

Il voulait que les traits de cet homme restassent profondément gravés dans sa mémoire pour ne plus l'oublier! Jamais œil humain ne s'éclaira de plus ardentes effluves !

Et alors un phénomène curieux, inattendu se produisit.

Pendant quelques minutes il resta là, debout, effaré, pressant son front de ses deux mains, et comme si, sous cette pression obstinée, un souvenir depuis longtemps oublié avait tout à coup jailli de son cerveau, il secoua vivement la tête et poussa un cri.

— Lui! c'est lui! balbutia-t-il, presque épouvanté et sans cesser de suivre du regard Robert Linley qui s'éloignait.

— Vous connaissez donc M. Robert Linley? fit en ce moment une voix qui s'éleva derrière lui.

Morion, absorbé par d'autres pensées, n'avait entendu personne s'approcher.

Il se retourna surpris; il aperçut à quelques pas trois hommes, dont l'un était le mendiant, dont nous avons déjà parlé, dont les deux autres étaient des gendarmes d'une brigade voisine de Varennes.

Ces derniers arrivaient à l'usine, appelés par les événements de la nuit.

Sur un geste du mendiant, ils s'éloignèrent, le laissant seul avec le père de
Jeanne.

Morion ne comprenait pas bien l'interpellation dont il avait été l'objet.

Il connaissait le mendiant pour l'avoir
rencontré quelques fois dans le bourg, mais
il ne savait ni qui il était, ni d'où il venait,
et s'était demandé quelques fois même, si ce
n'était pas le pire des vagabonds.

Ce sentiment n'était pas fait pour lui
inspirer confiance.

Mais en le rencontrant, cette fois, avec
deux représentants de la loi, ses préventions
disparurent presque immédiatement, et il se
sentit même attiré vers lui par une sympathie indéfinissable.

D'ailleurs, cet homme venait de lui parler
de Robert Linley, au moment où la vue de
ce dernier éveillait tout à coup dans son
esprit un souvenir qu'il y croyait enfoui à
tout jamais; et il y avait dans le rapprochement comme un fait providentiel, auquel il
n'était point disposé à se soustraire.

Cependant un reste de méfiance persistait; et il adressa un regard profond à son
interlocuteur :

— Mais, vous-même, répondit-il, vous le
connaissez aussi ?

— Parbleu ! dit le mendiant. — Seulement,
moi c'est tout simple — et il y a longtemps
que je le rencontre.

— Quel est donc cet homme?

— Un ingénieur.

— Il n'est à l'usine que depuis quelques
temps?

— Trois ou quatre mois au plus.

— Et, auparavant, il habitait Paris?

— Sans doute.

— Vous l'y avez connu

— Un peu.

— Il est marié?

— On le dit.

— Et riche?

— On le croit.

Morion baissa le front et se prit à réfléchir.

Le mendiant continuait de l'observer, et
il prenait un vif intérêt à la situation.

— Voyons, reprit-il peu après, il y a là
quelque chose qui ne me semble pas ordinaire...

— Peut-être, répondit le père Morion.

— La vue de cet homme vous a frappé
tout à l'heure.

— En effet.

— Je l'ai bien remarqué... mais d'où
venait votre étonnement, que voulaient dire
ces paroles que j'ai recueillies en passant :
*Lui! c'est lui!*

Le père Morion hésita un moment; une
fois encore il pressa son front de ses deux
mains, et un nouvel éclair sillonna son
regard.

— Non ! non ! murmura-t-il avec effort,
c'est impossible, je ne me trompe pas ; deux
hommes ne peuvent pas se ressembler
comme celui-ci ressemble à l'autre.

— Quel autre?

— C'est la même voix, la même taille, le
même regard.

— De qui parlez-vous?

Le père Morion eut un mouvement nerveux et ne répondit pas.

Le mendiant était vivement intrigué. Instinctivement, il comprenait qu'il était sur la
piste d'un mystère et il ne voulait pas lâcher
le mineur sans lui avoir arraché son secret.

Il se rapprocha encore et reprit :

— Vous avez habité Paris? dit-il, en plongeant son regard sur le regard de Morion.

Ce dernier tressaillit.

— Il y a quelques années de cela? continua le mendiant.

— Oui.

— Vous étiez marié.

— A une bonne et excellente ménagère,
la meilleure des femmes.

— Vous aviez beaucoup d'enfants ?

— Cinq petits anges, monsieur.

— Et ils sont morts ?

— Tous... la femme, les enfants. Jeanne seule m'est restée.

Le père Morion eut un sanglot. Le mendiant se tut.

Il se fit un silence.

— Nous étions si misérables ! reprit bientôt après le brave ouvrier. Souvent, il n'y avait à la maison ni pain ni feu, c'était horrible !

— Vous étiez maçon ?

— Oui.

Et c'est à Paris que vous avez rencontré M. Robert Linley ?

— Je ne sais pas comment il s'appelle.

— Enfin, c'est bien lui ?

— J'en mettrais ma main au feu.

— Et pourquoi sa vue a-t-elle produit sur vous cet effet ?

Morion leva les yeux au ciel.

— Ah c'est que c'est un cruel souvenir, dit-il avec un frisson.

— Quel souvenir ? insista le mendiant.

— Jamais hiver n'avait été plus rigoureux ; j'avais déjà vu mourir quatre de mes enfants, et ma femme venait de prendre le lit. Mais quoi ! je n'avais rien à lui donner ; elle avait faim, elle avait froid, et rien ! rien ! ma pauvre Jeanne pleurait auprès de sa mère, et celle-ci dévorait ses larmes et cachait ses souffrances pour ne pas m'alarmer davantage. J'avais la tête perdue, des idées de suicide s'acharnaient après moi. Je sortis fou de douleur et de désespoir...

— Où alliez-vous ?

— Est-ce que je sais ? J'allais mendier, faire pis peut-être ; je n'avais plus conscience de rien, et il me semblait que je n'appartenais plus à ce monde.

— Qu'arriva-t-il ?

— Une chose bizarre.

— Dites.

— Au bout d'une heure, je me trouvais au coin du carrefour Buci, quand un homme vint à passer. Il rasait de si près le trottoir que je n'eus qu'à tendre la main pour le toucher. Vingt autres avant lui étaient passés qui n'avaient pas seulement pris garde à moi. Celui-ci s'arrêta et se mit à me considérer avec attention.

— Et que vous dit-il ?

— Après m'avoir demandé succinctement mon histoire, il me mit dans la main une pièce de cinq francs : allez porter cela à votre femme, me dit-il, et si vous voulez en gagner cent fois autant, c'est-à-dire vous mettre, vous et votre femme, pour longtemps à l'abri du besoin, venez demain à cette même place et à cette même heure, et je vous expliquerai la nature du travail que j'ai à vous demander.

— De quel travail s'agissait-il ?

— Ah ! je ne me le demandai pas dans le moment, l'argent que l'on m'avait mis dans la main me brûlait, je pouvais avec cela porter à ma femme de quoi alléger sa souffrance, et je ne songeai pas à autre chose.

— Mais le lendemain ?

— Le lendemain, ce fut différent. Je me rappelai la proposition qui m'avait été faite, et je me rendis au carrefour Buci.

— Votre inconnu s'y trouvait ?

— Depuis quelques minutes.

— Et en quoi consistait le travail qu'il voulait vous commander ?

— C'est ici que commence le mystère.

— Voyons !

— Il s'agissait d'un escalier secret, depuis longtemps condamné, qu'il fallait rouvrir.

— Où cela ?

— Attendez. Mon premier mouvement fut de refuser. Je craignais de me trouver mêlé à quelque affaire ténébreuse, et mes scrupules étaient bien naturels.

— Vous êtes un honnête homme !

— Je puis le dire.

— Et qu'objecta l'inconnu à votre hésitation?

— Il me rassura tout à fait.

— Comment cela?

— Il me raconta qu'il habitait le second étage d'un hôtel dont le premier était occupé par une jeune femme veuve et qui était sa maîtresse. Cette femme avait des convenances à garder; elle ne voulait pas mettre le public dans la confidence de ses faiblesses, et l'escalier mystérieux était destiné à protéger le secret de leurs relations.

— Le motif était plausible!

— Je le crois.

— Et vous avez consenti?

— Le lendemain soir, après avoir prévenu ma femme, je partis avec mon inconnu.

— Et où allâtes-vous?

— Je l'ignore. On m'avait bandé les yeux, et je n'ai vu que l'escalier auquel j'ai travaillé et le salon dans lequel il donnait accès.

— Mais la femme, la jeune veuve?..

— Je l'ai vue deux fois.

— Elle était belle, n'est-ce pas? Trente ans à peu près, et le salon meublé avec luxe, et vous devez vous rappeler que l'hôtel où vous fûtes amené était situé entre cour et jardin?

Le père Morion fit un mouvement effrayé.

— Vous connaissez donc cette histoire? s'écria-t-il, au comble de la surprise.

Le mendiant mit un doigt sur ses lèvres.

— Je connais bien autre chose... répondit-il. Mais, pour le moment, il ne faut plus parler de cela...

— Pourquoi?

— Seulement, j'aurai besoin de vous.

— Dans quel but?

— Je vous le dirai.

— Mais qui êtes-vous donc, vous qui m'interrogez ainsi, vous qui...

— Le mendiant tira une carte de sa poche et la montra au père Morion.

Et comme ce dernier ne pouvait réprimer un geste de surprise.

— A bientôt, ajouta le mendiant, et si vous voulez suivre un bon conseil, ne faites part à personne de ce que vous venez de me confier.


## XXII

### Ce qu'il y avait sur la carte du mendiant

Quand le père Morion rentra, il trouva Jeanne levée, et assise auprès de la fenêtre.

Berthe l'avait quittée depuis quelques minutes seulement, et elle s'était accoudée à la fenêtre pour respirer l'air pur du soir.

Dès qu'il l'aperçut, le père Morion alla à elle, et lui prit les mains avec une tendre sympathie.

— Levée! dit-il, comment te voilà levée, mais cela peut te fatiguer, et il ne faudrait pas...

— Non, père, ne craignez rien, répondit Jeanne; je me sens beaucoup mieux, et cet air me fait du bien.

— Le fait est qu'à ne juger que sur l'apparence, il me semble que l'œil est plus vif, et les couleurs sont revenues à tes joues.

Jeanne pressa son cœur de ses deux mains, elle seule sentait bien sa souffrance, et ce que son père prenait pour l'indice d'un retour à la santé n'était que l'effet de la fièvre qui brûlait ses veines.

Elle avait entendu une partie de la conversation de son père avec le mendiant, et elle était horriblement inquiète.

— Puisqu'il en est ainsi, reprit Morion bientôt après, je vais te demander la permission de m'absenter quelques instants.

— Vous voulez sortir? fit Jeanne en frissonnant, comme si cette intention de son père répondait à un désir de son cœur.

— Tu vas comprendre, dit Morion : il est arrivé ce matin un épouvantable malheur à la mine. Il y a peut-être là beaucoup de victimes. Maurice et M. Bernard sont descendus dans le puits; et puisqu'ils se sont toujours montrés affectueux et bons pour nous, il y aurait de l'ingratitude à ne leur témoigner aucun intérêt.

— Vous avez raison.

— Mais je ne serai pas longtemps absent, d'ailleurs.

— Oh! ne vous inquiétez pas de moi, je n'ai besoin de rien.

— Pauvre chère enfant! décidément, tu es mieux, n'est-ce pas?

— Tout à fait.

— A la bonne heure, je me reprochais déjà de t'avoir laissée seule avec M<sup>lle</sup> Berthe.

— Vous avez été retenu?

— Oui.

— Je vous voyais d'ici causer avec un mendiant.

— C'est cela.

— Que vous disait-il donc de si intéressant?

Et en prononçant ces mots, Jeanne attendait, le regard suspendu aux lèvres de son père.

— Il me disait des choses graves, répondit Morion.

— Quelles choses?

— Et d'abord... ce mendiant n'est pas ce qu'il paraît.

— Vraiment?

— Il m'a montré une carte qu'il porte sur lui et sur laquelle il y a son nom et sa profession.

— Quel est son nom?

— Il s'appelle Lemonnier.

— Et sa profession?

— Il est agent de police.

Jeanne joignit ses mains pâles.

— Agent de police! répéta-t-elle, et que vient-il faire à Varennes? Serait-ce pour la grève?

Je ne pense pas.

— Il vous l'a dit?

— Non, mais il m'a laissé entrevoir qu'il avait un autre but.

— Lequel?

— Une piste qu'il suit, un coupable peut-être, qu'il est chargé de surveiller.

Jeanne se leva à demi.

— Mais ce coupable, il vous l'a nommé? demanda-t-elle avec effort.

— Sans doute.

— Est-il possible qu'il se trouve à Varennes quelqu'un que la police ait à rechercher?

— Cela est cependant.

— Et cet homme, vous le connaissez?

Morion fit un geste discret.

— Il ne faut parler à personne de tout ceci, répondit-il d'un ton mystérieux. D'ailleurs, il n'y a encore rien de certain, et i importe de laisser la police faire son œuvre.

Mais cet homme, père, dites-moi au moins son nom?

— Curieuse!

— Je vous en prie.

— Ah! si tu n'étais pas souffrante...

— Son nom! son nom!

— Eh oui... il s'appelle Robert Linley, est-tu contente! dit le père Morion en embrassant sa fille.

Puis, sans ajouter un mot, sans même chercher à juger de l'effet que ce nom produisait sur Jeanne, il s'éloigna, laissant la pauvre enfant plus morte que vive, mais s'efforçant de cacher à son père l'émotion douloureuse qu'elle venait d'éprouver.

Le père Morion pressait le pas.

Il ne voulait pas s'attarder longtemps, mais il voulait voir.

Il n'avait rien su du résultat des recherches faites dans la galerie n° 7, et cela l'intéressait profondément.

Il gagna le bourg et se dirigea vers le puits.

Chemin faisant, il saisit au vol quelques fragments de conversation et apprit ainsi que le docteur était revenu avec son fils et que M. Marcel Dubard avait assuré le service.

Tout était en partie réparé, mais on comptait trois victimes.

Ce n'était pas la première fois que pareil accident se produisait dans les mines, et le nombre des blessés et des morts avait été souvent plus considérable.

M. Carpentier était venu au secours des familles; on avait assuré le sort des veuves et des orphelins, et l'ordre, un moment troublé, s'était bien vite rétabli.

Cette fois Morion remarqua qu'il n'en était pas de même.

Était-ce la suite de l'émotion causée par la grève du matin qui causait ce trouble inusité? étaient-ce d'autres raisons qu'il ne pouvait apprécier?

Il n'en savait rien.

Toujours est-il qu'il rencontra partout, sur son passage, une animation singulière, qui n'avait aucune assimilation possible avec ce qui avait pu se passer antérieurement.

Les visages étaient sinistres, les regards farouches, les attitudes menaçantes.

Les femmes parlaient avec volubilité et passion, les hommes écoutaient silencieux et sombres, les enfants eux-mêmes ne jouaient pas sur le chemin.

Morion regardait étonné sans comprendre.

A un moment, il passa près d'un groupe qui stationnait sur la place, non loin de la chapelle.

Dans le groupe, il reconnut plusieurs visages de connaissance. C'étaient quelques ouvriers avec lesquels il travaillait d'habitude.

Il fit quelques pas, à leur rencontre, mais,

à sa profonde surprise, il lui sembla que l'on se taisait à son approche, et que les regards s'injectaient de méfiance et de haine.

Que signifiaient ces symptômes alarmants?

Il sentit son sang se glacer dans ses veines.

— C'est Morion! dit alors une voix qui s'éleva du groupe hostile.

— Est-ce qu'il irait travailler cette nuit? ajouta un mineur.

— Pourquoi pas? demanda le père Morion, en s'arrêtant, et dans l'intention évidente de provoquer une explication qui l'éclairât.

Un ricanement se fit entendre.

— Oh! tu sais, reprit aussitôt celui qui avait parlé le premier, faut pas te gêner, tout de même... Seulement, si tu veux être bien sage, on te donnera un conseil!

Morion fronça le sourcil.

— Un conseil, répéta-t-il, pour quoi faire?

— Pour t'être utile, parbleu.

— Et quel est-il?

— Oh! c'est simple, et d'une exécution facile... Mathon, qui s'y connaît, t'engage à ne pas aller si souvent, la nuit, travailler dans les mines.

— Qui m'en empêcherait?

— C'est pas moi; vois-tu, au lieu de te rendre dans les galeries, je crois que tu ferais mieux de veiller sur ta maison.

— Que veux-tu dire?

— Rien.

— Tu vas m'expliquer!...

— Y tiens-tu réellement?

— Ah! misérable! tout de suite, parle.

L'ouvrier fit un geste insouciant.

— Là! là! ne nous fâchons pas, dit-il d'un air goguenard; et, puisque tu l'exiges, écoute; mais n'oublie pas que ce que j'en dis, c'est par pure bonté d'âme et à seule fin de te rendre service! Retourne donc chez toi, père Morion, à l'instant même, et si tu ne trouves pas ta fille, nous te dirons où tu pourras la rencontrer!

Le mineur n'avait pas achevé que Morion tentait de le prendre à la gorge.

Seulement, vingt compagnons avaient vu le mouvement et s'étaient jetés au-devant de lui.

— Lâches ! vous êtes des lâches... s'écria le malheureux ; vous vous en prenez à une enfant qui ne peut se défendre, et vous insultez un vieillard mutilé... Mais, patience, je me souviendrai de toi, Simon, et, à la première occasion, tu me payeras cher tes calomnies et ta lâcheté !

Le pauvre père suffoquait, la colère l'aveuglait, les larmes menaçaient de l'étouffer.

Il partit.

Calomnier sa fille, sa Jeanne bien-aimée, au moment même où la chère enfant était souffrante !

Morion se mordait les poings de rage.

Il eut bien vite franchi l'espace qui le séparait de son humble cabane, et ce fut avec un geste impatient et fébrile qu'il en poussa la porte entr'ouverte.

La porte céda aussitôt et il pénétra dans la chambre.

Mais ni près de la fenêtre, ni sur le lit il n'aperçut celle qu'il cherchait.

Jeanne avait disparu !

## XXIII

### Diana

Une sueur glacée inonda son front.

Jeanne était sortie sans le prévenir, malade comme elle l'était, au risque d'aggraver son état et de lui causer les plus mortelles inquiétudes...

Il ne crut pas d'abord à la réalité.

Il parcourut la maison dans tous les sens, sortit, rentra, appelant son enfant par les noms les plus doux et les invitations les plus pressantes.

Rien ne répondit.

Alors, une terreur sans nom s'empara de lui.

Il se rappela l'air ironique des mineurs qu'il avait rencontrés, les regards cruels et froids de Mathon ; et un frisson fit trembler tous ses membres, et un nuage de sang passa sur ses yeux.

Mathon était capable de tout.

Qui sait ?

Pendant son absence, on lui avait peut-être enlevé son enfant, — non pour lui faire du mal, — malgré sa colère il n'eût pu croire à tant d'infamie, mais pour l'inquiéter, pour le livrer, ne fût-ce que quelques heures, à tous les tourments et à tous les désespoirs.

Mais où pouvait-on avoir conduit sa Jeanne ; où étaient-ils allés la cacher ?

Il sortit et retourna au bourg.

La nuit était venue ; il marchait bon pas, il n'avait plus qu'une pensée, qu'un but, qu'un désir : sa fille.

Au détour du chemin, il se heurta contre le Palot, qui voulut s'effacer pour le laisser continuer sa route.

Mais Morion s'arrêta :

— Toi ! c'est toi, le Palot, dit-il, d'où viens-tu ainsi, et où vas-tu, à cette heure ?

— Moi, répondit le gamin, d'un air embarrassé, mais... je vais me promener.

— Tu viens du bourg ?

— Oui !

— Et tu n'as pas rencontré... par là..?

— Qui donc ?

— Jeanne !

Le Palot regarda le père Morion avec étonnement.

— Comment ! répliqua-t-il, c'est à moi que vous demandez des nouvelles de votre fille ?

Morion ne répondit pas.

Je venx que vous viviez, par ce que je vous aime!

— Ce matin, elle était souffrante, continua le Palot, et ce soir...

— Ce soir, elle est sortie, acheva le malheureux père avec un violent effort.

— Mais où est-elle allée?

— Je ne sais.

— Elle ne vous a rien dit?

— Rien.

— Et vous allez la chercher?

— Oui.

— De quel côté?

Morion fit un geste désespéré.

— Voilà! répondit-il d'un air sombre, de quel côté...? qui me le dira... je n'avais qu'une idée, moi, c'est que les autres avaient voulu me jouer un tour de leur façon.

— Eux!

— Ils n'en sont peut-être pas capables?

— Je ne dis pas cela, mais en ce moment ils ont bien d'autres chats à fouetter.

— Que veux-tu dire?

— Je m'entends.

— Mais Jeanne alors, ma pauvre petite Jeanne, où peut-elle s'être rendue ainsi seule, la nuit? Mon Dieu, ne rien savoir? c'est horrible... horrible!...

Le Palot eut-il pitié de la douleur de ce père, avait-il un autre intérêt impossible à expliquer pour le moment? — nous ne pourrions le dire, — toujours est-il qu'il se rapprocha doucement de Morion et lui prit la main.

— Voyons! lui dit-il d'un ton insinuant, il ne faut pas se désoler de la sorte, papa Morion, et vous retrouverez votre fille... je vous le promets.

— Sais-tu donc où elle est?

— Non; mais je puis vous donner à ce sujet quelques bonnes indications.

— Toi!

— Sans doute.

— Et tu vas me dire...

Le Palot baissa la voix.

— Seulement, continua-t-il, ce sera à une condition.

— Laquelle?

— C'est que vous resterez calme, et que si vous retrouvez Jeanne, vous ne lui demanderez ni pourquoi elle est sortie, ni pourquoi elle ne vous a pas prévenu!

— Que signifient toutes ces précautions?

— Y consentez-vous?

— Parbleu!

— Sur votre honneur, père Morion?

— Sur mon honneur, soit! Et maintenant, partons, n'est-ce pas, et puisque tu sais où la trouver, ne restons pas un instant de plus en cet endroit,

Ce qu'était devenue Jeanne, le lecteur l'a sans doute déjà deviné.

Après les révélations que venait de lui faire Morion des dangers qui menaçaient Robert Linley, elle n'avait plus eu une minute de repos.

Dès qu'elle avait vu s'éloigner son père, elle s'était levée, et, bien que souffrante encore, affaiblie et troublée par les émotions de la journée, elle était partie à pas rapides,

le front à peine voilé, n'ayant, pour se protéger contre la fraîcheur de la nuit, qu'un mince fichu qu'elle avait jeté à la hâte sur ses épaules.

La pauvre Jeanne aimait Robert avec tout l'oubli, tout l'enivrement d'une première passion.

Dès le jour où elle l'avait vu, elle avait senti que tout son être se donnait, et elle s'abandonna à cette passion sans se demander ce qu'elle réservait à sa vie de douleurs et de désespoir.

C'était la première fois que son cœur battait si fort dans sa poitrine; elle n'essaya même pas de résister à l'entraînement souverain qui s'emparait d'elle.

L'abîme était là, sous ses pieds; elle le voyait, elle en mesurait la profondeur; mais le vertige la tenait, et elle s'y précipita, inconsciente peut-être, mais résolue.

Aussi, quand elle apprit que l'homme qu'elle aimait était menacé, quand on lui eut dit que celui qui était toute sa vie et tout son amour courait le danger d'être arrêté, elle n'eut pas une seconde d'hésitation; elle ne chercha pas à s'éclairer sur la faute qu'il avait pu commettre; elle ne songea ni à son honneur ni à celui de son père, et elle partit à la recherche de Robert.

Instinctivement elle se dirigea vers le bois.

C'est près du *Puits abandonné* qu'elle avait connu Robert, c'est vers ce puits qu'elle se rendait.

Et, du fond de son cœur, elle priait Dieu de guider ses pas et de la conduire vers son amant.

Chemin faisant, elle rencontra quelques mineurs qui semblaient suivre la même route qu'elle.

Cela la rassura.

Elle espérait que parmi eux, si elle n'apercevait pas Robert, elle distinguerait au moins quelque ami qui la renseignerait sur son compte.

Elle les suivit de loin, avec précaution, évitant soigneusement de se montrer.

Mais, à sa grande surprise, les mineurs, après s'être dirigés vers le puits, prenaient brusquement un chemin de traverse, et tournaient vers les galeries abandonnées.

Elle s'arrêta et réfléchit.

Que faire?

Elle craignait de s'égarer en continuant à les suivre, et toutefois elle s'épouvantait à l'idée de perdre un temps précieux.

Elle en était là, se consultant sur le parti qu'il lui restait à prendre, quand elle vit venir à elle, à travers la nuit, une personne qui s'avançait seule, éloignée des autres groupes.

La lune, qui s'était levée et jetait quelques pâles rayons à travers les arbres, lui permit de la distinguer.

C'était une femme.

Elle était bizarrement vêtue.

Elle portait un feutre mou sur ses cheveux; une sorte de jaquette lui serrait la taille, et sa jambe était maintenue de bottes vernies qui lui montaient jusqu'aux genoux.

Jeanne étouffa un cri de douloureux étonnement.

Elle venait de reconnaître cette femme. — C'était Diana!

Diana! la femme de Robert Linley!

Un flot de sang se précipita vers son cœur, sa vue s'obscurcit, et elle fut obligée de s'appuyer contre un arbre pour ne pas tomber.

Mais ce ne fut qu'un éclair, et comme elle revenait à elle, elle vit Diana, qui l'avait aperçue, quitter le chemin qu'elle suivait et s'avancer de son côté...

Le rouge de la honte lui monta subitement au visage, et elle laissa tomber son front dans ses mains.

— Eh bien! qu'est-ce donc, mon enfant? dit Diana; est-ce que vous avez peur de moi,

à présent? Robert m'a souvent parlé de vous, et je sais que vous êtes dévouée autant qu'une femme peut l'être à un homme!

## XXIV

### Robert Linley propose

Jeanne releva le front à ces paroles, et de rouge qu'elle était, elle devint tout à coup affreusement pâle.

— Quoi... que dites-vous? balbutia-t-elle, M. Robert vous a parlé de moi?

— Souvent.

— Et que vous a-t-il dit?

— Rien qui ne puisse vous être répété. M. Robert vous a bien des obligations et il vous porte un réel et sincère intérêt.

Il y eut un moment de silence, après lequel Diana reprit :

— Mais cela ne m'explique pas, dit-elle, pourquoi je vous trouve ici, à cette heure, quand ce matin vous étiez rentrée souffrante auprès de votre père.

— Vous savez cela?

— Je sais bien d'autres choses encore...

— C'est que, cette nuit, j'ai appris...

— Quoi donc?

— Ce sont des bruits absurdes sans doute, et cependant...

— Vous y avez cru?

— C'est cela.

— Et quels sont ces bruits?

— J'aurais voulu n'en faire part qu'à M. Robert.

— Alors, c'est à lui-même que vous voulez parler?

— Précisément.

— Eh bien, qu'à cela ne tienne, et si vous voulez me suivre...

— Vous savez où il est?

— Certainement.

— Et je pourrai l'entretenir quelques secondes?

— Venez, vous dis-je, et, avant une demi-heure, je vous aurai mise en présence de celui que vous cherchez.

Elles se remirent en marche vers les galeries abandonnées.

Jeanne se laissait conduire, sans s'inquiéter du chemin qu'elle suivait.

De temps en temps cependant elles rencontraient encore quelques groupes de mineurs, et chaque fois que Diana passait à côté d'eux, elle recevait de leur part des marques non équivoques de sympathie et de respect.

Jeanne le remarqua et lui en fit l'observation.

— Tous ces hommes vous connaissent? dit-elle en continuant de marcher.

— Oui, répondit Diana, j'ai eu quelques occasions de leur être utile.

— Et puis ils aiment M. Robert Linley?

— En effet.

— Et ils savent que vous êtes sa femme?...

— Oui, vous avez raison, ils savent que je suis sa femme, répondit Diana, avec un petit rire ironique et sec.

Jeanne la regarda avec surprise.

Que signifiait ce rire?... Pourquoi cette ironie?... Tout son sang se figea dans ses veines, en songeant que son secret était connu de la jeune femme.

Mais cette dernière était déjà loin.

D'ailleurs, on approchait des galeries, et un appel pressant de Diana vint tout à coup détourner son attention.

La jeune femme avait rencontré Robert, en compagnie de Mathon, et elle appelait Jeanne.

Celle-ci accourut.

— Voici une jeune fille qui désire vivement vous parler, dit alors Diana en se tournant vers Robert, écoutez ce qu'elle a à vous dire. Je vous laisse avec elle et je vous recommande de ne pas oublier que l'on vous attend.

A tort ou à raison, Jeanne crut retrouver encore dans ces paroles le ton d'ironie avec lequel Diana avait dit qu'elle était la femme de Robert.

Mais elle eut à peine le temps de s'arrêter à ce soupçon, car Diana s'était éloignée avec Mathon, et Robert restait seul auprès d'elle.

Robert était grave et soucieux. Rien qu'à son attitude, Jeanne devina qu'il se passait quelque chose de grave.

— Robert, dit-elle d'une voix rapide et oppressée, Robert, vous ne m'en voulez pas d'être venue vous chercher jusqu'ici?

— Et pourquoi vous en voudrais-je? Vous aviez sans doute quelque chose à m'apprendre?

— Oui, beaucoup de choses, Robert; mais vous n'avez pas le temps, à ce qu'il paraît, et je ne vous parlerai tout de suite que de ce qui vous intéresse.

— Moi! fit Robert devenant attentif.

— Oui, vous, mon ami, et je n'ai pas voulu perdre de temps.

— Parlez!

Il se fit un moment de silence. Puis Jeanne reprit :

— Tout à l'heure j'étais chez mon père, non loin du petit bois; vous savez, ce bois où je vous ai vu quelquefois.

— Après?...après? interrompit Robert avec impatience.

— Oh! je serai brève; soyez calme, écoutez-moi. Donc j'étais là, souffrante, accoudée pensive à la fenêtre, quand tout à coup j'ai entendu prononcer un nom qui m'a fait frissonner.

— Quel nom?

— Le vôtre.

— A quel propos?

— C'était mon père qui parlait avec un

mendiant que vous avez dû remarquer depuis quelque temps dans le pays...

— Eh! que m'importe que ce mendiant s'occupe de moi?

— C'est que ce mendiant n'est pas un homme ordinaire.

— Vraiment!

— Il s'appelle Lemonnier...

— Ah! ah!

— Et il est agent de police.

Robert fit un mouvement et se rapprocha de Jeanne avec un intérêt subit.

— Voyons! voyons! dit-il vivement, êtes-vous bien sûre de ce que vous avancez?

— Oh! parfaitement sûre.

— Et c'est mon nom qu'il avait prononcé?

— Oui, Robert... et j'ajouterai qu'avant de s'arrêter avec mon père, ce Lemonnier s'était entretenu longuement avec des gendarmes de la brigade de Varennes.

Robert eut un geste violent et fut sur le point de s'abandonner à toute sa colère.

Mais Jeanne était là, qui l'observait d'un œil inquiet et anxieux, et il se contint.

— Mon Dieu! dit la jeune fille, est-ce que vous seriez menacé?

— Peut-être, répondit Robert, dont une pensée soudaine venait de traverser l'esprit.

— Mais alors, il faut vous hâter, ne perdez pas une seconde.

— Oui, vous avez raison; mais je veux auparavant que vous sachiez de quelle nature est ce danger qui me menace.

— Et qu'ai-je besoin de le savoir, Robert? Et si je pouvais vous donner ma vie pour assurer votre sécurité...

— Eh bien! c'est cela même, et peut-être pourrez-vous me rendre un grand service.

— Dites, alors, Robert, dites? Vous savez bien qu'il n'y a pas en moi une pensée qui ne vous appartienne!

— C'est bien! Je le savais, j'y comptais même, et je vous en remercie du plus profond de mon cœur! .

— Ah! me voilà payée d'avance. Que faut-il faire?

Robert prit la jeune femme dans ses bras, en l'attirant contre sa poitrine.

— Ecoute donc, dit-il d'un ton ardent.

— C'est plus que ma vie... c'est mon honneur que tu peux sauver. Il y a dans cette galerie où je vais pénétrer tout à l'heure des papiers importants dont la saisie pourrait compromettre mes meilleurs amis politiques et mes plus dévoués associés. Il faut que la police ne puisse s'en emparer.

— J'irai les prendre et je les brûlerai! répondit Jeanne enivrée.

— Il y a mieux à faire, objecta Robert.

— Quoi donc?

— Dans la prévision de ce qui arrive aujourd'hui, de ce qui devait arriver tôt ou tard, j'ai fait creuser une mine sous la galerie qui recèle les papiers dont je viens de parler, et il suffit d'une étincelle électrique pour faire sauter la galerie; te sens-tu le courage de mettre le feu à cette mine?

— Je ferai tout ce que vous m'ordonnerez.

— Du reste, il n'y a aucun danger pour toi.

— Que ne puis-je vous donner ma vie en même temps!

— Chère enfant!

— Mais à quel moment devrai-je agir?

— Au moment où tu verras le mendiant et les gendarmes se diriger de ce côté, comprends-tu?

— Je comprends.

— Et tu le feras?

Jeanne ne put répondre; en lui adressant la dernière question, Robert avait fermé ses yeux par un ardent baiser, et elle tombait défaillante dans ses bras.

— Allons, du courage, dit encore Robert, il faut que je me hâte... Adieu!...

— Non, au revoir, au revoir!... supplia Jeanne.

— Eh bien, au revoir, ma Jeanne chérie, et n'oublie pas que tu tiens ma vie entre tes mains.

Robert donna alors à la jeune fille quelques instructions complémentaires sur la manière dont elle devait opérer, ainsi que sur les précautions qu'elle devait prendre, puis, il lui serra les mains, la pressa une dernière fois sur sa poitrine, et disparut enfin vers les galeries.

Là, un spectacle étrange l'attendait.


## XXV


### Le coq rouge


Il n'avait pas perdu de temps.

En quelques secondes, il fendit les rangs serrés des mineurs qui l'avaient précédé, il pénétra dans les galeries, où il ne tarda pas à atteindre la chambre noire que le lecteur connaît.

Avant d'y pénétrer, il s'était arrêté et avait pris à part Mathon, qui était debout, comme une sentinelle, sur le seuil.

— Deux mots! avait-il dit. Il se passe des choses redoutables. Les dangers que nous avions prévus sont venus. D'un moment à l'autre je puis être arrêté.

— Vous! fit Mathon.

— Oui, moi! tais-toi, ne donne pas l'éveil à ceux qui nous entourent, et qui pourraient nous entendre... l'heure est solennelle; il importe d'agir avec fermeté et promptitude.

— Qu'ordonnez-vous?

— Tu m'es dévoué, n'est-ce pas!

— Corps et âme, si j'en ai une.

— Tu vas te rendre chez M. Carpentier.

— Bien.

— Tu trouveras là, à l'écurie, un cheval noir que je monte d'habitude.

— Je le connais.

— Tu selleras ce cheval, et me l'amèneras à la clairière.

— Bon!

— Dans une demi-heure.

— Ce sera fait.

— Chemin faisant, observe bien tout ce que tu verras.

— J'ai l'œil américain.

— Si tu rencontres le mendiant, et que l'occasion te semble favorable...

— On lui fera son affaire.

— Du reste, beaucoup de prudence, de discrétion; tâche que l'on ne te voie pas. Ribot, le palefrenier, est tout à moi. tu lui donneras ce louis de ma part, et il sortira avec le cheval, comme pour se promener; ce n'est pas la première fois que cela lui arrive.

— Est-ce tout?

— Une dernière recommandation!

— Dites.

— N'oublie pas de glisser un revolver dans chacune des fontes de la selle.

— Comptez-sur moi.

— Et maintenant hâte-toi, pendant que je vais moi-même m'entendre sur ce que vous aurez à faire, quand je serai parti.

Mathon n'en attendit pas davantage et disparut sur ces paroles.

Quant à Robert Linley, il avait pénétré dans la chambre noire.

Il y avait déjà, réunis dans cette chambre, une dizaine de personnages parmi lesquels nous retrouvons ceux qui ont figuré dans la cabane du Puits abandonné. A côté d'eux, silencieux et graves, se tenaient quelques étrangers, jeunes pour la plupart et presque tous appartenant à la classe ouvrière intelligente.

Quand Robert parut, ils se levèrent d'un commun mouvement, et toutes les mains se tendirent vers lui.

Il salua, pressa quelques-unes de ces mains amies , et alla prendre place au bureau.

Puis se tournant vers les membres qui composaient le cénacle :

— Citoyens, dit-il d'une voix assurée et ferme, nous voici arrivés à une heure solennelle pour notre association. Je vous disais dernièrement que le moment approchait . aujourd'hui, je vous annonce que le moment est venu! Nous sommes menacés, traqués, mis à prix. Déjà quelques-uns de nos plus courageux adhérents payent de la prison ou de l'exil leur dévouement à la cause commune. Il n'y a plus à reculer, ni à hésiter. Il faut agir. Vous sentez-vous résolus à lutter et à combattre?

— Oui! oui! répondirent tous les membres présents.

— Oui! oui! répétèrent dans les galeries, les ouvriers qui s'y trouvaient massés.

— Eh bien, que le signal soit donné, et que nul ne décline le danger de la participation à l'œuvre des travailleurs; de toute part les ouvriers se sont levés, des grèves ont éclaté tout autour de nous, en France, en Allemagne, en Angleterre. Il est impossible que Varennes reste plus longtemps étranger au mouvement, et il faut montrer aux bourgeois ce que nous voulons et ce que nous pouvons.

— Mais quels moyens employer? demanda une voix qui partait de derrière Robert Linley.

Et au moment où ce dernier allait répondre, un des membres du cénacle se leva et demanda la parole d'une voix retentissante.

Le silence se fit aussitôt, et Robert ayant invité l'étranger à parler. Celui-ci commença.

C'était un tout jeune homme blond, avec des yeux vifs, le front haut, l'attitude presque hautaine.

Un vif mouvement de curiosité s'était manifesté dans l'assemblée; tous les regards s'étaient fixés sur lui; mais cette attention dont il était l'objet ne troubla pas son impassibilité, et ce fut sans trouble et sans effort qu'il parla...

— Frères ouvriers, dit-il d'un ton clair et ferme, je suis un des vôtres, et c'est pour cette raison que j'ai demandé à vous dire les nouvelles importantes que je vous apporte.

Je m'appelle Ivanoff, je suis étudiant à l'Académie d'agriculture de Moscou, j'ai vingt-cinq ans, et depuis que je sais penser et parler, je n'ai cessé de m'occuper de ces questions nouvelles qui sont appelées à changer la face du monde.

N'oublions rien, frères, et rappelons-nous toujours les terribles leçons du passé.

Voici ce que je viens vous dire de la part de vos amis et de vos adhérents de l'Occident.

Frères, nous sommes à bout de patience, l'existence nous devient de jour en jour plus dure.

On nous a trompés avec de vaines promesses. Cette terre, que Dieu avait faite pour tous les hommes, nos maîtres s'en sont emparés. Où donc est la justice, je vous le demande?

— Bravo! bravo! crièrent vingt voix en même temps.

— Autrefois, continua l'étudiant, il n'en était pas ainsi, les champs appartenaient à ceux qui les cultivaient. Nos ancêtres ne connaissaient ni nobles, ni prêtres, ni marchands accapareurs. Ils vivaient heureux et libres. Mais bientôt vinrent d'au delà des mers les princes étrangers, traînant à leur suite leur noblesse, leurs fonctionnaires. Que sais-je! Ils subjuguèrent le pauvre peuple, ils s'emparèrent de leurs champs, et depuis ils ont vécu du prix de ses sueurs.

Or, qu'est-il arrivé, à la suite de ces événements funestes?

— Ecoutez! écoutez!... firent quelques ouvriers.

— Après s'être rendus maîtres du sol, les

conquérants y ont établi des villes d'où ils nous dominent encore. C'est à eux que nous devons les lois oppressives et les lourds impôts qui nous réduisent à la misère...

Ah! ils sont contents!... et comment ne le seraient-ils pas...?

Ils s'engraissent de notre pain.

Leurs villes sont si bien fortifiées qu'il nous est impossible de les attaquer, à moins de lancer sur eux le *coq rouge*.

Un frémissement parcourut l'Assemblée à ces paroles, — dans le langage populaire, on n'ignore pas que *lancer le coq rouge* signifie *incendier*.

Le jeune étudiant laissa s'éteindre ce murmure, et il reprit :

— Ils se sont dit: tout nous appartient; le peuple est notre esclave.

Et en vérité, nous ne sommes plus que de vils animaux pour nos maîtres insolents; ils nous ont sellés et bridés, puis ils sont montés sur notre dos.

Eh bien, savez-vous ce qu'il nous reste à faire dans cette situation cruelle et extrême?

Une seule chose!

C'est d'étrangler nos maîtres comme des chiens! . . .

Pas de quartier!

Il faut que tous disparaissent! Il faut incendier leurs villes! il faut que notre pays soit purifié par le feu!

A quoi bon ces villes?

Elles ne servent qu'à engendrer la servitude.

Quand le paysan sera le seigneur de *son* champ, quand l'ouvrier pourra travailler dans *sa* fabrique, il n'éprouvera plus le besoin de se faire domestique dans une ville.

Comme ils ont des canons et des fusils, et que nous sommes désarmés, ce n'est que par le feu que nous pouvons les attaquer et les vaincre.

Une fois les murailles, derrière lesquelles *cette canaille* se retranche, réduites en cendres, il faudra bien qu'elle crève de faim! (1)

Ces derniers mots avaient été prononcés avec une telle énergie farouche et sombre, qu'un frisson sembla parcourir l'assemblée tout entière.

Des bravos enthousiastes éclatèrent de toute part, et c'est à peine si, au milieu du désordre, on parvint à entendre une voix non moins énergique et résolue qui réclamait impérieusement la parole.

Toutefois, quand l'émotion générale se fut un peu calmée, Robert se tourna vers le nouvel orateur, et imposant du geste silence à l'assemblée :

— C'est vous, dit-il, citoyen Maurice Bernard, qui réclamez la parole?

— Oui, monsieur le président, répondit Maurice.

— Qu'avez-vous à dire?

— J'ai à protester, de toute la force de mes convictions, contre les provocations impies que je viens d'entendre, et que l'assemblée a eu le tort d'encourager par ses applaudissements.

Et il attendit, pour continuer, que les murmures soulevés par cette déclaration, se fussent apaisés.

Mais au moment où il allait reprendre, il se passa un fait inattendu, et qui donna, dans la suite, une ample pâture aux commentaires.

Comme Maurice allait continuer, il vit tout à coup Mathon pénétrer dans la salle et se précipiter vers Robert Linley.

Il y eut un moment de silence et d'attente.

Mathon parlait avec vivacité et à voix basse, et à mesure qu'il parlait, le visage de

(1) Peut-être est-il important de faire connaître au lecteur que ce discours entier est de tout point authentique et qu'il a été prononcé en 1870. ( Voir l'histoire de *l'Internationale*, par M. E.- G. Fribourg.)

Il s'agit de garder ma pendule jusqu'à mon retour.

Robert prenait une expression de sombre préoccupation.

Quand Mathon eut fini, il se leva.

— Citoyens, dit-il d'une voix retentissante, un de nos fidèles compagnons m'apporte à l'instant une nouvelle que je dois vous communiquer tout de suite.

Il paraît que nos réunions inquiètent nos ennemis et que l'on est disposé à les empêcher...

Il y a dix minutes à peine, Mathon rencontrait, dans le bourg, un agent de la police impériale, assisté de quelques gendarmes d Varennes et des brigades voisines qui se dirigeaient de ce côté.

— C'est une trahison! s'écria l'étudiant russe.

— Il faut résister, dirent plusieurs mineurs.

— Il faut nous séparer, ordonna Robert Linley. Il faut céder devant la force qui nous menace, mais, comme le disait tout à l'heure l'étudiant Ivanoff, contre de pareilles persécutions, des hommes désarmés n'ont qu'une ressource, c'est la guerre implacable qu'ils veulent nous faire, c'est la guerre implacable qu'il faut leur rendre.

Partez donc, tous, les hommes comme les enfants, les femmes comme les vieillards, répandez-vous dans la contrée, et lancez le coq rouge sur les demeures de ceux qui nous traitent à l'égal de bêtes de somme et nous ramènent au joug.

Un désordre indescriptible accueillit ces paroles ; le tumulte se mit dans tous les rangs, et l'assemblée tout entière se dispersa par l'étroite issue qui des galeries menait dans la campagne.

En un instant, il n'y eut plus personne autour du *Puits abandonné*.

Chaque mineur avait gagné le bois, se dirigeant avec des menaces de mort vers le bourg.

Maurice lui-même, entraîné par le flot populaire, s'était vu un moment obligé de les suivre ; ce n'est qu'à une certaine distance du puits qu'il avait pu reprendre ses esprits, et se consulter sur le parti qu'il allait adopter.

Il ne se dissimulait rien de la gravité des circonstances. — Il savait à quelles extrémités peuvent se porter les masses aveugles que l'on excite si facilement avec des mots et chez lesquelles on a tant de peine plus tard à ramener le calme.

La plupart des mineurs qu'il connaissait n'étaient point des natures méchantes ; il les avait souvent trouvés dociles à ses conseils et à ses remontrances. Mais le temps n'était plus au raisonnement ; depuis quelques semaines un vent fatal soufflait sur l'usine et semblait avoir vicié la morale de tous ces braves gens.

Des théories perverses avaient été répandues ; l'œuvre à laquelle il appartenait, œuvre de conciliation entreprise dans l'intérêt des classes ouvrières, menaçait d'être brusquement détournée de son but, et il comprenait que l'autorité acquise si péniblement par cinq années d'études patientes allait lui échapper au profit d'une influence malsaine et funeste.

Que faire, que tenter pour arrêter ce mouvement ?

Il ne le savait.

Il s'assit, brisé d'émotion, sur un tertre élevé d'où son regard pouvait découvrir, à la clarté de la lune, toute la vallée au fond de laquelle était situé Varennes.

L'usine ne fonctionnait pas ; les fourneaux étaient éteints ; les hautes cheminées ne lançaient plus dans l'air leurs panaches de fumée mêlée de rouges étincelles.

Un silence lugubre planait sur ce bourg, naguère encore si animé.

Seul, le pavillon habité par M. Carpentier était éclairé.

Maurice sentit son cœur se serrer.

Une pâle et faible lumière brillait à cette heure dans la chambre occupée par Berthe.

Maurice connaissait bien cette fenêtre.

Que de fois la nuit, en revenant de la mine, ne s'était-il pas arrêté à quelque distance, songeant à la jeune fille qu'il aimait déjà avec toutes les ardeurs chastes de son âge !

Pauvre Berthe !

Qu'allait-elle devenir au milieu des événements qui se préparaient ?

Comment supporterait-elle ces épreuves ?

Quel sort lui était réservé, à travers ces troubles redoutables que rien ne semblait pouvoir conjurer ?

Il se sentit pris de pitié et d'épouvante à toutes ces pensées, et, bien qu'il ne crût pas le danger imminent, il ne voulut pas rester plus longtemps loin d'une demeure qui pouvait, à un moment prochain, avoir besoin de sa protection.

Il se leva donc, descendit du monticule où il s'était reposé, et reprit le chemin de Varennes.

Mais il n'avait pas fait vingt pas qu'il s'arrêta terrifié.

Une détonation formidable venait de se faire entendre du côté de la galerie qu'il avait quittée auparavant, et la montagne, subitement déchirée comme par une éruption volcanique, lançait au loin de ses flancs une pluie de pierre et de feu qui avait couvert le bois tout entier.

— Mille millions de carabines ! s'écria derrière lui une voix rude et sonore, voilà une explosion qui me rappelle les artifices de Sébastopol?

Maurice se retourna vivement et se trouva en présence du mendiant et de quelques gendarmes.

— Savez-vous ce que cela veut dire? demanda Maurice, en s'adressant au brigadier qui venait de parler.

— Ceci, monsieur Maurice, doit être le résultat de quelque imprudence, répondit le brigadier ; mais, tout de même, comme il peut y avoir à verbaliser, nous allons nous rendre sur les lieux, à seule fin de rendre compte de l'accident.

— Ne craignez-vous pas qu'il n'y ait danger à s'aventurer de la sorte?

— Bah ! je me nomme Flippard, monsieur Maurice ; et si vous en connaissez un qui m'ait jamais vu reculer, eh bien ! vous pouvez me l'envoyer celui-là ! nous lui ferons voir comment ça se joue.

Et en parlant ainsi il fit signe aux gendarmes et se remit en route.

Seulement, il n'alla pas bien loin.

A peine, en effet, s'était-il engagé dans le sentier qui menait au puits, qu'il se retourna brusquement vers ses hommes, et leur ordonna de faire halte et d'observer le silence.

Sous bois, à peu de distance, on entendait distinctement le bruit de pas précipités.

Les gendarmes s'effacèrent chacun derrière un arbre, et presque aussitôt, le brigadier Flippard voyait passer à ses côtés une femme échevelée, les vêtements en désordre, qu'il eut beaucoup de peine à reconnaître au premier regard.

— Sauvez-moi ! sauvez-moi ! criait la malheureuse tout en courant.

Flippard étendit les mains et la saisit...

Un même cri de stupéfaction sortit de la poitrine des gendarmes.

Cette femme, c'était Jeanne !


## XXVI

### Une larme

Le brigadier Flippard et ses hommes avaient entouré Jeanne et essayaient de la faire parler.

Mais la malheureuse enfant était livrée à un désordre inouï ; elle pressait sa poitrine de ses deux mains, et, l'oreille tendue, l'œil hagard et fixe, elle écoutait et regardait...

Un autre bruit de pas plus précipités allait se rapprochant, et chacun attendait avec anxiété le dénouement de cette scène étrange.

Tout à coup un homme se rua au milieu du groupe, la poitrine haletante, le visage bouleversé, et, écartant d'un geste impérieux les gendarmes qui lui faisaient obstacle, il marcha à Jeanne, dont il saisit le bras avec une sombre colère.

— Enfin ! dit-il d'une voix contenue, c'est toi ! je te tiens, tu ne m'échapperas plus.

— Mon père ! balbutia Jeanne, qui voulut tomber à genoux.

Le père Morion la releva brusquement.

— Debout ! debout ! s'écria-t-il, nous avons à causer ensemble, et tu vas me dire...

Comme il allait continuer, il rencontra le visage de Flippard, et se contint.

Un amer sourire contracta ses lèvres, et il se tourna vers le groupe.

— Flippard! dit-il alors d'un ton un peu radouci, c'est ma fille Jeanne, vous la connaissez, j'ai à lui parler. Il faut que je l'interroge, elle... seule. Vous permettez, n'est-ce pas?

— Mais sans doute, sans doute, répondit le brigadier; seulement, vous me paraissez bien agité en ce moment, et si vous voulez m'en croire...

— Non! non! interrompit Morion, laissez-moi faire. Vous avez vos fonctions. Ne me retenez pas. Maintenant que j'ai retrouvé mon enfant, je vais rentrer avec elle dans notre pauvre maison.

— Et vous serez calme?

— Je vous le promets.

— Soit! Au surplus, ce sont des affaires de famille, et nous n'avons rien à y voir: nous nous retirons. A bientôt donc?

— C'est cela.

— Mais vous avez promis...

— Oui! oui! j'ai promis, je vous le répète: allez! allez!

Flippard n'insista pas. D'ailleurs, son service le réclamait ailleurs; et il ne voulait pas retarder davantage les constatations légales qu'il avait relevées.

Il partit avec ses hommes, et un moment après le père Morion restait seul avec sa fille.

Il y eut quelques minutes de silence.

Jeanne sanglotait, adossée à un arbre du bois.

Morion, impassible et contenu en apparence, se consultait.

Enfin, il releva le front; et, se tournant vers Jeanne :

— Marchons! dit-il d'un ton résolu.

— Où voulez-vous donc me mener? demanda la jeune fille défaillante.

— Rentrons chez nous.

— Je ne pourrai jamais.

— Il le faut cependant.

— Je puis à peine me soutenir.

— Ah! vous aviez plus de force et plus d'audace tout à l'heure pour fuir la maison de votre père, et courir la nuit après...

Il n'acheva pas.

Il fit un geste énergique comme pour s'imposer silence à lui-même, et, indiquant à Jeanne le chemin du bourg :

— Marchez! dit-il impérieux et implacable.

Et Jeanne, courbant le front, les bras croisés sur la poitrine, n'osa plus répliquer et commença à marcher.

Elle avait été rencontrée par son père au moment où elle adressait à Robert un dernier et suprême adieu, et elle avait fui épouvantée, sans chercher même une excuse ou une justification.

Elle avait bien compris que son père savait tout, et qu'elle était perdue.

Si, à cette heure fatale, une rivière ou un puits de mine se fût trouvé sous ses pas, elle s'y serait jetée sans réfléchir.

Mais elle avait fui éperdue, terrifiée, ne songeant qu'à éviter les premiers éclats de la colère paternelle.

Cependant, elle n'avait pas une goutte de sang dans les veines. Ses jambes ne la soutenaient plus. A chaque instant, ses pieds s'embarrassaient dans le lacet des lianes qui couraient le long du sol.

Une fois même, elle s'accrocha de ses mains déchirées et sanglantes aux branches d'un arbre pour ne pas tomber.

— Je ne peux plus... je ne peux plus! murmura-t-elle d'une voix faible comme un souffle.

— Marchez! marchez! répondit Morion insensible et brusque.

— Ah! je voudrais mourir.

— Plût à Dieu que vous fussiez morte le jour où vous avez vendu votre honneur et celui de votre père.

— Oh!

— Ce n'est plus le moment des larmes.

— Vous êtes sans pitié.

— Il n'y a point de pitié pour les filles perdues.

— Mon père !

— Je ne suis plus votre père, je suis votre juge.

— Mon Dieu !

— Marchez !...

Jeanne ne répliqua plus, elle se redressa avec une sinistre énergie, et reprit son chemin d'un pas plus ferme.

Un quart d'heure plus tard, ils atteignaient le seuil de leur maison.

Jeanne y pénétra la première... Morion entra à sa suite, et ferma soigneusement la porte, qui donnait sur un petit jardinet.

Pendant qu'il s'occupait de ce soin, il entendit derrière lui le bruit d'un corps qui tombait sur les dalles de la salle.

C'était Jeanne !

Cette marche forcée, ces émotions violentes, la conscience de la faute qu'elle avait commise, tout cela avait brisé ses forces... et une fois arrivée au but, elle s'était sentie défaillir, et s'était évanouie.

Morion frissonna.

Il alluma vivement la lampe et vint se pencher sur le corps inanimé de sa fille.

Elle était étendue sans mouvement, les mains inertes, les lèvres décolorées, et les joues si pâles qu'on l'eût prise pour une morte.

Morion se mit à la contempler avec stupeur.

Si c'était vrai cependant... S'il l'avait tuée par sa colère aveugle et brutale !

La peur s'empara de lui.

Il la souleva dans ses bras robustes, l'enleva de terre, comme il eût fait d'une enfant et se dirigea vers le lit avec son précieux fardeau.

Sa colère s'était subitement apaisée ; la morte lui avait fait oublier la coupable.

Dans le trajet, il appuya sa joue contre ses lèvres pour consulter son souffle... peut-être pour appeler son baiser !...

Il y a une heure où le père reparaît sous le juge, — c'est celle où l'enfant souffre...

Et comme il sentit ses lèvres glacées..., comme aucun mouvement ne répondit à sa pression inconsciente et involontaire :

— Jeanne ! balbutia-t-il, à voix si basse que c'est à peine s'il l'entendit lui-même.

En même temps une larme s'échappait de ses yeux, et vint tomber sur la joue de marbre de sa fille...

Et alors, ô miracle de l'amour paternel ! un frémissement agita les membres de la pauvre évanouie, une rougeur subite colora insensiblement le tissu délicat de sa peau, et au moment où Morion la déposait doucement sur le lit, elle poussa un soupir et rouvrit les yeux.

Dans la nuit sombre d'où elle sortait, elle avait un vague instinct de la réalité.

Cette joue qui s'était collée contre ses lèvres, cette larme qui avait brûlé sa joue, tout cela elle se le rappelait...

L'affreuse colère de son père avait donc cédé devant la souffrance de sa fille. Dieu avait eu pitié d'elle et il lui avait envoyé le pardon !

— Mon Dieu ! mon Dieu ! s'écria-t-elle en joignant les mains, que se passe-t-il donc ? Qu'est-il survenu ? Pourquoi êtes-vous là maintenant, près de moi, dans cette attitude ?

— Tais-toi, fit Morion en posant un doigt sur ses lèvres.

— Ah ! vous me tutoyez à présent !

— Te trouves-tu mieux ?

— Oui, bien mieux, mon père ; mais si vous saviez ce que j'ai souffert tout à l'heure !

— N'en parlons plus.

— J'ai cru que j'allais mourir, et j'aurais accueilli cette mort comme une grâce... Mais non, je ne veux plus parler de cela. C'est un affreux rêve. Je l'oublierai, et vous aussi, n'est-ce pas ? Vous...

Jeanne n'acheva pas.

Une immense lueur avait tout à coup éclairé la chambre, et une clameur faite de mille cris venait de frapper l'air

— Qu'est-ce que cela? s'écria Jeanne épouvantée.

Morion courut à la fenêtre, qu'il ouvrit précipitamment.

Jeanne l'y avait suivi.

— Cela! répondit-il d'une voix retentissante, cela! c'est l'usine qui brûle.

— Que dites-vous?

— Regarde.

Jeanne se pencha à la fenêtre.

Mais à ce moment, un cheval lancé au galop passa devant elle, emportant son cavalier avec la rapidité de l'éclair.

Deux exclamations partirent en même temps à cette vue.

— Le misérable! fit Morion avec un cri de rage.

— Robert! balbutia Jeanne en cachant sa tête dans ses mains.


## XXVII


### L'incendie


Les mineurs égarés n'avaient que trop bien écouté les excitations insensées de l'étudiant de Moscou, et ils n'étaient rentrés dans le bourg que pour exécuter les projets incendiaires dont il avait parlé.

*Lancer le coq rouge!*

Incendier l'usine, briser les machines, ruiner l'industrie dont ils vivaient eux-mêmes: telle est la folie qui s'était emparée d'eux.

Cela avait commencé modestement.

Un jeu! une imprudence.

Quelques gamins avaient allumé des torches pour escorter ceux qui revenaient du *Puits abandonné*.

Une sourde colère animait déjà ces derniers, pour s'être vus obligés de dissoudre leur réunion.

Il ne fallait qu'une étincelle, un prétexte pour que cette colère se changeât en fureur.

Ce fut l'explosion de la mine, qu'ils venaient de quitter, qui détermina le sinistre.

Quand on entendit l'épouvantable détonation, et que l'on vit la montagne ouvrir ses flancs sous l'effort de la mine, il y eut d'abord un moment de stupeur inouïe.

Il ne semblait à personne qu'il pût y avoir doute sur le but d'une pareille catastrophe.

Le feu n'avait pu être mis que dans l'intention de faire sauter tous ceux qui se trouvaient réunis en cet endroit.

Or, qui avait intérêt à se débarasser, même au prix d'un crime, des mineurs dont la turbulence s'était manifestée, le matin même, par des réclamations adressées à M. Carpentier?

Ce ne pouvait être que Marcel Dubard, ou M. Carpentier lui-même.

En une seconde, cette pensée se formula en accusations énergiques, qui se changèrent presque aussitôt en menaces.

Ils marchaient tous pêle-mêle, s'exaltaient réciproquement, s'exhortant à la vengeance.

Mais à qui s'en prendre, et par qui commencer?...

Alors survint ce que nous disions plus haut... une imprudence peut-être.

Le Palot, en passant près d'une grange, exécuta un moulinet fantaisiste avec sa torche, et quelques gouttes de résine enflammée tombèrent sur un tas de paille.

Tout d'abord on n'y prit pas garde, et la troupe continua sa marche.

Mais quelques mètres plus loin, une lueur subite s'éleva derrière eux.

Ils se retournèrent effarés, croyant à une nouvelle explosion.

Ce n'était que l'incendie.

Ce fut un trait de lumière.

L'étudiant Ivanoff jeta un cri joyeux.

— L'incendie! dit-il en s'adressant à ses compagnons, l'incendie, voyez!... c'est ainsi que les esclaves russes se vengent de leurs maîtres. Les esclaves français auront-ils moins de courage et de résolution que leurs frères de Russie?

Un morne silence succéda à ces paroles.

L'ouvrier de France peut bien se laisser quelquefois égarer, mais il y a au fond de son cœur un ferment d'honneur et de probité qu'il est bien difficile d'oblitérer tout à fait.

Ivanoff remarqua l'hésitation de ses compagnons; il comprit tout de suite ce qui se passait et un dédaigneux sourire plissa ses lèvres.

— Soit, murmura-t-il, c'est une éducation à faire et nous la ferons, mais l'occasion est trop belle pour la laisser échapper, et puisque nul ici n'ose jeter le cri de liberté et donner le signal de la vengeance, c'est à moi qu'il appartient d'en réclamer l'honneur. Que ceux qui sont des hommes me suivent et imitent mon exemple!

Sur ces mots, Ivanoff prit des mains du Palot la torche qu'il portait, et, se précipitant vers l'un des hangars de l'usine, sous lequel était empilée une grande quantité de pièces de bois, il y mit résolûment le feu!

La vue des premières flammes fut accueillie par un frémissement, dans lequel bien des sentiments contraires avaient leur expression mêlée et confondue.

Mais il existe une sorte de vertige impérieux qui saisit fatalement, à une heure donnée, les foules aussi bien que les individus, et cette heure était venue pour les mineurs de Varennes.

Un hourrah s'éleva, un désordre indescriptible s'ensuivit, et, dix minutes plus tard, c'était comme un torrent de feu qui s'étendait sur l'usine.

Forges, hangars, machines, ateliers, rien ne fut épargné... Les flammes, activées avec une infernale adresse, s'en prirent à tous les bâtiments, et pendant une partie de la nuit, l'établissement de M. Carpentier offrit le spectacle de la plus criminelle dévastation.

Jusque-là, cependant, on n'avait à déplorer que des dégâts matériels considérables, qui, après tout, pouvaient se réparer.

Aucun attentat n'avait été commis sur les personnes, et il y avait lieu d'espérer que les incendiaires n'iraient pas plus loin.

Mais on avait compté sans l'étudiant Ivanoff.

On comprend, du reste, ce qui devait se passer chez M. Carpentier, pendant que le sinistre prenait ces terribles proportions.

Dès les premières lueurs de l'incendie, Berthe s'était réfugiée, tremblante et effarée, auprès de son père, et elle avait trouvé là, et Marcel d'abord, et le docteur, et tous les employés de l'usine.

L'émotion était à son comble. On ne pouvait songer à une résistance quelconque; on avait même jugé inutile, sinon dangereux, de chercher à employer des moyens de conciliation.

Le torrent était débordé; aucune digue n'eût été assez puissante pour l'arrêter, encore moins pour le faire rentrer dans son lit.

Toutefois, là surtout, on espérait que tout se bornerait à des dégâts matériels, et que les révoltés s'arrêteraient d'eux-mêmes, une fois que la dévastation aurait atteint ses dernières limites.

M. Carpentier avait dépêché quelques hommes à Chaumont pour informer le préfet de ce qui se passait; mais les secours sollicités ne pouvaient arriver que dans la matinée, et jusque-là, il fallait attendre.

On allait, on venait, on échangeait rapidement et à voix basse ses douloureuses impressions.

Une partie de la nuit s'écoula dans ces cruelles alternatives...

Berthe s'était assise dans un fauteuil, à côté du bureau de son père, et, plongée dans ses réflexions amères, elle écoutait muette les conversations qui s'échangeaient autour d'elle.

Ce qui l'étonnait le plus, ce qui l'effrayait surtout, c'était l'absence de Maurice.

Où était-il? Pourquoi n'était-il pas accouru comme les autres, pour offrir son concours à ceux qui étaient restés fidèles à son père?.

Elle n'y comprenait rien et elle arrivait à penser même qu'il avait pu être l'objet de quelque violence ou la victime de quelque accident.

Deux heures se passèrent de la sorte.

Elle dévorait ses larmes, comprimait les battements de son cœur, et cachait à tous les regards la poignante anxiété dont elle était torturée.

A un moment, le docteur, qui était resté à la fenêtre, quitta brusquement son poste d'observation et marcha droit vers la porte.

Berthe le suivit d'un œil ardent, et tout son sang reflua vers son cœur.

Puis elle se leva à son tour et courut au docteur.

— Quoi? qu'y a-t-il? demanda M. Carpentier en s'adressant à sa fille.

— C'est que... balbutia cette dernière.

— C'est mon fils Maurice, monsieur, interrompit le docteur, je viens de l'apercevoir, et il nous apporte peut-être quelque nouvelle importante.

Le docteur achevait à peine ces paroles, que Maurice apparaissait sur le seuil de la porte.

Il était très-pâle, nu-tête, et un certain désordre se remarquait dans sa personne.

— Mon père! dit-il en saisissant les mains du docteur.

Mademoiselle, ajouta-t-il en saluant Berthe, dont les joues reprirent bientôt leur couleur.

M. Carpentier, s'était approché. Tout le monde s'apprêtait à écouter.

— Que se passe-t-il? demanda vivement M. Carpentier, et que venez-vous nous apprendre?

Maurice remua tristement la tête.

— Rien de bon, monsieur, répondit-il; ils ont tout brisé, tout détruit; il ne reste plus rien de l'établissement.

— Mais qui les a pu pousser à ce degré d'aveuglement et de rage?

— Quelques révolutionnaires étrangers qui obéissent à un mot d'ordre, et qui, après avoir ruiné ce pays, iront porter la désolation et la misère dans d'autres contrées.

— C'est la guerre des ouvriers contre les patrons?

— Vous l'avez dit.

— Au moins, respecteront-ils encore les personnes?

Maurice fit un geste désespéré.

— Détrompez-vous, monsieur, dit-il, et c'est ce qui m'amène à cette heure.

— Que dites-vous?

— Jusqu'à présent j'avais espéré qu'ils ne chercheraient pas d'autres victimes, et que leur colère ne s'en prendrait qu'à l'usine. Mais, depuis quelques minutes, de sinistres symptômes se manifestent chez les plus exaltés, et d'un moment à l'autre, qui sait?...

— Ma fille! s'écria M. Carpentier en prenant son enfant dans ses bras.

Maurice étendit la main.

— Je ne suis venu que pour vous sauver, monsieur, répliqua-t-il; deux ouvriers qui me sont dévoués sont allés à la recherche d'une voiture qui doit vous attendre près de la maison de mon père, et si vous voulez me suivre...

M. Carpentier serra les mains de Maurice avec effusion.

— Mais hâtez-vous, monsieur, insista le

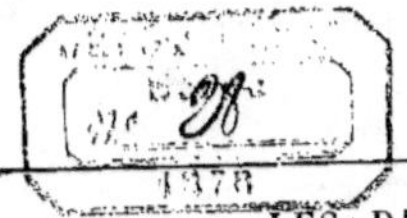

jeune homme, toute minute de retard peut rendre votre départ impossible. Venez; dans un quart d'heure peut-être ils seront ici.

Et comme pour appuyer ces paroles, un sourd grondement s'éleva au dehors, semblable au bruit de la marée montante.

## XXVIII

### La fuite

Il n'en fallut pas davantage pour précipiter le départ. M. Carpentier s'empara du bras de Berthe et gagna la porte, suivi de Maurice, du docteur, de Marcel et de quelques autres employés.

Il n'y avait dans la cour que quelques ouvriers fidèles, qui s'empressèrent de saluer leur patron avec les marques du plus respectueux dévouement.

Ceux-là se rappelaient, au moment du danger, les bienfaits que M. Carpentier et sa fille avaient répandus autour d'eux aux jours de leur prospérité, et ils ne voulaient pas qu'ils partissent sans emporter les témoignages attendris de leur reconnaissance.

Berthe se prit à sangloter quand elle franchit le seuil de ce pavillon où elle avait passé sa jeunesse heureuse; mais le sentiment de la situation dominait toutes ses pensées, et sa douleur céda bien vite devant les craintes qu'elle éprouvait.

On pressa la marche.

Une faible distance séparait l'habitation de M. Carpentier de celle du docteur.

Quinze minutes devaient suffire pour atteindre le but.

Chemin faisant, M. Carpentier quitta le bras de sa fille, pour aller s'entretenir avec Marcel Dubard.

Maurice était à ses côtés à ce moment; il l'invita à le remplacer auprès de Berthe, et Maurice n'eut garde d'hésiter.

Un instant après, Berthe posa sa main tremblante sur le bras du jeune homme.

On fit quelques pas de la sorte sans échanger une parole, la poitrine émue, le regard troublé.

Ce fut Berthe qui rompit la première le silence.

L'instant était solennel. Le danger les enveloppait. On ne pouvait rester muet.

— Combien je vous remercie, monsieur Maurice, dit-elle, du dévouement que vous venez de nous témoigner!

— N'est-ce pas bien naturel? répondit Maurice; votre père n'a-t-il pas toujours été bon pour ma famille? moi-même, ne vous dois-je pas tout ce que je suis?

— Que voulez-vous dire?

— Je veux dire qu'avant d'être revenu à Varennes, j'avais cherché vainement ce bonheur honnête et calme que j'ai goûté ici, et ce n'est pas sans un cruel déchirement que je songe à l'avenir qui m'est réservé maintenant.

— Mais mon père relèvera l'usine incendiée, et avant peu sans doute nous aurons tous repris la vie que nous menions en ces lieux.

— Le croyez-vous?

— Je l'espère.

Maurice remua tristement la tête.

— Et d'ici là, ajouta-t-il, où vais-je aller? Quelle occupation donner à mon esprit? Comment combler ce vide affreux qui va se faire dans mon cœur?

Berthe ne répondit pas tout de suite; elle réfléchissait et hésitait.

— Quant à nous, reprit-elle bientôt d'une voix un peu confuse, nous irons probablement à Paris, auprès de quelques amis qui y passent tous les hivers. Je suis certaine que si vous venez nous y voir mon père sera heureux de vous recevoir à Paris comme à Varennes.

Berthe n'en dit pas davantage, mais Maurice ne put s'empêcher de lui prendre les mains et de les garder un moment dans les siennes.

Cependant, on venait d'arriver.

La maison du docteur était là, devant eux, détachant sa modeste silhouette dans la nuit sombre, et à quelque distance, la voiture promise, attelée de deux bons chevaux qui piaffaient d'impatience.

M. Carpentier remplaça Maurice, qui courut vers la voiture pour s'assurer que toutes ses instructions avaient bien été suivies.

On fit une courte halte.

Maurice se multipliait. Il était, lui, bien résolu à rester avec son père. Mais, à mesure que le moment de la séparation approchait, il sentait son cœur perdre courage et défaillir.

Comme il venait de quitter la voiture une dernière fois et se dirigeait vers M. Carpentier pour presser enfin son départ, un homme se dressa tout à coup devant lui et lui barra le passage.

Maurice jeta un cri de surprise.

C'était Mathon !...

— Ah ! ah ! dit celui-ci, tu ne t'attendais pas à me voir ?

— Que venez-vous faire ici ? fit Maurice.

— Oh ! une idée... J'avais accompagné Robert, je me suis douté de quelque chose ; j'avais aperçu la voiture, et j'ai voulu me rendre compte de ce qui se passait.

— Eh bien, tu as vu ; que demandes-tu de plus ?

— Presque rien... Seulement, cette fuite n'aura pas lieu.

— Qui l'empêchera ?

— Moi !

— Ah ! si tu osais...

— J'oserai ce que je voudrai, et ce n'est pas toi ni les bourgeois que tu accompagnes qui pourront s'y opposer.

— Mathon !

Mathon avait tiré un couteau de sa poche.

— Ecoute, continua-t-il, nous ne voulons pas que le patron s'en aille. Nous avons à causer avec lui, et s'il partait, nous ne le verrions plus revenir qu'avec une escorte de gendarmes et de soldats.

— Mais que feras-tu pour empêcher ce départ ?

Mathon montra son couteau, dont la lame jeta dans la nuit de sinistres reflets.

— Avec cela, répondit-il, il me suffira de couper les traits des chevaux, et alors adieu la fuite.

— Et tu crois que nous te laisserons faire ?

— Si tu veux t'en donner le spectacle, suis-moi, répondit Mathon.

Et il se dirigeait déjà vers la voiture, quand Maurice le saisit énergiquement par le bras.

— Ah ! prends garde ! fit Mathon avec un accent plein de fureur.

— Tu ne feras pas un pas de plus.

— Ne me pousse pas à bout.

— Ta colère ne m'effraye pas.

— Maurice !

— Pars... va-t-en... fuis toi-même...

Mathon secoua d'un geste violent la main attachée à son bras et fit un bond en arrière.

Sa poitrine respirait bruyamment, ses yeux lançaient des éclairs, sa main crispée tourmentait la poignée de son couteau.

Toutefois, il essaya encore de se contenir et tenta de marcher vers la voiture.

Mais le bruit de cette altercation avait attiré l'attention des employés de l'usine, qui s'étaient rapprochés. Au moment où ils arrivèrent auprès des deux adversaires, Maurice, pour la seconde fois, venait de repousser Mathon, qui avait glissé et failli tomber sur le chemin.

Une effrayante imprécation jaillit de la poitrine de ce dernier, qui, se dressant de tonte sa hauteur, se rua, le couteau levé, sur Maurice.

Le mouvement avait été si rapide, que nul n'avait pu s'y opposer.

Un cri partit :

Cri de douleur et de détresse, et presque aussitôt un corps roula sur la route.

Maurice venait de tomber, frappé mortellement.

Tout le monde accourut vers lui ; son père le premier, Berthe immédiatement après.

Mathon avait disparu après le coup fait ; mais du reste, en ce moment, on ne songeait guère qu'à la victime.

On releva Maurice avec précaution, et on le porta sur le revers du chemin.

M. Bernard avait conservé à peu près tout son sang-froid.

Il étanchait le sang qui coulait en abondance de la blessure, il humectait ses tempes d'eau fraîche prise à une source voisine.

Tous les témoins de cette scène attendaient anxieux et terrfiés.

Enfin le docteur releva le front,

Il était presque aussi pâle que le blessé.

Il revient à lui, dit-il d'une voix émue ; que ce cruel incident ne retarde pas le départ projeté... Evitons de plus grands malheurs... Partez, monsieur Carpentier, éloignez M<sup>lle</sup> Berthe, et, demain, je vous ferai tenir de ses nouvelles.

— Ah ! vous nous le promettez ? s'écria Berthe suppliante.

— Je vous le jure.

— C'est pour nous sauver qu'il s'est exposé à mourir.

— Partez ! partez !

Et comme M. Carpentier tentait d'arracher sa fille à ce douloureux spectacle...

— Non ! attendez ! dit-elle en s'échappant des mains de son père.

Et se tournant vers le docteur :

— Monsieur Bernard, ajouta-t-elle à voix rapide et basse, Maurice est il en état d'entendre les quelques paroles que je veux lui adresser ?

— Certainement, répondit le docteur. Seulement hâtez-vous, mon enfant, car il peut être repris d'évanouissement.

Berthe s'agenouilla alors auprès du corps inanimé, écarta doucement ceux qui l'entouraient, et se penchant à l'oreille du blessé :

— Maurice, dit-elle d'un ton contenu, Maurice, m'entendez-vous ?

— Oui, Berthe, oui, je vous entends, répondit le jeune homme d'une voix mourante.

— Eh bien ! Maurice, je veux que vous viviez, entendez-vous ? je veux que vous viviez, parce que je vous aime !...

Et en même temps ses lèvres effleurèrent le front de son amant.

Maurice proféra une douce et faible plainte, il serra muettement la main de Berthe et retomba inerte dans les bras de son père.

Cinq minutes plus tard, M. Carpentier et Berthe quittaient Varennes, accompagnés de Marcel Dubard.


FIN DE LA PREMIÈRE PARTIE.

# DEUXIÈME PARTIE

# LE COQ ROUGE

## I

### Les deux éléments

Au moment de poursuivre ce récit, nous croyons indispensable d'interrompre un instant notre drame pour jeter un regard sur les agissements de l'Internationale pendant la période qui va séparer notre première partie de la seconde.

Bien des livres ont été écrits, depuis quelques mois, sur la question si palpitante des associations ouvrières, et l'Internationale, notamment, a été l'objet des études de bien des historiens.

Au nombre des plus érudits, je dirais volontiers des plus sincères, il faut citer en première ligne M. E.-L. Fribourg, graveur-décorateur, l'un des fondateurs de la section française, avec M. Limousin, margeur, et M. Tolain, ciseleur, aujourd'hui membre de l'Assemblée nationale.

Nous avons déjà emprunté quelques pages à son livre. Nous y aurons recours encore plus d'une fois, certains que nous sommes d'avance que les documents puisés à cette source sont particulièrement authentiques et sincères.

Donc, à partir du jour où l'usine de M. Carpentier s'abîmait sous l'incendie allumé par Mathon et les misérables venus de l'étranger, une sorte de désorganisation se mit dans le personnel des établissements similaires, et sur toute la surface de l'Europe, dans tous les centres manufacturiers, comme à un signal ou à un mot d'ordre parti, on ne sait d'où, les grèves éclatèrent, semant le désordre et répandant l'inquiétude.

Il y avait d'ailleurs des discussions profondes dans le sein même de *l'Internationale;* plusieurs éléments opposés s'y disputaient l'autorité, et le résultat de ces convulsions intérieures était de pousser à l'extrême les résolutions prises par l'un ou l'autre parti.

Au sein de cette société, s'agitait, dit M. Fribourg, à l'état de minorité puissante, le PARTI NIHILISTE, homme et femme, qui reconnaissait Bakounine comme grand prêtre, et dont l'alliance avec la *Bourgeoisie française* autoritaire menaçait l'existence de l'association.

La rupture était inévitable entre ces deux fractions de l'Internationale, et il ne restait plus qu'à savoir qui l'emporterait et vers quelles destinées définitives le vainqueur entraînerait l'association.

Enhardis, continue M. Fribourg, par le succès des communistes de Bruxelles, et très-probablement stylés par Blanqui, Bakounine, Ontine, Viruboff, Jaclard, Richard, veulent imposer une rédaction de résolution dans laquelle figuraient les mots *égalisation des classes et des individus.*

La partie bourgeoise résiste ; une discussion très-vive s'engage, et il est curieux d'en étudier les passages principaux.

Ceci se passait quelque temps avant 1870.

Que le lecteur juge de ce qui se préparait dès cette époque !

Bakounine veut une résolution nette ; il veut, lui, qu'on indique l'égalisation des individus et des classes ; en dehors de cela, il n'y a plus d'idées de justice, et la paix ne sera pas fondée. Il ne faut plus que l'ouvrier soit dupe des discours. Il faut lui dire ce qu'il doit vouloir, s'il ne le sait pas lui-même. Plus de cette civilisation fondée sur l'asservissement. Je suis collectiviste et non pas communiste, et si je demande l'abolition de l'hérédité, c'est pour arriver rapidement à l'égalisation sociale.

Si vous avez d'autres moyens, donnez-les, sans quoi nous aurons le droit de supposer que vous n'appelez les ouvriers que pour leur donner de nouvelles chaines.

Albert Richard vient soutenir le projet Bakounine, en son nom et au nom des travailleurs qu'il dit représenter.

« La société est faussée, il faut la réformer. Est-ce la politique qui y arrivera ? Non ; le système actuel est un résultat, non une cause. Si ceux qui se plaignent s'entendaient ensemble, on réformerait ; mais le mot du jour est, comme lien social, la domesticité, et comme idée humaine, l'amour de soi. Il s'est formé deux classes dans la société ; laissant de côté les prêtres et les fonctionnaires publics, qui sont des parasites tout à fait en dehors de la société ; examinant le principe d'hérédité et le reconnaissant comme le principe de tout mal, nous devons conclure que le système économique est la cause du despotisme et de la guerre, dont on se sert comme d'un dérivatif quand le cri de la mi-

sère est trop ardent. Le remède est dans la propriété collective du sol ; dans un système politique qui cesse d'apporter des restrictions au développement de l'idée populaire ; il faut établir un impôt démocratique et égalitaire, et jeter un défi aux adversaires de cette idée. D'ailleurs, que ceux qui possèdent se rassurent ; ils n'y perdront rien, au contraire, et puis y perdraient-ils, qu'ils y perdraient moins que ceux de 1793 et 1794.

« Vous voulez conserver, mais on a déjà trop conservé, et les casernes qui gardent Paris sont les mêmes « que vous avez laissées debout en février, et qui ont servi aux troupes pour répandre le sang du peuple. »

« Plutôt que rien conserver de cette ancienne organisation sociale, « je serais peut-être amené à demander *l'invasion des barbares.* »

« Ainsi nous nous séparons de vous, et nous vous le disons. — Vous avez voulu la guerre et ce sera la dernière ; oui, la « dernière guerre sera faite et elle sera terrible ; elle se dressera contre tout ce qui existe, contre cette bourgeoisie qui n'a rien dans la tête, ni dans le cœur, et qui ne tient plus debout ! »

« Ma conclusion est qu'il faut en finir avec tous, et ce « n'est que sur leurs ruines fumantes que s'assoiera la République définitive. »

« Et c'est sur les ruines couvertes, non de leur sang — il y a longtemps qu'ils n'en ont plus... »

Ces discours en disaient déjà bien assez ; cependant voici venir Jaclard, l'*intime* de Tridon, le lien vivant entre le blanquisme et le nihilisme. A le voir se diriger vers la tribune, les assistants devinent qu'il y a de l'hyène dans cet homme ; il parle, et sa voix, d'abord assez douce, devient sifflante et âcre ; il s'anime, et la haine lui sort par tous les pores.

Jaclard. — « Je ne viens pas soutenir une

proposition nouvelle. Je pourrais vous demander s'il ne conviendrait pas de substituer au mot *fédération* le mot *fusion*, je pourrais vous demander bien d'autres choses : mais pourquoi m'exposerais-je au reproche de diviser ? pourquoi ferais-je tomber les illusions de quelques-uns des groupes qui placent leur espérance dans les membres de la Ligue (1) et qui comptent qu'à un moment donné ils offriront le spectacle fort intéressant et surtout fort original de jeter en travers des conflits armés l'obstacle de leur embonpoint ?

« Non, je demande à concilier, et je demanderai aux partisans de l'individu et de la fédération pourquoi ils ont repoussé l'égalisation des classes et des individus. Leur système est faux, et je leur demanderai s'ils ont confiance dans l'idée qu'ils émettent ; je sais que leur système est d'améliorer, de conserver, non de détruire. Mais, dans cette circonstance, ils ressemblent à un individu qui, après être échappé à un long esclavage, oublierait d'emporter avec lui ses armes, ses outils de travail, sa femme et ses enfants.

« Je leur dirai : En agissant ainsi, vous retomberez dans l'orléanisme, et, dupant les classes ouvrières, vous arriverez à fonder un despotisme nouveau.

« Vous parlez fédération et république, et vous pensez avoir fait beaucoup en les établissant. Cependant « si j'examine la Suisse, j'y vois la misère et le rachitisme ; donc le prolétariat est compatible avec la fédération et la république. Il vous faut une base philosophique » pour fonder et si vous voulez faire de la révolution sociale, « il vous faut être athée, sans quoi vous croulerez. » Lorsqu'en 89 Robespierre et les autres chefs « de la Révolution ont dit qu'une religion était nécessaire au peuple, ce n'était qu'une

transaction, » et 1848, « étant religieux » était ridicule.

« Si vous n'êtes pas athées, « vous devez logiquement être despotes, » et au lieu d'être une ligue d'émancipation, « vous serez une sainte-alliance contre la révolution. »

Les passages entre guillemets, ajoute M. Fribourg, sont ceux que nous avons écrits pendant que l'orateur parlait.

Telle était donc la situation des esprits, telles étaient les tendances de l'association quand, après cinq mois de siége, un mois d'armistice, la révolution du 18 mars éclata tout à coup sur Paris comme un coup de foudre.

Quelques jours avant cette date il était arrivé à Paris, rue du Rocher, la singulière aventure que nous allons raconter.

## II

### Un voyageur pour Paris

Les lecteurs parisiens se rappellent les difficultés qui furent opposées par l'autorité prussienne, au moment de l'armistice, pour ce qui touchait aux documents dont il fallait se munir soit pour sortir de Paris, soit pour y rentrer.

Ces messieurs étaient les maitres ; ils tenaient toutes les issues, et chaque voyageur devait passer sous leurs fourches caudines.

On pouvait bien sortir de Paris, mais sans bagages ; on pouvait bien y rentrer, mais sans colis.

Toutefois il y a des exceptions à toutes les règles, et l'histoire que nous avons à raconter en est une, qu'il importe de recueillir pour l'édification de nos neveux.

---

(1) Il s'agit de la *Ligue de la Paix*, dont le lecteur se rappelle sans doute les travaux.

Vers les premiers jours de février 1871, un grand garçon, bien découplé, portant environ trente ans, se présentait à l'officier d'état-major prussien qui commandait à Sellé-le-Guillaume. point extrême où s'arrêtait le train prussien qui, d'Amiens, conduisait à Brest.

Le grand garçon dont nous parlons fut mis en présence de l'officier qu'il cherchait.

Ce dernier était un gros gaillard, sensuel, nourri de choucroute et de bière, fumant généralement pour un franc de tabac par jour, et ne donnant guère rien de lui aux choses de l'art et de l'esprit.

Il s'appelait Firchtembach.

Dès qu'il vit entrer le Français, il le dévisagea des pieds à la tête, et lui trouva bonne mine :

Ni bourgeois, ni ouvrier, ni paysan, ni militaire, un peu de tout, mais particulièrement une allure avenante, physionomie ouverte, l'œil sain et le sourire mi-parti railleur et naïf.

Le commandant Firchtembach parlait français, ce qui n'est pas rare dans l'armée allemande, et il voulut bien condescendre, peut-être un peu par vanité, à parlementer dans la langue des vaincus.

— Comment vous appelez-vous, mon garçon? dit-il à celui que l'on venait d'introduire, et que venez-vous me demander?

— Je m'appelle Auguste Villeron, répondit le jeune homme; j'arrive de Rennes et j'ai l'intention de me rendre à Paris. Seulement, au moment de prendre le train à Sellé-le-Guillaume, on m'a fait observer que je ne pouvais emporter de colis avec moi.

— C'est le règlement, fit le commandant.

— Et je suis tout prêt à m'y conformer; mais j'ai pensé qu'en m'adressant à l'autorité compétente, surtout en faisant connaître la nature du colis que j'accompagne, peut-être ferait-on en ma faveur une exception dont je serais bien reconnaissant envers les ennemis de mon pays.

Le Prussien sourit.

Le dernier mot lui plaisait.

— Certes, répondit-il, nous ne demandons pas mieux que de rendre des services; on veut nous faire passer pour des barbares, et nous avons montré quelquefois que nous étions un peuple civilisé.

Auguste Villeron fit une grimace.

— Ce n'est pas moi qui en douterai, dit-il, surtout si vous voulez vous montrer complaisant à mon égard.

— De quoi s'agit-il?

— D'un colis, je vous le répète, que je voudrais emmener avec moi à Paris.

— Mais ce colis?

— Faites-moi le plaisir de venir le voir par vous-même.

Le commandant était en veine de complaisance.

Il se leva, fit signe à Villeron de le suivre, et, l'un suivant l'autre, ils s'acheminèrent vers la gare des bagages.

Une fois là, Auguste marcha vers une pyramide de caisses, et désignant à son Prussien un objet d'une forme bizarre, qu'il avait pris la précaution de faire placer à côté de la pyramide :

— Voilà ce que c'est, dit-il d'un ton dégagé.

Malgré sa placidité nationale et son indifférence en matière d'émotions vulgaires, le Firchtembach ne put s'empêcher de faire un mouvement effaré.

L'objet que l'on venait de lui indiquer n'était autre chose qu'un cercueil.

— Qu'est-ce que cela signifie?... dit le Prussien avec un haut-le-corps.

— Ne devinez-vous pas? fit Villeron avec un fin sourire.

— Mais c'est un cercueil.

— En effet.

— Et quelle est votre intention?

Le grand garçon haussa les épaules.

— Bon! dit-il, c'est toute une histoire. Ce que renferme ce colis, c'est la dépouille mortelle de mon oncle! un oncle qui avait dix mille livres de rente et dont je suis l'unique héritier...

— Eh bien?

— Voilà quatre jours que le malheureux est mort, et une clause de son testament m'oblige à accompagner son corps à Paris, sous les huit jours, sous peine d'être déshérité. Vous comprenez?

— Parfaitement.

— Si je rencontre de la mauvaise volonté, je perds deux cent mille francs.

— Diable !

— Tandis que si M. le commandant Firchtembach se montre vainqueur généreux, mon avenir est assuré !...

— Cela vaut la peine.

— N'est-ce pas, commandant?

— Et vous comptez partir?...

— Ce soir même... Seulement, j'ajouterai un mot.

— Dites.

— Mon oncle aimait beaucoup les pendules.

— Ah! ah!

— Il n'était pas Prussien, mais, tout de même, il adorait les ornements de cheminée.

— Il n'avait pas tort.

— A qui le dites-vous! Tenez, j'en ai là une.

— Où donc?

— Dans ce coin; mais vous comprenez qu'il m'est impossible de l'emporter avec moi.

— Elle n'arriverait pas à Paris.

— C'est ce que j'ai pensé; d'un autre côté, je ne puis l'exposer à rester dans une gare à la merci du premier soldat venu.

— Elle serait volée.

— Je n'en doute pas. Aussi, j'ai résolu une chose.

— Laquelle?

— C'est encore une obligeance que je réclame de vous, mais j'espère que vous ne me refuserez pas; il s'agit tout simplement de garder ma pendule jusqu'à mon retour, si vous m'autorisez à partir avec mon oncle.

— C'est une idée.

— N'est-ce pas?

— Elle est bonne.

— Et vous acceptez?

— De grand cœur.

Au bout d'un quart d'heure, le commandant prussien et le jeune gars français étaient les meilleurs amis du monde.

On prétend même à Sellé-le-Guillaume que le premier offrit au second quelques bocks de bière au buffet de la gare, qui en a gardé le souvenir.

Quoi qu'il en soit de ces suppositions, Auguste Villeron partit le soir même pour Paris avec son étrange colis, et muni d'un passeport parfaitement régulier, écrit en langue française et allemande, il arrivait le lendemain en gare de Paris, où il se mettait immédiatement en quête d'une voiture.

Il n'y en avait pas encore beaucoup.

Les chevaux mangés pendant le siége n'avaient pas été remplacés et de rares véhicules stationnaient aux têtes de ligne des chemins de fer.

Toutefois, il finit par en dénicher un, à qui il offrit un large pourboire pour le conduire rue du Faubourg-Saint-Antoine.

— Est-ce que nous emmenons ce colis avec nous? demanda le cocher en désignant le cercueil du bout de son fouet.

— Mais sans doute. Est-ce que cela te gêne?

— Dame !... ça n'est pas un chargement comme un autre.

— N'est-ce que cela? fit Villeron. Attends un peu et tu vas voir.

— Quoi donc ?

— Regarde!

Et d'un coup de pied il fit sauter le couvercle et montra le contenu aux yeux ébahis de son automédon.

### III

### Le colonel Auguste Villeron

— Bon ! en voilà bien d'une autre, s'écriat-il ; est-ce que ç'a été fabriqué par Robert Houdin ?

Le colis éventré laissait voir à l'intérieur un uniforme complet d'officier supérieur de la ligne : képi, redingote, pantalon, épaulettes, sabre, ceinturon, etc. ; rien n'y manquait.

— Pour une drôle d'idée, voilà une drôle d'idée ! dit le cocher à peine revenu de sa surprise. Mais quelle nécessité... ?

— Veux-tu que je te fournisse des explications ?

— Ma foi ! ça ne me fera pas de peine.

— Eh bien ! en route, alors ! et quand nous serons arrivés au faubourg Antoine, tu en sauras aussi long que moi.

Le cocher fouetta ses chevaux, qui partirent pleins d'une noble ardeur, et Auguste Villeron narra tout au long l'histoire du commandant Firchtembach.

Le cocher se tordait les côtes à l'idée du bon tour qu'on avait joué à ce dernier. Mais une légère amertume se mêlait à sa joie quand il songeait qu'il en avait coûté une pendule à son voyageur pour obtenir son passe-port.

Villeron haussa les épaules.

— Oh ! quant à cela, dit-il, il n'y a pas de quoi se désoler, la pendule est en zinc, et elle n'a jamais sonné que les demies !

Le cocher manqua tomber de son siége, tant son rire fut spontané et convulsif.

— Eh bien, non ! exclama-t-il, c'est complet... On dira ce qu'on voudra, vous êtes un vrai zig, vous ! Cependant il me reste encore une chose à apprendre.

- Pendant que tu y es, ne te gêne pas.

— Je demande dans quel intérêt vous vous êtes exposé ainsi pour passer en fraude un uniforme de commandant.

— De colonel, si tu veux bien.

— De colonel, soit ! je n'y tiens pas.

— Mais moi, j'y tiens.

— Vous ?

— Sans doute.

— Comment ! cet uniforme ?...

— C'est le mien.

Le cocher rendit le salut militaire.

— Excusez du peu ! dit-il avec une sérieuse déférence, mais vous avez à peine trente ans.

— J'en ai trente-deux, mon ami.

— Alors, vous êtes dans les régiments de marche ?

— Allons donc !

— Quoi !... dans l'armée ?... un colonel, pour de bon ?

— Comme tu dis.

— Bigre ! Eh bien, voulez-vous que je vous dise ?...

— Va toujours.

— Vous m'allez, vous. C'est pas un colonel de carton comme les autres ; et si j'avais jamais l'idée de reprendre du service, je demanderais à entrer dans votre régiment.

En parlant de la sorte, le cocher arrête ses chevaux.

Ils étaient arrivés à l'adresse indiquée par le colonel Auguste Villeron, et ce dernier sauta à terre.

— Et maintenant, au revoir, mon ami ! dit-il en mettant une pièce d'argent dans la main du cocher ; paye-toi la course sur cette pièce, et s'il te reste de la monnaie, fais-moi un plaisir...

— Je veux bien, mon colonel.

— Eh bien, bois ce qui te restera à la revanche de Reichshoffen et de Sedan !

Et sans s'arrêter aux jurons énergiques par lesquels son interlocuteur accueillit ce vœu, il traversa le trottoir et alla frapper à une porte cochère au-dessus de laquelle on lisait, écrits en lettres d'or, sur une plaque de marbre noir, ces mots :

ENTREPOT DES FERS ET BOIS<br>DE NORWÉGE

Il poussa la porte qui venait de s'ouvrir à son appel, et marcha, d'un pas délibéré, vers la loge du concierge.

— M. Carpentier? demanda-t-il, d'une voix au fond de laquelle tremblait un peu d'émotion.

Le concierge regarda le colonel avec étonnement.

— M. Carpentier, répondit-il, n'est pas encore rentré à Paris, mais il ne peut tarder. Il a déjà donné avis de son retour, et si vous voulez repasser dans quelques jours...

— C'est bien, je repasserai, dit le colonel.

Au moment où il s'ingéniait à trouver une seconde voiture, une voix nasillarde et traînante s'éleva tout à coup dérrière lui.

— Pardon, m'sieu, dit cette voix, est-ce que vous ne seriez pas m'sieu Auguste Villeron?...

Et il se retira un peu désappointé.


IV

Trois personnes en une seule

Le colonel regarda celui qui lui parlait, et aperçut un de ces petits *voyous* pâles, malingres, souffreteux, qui semblent étouffer sous cette atmosphère pestilentielle que l'on a longtemps respirée à Paris.

— Sans doute, c'est moi, répondit le colonel; que peux-tu avoir à me dire ?

— Oh! c'est pas moi.

— Qui es-tu donc, toi?

— On m'appelle Zidore.

— Enfin, que me veux-tu?

— Voilà la chose... Mais non, tenez, ça doit être dit tout au long dans la lettre que j'ai à vous remettre.

— Tu as donc une lettre pour moi?

— La preuve! fit le jeune voyou en tendant un pli au colonel.

— Et qui t'envoie? demanda ce dernier en s'en emparant vivement.

— Une femme.

— Jeune?

— Je crois bien.

— Et jolie?

— Je ne vous dis que ça.

Le colonel se prit à considérer plus attentivement son interlocuteur.

— Ah çà, mais, dit-il avec une forte nuance de dégoût, sais-tu bien que tu fais là un vilain métier?

— Oh!... y en a de bons, comme y en a de mauvais; l'important, c'est qu'ils rapportent.

— Et tu vis de ça?

— Je vis de tout.

Au milieu de l'examen auquel il soumettait l'intéressant gamin, le colonel ne put retenir tout à coup un mouvement de surprise.

— Mais, certainement... je ne me trompe pas ! s'écria-t-il en clignant des yeux.

— Est-ce que vous louchez? interrompit le *voyou*, qui n'aimait pas à être l'objet d'une attention aussi persistante. Quoique je ne sois pas *troubad*, je sais que c'est défendu dans l'armée.

— Tu as un autre nom que celui de Zidore,

interrompit Villeron, poursuivant son idée.

— Lequel donc?

— Un sobriquet.

— Qui vous a dit ça?

— On t'appelle le Palot.

— Ah bah!

Le gamin fit un saut de carpe en arrière.

— Mais, s'écria-t-il avec méfiance, vous en savez bien long sur mon compte !

— Tu vois! dit le colonel en souriant.

— Qui vous a si bien instruit?

— Le passé; il y a longtemps que je te connais.

— Cette chance!

— Je t'ai vu à Varennes, il y a bientôt dix ans ; tu étais bien jeune!

— J'étais en nourrice, quoi !

— Aussi, tu ne m'as pas reconnu.

Il y eut un silence.

C'était au tour du Palot à examiner son interlocuteur ; mais il avait beau faire, aucun des traits de son visage ne lui revenait en mémoire.

— Ah çà! reprit bientôt le colonel, te voilà donc à Paris, maintenant?

— Ah! depuis près de deux ans, répondit le Palot.

— Et les anciens?

— Qui ça?...

— Jacques, Mathon, Morion surtout, et Jeanne, sa fille.

— Tous vivants, du moins ceux que je fréquente.

— Qui fréquentes-tu?

— Mathon, d'abord.

— On pourrait mieux choisir.

— Tout le monde ne peut pas entrer en relation avec des colonels.

— C'est juste; mais les autres?

— Dame! ce serait bien long à vous raconter.

— Ne comptes-tu pas m'accompagner?

— Où ça?

— Au rendez-vous qui m'est donné par cette lettre.

— Le désirez-vous?

— Parbleu!... Et, chemin faisant, tu répondras aux questions que j'ai à t'adresser.

Le Palot esquissa un sourire.

— Est-ce que vous payez la course? dit-il d'un ton intraduisible.

— D'avance ! répondit le colonel en lui mettant dans la main une pièce de 5 francs.

Le Palot ne fut pas long à aller chercher une voiture.

Cinq minutes après, ils étaient en route.

— Où allons-nous? demanda alors le colonel.

— Vous n'avez donc pas lu la lettre ?

— Ma foi, non...

— Eh bien, prenez-en connaissance, et vous serez aussi instruit que moi.

Auguste Villeron décacheta la lettre, et lut ce qui suit :

« Une femme, jolie, dit-on, jeune à ce que prétendent les registres de la mairie du 9ᵉ arrondissement, vient d'apprendre que son ancien ami, le colonel Villeron, fait aujourd'hui son entrée dans la capitale. Plairait-il à Auguste de renouer connaissance avec Lucy?

« On ne dansera pas au piano, mais on prendra le thé. »

— Lucy! fit le colonel après avoir lu et comme s'il eût cherché à se rappeler.

— Eh bien, y êtes-vous? fit le Palot.

Auguste Villeron jeta un cri.

— Quoi!... Lucy, exclama-t-il; la petite grisette du faubourg Saint-Antoine, qui avait à peine seize ans quand je l'ai connue!

— Ce qui veut dire qu'elle en a vingt-sept ou vingt-huit aujourd'hui.

— Ah! elle promettait d'être bien jolie.

— Elle a tenu !

— Déjà coquette!

— Ça n'a pas changé!

— Et vive, alerte, effrontée, cette chère

Lucy... Comment! elle pense encore à moi?

— Ça, c'est touchant... j'en essuie un pleur.

— Mais où demeure-t-elle?

— Rue du Rocher.

— Et c'est chez elle que nous allons?

— Comme vous dites, colonel. Et chez elle, ne vous en déplaise, c'est un peu plus beau que chez moi!

— Elle est en garni?

— Elle est dans son propre hôtel, avec ses propres meubles, son concierge, sa voiture, ses chevaux et son groom. Oh! son groom!... tenez, je suis bien maigre, moi, n'est-ce pas? eh bien! je ne lui entrerais pas dans la peau.

Auguste Villeron écoutait étonné, il ne pouvait croire ce qu'il entendait.

— Ainsi, dit-il, la petite grisette a fait fortune?

— Cent mille livres de rente, répondit le Palot.

— A elle?

— Ou aux autres.

— Elle est veuve?

— Non.

— Mariée?

— Pas davantage.

— Mais c'est un logogriphe, une charade... je donne ma langue aux chiens.

Le Palot fit un mouvement d'épaules.

— Ça, dit-il, c'est pas la peine. Nous voici arrivés à destination, et si vous voulez prendre la peine de descendre, de payer l'heure au cocher, pour qu'il me ramène aux Tuileries, où j'ai affaire, vous n'aurez qu'à vous adresser au concierge, qui vous introduira auprès de la personne qui désire vous parler.

Le colonel avait sauté à terre, et après avoir soldé la course, dit adieu au Palot, il allait se diriger vers la loge du concierge, quand le jeune gamin courut après lui.

— Un mot encore, dit-il d'un ton goguenard.

— Qu'y a-t-il? fit Auguste Villeron.

— En passant devant la loge, ne vous avisez pas de demander M<sup>lle</sup> Lucy. Jetez le nom de la baronne de l'Etoile et passez.

Le colonel fit ce qu'on lui indiquait.

Deux minutes plus tard, il arrivait au premier étage d'un charmant petit hôtel situé entre cour et jardin.

Il sonna. Une camériste vint ouvrir, l'œil éveillé et le museau retroussé.

— Mademoiselle Lucy? commença le colonel.

— Eh! c'est lui! c'est toi! interrompit une jeune femme qui bondit vers lui, et se jeta sans façon dans ses bras.

— Lucy! balbutia Villeron, tout étourdi de l'accueil.

La jeune femme se dégagea lentement de l'étreinte de son ancien amant, et montrant l'appartement somptueux où ils se trouvaient :

— Lucy n'est plus depuis longtemps, répondit-elle; elle a été remplacée d'abord par M<sup>lle</sup> Georgette, qui a demeuré rue du Helder, et elle est devenue actuellement M<sup>me</sup> la baronne de l'Etoile, pour te servir!


V

**Les aventures d'un colonel de Gambetta**

Auguste Villeron ne crut pas devoir élever la moindre objection.

Il comprenait.

Et après tout, qu'importait?

Lucy, Georgette, la baronne, toutes les trois étaient aussi jolies l'une que l'autre.

Ce colonel que nous venons de présenter au lecteur était bien la plus charmante et la plus sympathique nature qui fût au monde.

Il était né en plein faubourg Antoine, d'une mère et d'un père ouvriers :

Un pauvre et simple ménage où grouillaient cinq enfants.

Auguste était l'aîné.

Son histoire, à lui aussi, pourrait être offerte en exemple à tous ces pauvres diables qui se laissent égarer par des théories dont ils ne demêlent ni l'inanité ni la perfidie.

A huit ans, il entrait en apprentissage.

A douze, il gagnait un salaire suffisant pour se nipper, lui et ses deux frères.

Car, en quatre années, de cinq enfants qu'ils étaient, la misère et les privations les avaient réduits à trois.

Du reste, déjà, dès cette époque, le petit Auguste se faisait remarquer de tous, tant par sa belle humeur que par son intelligence.

Il était dévoué à ses patrons, actif, gai, ne gaspillant ni le temps ni l'argent, résistant, avec un courage qui annonçait dès lors un héros, à toutes les propositions d'embauchage pour les parties de bouchon.

Il savait bien qu'il n'y avait point trop d'argent au logis paternel; et sa mère l'embrassait avec tant de tendresse quand il lui rapportait sa paye intacte du samedi, que, pour rien au monde, il n'eût voulu en distraire un centime.

Ce baiser-là, c'était sa meilleure récompense.

Il grandit ainsi, bon, courageux, résolu à ne quitter jamais l'honnête petit sentier qu'il avait choisi!...

Puis son père mourut, et encore un de ses frères...

Ce dernier était parti pour chercher fortune en Australie, d'où il ne devait pas revenir...

Auguste Villeron resta donc seul avec sa mère.

Du reste, c'était un ouvrier hors ligne.

Il avait appris tout ce qu'il ignorait, et vous pensez que ce n'avait pas été une mince besogne.

Il savait lire — j'entends qu'il comprenait ce qu'il lisait, — si bien qu'il était rapidement devenu un homme intelligent et qui pouvait n'être déplacé nulle part.

Sa mère n'en revenait pas!

Son Auguste était l'orgueil de sa vie, sans qu'elle pût toutefois démêler bien nettement en quoi elle en était orgueilleuse.

C'est vers ce temps que Villeron rencontra un jour M. Carpentier.

Ce dernier venait quelquefois à Paris pour ses affaires; il avait vu de loin en loin le jeune apprenti se développer, et il s'était dit qu'il y avait en lui l'étoffe d'un homme à placer utilement dans une usine comme celle de Varennes.

Il lui fit des propositions, il le tenta, en lui offrant pour sa mère une petite habitation où elle pourrait vivre exempte de tout souci et à tout jamais à l'abri du besoin, et Villeron ne sut pas résister.

Il accepta.

Il avait dix-huit ans, et certes on pouvait croire qu'il était destiné à faire un chemin rapide dans l'industrie.

Nous venons de le voir colonel. Comment cela s'était-il fait? Tout naturellement.

Ses vingt ans venus, il tomba au sort...

M. Carpentier ne voulait pas le laisser partir, et lui proposait de le faire remplacer.

Auguste refusa.

Sa mère était morte. Il n'avait plus rien qui le retint. Il préféra partir.

— Tu as tort! lui disait M. Carpentier; réfléchis bien. Avant cinq ans, je t'aurais fait riche.

— Bah! repartit Villeron. Le dernier mot n'en est pas dit. Voyez-vous, je n'étais pas né pour le travail entre quatre murs... Si je l'ai fait, ç'a été pour ma mère. Mais aujourd'hui je vais vivre à ma guise, et j'aurai une fois au moins tenté le hasard.

— Alors, c'est bien résolu?

— Oui, patron.

— Tu nous quittes?

— Et je m'en vais ; seulement, laissez-moi vous dire que je pars pénétré de toutes vos bontés, et que jamais je n'oublierai ce que vous avez fait pour ma mère et pour moi.

Un mois après, Auguste Villeron était en Afrique.

Il y passa neuf années environ, qui lui profitèrent et donnèrent raison à la détermination qu'il avait prise.

A peine au grand air de l'Afrique, le jeune garçon avait pris tout son développement naturel.

On eût dit, comme il le disait souvent lui-même, qu'il avait été créé et mis au monde uniquement pour le métier des armes.

Non que la guerre, c'est-à-dire le meurtre, le pillage, l'incendie et autres agréments fatalement attachés à cet état social répondissent à un besoin de sa nature.

Loin de là.

Auguste Villeron eût volontiers vécu sans éprouver le désir de tuer une mouche.

Mais l'air libre, les voyages à marches forcées, l'imprévu, l'aventure... voilà ce qu'il n'eût pu rencontrer en Europe, et que, instinctivement, il était allé chercher en Afrique.

Aussi fit-il un chemin rapide.

Quoique doué, en somme, de qualités relativement vulgaires, manquant de l'éducation première dont on rachète difficilement l'absence, il ne lui avait pas fallu six mois pour contraindre ses chefs à le remarquer et à s'occuper de lui.

A la première affaire, il avait reçu trois coups de feu et avait tué quatre Arabes de sa main.

Le cinquième ne lui avait échappé que parce qu'il était tombé évanoui par suite de la perte de son sang.

Quand il fut rétabli, son colonel le fit ap-peler, et après lui avoir annoncé qu'il était nommé sergent et qu'il allait être porté pour la médaille, il crut devoir le gourmander sur sa témérité.

— Ce que vous avez fait est trop bien, mon ami, lui dit-il, et je vous en félicite sincèrement ; mais il n'est pas nécessaire de s'exposer ainsi, et les hommes comme vous doivent se ménager.

— Bah ! repartit Villeron avec insouciance ; moi, d'abord mon colonel, je me suis promis d'arriver vite ou de ne pas arriver du tout.

— Prenez garde au moins de ne pas vous faire tuer en commençant.

— Je ne sais pas l'arabe, colonel, puisqu'il y a si peu de temps que j'ai l'honneur de vivre au milieu d'eux ; mais il y a un aphorisme d'un de leurs philosophes qui m'a plu tout de suite et que je n'oublierai jamais.

— De quel aphorisme voulez-vous parler?

— Ce ne sont pas les balles, c'est la destinée qui tue.

— Ils ont peut-être raison.

— Ils ont raison, à coup sûr, mon colonel, et, ma foi, je ne tarderai pas pour mon compte à le savoir.

Le colonel sourit, serra la main du nouveau sergent, et ce dernier s'éloigna ravi...

Mais à quoi bon raconter un à un tous les événements si curieux qui marquèrent la vie du jeune héros?

La destinée le servit si bien, et il nargua tant de fois impunément les balles de ses ennemis, qu'au bout de sept années, à force d'actions dont il était impossible de contester l'éclat, il était chevalier de la Légion d'honneur et chef de bataillon.

C'était en 1870.

La guerre éclata comme il venait d'être promu au grade de commandant, et il partit à la tête de son bataillon, prendre part aux grandes batailles qui se livrèrent à Forbach, et plus tard sous les murs de Metz.

Lors de la capitulation de cette dernière forteresse, Auguste Villeron rassembla les officiers de son bataillon, et leur fit part de la résolution qu'il venait de prendre.

— Vous ferez ce que vous voudrez, leur dit-il, et je n'ai pas le droit de peser sur vos déterminations. Vous pouvez accepter d'aller pourrir dans quelque citadelle prussienne, sous le bâton d'un valet de Bismark ou de Guillaume. Quant à moi, si je vous ai réunis, c'est pour vous faire mes adieux à tous ; car je vais partir.

— Mais si l'on vous prend ! objectèrent quelques-uns de ses amis.

— Si on me prend, on me fusillera, et je ne l'aurai pas volé ! répondit Villeron : mais moi, j'aime mieux ça... Chacun son goût, n'est-ce pas ?

— Alors vous nous quittez ?

— Oui mes vieux, mes braves amis, je vous quitte ; mais mille millions de tonnerres, ce n'est pas adieu, c'est au revoir que je vous dis, car, comme disent les moricauds de Constantine, ce ne sont pas les balles, c'est la destinée qui tue !

Et le commandant partit, déguisé en marchand de bœufs.

Ce qui l'attendait en chemin est assez bizarre pour être raconté.

Il sortit de Metz le jour même où l'héroïque armée, qui ne demandait qu'à se battre, fut contrainte de livrer ses armes.

Il était navré, il eût donné tout son sang avec bonheur pour épargner cette honte à la France. Je ne sais qui le retint de se précipiter le revolver au poing, sur tous ces uniformes et ces casques d'outre-Rhin ; il avait les yeux pleins de larmes et le cœur plein de rage.

Mais quoi !...

Il fallait vivre pour la vengeance ! et il se rappela qu'il portait un déguisement qui n'admettait pas d'aussi patriotiques susceptibilités

Il avait soumissionné auprès du nouveau gouvernement de la Lorraine le ravitaillement du corps d'armée de Steinmetz ; et c'est de bœufs et de moutons qu'il fallait avoir l'air de s'occuper.

Dans les premiers jours tout alla pour le mieux.

Il ne savait pas un traître mot d'allemand, mais, avec le talent d'assimilation qui est un des dons du Parisien autochthone, quelques mois de séjour dans la Lorraine l'avaient familiarisé avec les mœurs et les coutumes du pays, et ce n'est pas à lui que l'on aurait eu besoin d'indiquer la route de Berlin !

Il s'orienta à travers le département de la Moselle avec autant d'assurance qu'eût pu le faire un mouchard prussien.

Il sortit par Longeville, descendit vers Ars, et après s'être engagé dans les bois si propices à la bravoure des Germains, il prit la direction de Frouard, espérant atterrir à Nancy.

Il y arriva trois jours après son départ.

C'était marcher hardiment.

Du reste, il n'avait pas été inquiété.

Tout au plus quelques uhlans l'avaient-ils regardé de travers en passant près de lui. Mais notre homme était rasé de près ; il portait une limousine un peu délabrée ; de plus, des anneaux d'or pendaient à ses oreilles bourrées de coton.

C'était complet.

Et l'allure surtout...

La démarche carrée, solide, la satisfaction, le contentement de soi-même, jusque dans la manière de s'appuyer sur son bâton.

Et ce bâton... un poëme !

Un énorme morceau de coudrier taillé à même, avec un de ces chefs-d'œuvre de coutellerie qu'on ne trouve que dans la poche d'un habitué de Poissy ou de Sceaux.

A vrai dire, Villeron était fier de lui !

Depuis trois jours, il avait tenu son rôle avec tant d'habileté et d'adresse, que personne ne s'était retourné pour le regarder à deux fois.

A première vue, c'était le parfait bouvier.

Mais le plus fort n'était pas fait, et il s'agissait surtout de franchir les lignes de Nancy.

Le commandant eut bien l'idée d'acheter quelques bœufs de rebut, pour s'en faire des compagnons de voyage qui lui eussent en quelque sorte servi de carte d'identité.

Mais il était parti très-pauvre de Metz et il se trouvait littéralement sans ressources.

Il fallut chercher autre chose, et il se promit d'y songer.

Il en était là, quand, un soir, il fit la plus singulière rencontre qui se puisse imaginer.

Il y avait quelques heures qu'il marchait à travers la campagne, le crépuscule était venu, et l'on ne distinguait plus les objets qu'à travers les premiers voiles transparents de la nuit.

A ce moment, derrière lui, il entendit des pas précipités.

Il se retourna pour voir et aperçut un homme qui venait à lui, avec l'intention évidente de lui parler.

Villeron s'arrêta un peu soucieux.

Quel était cet homme, et que lui voulait-il ?

L'homme venait de le saluer ; le bouvier lui rendit sa politesse.

— Pardon, monsieur, dit l'inconnu ; mais est-ce que, par hasard, vous auriez formé le projet d'aller passer cette nuit au bourg de l'Epervier ?

— En effet, répondit Villeron, un peu inquiet du ton exquis avec lequel son interlocuteur lui parlait.

— Alors , vous ignorez que les Prussiens viennent d'y arriver depuis deux heures ?

— Voyez-vous ça ! fit le commandant en dissimulant un frisson.

Puis, reprenant aussitôt toute sa présence d'esprit :

— Après tout, dit-il vivement, que m'importent les Prussiens ?... Mes bœufs vendus ici ou là, pourvu que j'en sois payé, c'est tout ce que je demande.

L'inconnu se rapprocha de Villeron.

— Et si l'on était instruit de votre fuite ? dit-il à voix rapide et basse..., si des ordses avaient été donnés pour vous arrêter.., enfin si l'on vous attendait à l'Epervier ce soir, pour vous fusiller ?...

Villeron fit un mouvement et pâlit.

— Diable ! dit-il après le premier moment de surprise passée, il paraît, monsieur, que vous êtes au courant de tout ce qui me concerne.

— Comme vous voyez, dit l'inconnu.

— Et à quel hasard dois-je l'intérêt que vous voulez bien me témoigner ?

— Ce n'est point au hasard, commandant ; c'est à la sympathie que m'inspirent vos malheurs et à l'horreur que j'éprouve pour ceux qui font la guerre.

— Vous êtes philanthrope ?

— Oui, monsieur.

— Ami de la paix ?

— C'est cela même.

— Et vous allez par le monde, prêchant l'harmonie universelle ?

— N'est-ce pas un beau rôle ?...

Villeron haussa imperceptiblement les épaules.

— Soit ! soit ! répliqua-t-il, je n'ai pas l'habitude des subtilités philosophiques, et ce n'est pas l'heure de perdre son temps à pérorer.. Vous venez de me donner un avis excellent, et je n'ai qu'à vous en remercier du fond du cœur. Seulemeut, il subsiste un grave inconvénient.

— Lequel ?

— L'ennemi est à l'Epervier, dites-vous ; et, au moment où vous m'en prévenez, vous n'ignorez pas que c'est le seul chemin qu'il me soit possible de prendre ?

— Je le sais.

Venez! venez! dit-elle d'une voix défaillante, ne perdez pas une seconde!

— Alors votre avis pourrait passer pour une mauvaise plaisanterie, sinon pour une impertinence?

— Ce n'est ni l'une ni l'autre.

— Expliquez-vous!

— Je ne viens point avec la pensée de vous empêcher d'aller à l'Epervier. Seulement, je vous apporte un moyen de franchir, sans danger, les lignes prussiennes.

— Vous!

— Moi-même.

— Et quel est ce moyen? de qui le tenez-vous?... Enfin, qui êtes-vous?

L'inconnu s'inclina.

— Il m'est impossible, dit-il, de satisfaire à toutes ces questions. Un jour, il me sera permis peut-être de vous dire à quel sentiment j'obéis; pour aujourd'hui, contentez-vous de savoir que je veux vous sauver.

— Mais le moyen?... objecte Villeron après quelques secondes d'hésitation. Quel est-il?

— Le voici !

Et l'inconnu remit un pli cacheté, sur l'adresse duquel était inscrit le nom de l'officier prussien commandant le détachement installé à l'Epervier.

— Qu'est-ce que cela? fit Villeron.

— Un talisman.

— Que contient ce pli?

— Quelques mots à peine, à l'aide desquels vous pourrez sans crainte traverser le bourg et gagner la partie du territoire français qui n'est pas encore envahie.

Villeron eut un dernier soupçon.

— Et qui m'assure, dit-il brusquement, que ce pli ne renferme pas, au contraire, une dénonciation en bonne et due forme?

— J'attendais l'objection.

— Et comment y répondez-vous?

— En vous autorisant à ouvrir ce pli et à vous assurer de son contenu.

Et sur ces mots, l'inconnu salua de nouveau et disparut.

Tout cela était si bizarre, que Villeron voulut en avoir le cœur net.

Il déchira l'enveloppe, y trouva une carte mi-partie imprimée et manuscrite, et se hâta d'en prendre connaissance.

Elle était conçue en ces termes :

Au commandant Warmser, de la ligue de Bavière.

*Association internationale des travailleurs.*

« Laissez passer le citoyen Auguste Villeron, ancien ouvrier... »

Malgré certaines appréhensions, bien naturelles après tout, Villeron résolut de se servir de la carte bizarre qui venait de lui être remise dans ces circonstances exceptionnelles.

Il gagna l'Epervier, demanda à parler au commandant Warmser, et lui remit le pli.

Cela ne souffrit pas la moindre difficulté.

Le commandant examina Villeron avec une attention bienveillante, laissa échapper deux ou trois grognements significatifs, fit deux ou trois signes de tête mystérieux, et, finalement, présenta à Villeron un laissez-passer à l'aide duquel il pouvait s'éloigner sans courir le moindre danger.

Villeron ne se le fit pas dire deux fois, et bien qu'il ne comprît pas les raisons de cet intérêt qui lui était témoigné, il s'empressa d'en profiter, et quitta l'Epervier au plus vite.

Quelques jours plus tard il avait franchi les lignes prussiennes, et prenait l'express pour Tours, où il comptait se mettre à la disposition de la délégation.

On manquait d'officiers à cette époque; il fallait, comme l'on dit, reformer des cadres, et tout ce qui venait de Metz devait être parfaitement accueilli.

En moins de temps qu'il ne faut pour l'écrire, Villeron passa, de chef de bataillon, colonel, et il prit part, en cette qualité, à toutes les batailles du Centre et de l'Ouest.

Si M. Gambetta n'avait fait que des choix de ce genre, on ne lui aurait pas reproché si amèrement sa dictature.

Telle était la vie accidentée de cet homme qui, parti simple apprenti du faubourg Antoine, était arrivé à force de travail, de zèle, de courage, à l'un des premiers grades de l'armée.

Dans sa modestie, il en était tout surpris lui-même, et comme il le disait souvent à ses camarades, lorsqu'il se voyait passer dans une glace avec ses galons et ses décorations, c'est à peine s'il se reconnaissait.

Il en était surpris, mais il en était fier.

La première fois qu'il posa ses épaulettes de colonel sur son uniforme, il éprouva une sorte de mouvement d'orgueil.

Et il songea à ses amis de Paris, à ses camarades de la rue de Charenton, aux ouvriers qu'il avait laissés à l'atelier.

Avec quelle joie ne leur eût-il pas serré la

main, avec quelle émotion ne leur eût-il pas raconté les actions d'éclat qui lui avaient valu et son grade et sa croix !

Aussi, quand l'armistice eut ouvert Paris à la province, sa première pensée fut-elle d'y accourir. Nous avons vu le stratagème qu'il avait employé pour y pénétrer avec son uniforme, et comment, au lieu d'être reçu par M. Carpentier, il était allé s'échouer dans l'hôtel d'une ancienne amie.

La soirée passa comme un rêve...

La jeune femme, qu'elle s'appelât Lucy ou Georgette, était ravissante de tout point, et l'on eût pu croire, à l'effusion de sa tendresse, qu'elle s'était sincèrement reprise d'un regain d'amour.

Après tout, cela était peut-être.

Villeron rappelait à Georgette les plus belles et les plus heureuses années de sa vie, et elle ne pouvait se soustraire complétement à la fascination de pareils souvenirs.

Minuit venait de sonner sans qu'ils se fussent aperçus du temps qui s'écoulait...

Villeron était accoudé à la fenêtre, ouverte malgré l'air vif de la nuit, et il roulait une dixième cigarette entre ses doigts, pendant que Georgette lui préparait une allumette.

A ce moment, le colonel aperçoit une silhouette humaine qui découpait son ombre sur le mur de l'hôtel voisin.

La silhouette marcha quelque temps le long des allées, puis elle finit par franchir le seuil d'une porte percée dans un mur mitoyen avec celui de l'hôtel de Georgette.

Villeron regarda cette dernière, et il crut s'apercevoir qu'elle avait pâli.

— Oh ! oh ! dit-il en souriant, voilà une porte de communication qui dévoile bien des choses.

— Tu crois ? dit Georgette en faisant une petite moue.

— Est-ce que j'aurais pris la place de quelqu'un ?

— La place appartient à qui je la donne, répliqua la jeune femme ; et cela ne doit pas t'inquiéter.

— Vraiment ?

— Seulement, l'homme que tu viens de voir pénétrer dans le jardin est un ami auquel j'ai certaines obligations.

— Eh bien ?

— Il va venir dans quelques minutes.

— Faut-il que je m'en aille ?

— Je veux que tu restes, au contraire.

— Mais ma position est ridicule...

— T'es bête...! Je te répète que cet homme ne m'est rien de rien...

— Et cependant tu le reçois à minuit.

— Oui.

— Pour quoi faire ?

Georgette haussa les épaules et ne répondit pas.

— Au surplus, continua Villeron, c'est lui, et non pas moi, qui aurait le droit de se montrer susceptible, et puisque tu veux que j'assiste à votre entretien, donne-moi préalablement sur son compte tous les renseignements qui peuvent m'éclairer. Voyons : c'est de chez lui qu'il sort à cette heure ?

— Précisément.

— L'hôtel me parait bien ; seulement, je ne sais pourquoi, mais je lui trouve un aspect sinistre.

— On l'aurait à moins.

— Que veux-tu dire ?

— Je veux dire qu'il s'est commis, il y a quelques années, dans cet hôtel même, un crime des plus épouvantables.

Villeron fit un soubresaut.

— Un crime ! répéta-t-il en passant rapidement la main sur son front. Attends donc : nous sommes ici rue du Rocher, n'est-ce pas ?

— En effet...

— C'est cela... je me rappelle... et si mes souvenirs sont fidèles, c'est dans cet hôtel, que M<sup>me</sup> Multon...

— Tu y es !

— Villeron eut un mouvemeut nerveux et

il secoua le front, comme pour chasser un souvenir importun.

— Et le propriétaire actuel, reprit-il presque aussitôt, a-t-il connaissance du crime qui a été commis en cet endroit?

— Parfaitement.

— Il est jeune?

— Trente-cinq ans.

— Comment s'appelle-t-il?

— Gilbert Dumesnil...

Villeron allait continuer ses questions.

Georgette mit un doigt sur ses lèvres.

— Chut! fit-elle en même temps... j'entends son pas..., le voici!

Elle n'avait pas achevé, que l'on frappait à la porte.

— Entrez! dit la jeune femme.

La porte s'ouvrit et Robert Linley entra.

A sa vue, le colonel se prit à tressaillir.

— Voilà qui est étrange! balbutia-t-il à part lui.

Ces traits ne me sont pas inconnus; j'ai vu cet homme quelque part. Mais en quel lieu, et dans quelle circonstance?

Cependant Robert s'était avancé le visage souriant et la main tendue vers le colonel.

Et, au moment où il n'était plus qu'à quelques pas, Villeron jeta un cri de stupéfaction.

Il venait de se rappeler...!

L'homme qu'il avait devant les yeux n'était autre que celui qui l'avait sauvé des Prussiens, au bourg de l'Epervier.

IV

**Proposition**

— Ah ! vous me reconnaissez? fit Robert en prenant la main de Villeron.

— Et je m'en veux d'avoir hésité à le faire, répliqua le colonel; après le service que vous m'avez rendu...

— Bah! vous en auriez fait autant à ma place.

— Cela n'ôte rien au mérite de votre action.

— Soit.

— Seulement, il y a une chose que je me suis demandée bien souvent depuis et que je n'ai pas encore pu comprendre.

— Quelle chose?

— C'est l'intérêt qui vous a poussé à me prévenir du danger que je courais.

— N'est-ce pas naturel?

— Si l'on veut... Vous ne me connaissiez pas. J'étais pour vous un simple étranger.

— Croyez-vous, colonel?

— Dame, pour mon compte, c'est la seconde fois que je vous vois.

Robert eut un sourire équivoque,

— En effet, répondit-il peu après, nous suivons, l'un et l'autre deux routes bien différentes; mais si je vous ai été inconnu jusqu'au moment où le hasard nous a mis en présence l'un de l'autre, votre nom, du moins, était venu jusqu'à moi, et vos amis m'avaient souvent parlé de vous.

— Mes amis?...

— N'en avez-vous pas?

— J'en ai beaucoup, au contraire, et je cherche...

— J'ai des relations nombreuses, actives, avec les ouvriers du faubourg Saint-Antoine, Mathon, Jacques Morion, M. Carpentier lui-même, et plus d'une fois...

— Qu'êtes-vous donc?

— Ingénieur.

— Et vous me connaissiez au moment où vous êtes venu à mon aide?

— Je savais que vous étiez un homme intelligent, résolu. Le courage que vous aviez déployé dans votre fuite m'assurait de la solidité de votre caractère. J'aime les hommes d'action et d'audace, et je m'étais dit, dès ce jour-là, que, le moment venu, vous pourriez rendre au parti qui vous compterait dans ses rangs de réels, d'immenses services, Villeron redressa le front à ces paroles, et son regard s'attacha avec ardeur sur le visage de son interlocuteur.

— Vaguement, il comprenait que cet homme n'était pas le premier venu, et que ces qualités qu'il recherchait chez les autres, il les avait en lui, développées à un haut degré.

— En même temps que ce sentiment se faisait jour dans son esprit, une sorte de défiance l'envahissait à son insu, et, en dépit de ses efforts, il se sentait disposé à la réserve.

— Vous parlez avec une bienveillante exagération, répondit-il, de ce que j'ai tenté pour m'échapper de Metz et passer à travers les lignes ennemies; j'ai fait jusqu'ici assez bon marché de ma vie quand il s'est agi de servir mon pays, et je suis prêt à lui donner tout mon sang jusqu'à la dernière goutte, le jour où il le demandera.

— C'est ce que je pensais.

— Toutefois, à vrai dire, vos paroles me semblent un peu obscures.

— Comment?

— Je ne saisis pas bien ce que vous entendez par le « parti qui pourrait me compter dans ses rangs, » et je cherche quels services particuliers je serais capable de rendre.

— Vous ne comprenez pas?

— Pas le moins du monde.

— Désirez-vous que je m'explique plus clairement?

— J'avoue que cela me ferait plaisir.

— Eh bien, écoutez-moi donc, colonel; ce que j'ai à vous confier est fort grave; ce que j'ai à vous proposer est décisif. J'espère que vous me saurez gré d'avoir été explicite.

En parlant de la sorte, Robert prit un siége et vint s'asseoir auprès du colonel.

Ce dernier ne revenait pas de sa surprise,

toutes ses appréhensions se justifiaient, et il n'était pas éloigné de croire que le rendez-vous donné par Georgette n'avait été qu'un moyen adroit de l'amener à cet entretien.

Sa curiosité était donc vivement excitée.

— Bien que vous ne soyez à Paris que depuis quelques heures, reprit Robert au bout d'un instant, vous n'ignorez pas ce qui s'y passe, et vous devez savoir dans quelle situation d'esprit se trouve la population.

— Oui, on m'a parlé de cela en route, répondit Villeron ; à Paris, vous n'êtes jamais contents; une révolution chasse l'autre, comme on dit, et malgré la présence des Prussiens, sans tenir aucun compte des désastres du pays, on prétend que nous sommes à la veille de nouvelles émeutes.

— Oh ! ce sera mieux qu'une émeute.

— Une révolution?

— Précisément,

— Pour quoi faire?

Robert regarda Villeron en face .

— Colonel, dit-il d'un ton ferme et décidé, êtes-vous ambitieux?

— Sans doute.

— Voulez-vous que demain vos rêves d'avancement les plus insensés deviennent des réalités?

— Qu'est-ce à dire?...

— Répondez, le voulez-vous?

Villeron se contenta de sourire.

— Encore, répondit-il d'un ton insinuant, faudrait-il savoir de quoi il s'agit.

— Si demain ou vous faisait général? insista Robert.

— Moi !

— Si l'on vous remettait le commandement de toutes les forces de la capitale?

— Est-ce possible ?

— Si l'on vous faisait une de ces positions exceptionnelles qui défient toute équivalence, quelque chose comme une dictature, enfin?...

— Ah ça, vous devenez fou, monsieur; et pourquoi, et qui m'offrirait tout cela? est-ce que l'Assemblé de Versailles est dissoute?

— Avant huit jours, il n'y aura plus d'Assemblée.

— Qui l'aura chassée?

— Nous?

— Et que mettrez-vous à sa place?

— La commune !

Villeron approuva du geste.

— Bien! bien! dit-il, je commence à comprendre.

— Et vous acceptez?

— Laissez-moi récapituler... vous allez faire une révolution, n'est-ce pas?

— C'est cela,

— Vous avez les gardes nationaux fédérés, tous les débris des corps francs de province... et des chassepots... et des canons... que sais-je encore? Et avec tout cela vous voulez engager la lutte contre Versailles !

— Nous triompherons !

— Peut-être. Seulement vous manquez de chefs militaires.

— Voilà.

— Et vous vous êtes dit : Auguste Villeron est un ancien ouvrier. Il a gagné tous ses grades sur les champs de bataille. Il est connu, aimé, estimé; si nous pouvions l'attirer dans notre parti, cela serait d'un bon effet, et pourrait en entraîner d'autres.

— Eh bien?...

Villeron se leva.

— Eh bien! monsieur, dit-il d'une voix éclatante, ou vous êtes un insensé, ou vous êtes un misérable coquin.

— Colonel !

— Dans les deux cas, vous mériteriez une leçon que je n'aurais pas manqué de vous donner, si l'on n'avait toujours tort de se commettre avec des drôles de votre espèce.

— Ah ! vous me rendrez raison.

Le colonel haussa les épaules avec le plus souverain dédain, et se tournant vers Georgette qui était restée interdite et muette :

— On t'a fait jouer un bien vilain rôle, dit-il, mais tu n'en savais rien, et je ne t'en veux pas. Seulement, prends garde à toi, mon enfant, tu es entre les mains de bien viles canailles qui te mèneront plus loin que tu ne penses. Ouvre l'œil et veille au grain !

Puis il gagna la porte, descendit l'escalier, et se dirigea vers la rue. .

Mais il n'avait pas fait vingt pas, que deux hommes l'abordaient brusquement, l'un devant, l'autre derrière.

Villeron porta vivement la main à sa poche et en tira un poignard qu'il ne quittait jamais.


## VII

### Latude ou Trente-Cinq ans de captivité

— Oh ! oh ! dit-il avec enjouement et sans rien perdre de son sang-froid, tentative de corruption compliquée de guet-apens, ça peut vous mener loin; voyons, que me voulez-vous, messieurs. des carrières d'Amérique?

Pour toute réponse, l'un des deux hommes lui avait pris les deux bras, tandis que l'autre s'empressait de le garrotter.

Cela fut fait en moins de temps qu'il n'en faut pour l'écrire.

Villeron commença à réfléchir sérieusement.

Il était évident que le guet-apens dont il était victime avait été ordonné par Robert Linley, qui voulait ainsi le mettre dans l'impossibilité de trahir les confidences dont il l'avait honoré.

Mais jusqu'où devait-il pousser la rigueur et quel sort momentané lui réservait-on?...

Il ne fut pas long à être fixé sur ces deux points.

En effet, à peine les deux hommes l'eurent-ils garrotté, qu'un colloque instructif s'établit entre eux.

— Ah çà, dit l'un, qu'est-ce que nous allons faire de celui-ci et où le conduirons-nous?

— Pardieu! répondit l'autre, c'est donc bien malin? Est-ce qu'il n'y a pas une cave pour le dépôt provisoire?

— Faut donc le mettre avec l'autre?

— Précisément! ils s'ennuieront moins, étant en conpagnie,

— Alors, allons-y.

Villeron se laissa faire.

Il comprenait qu'il n'y avait pas à opposer de résistance pour le moment, et quand les deux hommes se mirent en marche, il les suivit avec soumission.

Ils rentrèrent dans la cour de l'hôtel.

Mais, au lieu de pénétrer dans le rez-de-chaussée, ils tournèrent la cour, traversèrent le jardin, et gagnèrent le parc de l'hôtel voisin.

Il faisait nuit noire.

A travers les vitres de l'hôtel, quelques rayons de lumière filtraient seulement, et traçaient de faibles sillons dans l'ombre.

En passant près du mur, Villeron remarqua une croix rouge sur fond blanc.

On avait transformé l'hôtel en ambulance.

Quelques minutes après, ils atteignaient une porte basse que l'un des hommes poussait, et s'engageaient dans un escalier étroit, raide et sans rampe:

Quelque chose comme une oubliette.

Villeron, nous l'avons dit, était un Parisien pur sang.

Etant apprenti, il avait fréquenté tous les théâtres des boulevards de Paris, et tous les drames lui étaient familiers.

Au nombre des souvenirs dramatiques qui l'avaient le plus frappé, il y en avait un dont l'impression était restée en lui, profonde et ineffaçable:

*Latude ou Trente-Cinq ans de captivité.*

Il connaissait l'histoire lamentable de ce prisonnier célèbre, depuis le prologue, qui se passe à Trianon, jusqu'au tableau non moins illustre, où le malheureux tente de s'évader de la Bastille à l'aide d'une échelle de corde.

En descendant les premiers dégrés de l'escalier qui devait le conduire à son cachot, ces souvenirs lui revinrent plus vivants à la mémoire.

Et il compta les marches.

Tous les prisonniers auxquels on fait descendre un escalier comptent scrupuleusement les marches.

C'est classique.

Villeron en compta trente.

C'était peu!

Le souterrain n'était probablement qu'une honnête et simple cave.

Une fois l'escalier descendu, on s'engagea dans un couloir tortueux et sombre.

Enfin, ils arrivèrent à une porte bardée de fer, devant laquelle ils s'arrêtèrent.

Un des hommes avait allumé une bougie, il introduisit une clef dans la serrure, et quand la porte se fut ouverte, il poussa Villeron à l'intérieur.

— Et maintenant, dit-il d'un ton brusque, attendez là qu'on vienne vous chercher.

Villeron entendit la clef tourner à plusieurs reprises dans la serrure.

Puis les hommes s'éloignèrent et le silence se fit de nouveau.

Villeron resta, tout d'abord, quelques minutes un peu abasourdi de l'aventure, et se demandant avec une certaine inquiétude ce qu'il allait devenir.

Il était séquestré, violemment séparé du monde des vivants, sans moyen de communication avec le dehors, presque certain d'avance que nul au monde ne s'inquiéterait de sa disparition.

Que faire?... que tenter?... qu'espérer?...

Il en était là, quand il crut entendre du bruit à quelques pas de lui

Il tressaillit,

Puis il se rappela.

Les deux hommes qui l'avaient conduit dans ce cachot avaient parlé d'un autre prisonnier.

Ce qui remuait à côté de lui, c'était évidemment ce prisonnier.

Il se tourna dans la direction du bruit qu'il venait d'entendre.

— Ah çà, dit-il d'un ton résolu, il paraît que la cave est habitée.

— En effet, monsieur, répondit une voix jeune et décidée.

— Vous êtes prisonnier?

— Depuis quelques heures.

— Et à qui ou à quoi devez-vous cette attention délicate?

— Oh! il serait bien long de vous raconter les motifs de la violence dont je suis victime; quant à la personne à qui j'en suis redevable, elle se nomme Robert Linley.

— Tiens! comme moi.

Il y eut un silence.

C'était une singulière position que celle de ces deux hommes se rencontrant sans se connaitre, entamant dans l'obscurité une conversation aussi intéressante sans s'être jamais vus.

Villeron, qui était un esprit net et pratique, résolut de dégager tout d'abord la situation de ce qu'elle avait d'embarrassé et de gênant.

— Voyons! dit-il, puisque notre sort est commun, il faut essayer de nous entendre pour sortir d'ici le plus tôt possible.

— Je ne demande pas mieux.

— Au timbre de votre voix, il me semble que vous êtes jeune?

— J'ai vingt-sept ans.

— C'est parfait... Et vigoureux?

— Je l'étais il y a quelques mois; mais depuis que j'ai été blessé...

— Hein! blessé! Quand cela?

— A Montretout.

— Vous êtes donc soldat?

— Sergent.

— Et comment vous trouvez-vous ici?

— J'avais été soigné à l'ambulance établie dans cet hôtel.

— Eh bien?

— Eh bien! ce matin, le Robert dont je vous parlais a voulu m'obliger à servir la révolution qui se prépare.

— Et vous avez refusé?

— Energiquement.

— Et alors...?

— Alors on m'a garrotté... et deux hommes m'ont jeté dans cette cave.

— Bien! bien! dit Villeron, vous êtes un brave soldat... et un honnête homme. Voulez-vous me faire un plaisir?

— Tout ce que vous voudrez.

— Approchez donc, mon ami, et tendez-moi votre main, afin que je la serre avec effusion.

— Monsieur...

— Appelez-moi colonel, ça vous donnera peut-être confiance.

— Colonel!

Et, dans l'ombre, les deux hommes se rencontrèrent et se serrèrent la main.

Quand le moment d'effusion fut passé, le colonel reprit :

— Un mot encore, dit-il, avant de songer aux moyens d'évasion.

— Parlez, colonel.

— Vous m'avez dit que vous aviez vingt-sept ans, que vous étiez sergent; il me reste une chose à savoir.

— Laquelle?

— Votre nom.

— Oh! un nom obscur, colonel.

— N'importe! je veux le connaitre, pour ne pas l'oublier.

— Eh bien, je m'appelle Maurice Bernard, colonel, et avant d'être soldat, j'étais ouvrier.

Villeron jeta un cri.

— Maurice! répéta-t-il, Maurice Bernard!

Elle courut devant elle, les yeux hagards, les cheveux épars.

dites-vous; mais alors vous êtes le fils du médecin de Varennes?

— C'est cela!

— L'excellent homme que nous aimions tous comme un père!

— Vous le connaissez?

— Parbleu!

— Eh! qui êtes-vous donc vous-même, colonel? de quel nom dois-je vous appeler?

— Moi, mon cher ami, j'ai été comme vous ouvrier de M. Carpentier, et je m'appelle Auguste Villeron. Mais voyons, voyons, nous avons fait suffisamment connaissance Je sais qui vous êtes et vous savez qui je suis; nous pouvons avoir l'un dans l'autre une absolue confiance; maintenant il faut agir sans perdre de temps.

— C'est, en effet, ce que nous avons de mieux à faire; mais quel moyen?

— Cherchons.

— Je n'en vois aucun.

— Nous sommes enfermés ici, entre quatre murs, à trente pieds sous terre. La porte de notre cave est solide, mais la serrure est peu compliquée; n'avez-vous pas sur vous quelque outil dont on pourrait tirer parti?

— Je sors de l'ambulance, colonel, et ils ne m'ont rien laissé dont je puisse...

— C'est juste; au moins connaissez-vous les êtres...?

— Fort peu.

— L'entrée donne rue du Rocher.

— Oui.

— N'y a-t-il pas quelque dégagement par derrière?

— Je le crois.

— Si cela est, cette cave où nous sommes doit communiquer avec certains terrains vagues qui appartiennent au chemin de fer.

— Vous avez raison.

— Alors, c'est de ce côté qu'il faut creuser; c'est dans cette direction qu'il importe de commencer nos travaux.

— Quels travaux?

Le colonel fit entendre un ricanement moqueur.

— Bon! dit-il, je vois ce que c'est... Vous êtes un rêveur... vous n'avez pas l'esprit inventif... A la place de Latude, vous n'auriez jamais tenté la moindre évasion.

— Mais, colonel, je me permettrai de vous faire observer que l'on n'a pas déposé exprès pour nous, dans la cave où nous nous trouvons, les objets propres à favoriser la tentative que vous rêvez.

— Et où serait le mérite? répliqua Villeron. Si l'on ne nous a pas préparé les outils nécessaires, il faut les créer.

— Comment?

— Attendez, laissez-moi faire, et vous allez voir.

Et l'ex-apprenti du faubourg Antoine se mit à faire le tour de la cave, les bras jetés en avant et les mains ouvertes, prêtes à saisir le moindre objet qu'elles rencontreraient.

Ce ne fut pas long.

Au bout de trois minutes, il poussait une exclamation de joie.

— Que vous disais-je? s'écria-t-il.

— Qu'y a-t-il? demanda Maurice.

— Il y a, mon jeune ami, que mes prévisions se vérifient.

— Vous avez trouvé une issue?

— J'ai trouvé de quoi en faire une.

— Qu'est-ce donc?

— Approchez et touchez vous-même.

Maurice obéit et ses mains s'arrêtèrent sur une énorme barre de fer scellée au mur.

— Eh bien! fit le colonel d'un ton triomphant.

— Eh bien, répondit Maurice, je sens une barre de fer qui peut devenir, en effet, un outil fort utile; mais elle est scellée dans le mur, et il me parait...

— Assez! assez! interrompit Villeron. Accrochez-vous immédiatement à la barre, et pendant que je vais m'arc-bouter moi-même, vous tirerez de toutes vos forces de votre côté: c'est bien le diable si à nous deux...

Ils se mirent à l'œuvre sans échanger une parole de plus; la pesée dura dix minutes au moins dans les conditions indiquées, et avec des intermittences d'imprécations et de jurons énergiques.

Puis, au bout de ces dix minutes, un craquement se fit dans le mur, la pierre éclata en mille morceaux, et Maurice et le colonel roulèrent sur le sol, tenant chacun un tronçon de la barre de fer.

Villeron se releva le premier en riant aux éclats.

— Ça n'est pas plus malin que ça! dit-il en brandissant son arme. Nous voici munis chacun d'un pic, et nous pouvons commencer... N'avais-je pas raison d'avoir confiance?

— Si fait, colonel!

— A l'œuvre, alors! à l'œuvre, jeune homme! et ne ménageons pas nos forces.

Les deux hommes se mirent aussitôt à la besogne, et c'est avec une sorte de furie qu'ils attaquèrent la partie de la muraille opposée à la porte d'entrée.

La première vacation fut longue, sans que l'ardeur déployée en cette occasion par les deux prisonniers amenât le résultat qu'ils étaient peut-être en droit d'en attendre.

La pierre était dure et résistait.

Le pic l'avait à peine entamée de quelques centimètres, et déjà nos travailleurs sentaient la fatigue les gagner.

— Diable! fit Villeron, un peu déconcerté; je crois que ce sera plus difficile que je ne l'avais imaginé d'abord.

— Est-ce que vous renoncez déjà, colonel? objecta Maurice.

— Pas le moins du monde. Seulement, ce sera long, voilà tout!

— Qu'importe?

— Il importe beaucoup... au contraire.

— Ce que nous ne ferons pas cette nuit, nous le ferons demain.

— Oui, ou après-demain, n'est-ce pas?

— Sans doute.

— Et d'ici là, il se passera quarante-huit ou soixante heures, pendant lesquelles je me demande si nous nous ferons servir de chez Véfour ou de chez Brébant.

Maurice planta son pic en terre.

— Voilà encore une chose à laquelle je ne pensais pas, dit-il en devenant rêveur.

— Il faut penser à tout! dit le colonel.

— Mais si l'on ne vient à notre secours, nous sommes menacés de mourir de faim.

— Et rien que cette idée me donne de l'appétit!

Il y eut un moment de silence.

Le colonel réfléchissait.

— Certes, dit-il au bout d'un instant, je ne pense pas que ce Robert ait l'intention de nous traiter avec cette barbarie; mais au milieu des complications qui peuvent naître, qui sait s'il se rappellera ce qu'il a fait cette nuit?

Maurice s'était rapproché :

— Colonel, interrompit-il tout à coup, voulez-vous me permettre une observation?

— Parlez, mon ami, dit Villeron.

— Eh bien! il me semble qu'en attaquant le mur tout à l'heure, nous avons fait fausse route.

— Que vouliez-vous donc attaquer?

— La porte!... La serrure, avez-vous dit, en est peu compliquée. Un bon coup de pic nous en rendrait raison, et ma foi, une fois sortis d'ici, armés comme nous le sommes...

Villeron serra la main du jeune homme.

— Vous avez raison mille fois, dit-il avec effusion; c'est là qu'est le salut, en effet, et cette perspective va me rendre toute ma résolution.

— A l'œuvre, alors!

— A l'œuvre, à l'œuvre! et allons-y d'ensemble! comme on disait autrefois à l'atelier.

Les deux prisonniers se mirent en demeure d'entamer la porte, comme naguère ils avaient entamé la muraille.

Mais au moment où le colonel s'apprêtait à lancer son pic, il s'arrêta court, et son bras s'étendit vers Maurice.

— Qu'avez-vous, colonel? demanda ce dernier.

— N'entendez-vous pas? répondit Villeron.

— Quoi donc?

— Des pas furtifs... dans le couloir qui longe notre prison... Le diable m'enlève! on dirait qu'ils s'arrêtent ici.

Le colonel achevait à peine, que plusieurs coups retentirent contre la porte.

— Monsieur Maurice, êtes-vous là? demanda en même temps une voix de femme.

## VIII

### Tentative d'évasion

— C'est Jeanne... Silence! fit Maurice à voix basse en se penchant vers le colonel.

— Qui ça, Jeanne? demanda Villeron.

— Jeanne Morion...

— Elle est ici!

— Oui. Pendant le siége elle s'était faite infirmière; elle a pu ainsi nourrir son enfant et se nourrir elle-même. C'est elle... Qui sait? peut-être nous apporte-t-elle le salut.

— Parlez-lui, en ce cas, et hâtez-vous!

Maurice s'était approché de la porte :

— Est-ce toi, Jeanne? demanda-t-il à voix basse.

— Oui, monsieur Maurice, répondit la jeune femme. Est-ce que vous ne seriez pas seul?

— Tu as deviné. Depuis quelques heures on m'a envoyé un compagnon.

— Quel contre-temps!

— Pourquoi?

— Je venais pour tenter de vous délivrer.

— Eh bien?

— Eh bien, ce qui était facile quand il s'agissait d'un prisonnier devient impossible s'il y en a deux.

Villeron prit brusquement la place de Maurice.

— Qu'à cela ne tienne, interrompit-il; M. Maurice est le premier en date, et c'est à lui qu'il faut songer tout d'abord; quant à moi, vous verrez après ce que vous pourrez faire.

— Alors, c'est convenu? demanda encore Jeanne.

— C'est convenu, répondit Villeron.

— En ce cas, je vais jeter un dernier coup d'œil au fond du couloir et je reviens, ne bougez pas.

Et la jeune femme s'éloigna en toute hâte.

Pendant qu'elle s'éloignait, Villeron avait saisi la main de Maurice.

— Ecoutez-moi maintenant, lui dit-il d'un ton grave et quelque peu solennel, l'instant est critique, et je crois que, sans en avoir l'air, nous jouons bel et bien notre peau... Vous allez partir le premier.

— Mais, colonel...

— Vous allez partir, je le répète, j'y tiens, je le veux ; seulement, comme il est possible que, de nous deux, vous seul réussissiez à vous échapper, avant que nous nous séparions, j'ai un service à vous demander.

— Parlez! parlez!

— Me promettez-vous de me rendre ce service?

— Ah! sur ma vie, je le jure?

— Merci.

— De quoi s'agit-il?

— Si vous êtes libre et que je reste pris; si, pour être plus clair, dans vingt-quatre heures, à partir de ce moment, je ne suis pas rentré faubourg Saint-Antoine, n° 225, vous irez trouver M. Carpentier et M<sup>lle</sup> Berthe sa fille.

— Berthe! fit Maurice avec un cri.

— Ne m'interrompez pas. M<sup>lle</sup> Berthe est une délicieuse enfant qui a bien voulu me témoigner quelque intérêt pendant la dernière campagne, et tout mon sang suffira à peine à payer la dette de reconnaissance que j'ai contractée envers elle.

— Vous en parlez avec bien de la chaleur, colonel, objecta Maurice sur un ton où il y avait peut-être un peu d'aigreur.

— J'en parle comme il me convient, jeune homme, et cela d'ailleurs importe peu. Vous irez donc trouver M<sup>lle</sup> Berthe Carpentier.

— Je n'y manquerai pas.

— Vous lui raconterez ce qui s'est passé ici cette nuit.

— Je vous le promets.

— Les dangers que nous avons courus.

— Bien.

— La manière dont vous vous êtes sauvé.

— Je le lui dirai.

— Enfin... les craintes que vous pourrez avoir à ce moment sur mon retour prochain. Tout cela peut être puéril ! monsieur, je ne m'en défends point, mais je tiens à ce que M<sup>lle</sup> Berthe sache qu'à l'heure où vous m'avez quitté, son souvenir était présent à ma mémoire. Vous comprenez ?

— Parfaitement.

— Et vous ferez ce que je vous demande ?

— J'ai promis, colonel, et vous pouvez compter sur ma parole.

Maurice n'eut pas le temps d'en dire davantage. Jeanne venait d'arriver, elle avait fait jouer le pène de la serrure et la porte s'était ouverte.

— Maurice ! appela-t-elle en même temps.

— Voilà, répondit le jeune homme.

Et, se tournant vers Villeron, il ajouta :

— A bientôt, colonel, et croyez que, quoi qu'il arrive, si demain je suis sain et sauf et que je ne vous aie pas revu, rien ne pourra m'empêcher de venir vous délivrer.

— Au revoir donc, mon jeune ami ! dit Villeron.

— Au revoir, au revoir ! répondit Maurice, entraîné aussitôt par Jeanne.

Le colonel demeura seul.

La porte était restée ouverte, — Jeanne avait oublié de la fermer, — et un moment l'idée lui vint de profiter de cet oubli, pour prendre la clef des champs.

Mais où aller ? comment se diriger à travers les ténèbres épaisses ? pourquoi s'exposer à donner l'éveil à ses ennemis, quand la chance s'offrait à lui d'être délivré par Jeanne ?

Il attendit l'œil ouvert et l'oreille tendue...

Cela dura quelque temps.

Le plus profond silence continuait de l'envelopper ; aucun bruit, nul murmure ne venait jusqu'à lui.

Tout à coup il se prit à tressaillir.

On venait de son côté.

C'était bien le pas de Jeanne. Une fois même il crut entendre prononcer son nom.

Enfin, la jeune femme arriva essoufflée au seuil de la porte.

— Venez ! venez ! dit-elle d'une voix défaillante, ne perdons pas une seconde !

— Mais tu ne cours aucun danger toi-même ? interrogea le colonel.

— Eh ! qu'importent les dangers que je cours ? répliqua impétueusement la jeune femme. Pour vous sauver, il n'y a point de périls que je ne sois prête à affronter.

— Tu me connais donc ?

— Oui ! Maurice m'a tout dit... Un ami de mon père, un protecteur de mon enfance. Venez ! venez ! vous dis-je, n'attendez pas que les misérables reviennent.

Elle prit, en parlant ainsi, la main de Villeron avec autorité et l'entraîna à travers la voie souterraine comme elle avait entraîné Maurice.

Ils marchèrent quelques minutes sans parler, puis le colonel rompit le silence :

— Pauvre et chère Jeanne ! dit-il d'un ton affectueux et doux, que d'actions de grâce ne te devrai-je pas pour ce que tu fais en ce moment ! Ce n'est pas d'aujourd'hui que je connais ton bon cœur. Je t'ai vue toute petite, je t'ai fait danser sur mes genoux ; tu étais jolie à croquer déjà à cette époque, et douce, caressante, pure.

Jeanne écoutait sans répondre. Seulement, de temps en temps un soupir s'échappait comme un sanglot de sa poitrine.

— Tu ne dis rien ? fit Villeron en s'arrêtant ; est-ce que par hasard je serais assez malheureux pour n'avoir laissé aucun souvenir dans ton esprit?

— Oh ! taisez-vous, taisez-vous, monsieur Auguste ! répondit Jeanne, ne me rappelez pas cette époque de ma vie. C'est mon remords, c'est ma honte... Si vous saviez !

— Quoi donc?

— Rien; venez, ne me parlez plus, et prenons garde surtout.

Jeanne n'avait pas achevé ces mots, qu'elle s'arrêtait glacée.

— Qu'y a-t-il? fit Villeron.

— Ce sont eux, répondit la jeune femme.

— Qui cela?

— Mathon sans doute, avec les autres.

— Ils me poursuivent?

— Oui.

— Et y a-t-il un moyen de leur échapper.

— Un seul.

— C'est celui-là qu'il faut prendre,

— Vous avez raison.

Jeanne fit quelques pas encore, puis elle s'arrêta de nouveau.

— Il y a là, à vos pieds, dit-elle alors, un bassin qui a à peine quelques pieds de profondeur. Hâtez-vous de vous y jeter, et cachez-vous-y de votre mieux...

— Mais s'ils me découvrent?

— Je me charge de détourner leurs soupçons.

— Comment?

— Les voici. Si vous tenez à la vie, faites ce que je vous dis.

Villeron n'hésita plus.

Et quand Mathon accourut, suivi de quelques hommes portant des torches, il ne trouva que Jeanne, qui avait fait une vingtaine de pas au-devant de lui.

Une épouvantable expression de haine sauvage contracta ses traits qui devinrent hideux.

## IX

### Un moyen de Robert

— Enfin ! s'écria-t-il d'un accent féroce, enfin nous te prenons en flagrant délit et tu ne pourras pas nier l'aide que tu viens de donner aux deux prisonniers.

— Et qui vous dit que je cherche à nier? répliqua Jeanne d'un ton sec et méprisant.

— Tu avoues donc?

— Sans doute.

— C'est toi qui leur as ouvert la porte?

— C'est moi !

— C'est toi qui leur as montré le chemin?

— Toujours moi !

— Et tu n'as pas craint le châtiment que tu allais t'attirer?

— Je ne crains rien, répondit Jeanne; et je sais, d'ailleurs, ce à quoi je puis m'attendre de la part de misérables tels que vous.

— Ah ! malheureuse !

Mathon leva le bras avec fureur et il allait frapper la pauvre femme, quand il se sentit arrêté par une main vigoureuse

Il se retourna exaspéré.

Robert Linley était derrière lui.

— Robert ! murmura Jeanne d'une voix défaillante.

— Que venez-vous faire ici? pourquoi me retenez-vous? demanda Mathon d'un ton farouche.

— Je te défends de toucher à cette femme, répondit Robert avec autorité.

— Vous ne savez donc pas ce qu'elle a fait?

— Qu'importe?

— Il y avait là deux hommes dangereux dont nous voulions nous assurer, pour les mettre dans l'impossibilité de trahir, et cette femme les a délivrés.

— Est-ce vrai cela ? fit Robert en s'adressant à Jeanne.

Celle-ci était plus morte que vive, mais une résolution suprême l'animait en ce moment, et elle ne devait plus se laisser effrayer.

D'ailleurs, elle avait son projet, et elle voulait, à tout prix, le mettre à exécution.

— Oui, c'est vrai, répondit-elle avec assurance ; l'un de ces deux hommes était le fils du docteur Bernard, et la reconnaissance me faisait un devoir de le sauver ; quant à l'autre, c'était un ami d'enfance, et ce serait à recommencer que je n'hésiterais pas.

— Et tous les deux sont partis ? interrogea Linley.

— Tous les deux, répondit Jeanne. Il y a au bout de cette galerie, au fond du couloir de droite, à cinq cents pas environ, une issue que j'ai découverte il y a quelques jours. Cette issue donne sur les terrains vagues du chemin de fer. Il y avait dix pieds à peine à sauter, et Maurice et Villeron n'ont pas hésité.

Mathon fit entendre un grognement ; mais, encore une fois, la malheureuse fille fut protégée par Robert.

— Non, dit-il, je n'entends pas qu'il lui soit fait aucun mal ; elle a été imprudente, elle a compromis peut-être nos intérêts les plus graves ; mais le mal est fait, et il n'y a plus rien à dire. Laissez-la donc libre, qu'elle retourne à l'ambulance, et je me charge désormais de veiller moi-même sur elle.

Et, sur un geste de Robert, les hommes s'éloignèrent, ainsi que Jeanne.

Seul, Mathon était resté, retenu par une injonction de Linley, faite à voix rapide et basse.

— Vous voulez me parler ? dit alors l'examineur sur un ton brusque et mécontent.

— Oui, je veux te parler, répondit Robert, parce que ce qui vient de se passer m'ouvre les yeux et me donne à réfléchir.

— Il est bien temps !

— Il est toujours temps de bien faire. Cette Jeanne est une créature dangereuse.

— Ah ! vous en convenez ?

— Pour un mot, sans le savoir, inconsciemment, elle nous trahirait tous.

— Pardieu !

— Il faut la mettre dans l'impuissance de nous nuire à tout jamais !

— Ah ! ah !

— Tu comprends ?

— A merveille !

— J'ai un moyen, fit Robert.

— Moi aussi, riposta Mathon, et je gage bien que le mien est le meilleur.

— Quel est-il ?

— C'te bêtise ! Avez-vous jamais entendu dire que les habitants du Père-Lachaise avaient tenté de rentrer dans Paris ?

— Tu es fou, Mathon, à moins que tu ne sois devenu enragé .

— Mais il me semble que nous y allons de notre tête.

— Peut-être.

— Et si nous ne prenons des précautions..

Robert saisit avec fureur le bras de son interlocuteur.

— Tais-toi, lui dit-il, et écoute ; il ne s'agit pas de tuer cette pauvre fille, mais, je te le répète, de la réduire à l'impossibilité absolue de nous nuire.

— Et vous l'avez trouvé ce moyen-là ?

— Je l'ai trouvé.

— Voyons donc.

— Tu sais que Jeanne a un enfant ?

— Si je le sais ! et vous aussi, je crois.

— Cet enfant, elle l'a confié à une pauvre femme qui habite un misérable taudis de la rue de la Bienfaisance.

— N° 25... connu.

— Eh bien, voici l'affaire : tu iras voir cette femme ; elle me connaît un peu ; tu lui offriras ces trois louis de ma part; tu lui diras que j'ai besoin d'elle à l'instant même, et qu'elle quitte tout pour venir à moi.

— Et l'enfant?

— Tu lui proposeras de le garder pendant son absence.

— Et si elle se méfie?

— C'est invraisemblable après les trois louis; en tout cas, si elle refuse...

— Parlez!

— Eh bien, tu feras ce que tu voudras, mais, tu m'apporteras l'enfant tout de même.

L'œil de Mathon lança un éclair.

— A la bonne heure! dit-il avec enjouement, voilà des commissions comme je les aime; tout est prévu d'avance, et rien n'est abandonné au hasard.

— Alors, c'est convenu?

— Tout à fait.

— Et je t'attendrai ce soir?

— Ce soir, à la nuit tombante, vous aurez le poupon!

Les deux hommes, sur ces mots, remontèrent la galerie et gagnèrent l'escalier qui conduisait au dehors.

On comprend avec quelle profonde attention Villeron avait suivi cette double scène qui venait de se passer sous ses yeux.

Il n'avait pas perdu un mot des indications qu'à dessein sans doute Jeanne avait données à Robert sur le chemin qu'elle avait fait prendre à Maurice.

Son premier mouvement fut de sortir du bassin, et malgré l'engourdissement qui avait saisi ses membres, à la suite de cette immersion trop prolongée, il eut bientôt franchi la distance qui le séparait de l'issue dont Jeanne avait parlé.

L'indication était on ne peut plus exacte.

Au bout du couloir désigné, il trouva une sorte de baie ouverte à travers laquelle il aperçut, à dix pieds au-dessous de lui, des terrains vagues qui servaient au remisage des vieux wagons.

Il faisait grand jour, mais le lieu était désert ou peu fréquenté, et, après s'être consulté à peine quelques minutes, il prit son élan, et alla tomber sur le sol.

Villeron était un gymnaste distingué, — nous avons oublié de le dire: — il se releva après ce saut périlleux, aussi ingambe qu'auparavant.

Puis, après avoir jeté autour de lui un coup d'œil investigateur, il marcha droit devant lui, sortit hardiment de la gare et entra dans le premier hôtel qu'il rencontra dans la rue d'Amsterdam.

Il mourait de faim et il était brisé de fatigue, — mais il ne prit qu'un repas frugal et rapide, quitta l'hôtel presque aussitôt, et, comme la nuit approchait, il pénétrait au n° 25 de la rue de la Bienfaisance...


## X


### Madame Turlupin


Le n° 25 de la rue de la Bienfaisance était un bouge de la plus dangereuse catégorie.

C'était quelque chose comme un tapis-franc, qui avait hérité de la réputation du *Lapin-Blanc*, de *Paul-Niquet* ou du *Petit-Pot*.

Extérieurement, la maison n'avait pas précisément mauvaise apparence.

Elle avait trois étages.

Le rez-de-chaussée était occupé par un cabaret borgne, ce que, dans la langue vulgaire on désigne aujourd'hui à Paris sous le nom de caboulot.

Une porte basse y donnait accès, des rideaux de cotonnade à carreaux rouges et blancs dissimulaient aux curieux du dehors ce qui se passait au dedans. Seulement, à

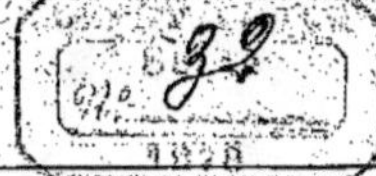

travers la porte entr'ouverte, on distinguait un comptoir de zinc, derrière lequel se tenaient la mère Turlupin et son homme,... les deux maîtres redoutables du logis!

Il y avait vingt ans que les deux époux occupaient cette position sociale, et · Dieu seul pourrait dire ce qu'il avait passé de repris de justice, d'assassins, de mouchards et d'industriels de toutes sortes, devant ce comptoir de zinc dont nous venons de parler.

La salle du rez-de-chaussée était banale, tout le monde pouvait y entrer et s'y asseoir, et, selon les propres paroles du père Turlupin, tout un chacun avait le droit d'y pénétrer pour se désaltérer.

Il n'en était pas de même du premier étage.

C'était la partie mystérieuse de l'établissement.

Il se composait d'une grande salle que l'on louait pour des diners aux couverts nombreux, et de deux ou trois cabinets qui servaient à des usages variés.

Quant aux deux autres étages, on y trouvait des chambres garnies, à des prix modérés, qui se louaient au mois, à la semaine, ou même à la nuit.

Villeron n'éprouva pas cette répugnance instinctive qui aurait pris un provincial ordinaire en présence d'un pareil bouge. Il connaissait son Paris dans tous ses mystères, et plus d'une fois, enfant, il avait par curiosité visité des établissements de ce genre.

Au besoin, d'ailleurs, il en parlait la langue, et savait en emprunter les mœurs.

Il salua l'ogresse avec la politesse admise dans le lieu, et demanda à voir la femme à laquelle était confiée la garde de l'enfant de Jeanne.

La mère Turlupin leva un regard scrutateur sur son client, et elle fut particulièrement frappée de sa bonne mine et de sa robuste encolure.

— Oh! oh! dit-elle en clignant des yeux, je n'ai pas encore vu ce museau-là par ici.

Est-ce que c'est toi qui es le père de l'enfant?

— Mais pourquoi pas? répondit Villeron avec un gros rire; il me semble que l'on n'est pas plus déjeté qu'un autre.

— Tout de même, fit l'ogresse, à quel corps d'état que tu appartiens?

— Des corps d'état!... qu'est-ce que ça?... est-ce que ça va sur l'eau?

— Bon! bon! un *faignant*...

— Peut-être.

— Et rien dans les *profondes*...

Villeron haussa les épaules, et jeta négligemment sur le comptoir une pièce de 5 francs.

— Un perroquet, s'il vous plaît! dit-il en même temps d'un ton en apparence indifférent.

La mère Turlupin fit un mouvement, sourit imperceptiblement, et versa le verre d'absinthe qu'on lui demandait en langue verte.

Villeron avala sans broncher la liqueur corrosive et fit claquer sa langue.

— Eh bien! il y a encore de bonnes consommations dans cet arrondissement, dit-il en dodelinant de la tête; et maintenant, la mère, vous plairait-il m'enseigner la route à suivre pour pénétrer auprès du moucheron

— Mme Turlupin parut approuver du geste. Elle était décidément satisfaite de l'épreuve, et un second sourire entr'ouvrit ses lèvres épaisses.

— Allons! tu as l'air d'un bon zigue, dit-elle en rendant la monnaie de la pièce de cinq francs.

Est-ce que tu es pour longtemps à Paris?

— J'arrive! répondit Villeron.

— Et tu restes?

— Un peu partout.

— Tu sais qu'il y a ici des chambres à louer?

— Je m'en doute.

— Et si le cœur t'en dit...

Villeron serra la main de l'ogresse,

— Quant à cela, répondit-il, avec un regard étrange qui fit tressauter la mère Turlupin, il n'y a qu'une petite difficulté.

— Laquelle?

— Depuis quelques années j'ai pris une chienne d'habitude.

— Voyons ça.

— J'aime pas les propriétaires, et je ne sais plus ce que c'est que de payer son terme.

— Tiens! tiens! ça n'est pas bête du tout, c'te idée; eh bien, on pourrait peut-être s'arranger tout de même.

— Vraiment?

— Et si tu veux être bien gentil...

— Ah! ah!

— Nous en causerons.

— Quand cela?

— Quand tu redescendras de là-haut.

Villeron avait bonne envie d'éclater, mais il eut assez d'empire sur lui-même pour se contenir.

Il salua donc la mère Turlupin avec tout le respect, mêlé d'impertinence, que comportait la situation, et, sur les indications qui lui étaient données, il s'engagea dans le corridor et gagna l'escalier.

— Surtout, lui cria encore l'ogresse, ne t'arrête pas au premier étage.

— Pourquoi donc? demanda Villeron.

— Parce qu'il y a du monde.

— Quel monde?

— Si on te le demande, tu diras que tu n'en sais rien.

Villeron continua de monter.

Et, tout en gravissant les marches de l'escalier, une idée lui vint.

Les dernières recommandations de M<sup>me</sup> Turlupin avaient éveillé en lui une vive curiosité.

Quelque chose de mystérieux se passait donc à cette heure au premier étage de cet ignoble caboulot?...

Et de quelle nature pouvait être ce mystère que l'on dissimulait aux regards des profanes?

Il voulut voir.

Certes, cette curiosité n'était pas sans danger. Dans les établissements du genre de celui-ci, il ne fait pas bon être pris en flagrant délit d'indiscrétion, et l'on n'est point doux aux mouchards.

Villeron le comprenait bien; mais un secret instinct lui disait qu'il serait amplement récompensé de son audace, et quand il mit le pied sur le palier du premier étage, sa résolution était bien arrêtée.

Il poussa, en tâtonnant, la porte qu'il trouva devant lui et pénétra dans un cabinet où régnait l'obscurité la plus complète.

Le cabinet était fort étroit. Il en mesura la longueur en deux ou trois pas.

Puis, il prêta l'oreille.

On parlait dans la pièce voisine...

Ce fut d'abord un bruit de voix confus au milieu duquel il fut impossible de rien démêler de précis et d'intelligible.

La réunion devait être nombreuse.

Il entendait aller et venir, remuer des tables, des chaises; il était évident que l'on cherchait à mettre un peu d'ordre dans l'assemblée.

Villeron était vivement intrigué.

Quels hommes se trouvaient dans la salle voisine à cette heure, et dans quel but s'étaient-ils réunis là?

— Il entendait bien, de temps à autre, quelques mots dont la signification lui échappait, mais il ne voyait absolument rien.

Peu à peu cependant, et son regard s'habituant à l'obscurité profonde qui l'enveloppait, il finit par remarquer que certains rayons de lumière filtraient à travers une ou deux planches mal jointes de la cloison. Il s'empressa de profiter de cette découverte, alla coller son œil avide à cette ouverture, et plongea son regard dans la salle voisine.

Dans le premier moment, il lui fut impossible de rien distinguer.

La fumée de tabac était épaisse, et il régnait dans la salle un désordre tel qu'il empêchait de fixer les objets.

Mais ce désordre ne tarda pas à s'apaiser. La plupart des assistants prirent place sur des chaises méthodiquement rangées, et il ne resta plus devant le regard de Villeron qu'un homme qui se tenait debout à une table, et que la lumière de deux ou trois chandelles éclairait en plein corps.

A la vue de cet homme, Villeron recula surpris et presque épouvanté.

Il ne l'avait vu que deux fois encore, mais il l'avait reconnu tout de suite.

C'était Robert Linley.

Du reste, ce n'est pas Robert dont la vue le frappa le plus... et cette nuit lui réservait de bien autres étonnements.


## XI

### La veille du 18 Mars


Lorsque, après avoir reconnu Robert Linley, son regard se reporta sur l'assistance, il fut frappé de l'aspect particulier que présentait cette réunion étrange.

Il s'attendait, en effet, à retrouver là les types les plus accusés de la débauche, du désordre ou du crime, et, à la place des hôtes évadés ou libérés de Toulon, il apercevait, groupés avec un certain ordre, des hommes à la figure énergique et sombre, mais sur les traits desquels on eût cherché vainement les traces d'une dégradation morale.

Non pas cependant qu'il y eût rien de noble ou de grand dans leur physionomie. C'étaient pour la plupart des hommes d'une classification difficile, mais sur le front desquels la vie factice des clubs et l'habitude des spéculations avaient imprimé leur sceau fatal et indélébile.

Ils appartenaient en grande partie à ce que l'on serait tenté d'appeler la Bohème politique de Paris, — monde à part, sans équivalent dans les autres pays, où vont aboutir tous les déclassés, tous les mécontents, tous les ambitieux..., et qui fournit incessamment, depuis cinquante années, son contingent redoutable à toutes les émeutes.

Les assistants que Villeron avait sous les yeux n'étaient pas tous de cet ordre. Au milieu de ce groupe, dont nous venons de donner la physionomie d'ensemble, apparaissaient quelques visages d'une expression plus significative, et c'est par ceux-là que son regard fut bientôt absorbé tout entier.

Ils étaient quatre ou cinq au plus, et cela suffisait pour jeter sur la réunion les plus sinistres lueurs.

On se demandait avec terreur comment ces hommes s'étaient introduits dans cette salle, ce qu'ils y venaient faire, pour quelle curée sanglante on les avait conviés.

Au bout d'un instant, le silence s'établit dans la salle, et Robert Linley prit la parole :

— Citoyens, dit-il d'une voix forte, le moment si longtemps espéré est enfin venu. Il y a quelques années, je vous disais que la guerre éclaterait prochainement entre la France et la Prusse..., et la guerre est aujourd'hui terminée. Je vous disais encore que, dans cette lutte sanglante, l'une des deux nations périrait fatalement tout entière, et que la nation vaincue deviendrait notre proie. Toutes mes prévisions se sont réalisées. A l'heure qu'il est, la France agonise, et c'est à nous qu'appartient son cadavre. Jamais occasion ne s'est offerte plus belle. Le désordre est dans tous les esprits. La désorganisation a envahi tous les services, et, au milieu de la ruine générale, une seule chose reste debout : l'Association internationale des travailleurs !

Que nous importent, à nous, les vieux mots de Patrie et de Drapeau ! Notre patrie, c'est l'humanité ; notre drapeau, c'est l'étendard tant de fois teint de notre sang.

Debout donc, mes amis... ! Plus d'hésitation ; que demain Paris nous appartienne, et que l'Europe, que le monde apprenne à nous connaître !

Des applaudissements frénétiques accueillirent ces paroles, et, pendant quelques secondes, ce fut un enthousiasme indescriptible.

Cependant le calme se rétablit à peu près, et Villeron aperçut un des hommes à face patibulaire qui s'était levé et demandait à parler.

Robert lui fit signe qu'on l'écoutait, et il commença.

La voix était rude, l'aspect sinistre, le geste impérieux et sec.

On connaissait à peine cet homme ; on ne l'écouta qu'avec plus d'attention.

— Citoyens, dit-il, ce que je viens d'entendre est bien, et j'ai applaudi aux sentiments exprimés par Robert. Mais il ne suffit pas de recommencer aujourd'hui la révolution niaise que nous avons tentée si souvent, et cette fois il faut que ce soit la bonne, c'est-à-dire la dernière ; et comprenez-moi bien !

On m'a assuré que l'on rencontre à Versailles, autour de l'Assemblée, certains membres des familles déchues ; si cela est, c'est que de Bordeaux à Versailles il ne s'est pas trouvé un vrai citoyen.

Dans les républiques antiques, le tyrannicide était la loi. Ici, il ne faut plus qu'une prétendue morale nomme assassinat cet acte de justice.

De même que dans le cours inaltérable des choses tout élément discordant est éliminé, de même dans la société tout objet de trouble dans l'ordre moral, tout obstacle à la réalisation de l'idéal de justice que poursuit la Révolution doit être brisé.

La société n'a qu'un devoir envers les princes : — la mort ! (1)

Elle n'est tenue qu'à une formalité : — la constatation d'identité.

Mais ce n'est pas tout ! et si nous voulons assurer notre triomphe, il faut jurer de rester énergiquement sur la brèche et de ne reculer devant aucune mesure de salut public.

Nous allons avoir à combattre les anciens sergents de ville de Bonaparte, les royalistes de Charette et de Cathelineau, qui n'en sont pas à leurs essais de meurtre et d'assassinat.

Eh bien, assurons-nous des otages, et s'ils osent porter la main sur un seul de nos soldats, que l'on exécute sans pitié ceux des leurs qui tomberont entre nos mains !

*Œil pour œil, dent pour dent ;* ils nous font une guerre de sauvages, et c'est par le cri des tribus indiennes qu'il faut leur répondre.

Un murmure équivoque succéda à ce discours prononcé d'un ton farouche, et l'orateur ne se décida à se rasseoir qu'après avoir promené sur l'assemblée un regard brûlé de fauves lueurs.

Mais déjà un nouvel orateur s'était levé et avait réclamé le silence.

C'était un vieillard, à la figure calme, au front intelligent, à l'œil bienveillant et doux.

Tous les assistants se tournèrent vers lui.

Villeron comprit que ce n'était pas là un homme ordinaire et qu'il exerçait sur l'assemblée une véritable autorité.

Quel était donc cet homme, et par quelle bizarre aventure se trouvait-il au milieu de ce groupe de révolutionnaires avec lesquels il semblait faire un si singulier contraste ?

Il s'arrangea de son mieux pour ne rien perdre de ce qui allait se passer.

(1) Tout ce qui précède et tout ce qui suit est extrait du *Journal officiel de la Commune.*

— Mes chers amis, dit le vieillard d'une voix un peu grêle, mais ferme, je suis, je le crois bien, le doyen des républicains de France, et si je n'ai pas assisté aux grands actes de la Révolution française, j'en ai entendu parler par des hommes qui y avaient joué les principaux rôles.

Ce fut une grande époque, mes amis; ç'a été l'ère de l'affranchissement du peuple, et ce que nous voulons faire, ce que nous ferons demain, c'est reprendre la tradition de 93, et fonder à jamais la République, que l'on nous a tant de fois arrachée!...

Mais ne prononçons pas des paroles de haine, ne nous laissons pas aller à des aspirations de vengeance : cela n'est digne ni du passé de la République, ni de l'avenir que nous rêvons!

*Paix et travail!* voilà notre avenir.

Voilà la certitude de notre revanche et de notre régénération sociale, et, ainsi comprise, la République peut encore faire de la France le soutien des faibles, la protectrice des travailleurs, l'espérance des opprimés dans le monde et le fondement de la République universelle!

L'affranchissement de la Commune est donc, je le répète, l'affranchissement de la République elle-même; chacun des groupes sociaux va retrouver sa pleine indépendance et sa complète liberté d'action.

La Commune s'occupera de ce qui est local.

Le département s'occupera de ce qui est régional.

Le gouvernement s'occupera de ce qui est national.

Et la Commune que nous fonderons sera la Commune modèle...

Qui dit travail dit ordre, économie, honnêteté, contrôle sévère, et ce n'est pas dans la Commune républicaine que Paris trouvera des fraudes de quatre cents millions.

Voilà, à mon avis, la route à suivre; entrez-y hardiment et résolûment.

Ne dépassons pas cette limite fixée par notre programme, et le pays et le gouvernement seront heureux et fiers d'applaudir à cette révolution si grande et si simple, et qui sera la plus féconde révolution de notre histoire.

Vive la République! Vive la Commune!

— Au moins, dit Villeron pendant que les hourrahs s'élevaient dans la salle, en voilà un qui a presque le sens commun. Mais comment est-il venu s'égarer parmi ces autres forcenés? Je ne lui donne pas dix minutes pour être débordé.

Et comme pour donner raison à cette réflexion, presque aussitôt vingt voix éclatèrent qui toutes ajoutèrent leurs revendications impérieuses, implacables, à ce discours placide du vieux républicain.

— Plus de prêtres! disait l'un.

— Plus d'héritages! ajoutait l'autre.

— A bas les ruraux!... Vive l'Internationale!... Plus d'armées permanentes!... A bas les bourgeois et les fonctionnaires!...

Ceux-ci réclamaient l'inauguration de la collectivité universelle, ceux-là se contentaient du mutuellisme.

C'était un chaos, une confusion, où il était bien difficile de démêler quelque idée raisonnable et pratique.

Un serment du Jeu de Paume grotesque, où tous les appétits, toutes les ambitions se faisaient jour.

Villeron en avait assez entendu, et il jugea opportun de quitter la place.

D'ailleurs, sa position pouvait devenir dangereuse, et il comprit qu'il fallait se replier.

Il gagna doucement la porte, qu'il entrouvrit doucement.

Mais au moment où il mettait le pied sur le palier, il se retira brusquement en arrière et prêta l'oreille.

Un cri venait de partir de l'étage supérieur, et des pas précipités descendaient l'escalier.

Que se passait-il donc de ce côté, et de quel drame allait-il être témoin?

Une seconde fois il entr'ouvrit la porte, poussé par une curiosité irrésistible, et alors il se trouva en présence d'un homme qui s'arrêta en l'apercevant.

— Qu'est-ce que tu fais là? demanda l'homme d'un ton effaré.

— Mais... toi-même?... répondit Villeron, fort embarrassé de sa contenance.

— Es-tu de la réunion?

— Oui.

— Eh bien! prends ceci, referme la porte, et demain, tu rapporteras l'*objet* qui t'est confié.

— Qu'est-ce donc?

— Tu le verras.

— Et à qui faudra-t-il le rapporter?...

— A Mathon ou à Robert, tu as le choix.

— Cependant...

— Silence!... ne t'occupe de rien; fais ce que je te dis et sois discret.

Puis il disparut.

C'était Mathon.

Villeron l'avait reconnu tout de suite, et l'objet qu'il venait de lui confier était l'enfant de Jeanne.

Le pauvre petit être était plus mort que vif, et en passant des bras de Mathon dans ceux de Villeron, il se cacha éperdu sur la poitrine de ce dernier.

— Ne me faites pas de mal! je ne dirai rien, balbutiait-il d'une voix affolée de terreur.

Villeron ferma la porte et déposa un baiser sur le front de l'enfant.

— N'aie pas peur, lui dit-il aussitôt à voix basse, tu es maintenant avec un ami, il ne te sera fait aucun mal, et demain tu pourras embrasser ta mère.

— Maman! maman! murmura doucement la pauvre créature.

Cependant les cris de la mère continuaient à remplir les étages supérieurs.

Elle était rentrée au moment même où Mathon disparaissait avec son enfant, et, en pénétrant dans sa mansarde, elle avait trouvé le petit lit vide et la mansarde déserte.

Elle avait pensé devenir folle.

Dans les premières minutes toutefois, elle n'avait pas compris toute l'étendue du malheur qui la frappait, mais elle avait cherché, elle avait appelé; mais comme elle ne trouvait rien, et qu'aucune voix connue ne répondait à ses appels, un frisson d'épouvante avait glacé tous ses membres, et l'horrible réalité s'était dressée devant elle dans toute son horreur.

Son fils avait disparu! quelqu'un était venu... qui le lui avait enlevé... elle se rappela Mathon qu'elle venait de croiser dans l'escalier, et elle avait tout deviné.

C'était lui! c'était ce misérable!

Il lui avait pris son enfant, pour le tuer peut-être.

Son cœur se brisa, sa raison fut bien près de l'abandonner.

Elle courut devant elle, les yeux hagards, les cheveux épars, les vêtements en désordre, appelant toujours, suppliant, sanglotant.

C'est ainsi qu'elle passa devant la porte fermée par Villeron, sans se douter que son enfant était si près d'elle.

Villeron eut un moment d'hésitation!

Il faillit lui ouvrir la porte pour la rassurer, mais depuis le départ de Mathon il avait réfléchi...

Une idée lui était venue, et il ne voulait pas, par une compassion irréfléchie, compromettre le succès du projet qu'il avait formé.

Quand Jeanne passa, il serra l'enfant un peu plus fort contre sa poitrine, mit ses mains hésitantes sur ses lèvres, et retint son souffle, qui eût pu trahir sa présence.

Une seconde après, il entendait la malheureuse mère qui faisait irruption dans la salle du rez-de-chaussée, et redemandait son enfant à M^me Turlupin.

## XII

### L'enfant de Jeanne

Villeron écouta avec une anxiété poignante les cris de la pauvre femme, qui trouvaient un douloureux écho dans son cœur. Mais il resta inébranlable dans sa résolution, et ce ne fut qu'après s'être assuré que Jeanne avait quitté le bouge pour courir après Mathon, qu'il sortit lui-même de son cabinet et gagna la rue avec mille précautions.

Une fois hors des atteintes de ceux dont il pouvait craindre la poursuite, il s'arrêta et chercha à s'orienter.

Il n'était pas loin de l'hôtel où il s'était réfugié au sortir de sa captivité; l'enfant qu'il portait dans ses bras avait vraisemblablement besoin de soins; il n'hésita pas à y retourner, et résolut d'y passer la nuit, s'il le fallait.

Du reste, la pauvre créature qu'il avait soustraite à Mathon commençait à revenir à des sentiments plus calmes.

Le malheureux enfant avait éprouvé une frayeur horrible; pendant tout le trajet effectué par Villeron, un tremblement convulsif avait agité ses membres, et plus d'une fois, des sanglots s'étaient échappés de ses lèvres, qu'il avait vainement essayé d'étouffer.

Dès que Villeron fut un peu rassuré sur son propre compte, il souleva l'enfant et essaya de lui sourire à la lueur d'un bec de gaz.

Le petit être était tout pâle; il levait sur Villeron des regards à demi effarés; mais sa terreur s'était déjà un peu calmée, et le sourire de Villeron acheva de lui rendre la sérénité.

A son tour il se prit à sourire.

— J'espère que tu n'as plus peur? dit Villeron d'une voix brusque et douce à la fois.

— Oh! non, répondit l'enfant.

— Et tu veux bien rester avec moi jusqu'à demain?

— Vous ne me ferez pas de mal?

— Non, mon enfant; je dormirai près de toi et j'empêcherai le méchant de revenir. Veux-tu?

— Je veux bien.

— Eh bien! allons, et quand il fera jour nous irons chercher ta mère.

— Oui, maman, je veux voir maman!

Villeron l'emporta de nouveau et reprit le chemin de l'hôtel.

Ce grand garçon robuste et fort adorait les enfants, et celui-ci avait une petite figure douce et triste que l'on ne pouvait regarder sans se sentir pris de compassion.

Il lui fit dresser un lit à côté du sien, lui donna lui-même quelques friandises, lui raconta quelques histoires qui l'égayèrent; et bientôt il le vit fermer les yeux, étendre les bras et poser sa tête sur l'oreiller.

A deux ou trois reprises, il l'entendit encore appeler sa mère de sa petite voix enfantine, puis sa respiration devint régulière et calme, et au bout de quelques minutes il dormait profondément, la tête roulée dans les flots de ses cheveux blonds.

Villeron demeura une bonne heure assis auprès du lit de l'enfant, écoutant sa respiration, le regardant dormir, et quand il se fut bien assuré qu'il était tout à fait remis de l'émotion qu'il venait d'éprouver, il se leva et se disposa lui-même à prendre quelques repos.

Il était fort tard.

La rue dans laquelle était situé l'hôtel où il était descendu est une des plus bruyantes de Paris. Le bruit et le mouvement ne s'y arrêtent jamais. Mais Villeron aurait dormi sur un volcan, et il se dirigea vers son lit.

Comme il commençait à se déshabiller, il entendit des pas dans le corridor qui conduisait à sa chambre.

Il prêta l'oreille.

Il avait cru entendre prononcer son nom, et un moment, il craignit que Robert ou Mathon, ayant continué leurs recherches, n'eussent fini par découvrir sa retraite.

Il se rapprocha de la porte et entendit le bruit de deux voix.

— Ça, un colonel? disait la voix du garçon d'hôtel.

— Faites ce que je vous dis, répondait l'autre interlocuteur, remettez-lui cette carte, puisque je ne demande pas à le voir.

— Mais il est tard, il dort, et je vais le réveiller.

— Q'importe? l'avis que j'ai à lui donner est très-grave.

— On ne peut cependant réveiller un colonel comme ça.

— Préférez-vous que j'y aille moi-même?

Villeron entendit encore quelques chuchotements, et il allait peut-être se décider à ouvrir, quand quelques coups discrets furent farppés à la porte.

— Entrez! dit-il avec un frisson involontaire.

Et, instinctivement, il alla prendre son révolver, qu'il arma.

Le garçon d'hôtel entra.

Doucement, sur la pointe des pieds, et comme un homme qui professait évidemment une réelle et sérieuse considération pour le grade du locataire.

Quand il aperçut le colonel debout, il parut se rassurer un peu et reprendre son aplomb.

— Que monsieur m'excuse, dit-il, si je me permets de le déranger à cette heure, mais la personne qui est là a tellement insisté, que je n'ai pas cru devoir refuser.

— Quelle est cette personne? demanda Villeron, vivement intrigué.

— Dame! elle est très-bien; mais elle n'a pas dit son nom.

— Enfin, que me veut-on?

— Voici. Il paraît qu'il s'agit d'une chose grave et qui intéresse le colonel, et l'on m'a prié de vous remettre ce billet.

— C'est bien. Donne...

Villeron prit la lettre qu'on lui tendait.

— Puis-je me retirer? fit le garçon.

— Sans doute, répondit le colonel.

— Alors, il n'y a pas de réponse?

— Au fait, tu as raison, il peut y avoir une réponse... Je vais voir... Attends...

Et il décacheta la lettre, et s'approcha de la lumière pour en lire le contenu.

Elle était ainsi conçue :

« Colonel,

« Il ne suffit pas d'avoir enlevé l'enfant de Jeanne; il faut encore prendre les mesures qui vous assurent qu'on ne viendra pas vous le reprendre. Or, l'hôtel que vous avez choisi est précisément hanté d'habitude par les hommes que vous avez à redouter. Ils sont, il est vrai, fort occupés en ce moment par les affaires qu'ils préparent pour demain; mais la moindre imprudence pourrait tout compromettre, et je m'empresse de vous en prévenir.

« Croyez en l'ami inconnu qui vous avertit et ne restez pas longtemps dans le quartier.

« Ce premier point établi, j'arrive à la seconde question.

« Elle vous concerne plus étroitement.

« Vous avez refusé de vous mettre au service de la Révolution qui doit éclater demain; dès ce moment, vos jours sont en danger; vous êtes soldat, je n'ai point à vous rappeler votre devoir, mais si vous voulez conserver la liberté de le remplir, quittez la ca-

Vive Villeron! vive le colonel!

pitale au plus tôt et rendez-vous à Versailles.

« Celui qui écrit ces lignes était ce soir à la réunion de la rue de la Bienfaisance, et il doit se trouver à minuit à celle du Comité central, à Montmartre.

« Tenez compte de cette lettre comme si elle était signée du nom de votre meilleur ami.

« X... »

Villeron relut à deux reprises cette lettre étrange et il resta frappé du ton de sincérité dont elle était empreinte.

— Eh bien! colonel, insista le garçon, que répondrai-je à l'homme qui a apporté le billet?

Villeron déchira le billet et en jeta les morceaux dans la cheminée.

— Tu diras à cet homme que je le remercie, répondit-il; je vais réfléchir à l'avis qu'il me donne et il est probable que je le suivrai.

— C'est tout?

— C'est tout.

Le garçon se retira.

Le lendemain, dès la première heure, il demandait une voiture et se faisait conduire rue du Faubourg-Saint-Antoine.

Mais déjà le bruit d'événements de la plus haute gravité s'était répandu dans Paris, et le colonel allait trouver le faubourg dans une singulière exaltation.

## XIII

### Le sergent Maurice

Cependant, voici ce que Maurice avait fait de son côté.

Jeanne l'avait conduit jusqu'au bout de la galerie; de là, il avait sauté comme devait le faire plus tard le colonel, et en quelques enjambées, au milieu de la nuit, il n'avait pas tardé à gagner la place du Havre.

Maurice était à ce moment sous l'influence d'une singulière et persistante préoccupation.

De tout ce qui venait de lui arriver, une seule chose l'avait frappé, et c'étaient quelques-unes des paroles que lui avait dites le colonel.

Que signifiait, en effet, cette recommandation suprême qu'il lui avait adressée au sujet de Berthe? A quelle source s'alimentait cet intérêt qu'il lui portait? Que fallait-il voir au fond de ce sentiment qu'il exprimait en termes si pressants?

Le colonel connaissait-il donc à ce point la fille de M. Carpentier? N'était-ce tout simplement qu'une vive amitié? N'était-ce pas, plutôt, un profond et sérieux amour?...

Maurice eut un éblouissement à cette pensée, et son être tout entier se prit à tressaillir.

Depuis l'incendie de Varennes, il n'avait pas revu Berthe.

A la suite de la terrible catastrophe il avait fait une longue et douloureuse maladie.

Son père était resté auprès de lui et il l'avait soigné avec la même tendresse que s'il eût été encore enfant.

De loin en loin il recevait indirectement des nouvelles de M. Carpentier, mais de Berthe, pas un mot.

Cette situation était intolérable.

Mais il n'osait se confier à personne, car personne ne l'eût compris.

Ce qu'il souffrit pendant trois mois est impossible à raconter.

Pendant ses nuits d'insomnie et de fièvre, d'étranges hallucinations venaient souvent le visiter.

Il revoyait alors la charmante et douce enfant. Elle venait s'asseoir à son chevet, serrait ses mains dans les siennes, lui parlait d'amour éternel et de bonheur sans mélange.

Puis, le matin apparaissait qui chassait les énervantes visions de la nuit, et il retombait brisé, désespéré, de toute la hauteur de ses rêves.

Quand la santé lui revint, elle ramena un peu de calme dans son esprit, sans rien changer à l'état de son cœur.

C'était le cœur surtout qui était malade. Un regard, un sourire lui eussent rendu la vie, et rien n'arrivait.

On lui avait appris seulement que Berthe vivait, que M. Carpentier l'avait emmenée à Lyon d'abord, et de là à Paris.

Sur le reste, le docteur Bernard demeurait muet.

Alors Maurice crut comprendre.

Il se dit que l'amour de Berthe n'avait été qu'une surprise, une erreur, une de ces fantaisies que le printemps voit éclore et qui tombent et s'envolent, comme les feuilles séchées, aux premiers souffles de l'automne.

A cette heure, peut-être la fille de M. Carpentier rougissait-elle de l'amour qu'elle avait pu concevoir pour le jeune mécanicien.

Peut-être même cachait-on à Maurice que M. Carpentier avait donné suite à ses projets d'établissement, et que Berthe s'appelait aujourd'hui M^me Dubard.

Tout son sang reflua vers son cœur à cette idée.

Il était alors tout à fait rétabli, et il voulut avoir le cœur net de ses soupçons.

Il embrassa son père avec effusion et partit.

C'est à Paris que se trouvait Berthe, c'est à Paris qu'il se rendait.

Une joie sérieuse et un désappointement cruel lui étaient réservés à son arrivée.

Berthe n'était point mariée, mais elle était absente.

Il interrogea les gens de la maison, adressa aux domestiques mille questions indiscrètes, et finit par acquérir la certitude que depuis le départ de Varennes une certaine mésintelligence s'était élevée entre le père et la fille, sans que l'on pût dire à quel propos ni pour quels motifs.

Du reste, aucune mention de Marcel Dubard.

Ces renseignements rassurèrent Maurice, et, pendant quelque temps, il attendit patiemment que l'occasion se présentât de renouer la chaîne du passé.

Seulement, il avait compté sans les événements.

Il n'est certes pas besoin de les redire ici.

C'est l'histoire d'hier. Quel est celui de nous qui peut l'ignorer, ou qui songerait à l'oublier?

Maurice se trouvait à Paris au moment de l'investissement. Il y resta.

Il n'était point né pour être soldat. Sa nature se refusait à l'action, comme aux aventures.

Toutefois, le jour où le Gouvernement fit appel au courage des Parisiens pour organiser la défense, Maurice se présenta des premiers et revendiqua l'honneur d'aller verser son sang pour le pays.

La crise que la France traversait avait eu sur son esprit une salutaire influence.

Pendant quelques années, il s'était laissé séduire par l'étude des questions sociales, et il eût volontiers donné sa vie pour améliorer le sort des travailleurs, ses frères.

Mais quand il vit l'association internationale à laquelle il s'était affilié, refuser de prendre part à la lutte, quand il entendit même, autour de lui, les hommes de son parti se réjouir, avec un impudent cynisme, des malheurs de la patrie, dès ce moment, le voile tomba de ses yeux, une amertume sans nom remplit son cœur et il sentit qu'il se séparait à jamais de tout ce qu'il avait aimé jusque-là.

Amour de l'humanité, rêves généreux, saintes aspirations, tout disparut!...

Il ne resta plus en lui que le triste souvenir des espoirs brisés, et il comprit que, dès ce jour, sa vie était finie.

Aussi, avec quel élan se jeta-t-il à travers les lignes ennemies, la première fois qu'on le conduisit au feu!

Il ne pensait plus à Berthe à ce moment-là et il ne demandait qu'à mourir.

La mort ne voulut pas de lui.

Pendant quelques mois, il prit part à tous les engagements, et ce n'est qu'à Montretout qu'il reçut la blessure à la suite de laquelle il fut conduit à l'ambulance de la rue du Rocher.

Nous venons de voir comment il en était sorti.

Or, pendant que Maurice était enfermé dans Paris et qu'il accomplissait son devoir de citoyen avec autant de courage que de dévouement, son père n'était pas resté inactif non plus, et il avait offert ses services à la délégation de Tours.

Pendant l'invasion, il n'avait pas cessé de donner ses soins aux blessés, et on l'avait vu se prodiguer sur tous les champs de bataille et dans toutes les ambulances.

Quand vint l'armistice et qu'il apprit que son fils avait failli périr dans la dernière sortie tentée par les défenseurs de la capitale, il demanda et obtint facilement de venir à Paris.

Il avait prévenu Maurice, et le jour même où ce dernier s'évadait de la rue du Rocher, le père et le fils se rencontraient dans un hôtel garni situé non loin de la gare de l'Ouest.

Le docteur oublia toutes ses inquiétudes en retrouvant Maurice sain et sauf.

Il lui apportait, d'ailleurs, une nouvelle qui allait contribuer à son prompt et complet rétablissement.

Il arrivait de Tours, et il avait fait le voyage avec M. et M<sup>lle</sup> Carpentier, qui rentraient dans la capitale.

C'était plus qu'il n'en fallait, en effet, pour rendre Maurice à la vie, et dès qu'il eut appris que Berthe était à Paris, il n'eut d'autre pensée, d'autre désir que de la revoir, de lui parler, d'apprendre d'elle si elle avait conservé dans son cœur le souvenir sacré des amours d'autrefois.

Son père était trop heureux de revoir son fils pour songer à lui rien refuser.

Il avait deviné depuis longtemps l'amour de Maurice, et, quoiqu'il n'en eût jamais rien dit, il avait quelques raisons de croire que cet amour était partagé.

Ils quittèrent donc, dès le lendemain matin, la gare de l'Ouest et gagnèrent le faubourg.

Le trajet fut vite franchi, et pourtant il sembla à Maurice qu'un siècle s'était écoulé.

Son cœur battait à se rompre, et il fut près de défaillir quand il tourna le coin de la rue où demeurait Berthe.

Elle était là, il allait la revoir; il allait lire dans ses yeux ou son bonheur ou le désespoir de toute sa vie.

Enfin, ils arrivèrent.

— M. Carpentier, M<sup>lle</sup> Berthe? demanda le docteur.

— M. Carpentier est au premier, répondit le concierge, mais M<sup>lle</sup> Berthe est au jardin.

Maurice échangea avec son père un regard que ce dernier comprit.

Et pendant qu'il gagnait l'escalier du premier étage, Maurice avançait, profondément ému et troublé, vers le jardin.


## XIV

### Le jardin de Berthe

Il y a encore des jardins dans le faubourg Saint-Antoine, surtout dans cette partie qui commence à la rue de Reuilly pour finir à la barrière du Trône.

La maison occupée par M. Carpentier est, sous ce rapport, réellement privilégiée.

Quand on y pénètre par la grande porte cochère qui donne sur la rue, les yeux sont tout de suite séduits par le frais rideau de verdure que l'on aperçoit au fond de l'allée.

C'est le jardin..., on pourrait presque dire le parc.

Il n'y a point de cour; tout a été transformé en jardin, et le jardin finit par une sorte de bois où poussent les jeunes arbustes et les grands arbres.

Une fois sous les ombrages épais, au milieu de ces fleurs aux couleurs éclatantes, sous ces arbres où chantent des myriades d'oiseaux, on se croirait transporté à cent lieues de Paris, dans un pays béni du soleil.

Rien ne saurait rendre le charme de ce tableau.

A deux pas de ce faubourg bruyant et tapageur, ruche d'ouvriers où tous les bruits du travail semblent s'être donné rendez-vous, c'est comme une oasis de paix et de recueillement.

Berthe adorait cette rustique retraite.

Arrivée de la veille, elle avait voulu, dès l'aube, revoir toutes ses fleurs aimées, tous ces jeunes arbustes qu'elle avait plantés elle-même.

Il y avait surtout, au fond du petit bois, une charmille préférée, où elle allait autrefois passer les après-midi de chaleur et de soleil.

Elle restait là des heures entières, perdue dans l'ivresse des souvenirs, ou caressant les promesses de l'avenir, oubliant le présent surtout, où elle n'entrevoyait qu'amertume et chagrin.

Le matin où nous la retrouvons, Berthe s'était réfugiée encore une fois sous cette charmille.

Lucy allait et venait à travers le jardin, préparant un bouquet pour le salon que l'on allait rouvrir, et Berthe, restée seule, s'abandonnait encore une fois aux douces et pénétrantes émotions qu'éveillait en elle son retour à Paris.

Cependant Maurice s'était avancé avec précaution ; il avait passé sur les allées ombreuses, marchant sur la pointe du pied et retenant son souffle, et il venait d'atteindre le bois, sans que rien eût trahi sa présence.

Arrivé là, il s'arrêta.

Son cœur battait si fort qu'il eût craint que l'on en entendît les battements.

A travers le mobile rideau qui lui cachait mal la charmille, il venait d'apercevoir Berthe.

Elle était là, à vingt pas de lui, le front dans la main, le regard perdu dans l'infini.

Il la trouva un peu pâle, et peut-être amincie.

Mais cette pâleur, qui n'avait rien de maladif, ajoutait le charme de la mélancolie à sa beauté si délicate et si fine.

Tout son sang reflua à la fois vers son cœur.

A quoi pensait-elle à cette heure, quel rêve passait devant son regard troublé ?

Son sein se soulevait de temps à autre avec un pénible effort, et sa petite main déliée avait comme des contractions nerveuses.

Maurice ne pouvait s'arracher à cette contemplation ; il fût resté là une heure si un incident inattendu ne s'était produit.

Dans l'attitude qu'il avait prise, Maurice ne pouvait remarquer les allées et venues de Lucy, et la jeune soubrette n'avait pas tardé à l'apercevoir.

Il ne lui fallut qu'un coup d'œil pour le reconnaître.

Et en songeant à la surprise de sa maîtresse, elle n'avait pu retenir un cri.

C'en fut assez.

Berthe tressaillit.

Elle n'avait aucune idée de ce qui se passait, mais malgré elle, instinctivement, un tremblement convulsif s'empara de ses membres, elle détourna la tête, et leva les yeux.

Et, bien qu'elle n'ignorât pas que Maurice était à Paris, bien qu'elle s'attendît à le voir venir ce jour-là même, quand elle l'aperçut à quelques pas d'elle, le visage encore altéré par des souffrances récentes, le regard baigné de larmes d'attendrissement et les mains jointes en un geste suppliant, une sensation inouïe pénétra son cœur, une pâleur livide se répandit sur ses traits, et elle serait infailliblement tombée si Maurice ne s'était élancé à son secours.

Maurice arriva juste à temps pour la recevoir dans ses bras.

— Berthe ! ma Berthe bien-aimée, murmura-t-il doucement, c'est moi, Maurice ! entendez-moi, regardez-moi !

Berthe demeura quelques instants sans souffle et sans voix ; puis un tressaillement agita ses bras, et elle finit par rouvrir les yeux.

— Maurice! balbutia-t-elle d'une voix troublée.

— Berthe! répondit Maurice.

— J'étais si loin de m'attendre...

— Calmez-vous.

— Et cependant je vous espérais, je ne sais quoi me disait que vous viendriez ; il y a si longtemps que je ne vous avais vu, et j'ai tant souffert de cette absence!

— Oh! vous me rendrez fou

— Non, il faut que je vous dise... Et pourquoi d'ailleurs rougirais-je de ce pur amour que je vous ai voué depuis les douloureuses épreuves de Varennes?

Il a fallu nous séparer, Maurice, et j'avais le projet de vous écrire.

— Ah! j'y comptais aussi, interrompit le jeune homme.

— Mais je ne l'ai pas pu, mon père avait tout deviné, et j'ignorais où vous étiez. Un instant même, Dieu me pardonne! j'ai cru que vous étiez parti, que vous aviez passé en Amérique, que sais-je? J'ai bien pleuré, mon Dieu?

— Pauvre chère âme!

— Et puis, je me disais : Lui, du moins, il sait où je suis; il pourrait m'apprendre s'il vit, s'il pense toujours à moi. Mais rien! rien! C'était horrible. Alors, le désespoir m'a prise.

— Que dites-vous?

— J'ai douté de votre cœur.

— Est-ce possible?

— Je me suis dit : Il a fui, il a oublié, il ne reviendra plus jamais.

— Mon Dieu!

— Aussi, quand votre père m'a raconté tout ce que vous avez souffert de votre côté, et vos chagrins, et cette blessure qui a mis vos jours en danger, ç'a été un jour de joie folle, d'ivresse inouïe, et vous voilà, Maurice, vivant, près de moi. Ah! Dieu est bon, puisqu'il me réservait de pareilles consolations.

Maurice ne savait que répondre.

Jamais, dans ses rêves les plus ambitieux, il n'avait demandé à Dieu une heure pareille dans sa vie.

Il ne se possédait plus... Il avait pris les deux mains de la jeune fille dans les siennes, et il les pressait sur ses lèvres avec des transports désordonnés.

— Taisez-vous, Berthe, taisez-vous! murmura-t-il. C'est trop de bonheur aussi... et je suis bien payé des tourments que j'ai endurés loin de vous. Berthe, je vous bénis et je vous aime! Désormais, rien ne pourra plus nous séparer. Je travaillerai, je me rendrai digne de vous, et il faudra bien que M. Carpentier...

— Mon père! fit Berthe avec un frisson.

— Craignez-vous qu'il me repousse? dit Maurice.

— Je n'ose y penser.

— Mais vous, du moins, Berthe, vous ne m'abandonnerez pas?

— Jamais!

— Vous serez ma femme?

— Je le jure.

— Et vous m'aimerez toujours, n'est-ce pas?... dites... Répétez-le, pour que j'emporte avec moi cette bonne parole, cette promesse sacrée.

En parlant ainsi, Maurice s'était agenouillé aux pieds de la jeune fille; elle l'enveloppa une minute d'un regard imprégné de mélancolie et d'amour, et, se penchant doucement vers lui, elle effleura son front de ses deux lèvres.

Mais, au moment même où elle s'oubliait dans cette chaste et pure caresse, elle poussa un cri terrible, se leva précipitamment et courut se réfugier dans la maison.

Maurice se dressa effrayé et regarda autour de lui...

Villeron était debout à ses côtés.

## XV

### Pour l'enfant

— Je suis le colonel Villeron, dit ce dernier ; ne me reconnaissez-vous pas ?

— Vous ! vous ! monsieur, s'écria Maurice, sans trop savoir ce qu'il disait.

— J'ai quelque droit de m'étonner de vous trouver ici, vous l'avouerez, et, à ce propos, après la scène dont je viens d'être témoin, il m'est permis de vous adresser certaines questions ?

— Colonel...

— Je serai bref, continua Villeron d'un ton sec ; d'abord, parce que d'autres soins me réclament ; ensuite parce que j'espère bien que vous ne me refuserez pas de reprendre plus tard cette conversation.

— Quand vous voudrez, monsieur.

— Ce sera bientôt.

— Alors, je vous écoute.

— Vous aimez M<sup>lle</sup> Berthe Carpentier ?

— Monsieur...

— Vous l'aimez, cela est évident, et j'ajouterai qu'il ne m'est guère possible de douter qu'elle ne vous aime aussi, de son côté.

— Ces questions...

— J'abrége, je n'ai plus qu'un mot à dire, et répondez-moi avec franchise, c'est tout ce que je vous demande : M. Carpentier a-t-il connaissance de votre amour, et, jusqu'à ce jour, avez-vous pu espérer qu'il y donnerait son consentement ?

Maurice fit un effort violent sur lui-même. La situation était pénible, et il lui répugnait de livrer ainsi son secret à une première sommation. Toutefois, il voulut rester digne et calme jusqu'au bout, et reprenant tout son sang-froid :

— Soit ! monsieur, répondit-il ; je ne veux point rechercher de quel droit vous m'adressez de pareilles questions, mais en y répondant tout de suite, j'entends couper court, pour l'avenir, à de nouvelles indiscrétions de ce genre. J'aime M<sup>lle</sup> Berthe, c'est vrai ; je l'aime depuis longtemps et je suis prêt à lui donner ma vie, si elle le veut. En ce qui la touche, monsieur, il ne m'appartient pas de la mettre ici en cause ; et j'espère que vous n'aurez plus rien à me demander quand je vous aurai dit que, jusqu'à ce jour, M. Carpentier ignore l'amour que j'ai conçu pour sa fille.

— Bien ! approuva Villeron avec un mouvement de dépit mal contenu, cela me suffit pour le moment, mais je compte que nous nous reverrons.

— Quand vous voudrez, je le répète.

— A bientôt, alors, monsieur.

— A bientôt, colonel.

Et les deux hommes se séparèrent : Maurice pour gagner la rue, où il allait attendre son père ; Villeron pour monter à l'appartement de M. Carpentier.

Seulement, arrivé au premier étage, et quand Lucy se présenta à lui, ce n'est pas M. Carpentier qu'il demanda, mais bien Berthe elle-même.

Il fut introduit après quelque hésitation, et comme il vit que Berthe rougissait et baissait la tête à sa vue, il s'approcha doucement d'elle, et lui prit affectueusement la main.

— Mademoiselle, lui dit-il, loin de moi la pensée de vous rappeler un souvenir pénible qui amène la rougeur sur votre front ; je ne vous parlerai de rien, si ce n'est du motif qui, ce matin, m'a décidé à venir vous trouver.

— De quoi s'agit-il donc ? demanda Berthe en reprenant tout son courage.

— D'une bonne action dans laquelle je désire vous mettre de moitié.

— Voilà une louable pensée. Mais qu'aurai-je à faire ?

— Une chose grave, dont votre cœur comprendra tout de suite toute la délicatesse ; une mission sacrée qu'une jeune fille, pure comme vous, peut seule remplir avec un entier dévouement.

— Vous m'intriguez vraiment !

— Je vais m'expliquer. Je connais dans un quartier éloigné de celui-ci une jeune femme qui a commis une faute et qui en est bien punie aujourd'hui... Elle a trop aimé un misérable qui l'a trompée, et je ne pourrai jamais vous dire ce qu'il lui a fallu de courage, d'abnégation, d'amour, pour élever son enfant, au milieu des cruelles épreuves que le siége de Paris lui a fait subir.

— Pauvre femme ! murmura Berthe en joignant les mains.

— Oui, pauvre femme, répéta Villeron, car elle était digne de l'intérêt des honnêtes gens, et elle a payé déjà bien cher la faute qu'elle avait commise.

— Ah ! je suis toute disposée à faire pour elle ce que vous me demanderez.

— Merci, mademoiselle, merci ; mais ce n'est pas pour elle que je m'adresse à vous, à cette heure.

— Pour qui donc ?

— Pour son enfant.

— Je ne comprends pas.

— C'est incompréhensible, en effet ; et les exemples de pareilles infamies sont heureusement assez rares, malgré la profonde dépravation de certaines classes de la société.

— Expliquez-vous.

— Eh bien, il est arrivé ceci, mademoiselle : c'est que le misérable qui a abusé si lâchement de l'innocence de la pauvre créature a voulu hier lui enlever l'enfant qui est sa seule consolation et son unique joie en ce monde.

— Que dites-vous ?

— La vérité.

— Mais il faut l'en empêcher.

— C'est ce que j'ai fait.

— Il faut mettre la douce créature à l'abri de toute tentative de ce genre.

— C'est ce que je viens vous proposer.

— La mère ne s'y refusera pas, elle ne pourra que nous savoir gré.

Villeron fit un signe de dénégation.

— Malheureusement, dit-il, il importe que la mère, surtout, ignore que son enfant a été sauvé.

— Mais c'est la tuer, elle en mourra de désespoir.

— Non, car elle voudra vivre pour le retrouver, tandis que sa tranquillité, sa résignation apparente, donneraient infailliblement au père le soupçon de la vérité.

— Vous avez raison.

— Dans cette situation, voici ce que j'ai résolu, et voici ce que je vous propose : J'ai amené l'enfant ce matin avec moi, je le confie à vos soins et à ceux de Lucy, et dès que le danger sera passé, vous pourrez prévenir et rassurer la mère.

Berthe réfléchit quelques secondes.

Elle était devenue tout à coup sérieuse et grave, comme si le sentiment de cette maternité inattendue l'eût pénétrée tout entière.

Quand elle releva le front, une expression céleste l'éclairait.

— J'accepte, dit-elle à voix lente ; parlez de tout cela à mon père, et si le malheureux enfant ne retrouve pas ici les soins auxquels il est habitué, nous nous emploierons du moins, Lucy et moi, à remplacer de notre mieux la mère qu'il a perdue.

Villeron allait s'éloigner sur ses mots ; Berthe le retint.

— Un mot encore, dit-elle. Ne pouvez-vous m'apprendre quelle est cette femme à laquelle vous vous intéressez avec tant de cœur ?

— Vous la connaissez ! répondit Villeron,

et je ne voulais pas, en vous disant son nom tout d'abord, peser sur votre détermination.

— Quelle est-elle donc?

— La fille du père Morion.

— Jeanne !

— Elle-même.

— Ah ! merci, merci. Hâtez-vous. Chère femme, elle m'avait déjà fait jadis cette cruelle confidence, et, en prenant soin de son enfant, je ne fais que remplir une promesse sacrée.

Cette fois, Villeron gagna la porte à pas précipités, et il en tournait déjà le bouton, quand le docteur et M. Carpentier firent irruption dans la chambre.

Tous deux étaient pâles et bouleversés.


## XVI

### Le 18 Mars

— Grand Dieu ! s'écia Berthe en courant éperdue à M. Carpentier, que se passe-t-il donc, mon père?

De son côté, Villeron avait pris les mains du docteur, et il l'interrogeait avec une poignante anxiété.

— Qu'y a-t-il? qu'avez-vous appris? quel malheur nous menace?

— Ce qui se passe est horrible, répondit M. Carpentier avec un pénible soupir ; depuis ce matin, la plus redoutable des insurrections a pris possession de la capitale, et par les premiers crimes dont elle s'est rendue coupable, on peut estimer à quelles extrémités elle se portera.

— De quels crimes parlez-vous donc? interrogea Villeron.

— Ce matin même, à Montmartre, deux malheureux généraux faits prisonniers, et qui,

comme tels, auraient dû au contraire être protégés, ont été impitoyablement massacrés...

— Ah ! les misérables! s'écria Villeron en crispant ses poings avec rage.

Puis, voulant douter encore de l'épouvantable réalité :

— Mais, voyons, dit-il, peut-être exagérez-vous, on vous a trompé, probablement ; la rumeur publique est prompte à prendre les contes les plus absurdes pour des réalités. C'est une calomnie inventée par les partis opposés.

— Non, colonel, non ! répondit le docteur, le fait n'est que trop vrai.

— Mais les généraux?

— Nous savons leurs noms.

— Quels sont-ils !

— L'un est Clément Thomas ; le second, le général Lecomte.

— Lecomte, dites-vous? c'est bien Lecomte que vous avez dit?

— Sans doute.

— Le malheureux !

— Qu'avez-vous?

— C'est horrible ! c'était presque un ami, nous avions vécu ensemble, il m'aimait comme un frère. Eh ! je n'y tiens plus, voyez-vous ! il faut que j'aille m'informer, je veux savoir...

— Prends garde, Villeron ! fit M. Carpentier.

— A quoi donc?

— Il règne dans le faubourg une certaine agitation.

— Eh bien! qu'importe cela? Je ne leur conseille pas de me chercher querelle aujourd'hui ; car, sur mes épaulettes, je leur vendrais ma peau plus cher qu'ils ne le pensent.

Et, sans attendre d'autres observations, il se précipita dans l'escalier et gagna la rue.

Il régnait, en effet, une effervescence extraordinaire dans le faubourg.

Ce quartier populeux, presque entièrement composé d'ouvriers, se distingue cependant des autres arrondissements de Paris par une tenue généralement plus calme et plus digne.

Non qu'il soit pour cela moins révolutionnaire que les autres, mais il est d'ordinaire moins prompt aux émeutes, plus réservé à l'heure des révolutions.

Sous Louis-Philippe, quand une émotion soulevait les quartiers excentriques, les ministres responsables avaient l'habitude d'adresser immédiatement à la préfecture de police cette question invariable, qui était devenue comme un cliché :

— Le faubourg Saint-Antoine est-il disposé à suivre le mouvement?

Et le gouvernement attendait la réponse pour régler sa conduite.

Si on répondait non, les hommes politiques ne s'inquiétaient guère du reste.

Si on répondait oui, au contraire, cela devenait grave, et il fallait aviser...

Ce jour-là donc, 18 mars, le faubourg était fortement agité.

Des groupes nombreux stationnaient à tous les carrefours. Les visages prenaient une expression ardente et sombre, et, symptôme plus significatif, on voyait aller et venir de la rue Sainte-Marguerite à la rue de Charonne, ces individualités sinistres que l'on ne voit émerger des bas-fonds sociaux qu'aux jours troublés des révolutions sanglantes.

Villeron flaira mauvais tout de suite.

— Hum! dit-il à part lui, voilà qui est bien inquiétant.

Et il continua son chemin, écoutant, regardant, recueillant au passage mille impressions diverses, mais toutes également terribles.

Tout à coup, au détour de la rue, il voit déboucher et venir à lui quelques gardes nationaux mêlés à des soldats du 88ᵉ régiment de ligne, tous bras dessus bras dessous, les uns seulement exaltés, les autres tout à fait ivres, qui s'avançaient en chantant la *Marseillaise*.

Villeron tressaillit.

Qui sait? parmi ces hommes qui allaient défiler devant lui, se trouvaient peut-être les assassins du général Lecomte!

Un nuage passa devant ses yeux, un mouvement involontaire s'empara de lui, et il allait se jeter en avant, quand un accident inattendu se produisit.

Derrière lui, à deux pas, son nom venait d'être prononcé à haute voix.

— Tiens! c'est Villeron, dit un ouvrier.

— Eh! non, dit un autre. Auguste est colonel, à ce qu'on m'a raconté, et celui-ci...

— Qu'est-ce que tu veux parier?

— Pardon! on peut bien lui demander; il ne nous mangera pas.

Les deux ouvriers s'approchèrent du colonel et ils n'eurent pas besoin de l'interroger, car en se rapprochant, tous leurs doutes disparurent.

— Toi! toi ici! fit le premier; quelle chance! tu restes avec nous, tu es un bon, toi; vive Villeron! vive le colonel!

En un pareil moment, il n'en fallait pas tant pour provoquer une émotion considérable.

En deux minutes, plus de mille personnes, hommes, femmes, enfants, entouraient et acclamaient l'ancien apprenti du faubourg.

On se le montrait avec orgueil. On racontait son histoire. On renchérissait sur ses faits d'armes.

— Si je le connais! disait celui qui l'avait reconnu le premier. C'est-à-dire que je ne connais que lui; nous avons été apprentis ensemble chez le père Cadenet, puis, compagnons chez Krieger, puis... puis, il est parti un beau jour; il s'est engagé, s'est battu comme un lion, et le voilà.

— C'est un bel homme! disaient les femmes.

— Et un brave cœur ! ajoutaient les hommes.

— Eh bien ! s'il veut nous commander, nous marcherons tous sous ses ordres.

— Oui ! c'est cela, vive Villeron ! vive notre colonel !

Villeron s'était un instant laissé couvrir de cet enthousiasme spontané qui chatouillait si agréablement son amour-propre; mais il avait trop de bon sens pour prolonger une pareille situation, et il n'était pas homme d'ailleurs à transiger jamais avec ce qu'il devait à l'honneur de sa profession.

Quand il vit les proportions que prenait l'ovation dont il était l'objet, il fit un geste impérieux à ceux qui l'entouraient, et réclama le silence.

Le silence se fit aussitôt.

— Mes amis ! dit-il alors d'une voix accentuée et forte qui promettait un orateur à l'avenir, je vous remercie du fond du cœur des témoignages de sympathie et d'affection dont vous me comblez. Mais j'ai entendu au passage, tout à l'heure, des propositions qui ne sauraient me convenir, et qui prouvent qu'il y a ici des hommes qui ne me connaissent pas.

— Écoutez ! écoutez ! dirent quelques voix.

— Si je ne me trompe, on me propose de former un régiment dont on me donnerait le commandement.

— Oui, c'est cela ! c'est cela ! Vive Villeron !

— Mais je suis déjà colonel, mes amis; j'ai mon régiment qui m'attend, et je ne pense pas que vous ayez l'intention de me proposer de déserter.

Un vague murmure accueillit ces paroles. Évidemment, ce n'est pas là ce qu'on attendait.

Mais Villeron se moquait des impressions de son auditoire. On l'avait souvent surnommé *Saint-Jean-Bouche-d'Or*, et, une

fois lancé, il était bien difficile de le retenir.

Il poursuivit donc, sans s'inquiéter des résultats possibles de son audace.

## XVII

### La nuit du 18 Mars

— D'ailleurs, dit-il, vous me donneriez un pareil conseil que je ne le suivrais pas, vous le savez bien. Mon régiment, c'est ma famille; mon drapeau, c'est mon honneur; et rien, entendez-vous? rien ne pourra me séparer de mon régiment, ni me faire abandonner mon drapeau !

Mais ce n'est pas tout ce que j'ai à vous dire, et accordez encore à un ancien ami, ouvrier autrefois comme vous l'êtes aujourd'hui, accordez quelques minutes d'attention et de patience.

Villeron avait la voix bien timbrée. On entendait distinctement chacune de ses paroles, et il avait surtout, pour certains de ses auditeurs, le mérite d'être, comme l'on dit, un *enfant de la balle*.

Bien qu'il ne flattât pas les passions de ces hommes, ils étaient disposés à le laisser parler jusqu'au bout sans l'interrompre.

— On me dit que vous voulez vous révolter contre le gouvernement de Versailles, poursuivit le colonel; que vous allez proclamer la commune et planter sur l'Hôtel-de-Ville le drapeau rouge, qui ne rappelle que les plus mauvais jours de 93 !

Eh bien, savez-vous ce qu'elle a déjà fait, cette révolution qui commence et à laquelle vous voulez prêter le concours de vos courageux efforts? Ce matin, dès l'aube, lâchement, sans jugement, elle a assassiné deux généraux, dont l'un a été mon compagnon d'armes !

— C'était un traître! cria une voix qui partit du milieu du groupe.

— Qui a dit cela?

— Moi !

— Eh bien, qui que vous soyez, vous en avez menti! Lecomte était l'honneur même. Vingt fois il avait versé son sang sur les champs de bataille, vingt fois il avait fait le sacrifice de sa vie pour son pays !

Ah ! méfiez-vous, mes amis, méfiez-vous ! Il s'est glissé dans vos rangs les plus misérables traînards des armées vaincues. Vous ne les connaissez pas. Moi, je les ai vus à l'œuvre. Les avez-vous jamais rencontrés dans vos ateliers? les avez-vous vus travailler à vos côtés? Ont-ils une femme, des enfants? Non !... Ce sont des bandits venus on ne sait d'où, sans patrie, sans honneur, sur lesque's on peut prendre la mesure de toutes les lâchetés et de toutes les infamies. Voilà ceux qui vous poussent vers l'abîme. Qu'ont-ils à perdre? Rien ! Ils vivent du désordre, et le trouble est leur élément.

Et puis, songez-y, les Prussiens sont là, à nos portes... qui nous regardent. Ne sommes-nous pas assez humiliés déjà? N'avons-nous pas autre chose à faire qu'à nous déchirer les uns les autres ?

Croyez-moi, écoutez-moi, mes braves amis. Secouez une fois pour toutes le joug odieux de ces aventuriers politiques qui vous trompent, et revenez à la raison et à l'honneur !

Cette fin du discours de Villeron, quelque chaleur qu'il y eût mise, fut accueillie assez froidement.

L'heure de la raison n'était pas venue encore ; la passion parlait trop haut chez ces hommes qui l'entouraient, et sur la pente vertigineuse qui les emportait, rien ne devait plus les arrêter.

Quelques ouvriers plus sensés vinrent bien lui serrer la main. Quelques femmes le remercièrent avec effusion d'avoir parlé avec tant de sagesse ; mais le reste demeura froid, et même le colonel remarqua que plusieurs mauvais garnements qui étaient venus grossir le groupe, ricanèrent quand il passa près d'eux pour se retirer.

C'est tout ce qu'il gagna, et il s'éloigna le cœur chagrin et l'esprit soucieux.

C'en était fait ! tout était perdu !... Une révolution nouvelle allait éclater, des flots de sang allaient rougir le pavé de la capitale !

Que faire?

Le brave soldat était fort perplexe.

Il courut à la place, mais déjà, de ce côté, régnait le plus complet désordre, et des émissaires officieux annonçaient que le nouveau pouvoir ne devait pas tarder à venir prendre possession de l'Etat-Major.

A mesure qu'il avançait, le malheureux recueillait les bruits les plus inquiétants.

Chose étrange aussi :

Dans cette capitale du monde civilisé, le meurtre des deux généraux était commenté et discuté sur les boulevards, comme le plus simple des accidents !

Dès le jour même de l'assassinat, des orateurs soutenaient audacieusement que l'on n'avait fait qu'user de représailles envers ces officiers qui avaient fait tirer sur le peuple.

Et ils ne trouvaient que de rares et timides contradicteurs.

O Paris ! ville bizarre où l'on voit côte à côte les plus héroïques dévouements et les plus honteuses couardises!

Villeron était écœuré.

A un moment, comme il se dégageait d'un groupe non moins nombreux qu'idiot, lequel stationnait devant le passage Jouffroy, il se trouva en face d'un homme qui lui fit un signe mystérieux.

Quel était cet homme? Il ne le connaissait pas, il ne se rappelait pas l'avoir jamais vu.

L'homme venait de s'approcher, il se pencha à son oreille.

— Vous n'êtes donc pas parti, colonel? dit-il à voix basse et rapide.

— Parti, moi! fit Villeron surpris.

— Sans doute. Cette nuit, quelqu'un vous en avait donné le conseil.

— Quelqu'un, en effet, cette nuit... Serait-ce vous?

— Moi-même.

— Mais qui êtes-vous?

— Vous le saurez plus tard. En ce moment, je ne puis que vous répéter les conseils de la nuit : partez, colonel ; les affaires se gâtent ; les hommes comme vous ne sont plus en sûreté ici.

— Ce que l'on dit est donc bien vrai? Ils ont assassiné mon pauvre Lecomte?

— C'est vrai.

— Et qu'ont-ils fait de son corps?

— Il est rue des Rosiers, à Montmartre.

— Gardé par eux?...

L'inconnu ne répondit pas. Il mit un doigt sur ses lèvres et disparut.

La nuit venait. Villeron reprit son chemin, allant à l'aventure, sans but, le cœur brisé, songeant toujours au malheureux général.

Comment cela se fit-il? qui pourrait le dire?

Au bout d'une heure, on l'eût trouvé à Montmartre, errant aux alentours de la butte.

Que cherchait-il là? il ne le savait peut-être pas lui-même.

Il y avait été poussé par une sorte d'impérieuse attraction qu'il n'avait pu vaincre.

Tout à coup, comme il tournait le coin d'une rue déserte, il vit devant lui passer une ombre.

Une femme!

Elle rasait les murs, avec des mouvements d'hyène, et, de temps à autre, elle poussait de profonds soupirs qui ressemblaient à des rugissements de fauve.

Il la suivit.

Elle tourna une rue, puis une autre, puis elle s'arrêta, cherchant à s'orienter elle-même.

Elle n'avait pas seulement pris garde à celui qui la suivait; elle était tout entière dominée par un sentiment puissant qui absorbait toutes ses autres pensées.

Bien qu'il fît nuit encore et que l'on ne distinguât qu'imparfaitement les objets, cependant, à deux ou trois reprises, en passant sous les rayons lumineux d'un bec de gaz, Villeron avait cru reconnaître cette femme.

Machinalement, il regarda à l'angle de la rue le nom inscrit sur le mur.

Et une sueur froide inonda son front.

Quel était ce nouveau mystère?

Le nom qu'il venait de lire suffisait à lui donner le frisson.

Il se trouvait à l'entrée de la rue des Rosiers!...


## XVIII

### Rue des Rosiers

Connaissez-vous cette rue?

Elle est située à l'extrémité de Montmartre, derrière la butte, dans un quartier désert, où, pendant le jour même, les passants sont rares.

Un long mur percé çà et là de portes basses; de loin en loin, quelques branches de mélèzes qui dépassent et jonchent le chemin de feuilles sèches. Un silence triste y règne incessamment et l'on croirait longer le mur d'un cimetière.

Mais ce qui n'est que silencieux et triste pendant le jour, devient sinistre et poignant pendant la nuit!

C'était la première fois que Villeron s'égarait de ce côté, et, malgré toute sa bravoure, il ne put se défendre d'un sentiment de superstitieuse épouvante.

Le moindre bruit, le moindre tressaillement de feuilles, le plus doux murmure de la brise, tout contribuait à éveiller en lui une sensibilité inaccoutumée.

Rue des Rosiers !

C'est là que Lecomte avait été assassiné, c'était là que son corps reposait encore à cette heure.

Quel drame sanglant, et comment détacher son esprit de cet horrible souvenir ?

Enfin, la femme qu'il suivait reprit son chemin.

Il se remit lui-même en marche.

Elle fit cinquante pas à peine, puis, arrivée au seuil d'une porte entr'ouverte, elle la poussa résolûment et pénétra dans le jardin sur lequel elle donnait accès.

Villeron plongea son regard à l'intérieur.

A droite et à gauche de l'entrée, il y avait une sentinelle qui se promenait de long en large, l'arme au bras.

Plus loin, queque chose qui ressemblait à un bivouac.

Des fusils en faisceaux, un feu de branches d'arbres qui fumait plutôt qu'il ne brûlait, et autour des gardes nationaux, hàves, fatigués, sombres, qui tantôt regardaient la porte d'entrée, et tantôt se tournaient avec des mines éffarées et pâles vers le fond du jardin.

Qu'y avait-il donc de ce côté qui pût les inquiéter et leur faire peur ?

Villeron avait beau regarder, il ne voyait rien.

Mais il était tenace, et il attendit.

La femme continuait d'avancer ; elle avait dit quelques mots à voix basse aux sentinelles, et, chose singulière ! on l'avait laissée passer.

Mais ce ne fut que pour quelques instants. Cinq minutes s'étaient à peine écoulées, quand un cri aigu retentit, et la femme repa-

rut, les cheveux en désordre, la voix stridente , et jetant devant elle des bras affolés. Un homme la suivait, essayant vainement de la calmer.

— Mon enfant ! je veux mon enfant ! criait la malheureuse. C'est toi qui me l'as volé, et il faudra bien que tu me le rendes.

— Jeanne ! Jeanne ! disait l'homme, si tu m'aimes tais-toi.

— Jamais !

— Tu demandes ton enfant ?

— Où est-il ?

— Viens !

— Où veux-tu me mener ?

— Refuses-tu de me suivre ?

— Oh ! si tu disais vrai, si tu te laissais toucher ! Robert, à mains jointes, je t'en prie, rends-le-moi ! Rends-le-moi, et je te bénirai !

Villeron s'était rejeté dans l'ombre du mur.

Robert et Jeanne passèrent près de lui.

Quelles paroles avait dites le premier pour la convaincre ? Villeron ne les entendit pas ; mais elles avaient suffi pour apaiser la colère et la douleur de Jeanne ; et, maintenant, elle le suivait avec une docilité et une soumission qui épouvantèrent le colonel.

Toutefois, cette impression fut de courte durée.

Un mouvement s'était opéré dans le jardin que Robert et Jeanne venaient de quitter, et toute son attention se reporta de ce côté.

Instinctivement, il lui sembla que quelque chose de grave allait se passer.

Le poste avait rompu les faisceaux ; les sentinelles s'étaient placées droites et immobiles sur le seuil de la porte, le bruit de quelques commandements faits à voix sourde arriva jusqu'à Villeron du fond de l'enclos.

Il attendit.

Au bout d'un instant des pas lourds et réguliers firent résonner le sol.

Un groupe d'hommes s'avançait en ordre, escortés de gardes nationaux armés.

Les premiers portant une civière...

Sur la civière, il y avait un cadavre.

Villeron se pencha en avant pour voir. Il avait la gorge serrée, ses yeux étincelaient, la sueur perlait sur ses tempes.

Quel était ce cadavre?

La civière était recouverte de branches d'arbres placées en croix, mais sous les branches il distingua un uniforme, et sur cet uniforme des épaulettes de général.

C'était Lecomte!...

Un nuage de sang passa devant ses yeux; un désir ardent le prit, et il fut sur le point de se précipiter au-devant de ces hommes.

Mais le funèbre cortége continuait de s'avancer à pas lents, et quand il le vit devant lui, Villeron se découvrit pieusement et rendit les honneurs à cette victime infortunée des aveugles colères du peuple.

Pendant qu'il accomplissait cet acte courageux, une des sentinelles n'avait rien perdu de ses mouvements et elle l'avait signalé comme suspect à l'un de ses camarades.

Celui-ci le redit au sergent, qui le rapporta au lieutenant, si bien qu'une minute après Villeron vit venir à lui une façon d'officier moitié allemand, moitié polonais, qui se met à l'examiner avec une soupçonneuse attention.

— Que viens-tu faire par ici, à cette heure, citoyen? dit-il enfin d'un ton aviné; passe au large et qu'on ne te revoie plus.

— Est-ce que je vous offusque? répliqua Villeron.

— Je n'ai pas à répondre.

— On ne peut donc plus circuler librement?

— On peut circuler. La commune ne le défend pas. Mais ce qu'elle ne permettra jamais, c'est que l'on ait l'air de saluer des misérables qui ont donné le signal des premiers meurtres.

Le cœur de Villeron bondit dans sa poitrine.

— Tous, les mêmes!... dit-il en faisant quelques pas pour s'éloigner. Ah! quand donc en finira-t-on, avec cette canaille qui souille et démoralise le peuple si héroïque de Paris!

— De quoi? dit l'officier, je crois que tu raisonnes. Encore une fois, passe au large.

— Eh bien, oui, je vais y passer, répondit Villeron d'une voix formidable; mais, avant de m'éloigner, je vous aurai dit au moins ce que j'ai sur le cœur. Vous êtes de vils assassins, de lâches misérables, et fasse le ciel qu'il m'offre bientôt l'occasion de vous montrer ce que vaut un homme de cœur et un véritable soldat.

Il n'avait pas achevé, qu'un coup de feu partait.

Tiré dans la nuit, il n'avait pas atteint le colonel qu'il visait, mais presque aussitôt la panique s'empara du poste, gagna les buttes, et ce fut bientôt sur toute la ligne, un feu roulant qui ne se calma qu'au bout d'une bonne heure.

Villeron n'avait pas manqué de profiter du désordre provoqué par cet incident pour se mettre en lieu sûr.


## XIX


### Le bourgeois de Paris


Quelques semaines s'étaient écoulées...

Le drame, dont le sanglant prologue s'était joué le 18 mars, avait suivi son cours naturel et logique; Paris, érigé en Commune, avait jeté le défi à la France entière, et l'Assemblée de Versailles s'était entourée de toutes les forces qui restaient encore debout après nos cruels désastres.

La lutte était engagée.

Lutte impie s'il en fût, au lendemain de revers inouïs dans les annales de l'histoire, et en peu de jours, dès le début même, elle avait pris des proportions qui pouvaient faire prévoir l'issue la plus épouvantable dont la France ait gardé le souvenir.

Ceux qui sont restés à Paris, pendant ces jours néfastes, n'oublieront jamais le spectacle qu'a présenté au monde la ville du plaisir, de l'intelligence et des arts.

Un vent de malheur avait soufflé sur tout ce qui faisait naguère la supériorité de cette capitale.

La vie semblait s'être retirée tout à coup de ce centre incomparable de mouvement et d'activité. Tout ce qui en faisait l'orgueil avait disparu, la liberté était méconnue, l'autorité des lois était suspendue, la sécurité de chaque citoyen s'y trouvait à chaque instant menacée.

Ce n'était pas même le règne de la Terreur, et l'on se demandait avec stupeur, au dedans comme au dehors, d'où avaient surgi ces hommes sans nom et sans passé, qui s'étaient si audacieusement partagé le pouvoir.

D'où venaient-ils? où allaient-ils? que prétendaient-ils imposer à la France?

La plupart venaient des bas-fonds de la pire bohême...

Un tas d'hommes perdus de dettes et de crimes.

comme parle Corneille.

Leurs mains portaient l'empreinte de l'or étranger, et il ne nous ont pas dit encore ce que la Prusse leur a payé le jour où ils ont abattu la Colonne.

Ce n'était pas assez pour la France d'avoir été vaincue, il fallait de plus qu'elle fût livrée à de pareils maîtres!

Par surprise Paris s'était laissé dominer, et il subissait le plus odieux et le plus humiliant des jougs.

Pendant les premiers jours, peut-être y eut-il une sorte d'excuse à la couardise des honnêtes gens. — Le gouvernement s'était retiré à Versailles, les municipalités étaient dans le plus complet désarroi; à vrai dire, on ne savait plus bien à quelle autorité s'adresser.

L'avenir dira quelle part de responsabilité revient à chacun, dans ces tristes événements, mais les causes d'incertitudes cessèrent au lendemain des hostilités, et quand les premiers coups de fusil eurent été échangés entre Paris et Versailles, ce qui n'était que de l'hésitation devint aussitôt de la lâcheté.

Dès le début, d'ailleurs, il ne fut guère permis de conserver la moindre illusion sur le caractère du mouvement insurrectionnel de la capitale.

Derrière Versailles était la France, et la Commune devait fatalement être vaincue.

Aussi, l'irritation des hommes de l'Hôtel-de-Ville se traduisit bientôt par la violence même de leurs actes.

Quinze jours ne s'étaient pas écoulés que le désordre se mettait dans leurs rangs.

Ils commençaient à douter de la justice de leur cause — si tant est qu'ils aient jamais pu y croire — et à partir de ce moment, ils ne reculèrent devant aucune mesure répressive, aucun acte d'intimidation.

On était alors au milieu du mois d'avril.

M. Carpentier n'avait pas quitté le faubourg Saint-Antoine qu'il continuait d'habiter avec sa fille.

Un singulier revirement s'était, dès le principe, opéré dans l'esprit du brave industriel.

Il n'eût pu, sans injustice, être accusé de sympathie pour la Commune. — Il connaissait, par expérience, les hommes de l'Internationale, et n'avait pas oublié l'influence

Nous diras-tu si c'est pour les Versaillais que tu priais avec tant de ferveur.

sinistre qu'ils avaient eue dans le désastre de Varennes.

Mais depuis qu'il était revenu habiter Paris, c'est-à-dire vers les dernières années de l'Empire, il s'était un peu laissé gagner par les idées nouvelles ; sans bien comprendre précisément vers quel avenir elles le menaient, il avait applaudi aux tentatives patronnées par l'Empereur lui-même dans le but d'introduire, dans les entreprises industrielles, la coopération des travailleurs

Beaucoup de bons bourgeois en étaient là à cette époque, et ils ne se doutaient guère qu'ils réchauffaient, dès lors, la Commune dans leur sein !

Il faut faire des concessions, disait-on, et l'on croyait par ce moyen éloigner la date fatale des revendications sociales.

Quand la Commune s'installa à l'Hôtel-de-Ville, M. Carpentier se contenta de sourire.

Il n'était pas satisfait de l'Assemblée de Versailles ; il se sentait menacé par la droite, et il n'était pas fâché de lui donner une petite leçon.

Et puis, il réclamait les franchises municipales ! l'autonomie de la capitale, que sais-je ?

Les mots ne manquaient pas, et, au fond de son cœur, il se faisait ce raisonnement :

« Ce n'est pas la première fois que des mouvements populaires de même nature éclatent dans la capitale ; généralement cela dure trois ou quatre jours, après lesquels l'ordre se rétablit, le gouvernement change, et les hommes avancés montent au pouvoir.

« C'est ainsi que cela s'est passé en 1830, en 1848, au 4 septembre 1870, et cela se passera encore cette fois de la même façon.

« Eh bien, qu'ai-je à craindre de Versailles ? — rien, — de Paris, au contraire, tout.

« Ménageons donc Paris, voyons venir, et quand la crise sera finie, j'aurai, aux yeux du faubourg, l'honneur de m'être montré sympathique au mouvement. »

Sous l'empire de ces idées, il se fit nommer membre de l'union républicaine, s'abonna au *Siècle,* et bien convaincu que, de la sorte, il devait conjurer tout danger, il attendit patiemment la fin de la lutte.

Mais il ne tarda pas à s'apercevoir qu'il s'était trompé dans son diagnostic.

La lutte engagée ne paraissait pas près de finir, et l'énergie déployée par Versailles déconcerta tous les plans qu'il avait formés.

Alors il commença à réfléchir, à comprendre qu'il s'était peut-être trop avancé, et songea prudemment à se préparer une retraite honorable.

Un jour, il reçut la visite du docteur Bernard.

Le docteur était moins un médecin qu'un ami. Il avait une grande confiance en son jugement, et il ne dédaignait pas de prendre quelquefois son avis.

Le docteur contribua à l'effrayer considérablement.

Il lui fit toucher du doigt le véritable état des choses ; il lui reprocha d'être resté, avec sa fille, au milieu de ces désordres dont l'intensité allait toujours croissant, et comme, en somme, M. Carpentier l'écoutait avec bienveillance, il finit par le décider à quitter le faubourg, pour aller se réfugier dans un quartier moins exposé aux troubles populaires.

Trois jours après, M. Carpentier et sa fille s'installaient rue de Lille, dans un appartement resté inoccupé par suite du départ d'une de ses parentes.

Une fois là, il se crut sauvé et se rassura.

Mais tout n'était cependant pas fini.

Les défaites successives éprouvées par les fédérés dans les combats engagés contre les troupes de Versailles n'avaient fait qu'exaspérer la fureur des membres de la Commune.

Plus ils se sentaient perdus et plus leur frayeur et leur lâcheté se révélaient par la violence de leurs actes.

Il arriva un moment où M. Carpentier ne se crut plus en sûreté à Paris.

Il regretta amèrement de n'avoir pas fui la capitale, quand les portes en étaient encore ouvertes, et il songea, en frissonnant, au sort qui lui était réservé à lui et à sa fille !

Mais à cette heure, il n'y avait plus rien de possible, et la fuite était plus dangereuse même que la prolongation de son séjour.

Toutefois, et bien qu'il comprît tous les dangers qui le menaçaient, en bourgeois obstiné qu'il était il conserva l'espoir de se soustraire, par un moyen à trouver, à toutes les difficultés, à toutes les horreurs de cette situation extrême.

C'est sur ces entrefaites qu'advinrent les tristes événements que nous allons raconter.

## XX

### L'église

Il y avait quelques jours déjà que M. Carpentier était installé rue de Lille.

Berthe l'y avait suivi naturellement, et avec elle Lucy et l'enfant de Jeanne.

Ils vivaient là, relativement heureux, mais incessament tourmentés par les appréhensions de l'avenir.

La situation était loin de s'améliorer.

Berthe, bien que confinée au fond de son appartement, savait, par les indiscrétions des bonnes, qui lui étaient rapportées par Lucy, à peu près tout ce qui se passait au dehors; mais elle ne pouvait se faire une juste idée des dangers qu'elle devait courir, elle et son père, à un moment donné, qui pouvait ne pas être éloigné.

Elle n'avait pas revu Maurice, et peut-être craignait-elle encore plus pour lui que pour elle-même.

Était-il resté à Paris? avait-il réussi à fuir?

Deux questions, dont une seule la préoccupait.

Elle ne doutait pas que Maurice ne fût resté.

Elle connaissait trop la profondeur de son amour, la sincérité de son dévouement pour croire un moment qu'il avait pu la quitter.

Il était à Paris, non loin d'elle sans doute, prêt à accourir au premier appel.

Huit jours s'écoulèrent dans l'attente.

M. Carpentier s'absentait quelquefois — rarement cependant. — Mais enfin, de temps à autre, il partait le matin, et allait visiter quelques amis.

On se concertait, on discutait; on cherchait les moyens de sortir de cette cruelle position.

Un jour, entre autres, il était parti de bonne heure; après avoir embrassé sa fille, il l'avait avertie qu'il ne rentrerait que dans l'après-midi, aux environs du dîner.

Berthe n'y vit aucun mal, et elle le laissa s'éloigner sans songer à s'alarmer.

La journée se passa comme les précédentes.

Le bruit du canon au loin, quelques fusillades plus rapprochées, des cris dans la rue, un certain tumulte aux carrefours prochains.

C'était tout.

Berthe commençait à s'habituer à ces bruits sinistres; elle en frissonnait encore de temps à autre; mais l'épiderme seule était atteinte, et elle se remettait presque aussitôt.

Le calme de son intérieur n'en était donc pas troublé, et elle compta toutes les heures, jusqu'aux approches de la nuit, sans éprouver la moindre crainte.

Seulement, quand elle entendit sonner six heures à l'horloge de l'église voisine, machinalement elle sonna Lucy et demanda si son père n'était pas rentré.

Lucy alla aux informations et revint annoncer que l'on n'avait pas vu M. Carpentier.

Berthe devint soucieuse.

Puis elle entendit successivement sonner sept heures, huit heures, et quand neuf heures tintèrent à l'horloge, elle se leva pâle, émue, effrayée d'un si long retard, s'abandonnant malgré elle aux suppositions les plus alarmantes.

C'était la première fois que M. Carpentier s'attardait ainsi; évidemment, il lui était arrivé quelque accident.

Qui sait?

Peut-être l'avait-on arrêté!

Vainement on chercha à la rassurer; on lui dit que M. Carpentier était prudent, qu'il n'avait pu s'exposer aux dangers dont la pensée la faisait pâlir; — d'ailleurs, il était connu, aimé ; il n'existait aucune raison pour qu'on usât envers lui de mesures rigoureuses.

Berthe écoutait à peine.

Son cœur battait à se rompre, ses oreilles bourdonnaient ; un nuage épais obscurcissait sa vue.

Quand dix heures sonnèrent, elle n'y tint plus.

Il y avait une église non loin de la maison qu'elle habitait.

Elle mit un chapeau, jeta un manteau sur ses épaules.

— Où allez-vous donc ainsi, à cette heure ? voulut dire Lucy.

— Je vais prier Dieu, répondit simplement Berthe.

— Laissez-moi au moins vous accompagner.

— Non, Lucy, restez ; je ne serai pas longtemps absente, mais il me semble que cette prière faite à Dieu rendra un peu de calme à ma pauvre tête.

Elle sortit.

Il y avait peu de monde dans la rue.

Elle marchait vite et rasant les maisons.

Enfin, elle atteignit la sombre basilique, et disparut à pas rapides sous le portail.

Mais elle eut à peine mis le pied dans l'intérieur, qu'un spectacle inouï, insensé, invraisemblable, vint frapper ses yeux et changer violemment le cours de ses réflexions

C'était inouï, en effet, et digne des saturnales des temps antiques.

Le temps était sombre. A peine quelques bougies dans les lustres qui pendaient de la voûte et sous les bas-côtés ; impossible de distinguer autre chose qu'un grouillement informe et un murmure confus de voix.

Le public se composait des plus étranges contingents.

Des femmes, des hommes, des enfants, des vieillards debout, le front couvert, l'atti-

tude provocante, la parole haute et goguenarde.

Aucune des femmes qui pénétraient dans la basilique n'allait tremper ses doigts dans l'eau sainte.

Elles passaient devant le bénitier commun sans s'y arrêter, sans même y jeter un coup d'œil.

Elles allaient droit devant elles, cherchant une place commode, non loin de la chaire, échangeant en passant, avec les hommes qu'elles coudoyaient, des propos dont le sens échappait à l'ingénuité de Berthe, et promenant de tous côtés un regard d'une expression hardie qui jurait avec le caractère du saint lieu.

Berthe en fut presque scandalisée.

Mais elle était si préoccupée pour son propre compte, que, dans le premier moment, ce spectacle n'arrêta pas précisément sa pensée.

Elle chercha une chaise, s'agenouilla, et ayant fait le signe de la croix, elle joignit ses mains gantées et se mit à prier .

Que se passa-t-il alors ?

Il nous serait difficile de le dire.

Mais Berthe s'était à peine agenouillée sur sa chaise, son doigt tremblant venait à peine de toucher son front, qu'un chuchotement bizarre s'éleva à côté d'elle , et que ses voisins et ses voisines surtout se prirent à la regarder avec étonnement.

Berthe continuait de prier.

Et elle priait avec d'autant plus de ferveur, que son cœur était plein de tristes pensées et de cruelles appréhensions.

Elle pensait à son père sorti depuis le matin, et pour lequel elle craignait quelque catastrophe ; elle priait aussi pour Maurice dont l'absence l'inquiétait au plus haut degré, et qu'elle eût voulu savoir en lieu sûr et à l'abri de tout danger.

Pour elle-même, elle ne craignait rien.

Que pouvait-elle redouter, en effet ? Elle

n'avait jamais fait de mal à personne. Elle vivait retirée, ne se mêlant à rien, répandant autour d'elle le plus d'aumônes possibles, et ne demandant à Dieu que de voir finir ces dures épreuves par lesquelles il lui avait fallu passer depuis quelques années.

Cependant le murmure provoqué par sa présence, et surtout par son attitude, s'était accentué davantage; maintenant, on échangeait des mots railleurs; le ricanement, d'abord limité et restreint, s'était propagé, et en dépit de son recueillement, Berthe ne put s'empêcher d'y prendre garde.

Elle releva les yeux et frissonna jusqu'au fond de son âme.

Elle se crut le jouet d'une hallucination et pressa son front de ses deux mains, comme pour chasser les terribles impressions qui l'assaillaient.

Mais rien n'y fit.

Autour d'elle, on semblait s'être entendu instinctivement, les rangs s'étaient resserrés. et quelques mégères étaient même venues se placer en face d'elle, avec une intention évidente de défi.

— Ah çà, d'où vient-elle donc, celle-ci? dit enfin l'une de ces dernières en campant ses deux poings sur ses hanches. Est-ce qu'elle a pénétré ici pour nous braver, par hasard, avec ses signes de croix et ses airs de sainte Nitouche?

Un gros rire accueillit ces paroles, qui répondaient, paraît-il, au sentiment général.

Berthe se sentit devenir pâle, une sueur froide perla à son front, et elle se demanda avec effroi en quel lieu elle s'était égarée.

— Eh bien, répondras-tu, à la fin, continua l'horrible mégère, encouragée par son premier succès, et nous diras-tu si c'est pour les Versaillais que tu priais avec tant de ferveur?

Berthe voulu répondre.

Mais sa langue était glacée à son palais, elle se sentait défaillir; encore quelques secondes, et elle allait tomber sans connaissance sur les dalles; mais cette défaillance ne fut que passagère, et au moment où elle désespérait d'elle-même, son regard s'éclaira tout à coup d'une flamme inattendue et elle se dressa droite, émue, vibrante, comme si une force nouvelle l'avait pénétrée.

A deux pas d'elle, elle venait d'apercevoir le visage d'une femme qu'elle connaissait:

Le visage de Jeanne, la fille du père Morion !

Le premier effet produit sur Berthe par cette découverte fut de la rassurer.

C'était bien Jeanne.

Elle était là au milieu de toutes ces femmes et de tous ces hommes, et, du fond du cœur, elle bénit le ciel de cette rencontre inespérée.

Toutefois, l'effet fut aussi court qu'il avait été spontané.

En examinant avec plus d'attention la fille du père Morion, Berthe se sentit bientôt troublée de nouveau et demeura convaincue que quelque chose d'anormal et de funeste se passait autour d'elle.

C'était Jeanne... et ce n'était pas elle.

Elle paraissait fatiguée, elle avait bien pâli; mais elle était toujours belle.

Belle! est-ce bien là l'expression qu'il convient d'employer.

Ce n'était plus la beauté saine et pure d'autrefois. La femme agreste et franche avait disparu, et il ne restait plus devant Berthe qu'une femme dont le visage présentait un singulier cachet de dégradation.

D'où cela venait-il? Ce n'est point Berthe qui eût pu le deviner.

L'œil maintenant était atone et vague, la lèvre inerte et comme hébétée; il n'y avait pas jusqu'à son opulente chevelure dont le désordre n'attestât une sorte de paresse insouciante et d'abandon inconscient de soimême!

En se sentant menacée par les regards qui

se tournaient vers elle, en entendant ces voix
éraillées qui l'interpellaient avec un commencement de violence, Berthe n'eut pas le
temps de s'arrêter à ces observations; elle
n'eut qu'une idée, ce fut de recourir à sa
protégée d'autrefois; elle n'eut qu'un espoir,
c'est qu'elle prendrait sa défense et la dé-
livrerait du danger dont elle était menacée.

Aussi, faisant un effort sur elle-même, elle
se leva, repoussa doucement les femmes qui
l'entouraient et courut à Jeanne dont elle
prit et serra les mains.

— Jeanne! Jeanne! dit-elle d'un ton
effaré, c'est moi, Berthe; ne me reconnais-
tu pas?

Un sourire d'une expression indéfinissable
effleura les lèvres de la jeune femme.

— Berthe! répéta-t-elle en dégageant ses
mains pour presser son front, Berthe! qu'est-
ce que cela?

— Regarde-moi.

— Que me voulez-vous?

— N'entends-tu pas ce que l'on dit autour de nous? on m'injurie, on me menace.

— Berthe! répéta encore Jeanne.

— Défends-moi! défends-moi!

Cependant le cercle des curieux s'était un
peu élargi; bon nombre des assistants, allé-
chés par l'espoir d'un incident, avides d'é-
motions, s'étaient précipités de ce côté, et il
s'était formé alentour une sorte de galerie
vivement intéressée.

Jeanne avait levé les yeux, et elle regardait Berthe.

Mais un voile semblait obscurcir ses yeux,
elle avait beau presser son front, aucun souvenir ne jaillissait; on eût dit qu'elle n'était
plus en possession de sa raison.

— Ah! tu ne te rappelles donc pas! s'écria
Berthe désespérée? tu as donc perdu le souvenir?... Jeanne, souviens-toi de Varennes, de
mon père, du tien!

Et elle ajouta à voix plus basse, mais d'un
ton frémissant:

— Souviens-toi de ton enfant!

— A ces paroles, la malheureuse femme
poussa un cri étouffé et comprima sa poitrine
de ses doigts crispés.

— Mon enfant! répéta-elle d'un ton rauque, vous savez où il est?

— Peut-être, répondit Berthe.

— On me l'a volé! ils me l'ont pris! C'est
Mathon, vous savez... Ah! je vous reconnais
maintenant; vous avez toujours été bonne
pour moi, votre père aussi; mais j'ai été si
misérable!

— Tu ne le seras plus.

— Mon pauvre enfant...

— Il faut que je te parle.

— A quoi bon?

— Entendez-moi... écoutez-moi... sortons
ensemble.

Et comme Berthe voulait l'entraîner,
Jeanne la repoussa avec dureté, et fit un
geste violent.

— Non! non? dit-elle d'une voix rude,
je veux rester! Ils m'ont défendu de faire
des recherches; à la moindre tentative, ils
le tueraient.

— Qui a dit cela?

Jeanne mit un doigt sur ses lèvres...

— Lui!

— Qui, lui?

— Chut! ne prononcez pas son nom,
murmura-t-elle, il est peut-être ici qui nous
écoute.

— Pauvre mère! si tu savais quelle joie
t'est réservée, si tu voulais me suivre...

— Non, vous dis-je, c'est impossible! et
puis, depuis la catastrophe, vous l'ignorez,
vous, ma vie est bien changée, allez!...

— Comment?

— Il y a des heures où j'oublie le passé;
la honte, le désespoir...

— Que dis-tu!

— Vous avez eu tort de me rappeler tout
cela.

— Mais ton enfant?

— On me le rendra dans quelques jours.

— Et en attendant?

Jeanne eut un rire nerveux.

— Eh bien, en attendant, répondit-elle, vous voyez... je viens ici... ou... quand je suis seule... dans ma pauvre mansarde... eh bien!...

— Achève!

Jeanne ne répondit pas.

L'effort qu'elle avait fait pour parler et pour se souvenir avait épuisé ce qui lui restait d'énergie ou de volonté.

Son regard reprit tout à coup son expression atone, ses gestes redevinrent heurtés et fébriles, et pendant qu'une sorte de rire idiot contracta ses lèvres, elle se laissait tomber inerte sur une chaise.

La malheureuse était ivre!

Elle avait voulu lutter un moment et réagir contre son état en présence de Berthe, mais elle avait été vaincue.

Berthe cacha sa tête dans ses mains, pour ne pas voir un pareil spectacle, et elle fit même quelques pas pour fuir.

Seulement, elle avait oublié les mégères qui venaient d'assister à la scène et qui, bien que n'y comprenant rien, étaient restées persuadées que cette jeune fille, si élégamment vêtue, ne devait pas être tout à fait étrangère au malheur de Jeanne.

Quand elle voulut s'éloigner, elle rencontra devant elle des rangs pressés de curieux qui ne paraissaient pas disposés à s'ouvrir pour la laisser passer.

Elle retomba violemment dans la réalité.

Que faire, dès lors, et comment conjurer le danger?

Toutes ses terreurs revinrent à la fois.

Elle eut peur.

— Mais vous ne voulez donc pas me laisser partir? dit-elle avec égarement.

— Où veux-tu aller? demandèrent plusieurs voix.

— Je veux rentrer chez moi... J'étais venue pour prier... Mon père est sorti ce matin, depuis il n'est pas rentré... Alors, j'ai perdu la tête... Je suis accourue ici... Quel mal vous ai-je fait?... Vous ne me connaissez pas... Vous ne pouvez m'en vouloir...

— Tu partiras après la séance.

— Quelle séance?

Un éclat de rire, répondant à sa question, vint glacer le sang dans ses veines.

C'en était trop.

Elle tourna un dernier regard vers Jeanne pour lui adresser un dernier et suprême appel.

Elle courut de nouveau à elle, lui secoua les bras avec énergie pour l'arracher à sa torpeur, et, voyant l'inutilité de ses efforts, elle prit son front dans ses mains et fondit en larmes.

— Ah! personne, personne ne viendra donc à mon secours! s'écria-t-elle éperdue et presque folle...

A ce moment, un cri s'éleva de la foule, et un homme, écartant brusquement les curieux, vint la prendre dans ses bras au moment où elle allait s'évanouir.

— Berthe! Berthe! dit cette voix, n'ayez plus peur, ne craignez plus rien; c'est moi, Maurice, et je viens vous sauver!

Et se tournant vers les assistants étonnés et interdits :

— Allons place! ajouta-t-il d'une voix résolue et forte, et honte sur les lâches qui n'ont d'audace que pour insulter les femmes!

Et repoussant ceux qui l'entouraient d'un geste énergique, il se fraya un passage à travers la foule et gagna la sortie d'un pas rapide.

## XXI

### Ce qu'était devenu M. Carpentier

Il y a dans l'acte d'un homme qui ne craint pas de protéger un être faible contre une agression sauvage, une sorte d'héroïsme qui porte en soi sa fascination et s'impose aux spectateurs à quelque rang qu'ils appartiennent.

Aussi, quand Maurice parut, chacun baissa les yeux devant l'éclair qui brillait dans son regard, et nul ne chercha à lui opposer de résistance au moment où il s'éloigna, soutenant de son bras robuste la jeune fille qu'il venait d'arracher aux injures d'une foule surexcitée.

Du reste, Maurice connaissait de longue date ceux auxquels il avait affaire, l'idée ne lui vint même pas de perdre son temps à expliquer son intervention.

La moindre hésitation eût été un danger de plus dans un pareil moment; il avait compris tout de suite qu'il fallait brusquer le dénouement, et c'est d'un pas rapide qu'il avait gagné la rue.

Une fois là, il ne se crut pas encore tout à fait en sûreté, et continua sa marche pressée sans regarder en arrière, se contentant de soutenir le bras de Berthe, sans échanger une parole avec elle.

Berthe, de son côté, n'était pas revenue de l'effroi qu'elle avait éprouvé.

Elle se laissait conduire, docile, soumise, tremblante, heureuse d'être délivrée enfin de l'horrible cauchemar, mais craignant toujours de voir apparaître les affreux visages qui l'avaient un moment menacée.

C'était comme un rêve épouvantable dont elle venait de sortir, et elle avait peine à croire à la réalité de son salut.

Cependant, quand ils eurent fait quelques pas dans la rue déserte, et comme ils approchaient de la rue de Lille, elle s'arrêta essoufflée, jeta derrière elle un dernier regard effaré, et comprenant qu'elle était désormais hors de danger, elle pressa avec effusion la main de Maurice, et balbutia quelques paroles de remerciement et de reconnaissance.

— Vous me remerciez, Berthe, répliqua vivement Maurice, et je n'ai fait que suivre l'inspiration de mon cœur.

— C'est le ciel qui vous a envoyé à mon secours, dit Berthe.

— C'est mon amour qui m'a guidé, répondit le jeune homme. J'étais allé à votre hôtel; Lucy m'a dit que vous vous étiez rendue à l'église, et je suis venu vous y trouver, parce que j'avais à vous parler.

— Il y a bien longtemps que nous ne vous avions vu, fit Berthe d'un ton de doux reproche.

— C'est vrai, mais il s'est passé tant de choses pendant les dernières semaines! j'ai été obligé de me cacher.

— Seriez-vous menacé?

— Sans doute.

— Vous aussi?

— Moi, comme tous ceux qui veulent rester honnêtes, et ne pas mentir à leur conscience.

— Mon Dieu, qu'allons-nous devenir!...

— Espérons encore, Berthe; la victoire ne peut tarder à se déclarer pour les honnêtes gens, et avant peu le règne de cette odieuse terreur sera terminé.

— Mais d'ici là?

— D'ici là, il faut agir avec prudence, se cacher soigneusement, pour éviter quelque catastrophe.

— Lucy vous a-t-elle dit pourquoi j'étais sortie ce soir?

— Elle me l'a dit.

Vous auriez la cruauté de me proposer une telle infamie !

— J'étais si inquiète...

— Vous aviez raison de l'être.

— Mon pauvre père n'était point revenu encore.

— Je le sais, et j'ajouterai que c'est une des raisons qui m'ont déterminé à sortir moi-même de la réserve que je m'étais imposée.

— Vous avez donc appris quelque chose.

— Par hasard.

— Vous savez où est mon père ?

— Peut-être.

Berthe joignit les mains, et adressa un regard suppliant au jeune homme.

— Oh ! parlez ! dit-elle, rendue tout à coup à toutes les inquiétudes. Mon père est vivant ? n'est-ce pas.

— Oui, Berthe, il est vivant.

— Vous ne me trompez pas ?

— Je vous le jure !

— Mais où est-il a'ors ! Pourquoi ce retard, que lui est-il arrivé ?

— Calmez-vous !

— Que je me calme ! — Voyons ! est-ce

possible, cela? Voilà que vous m'effrayez à votre tour. Mon Dieu! quel malheur avez-vous donc à m'apprendre?

— Aucun, je vous le jure. Seulement...

— Seulement?...

— M. Carpentier était signalé depuis quelques jours à plusieurs membres de la Commune comme ayant eu des relations avec le Gouvernement de Versailles.

— C'est faux.

— C'est vrai. Mû par un sentiment d'humanité, dans l'espoir d'arrêter l'effusion du sang, M. Carpentier et quelques hommes honorables de la capitale ont voulu tenter un rapprochement entre Versailles et la Commune.

— Eh bien?

— Ce n'était que l'acte de citoyens honnêtes et généreux; mais qui ne comprenaient pas qu'à cette heure il n'y a plus d'entente possible entre les deux camps ennemis.

— Enfin?...

— Enfin, au lieu de leur savoir gré de leurs tentatives, la Commune les a tenus pour suspects de trahison.

— Que dites-vous?

— Et ce matin, au moment où M. Carpentier se rendait à une dernière conférence dont il espérait le meilleur résultat...

— Achevez...

— Il a été arrêté, avec deux de ses amis.

Berthe étouffa un sanglot.

— Arrêté! répéta-t-elle avec un frisson; avec un pareil gouvernement, savez-vous bien, Maurice, que c'est effrayant?

— Je ne voudrais pas vous dissimuler les dangers que peut courir M. Carpentier. Toutefois, il ne faut pas les exagérer non plus.

— Cependant il est en prison, et Dieu sait quand on le rendra à la liberté.

— Ne désespérons pas encore... Je connais quelques-uns des hommes qui siègent à l'Hôtel-de-Ville, et peut-être que mes démarches...

— Mais c'est vous exposer vous-même.

— Je serai prudent, je vous le promets.

— Que faire? que faire?...

Berthe resta un moment pensive, le front penché, le regard attaché fixement au pavé de la rue.

Puis, tout à coup, et comme sous l'empire d'une pensée soudaine, elle releva le front, et regarda Maurice.

— Maurice, lui dit-elle d'un ton résolu, vous venez de dire que vous connaissiez quelques-uns des hommes qui exercent aujourd'hui le pouvoir?

— Sans doute, répondit Maurice.

— Et ces hommes pourraient rendre mon père à la liberté?

— Assurément; l'un d'eux surtout jouit en ce moment d'une réelle et sérieuse influence.

— Vous le connaissez?

— Un peu! et vous-même et votre père avez été fort liés avec lui.

Berthe regarda Maurice avec étonnement.

— Quel est donc cet homme? demanda-t-elle curieusement.

— Vous l'avez reçu à Varennes.

— Son nom? dites-moi son nom?

— Robert Linley!

— Est-ce possible?

— Cela est.

— Il fait partie du gouvernement de l'Hôtel-de- Ville?

— Depuis quinze jours, et il occupe une position qui lui donne, pour ainsi dire, droit de vie et de mort sur tous les malheureux que l'on arrête.

Berthe secoua vivement la tête.

— Alors, je n'hésite plus, dit-elle, l'œil plein de flammes.

— Que voulez-vous faire? demanda Maurice.

— Où peut-on rencontrer Robert Linley?

— A la préfecture de police.

— Eh bien! demain, à la première heure,

j'irai à la préfecture, demander à M. Robert Linley la liberté de son hôte de Varennes.

Et, reprenant aussitôt sa marche, elle rentra à l'hôtel de la rue de Lille.

Et le lendemain, ainsi qu'elle l'avait annoncé, elle se présentait, à la première heure, au cabinet que Robert Linley occupait rue de Jérasalem.

## XXII

### Rue de Jérusalem

C'est un huissier qui la reçut quand elle pénétra dans l'antichambre.

— Que demandez-vous, citoyenne? fit le fonctionnaire subalterne, en examinant insolemment la pauvre Berthe.

— Je désire parler au citoyen Robert Linley, répondit la jeune fille sans se laisser intimider par la brusquerie et l'impertinence de l'accueil.

— Veuillez écrire votre nom, ajouta l'huissier, en désignant une table banale sur laquelle étaient jetés sans ordre des plumes et quelques carrés de papier.

Berthe fit ce qu'on lui indiquait, et écrivit son nom et son prénom.

— C'est bien! approuva l'huissier. Je vais m'assurer que le citoyen Robert Linley est à son cabinet, et je reviendrai vous dire s'il peut vous recevoir.

L'huissier sortit sur ces mots, et Berthe resta seule.

La résolution qu'elle avait prise contrastait trop avec ses habitudes de calme et de réserve, pour ne pas l'avoir agitée profondément, et quand elle se trouva seule dans cette froide antichambre, au papier sombre, aux meubles usés, le sentiment de la réalité la saisit tout entière, elle craignit d'avoir trop présumé de ses forces, et se demanda si elle aurait le courage d'accomplir jusqu'au bout la mission qu'elle s'était imposée.

Mais cette défaillance dura peu.

Les femmes ont, en elles, des ressources inconnues aux hommes, et elle n'eut qu'à songer à son père pour que l'audace lui revînt et pour qu'elle reprît hardiment possession d'elle-même.

Son père!...

Il gémissait à cette heure dans quelque sombre cachot, moins inquiet sans doute sur son propre sort que sur celui que ses ennemis réservaient à sa fille.

Ces craintes, ces terreurs pouvaient altérer sa santé. Un pareil incident pouvait mettre ses jours en danger et il n'y avait pas de tentatives devant lesquelles dut reculer Berthe pour le sauver.

Elle se raffermit donc dans sa résolution, pendant les minutes de répit qui lui étaient accordées, et lorsque l'huissier revint et lui annonça que le citoyen Robert Linley était prêt à la recevoir, c'est d'un pas assuré et ferme qu'elle le suivit.

Son cœur battait bien fort cependant, mais elle ne tremblait plus, et rien ne devait plus la faire hésiter.

Un instant plus tard, elle pénétrait dans le cabinet de Robert...

A peine est-il besoin de dépeindre le bureau où se tenait celui qu'elle allait implorer.

Une pièce froide comme l'antichambre, méthodique, régulière, où chaque objet, rangé avec soin, portait l'empreinte indélébile de ce qu'on appelle l'administration.

Robert était assis dans un large fauteuil de cuir.

Il se leva dès qu'il aperçut Berthe, et la salua avec une certaine courtoisie.

Dès que j'ai vu votre nom sur ce papier,

mademoiselle, dit-il d'un ton poli, je me suis empressé de vous recevoir, j'ai voulu vous prouver ainsi que je n'ai point oublié l'hospitalité que vous m'avez offerte à Varennes.

Berthe remercia du geste et s'assit sur un siége que Robert lui avait indiqué.

Il y eut un moment de silence — très-court à la vérité — mais pendant lequel la jeune fille eut cependant le loisir d'examiner son interlocuteur.

Elle le trouva bien changé.

Il avait maigri; ses yeux étaient cernés et fatigués, quelques cheveux gris traçaient maintenant plusieurs sillons argentés sur ses tempes.

Et puis, autre remarque...

Naguères encore Robert était un homme élégant, presque distingué. Son front éclatait d'intelligence, et son œil avait des reflets de force et de vie. A cette heure, tout cela avait disparu, et Berthe n'avait plus devant elle qu'un visage dont la pâleur et l'altération semblaient témoigner d'une dégradation récente et qui avait dù s'accomplir avec une rapidité invraisemblable.

— En me recevant au milieu des circonstances terribles que nous traversons, reprit bientôt Berthe, vous avez dû comprendre, tout de suite, monsieur, ce que je venais faire près de vous et quelle sollicitation j'avais à vous adresser.

— Du moins j'en ai le soupçon, répondit Robert en s'affermissant dans son fauteuil.

— Il s'agit de mon père.

— Je m'en doutais.

— Hier, mon père est sorti, selon son habitude, et le soir il n'était pas encore rentré à l'hôtel. La nuit s'est passée depuis, et la situation n'a pas changé. Vous comprenez combien j'ai été tourmentée, et quelles heures inquiètes j'ai dû passer. Mais, ce matin toutes mes appréhensions ont redoublé, quand j'ai appris qu'il avait été arrêté.

Robert fit un mouvement.

— Arrêté! répéta-t-il avec un étonnement qui n'était pas joué. Comment pouvez-vous le savoir?

— On me l'a dit.

— Quand cela?

— Hier soir.

— Qui donc? quelle est la personne qui a pu être assez bien, assez rapidement renseignée pour vous avoir parlé hier soir d'un fait qui n'était point connu avant six heures?

— Qu'importe, répondit Berthe, si le fait est vrai?

— Il importe beaucoup, au contraire, objecta Robert d'un ton sec et presque impérieux; car il n'y a qu'un ennemi qui puisse avoir intérêt à connaitre aussi promptement les actes de la Commune ou les résolutions de ses membres.

Berthe se tut, mais pour reprendre presque aussitôt.

— Permettez-moi, monsieur, dit-elle, de ne m'occuper en ce moment que du sort de mon père. C'est la seule chose qui m'intéresse, n'est-ce pas? et j'espère de votre courtoisie que vous voudrez bien me faire connaître ce qu'il est devenu.

— Ne le savez-vous pas? fit Robert.

— Il est donc arrêté! C'est vrai?

— Sans doute.

— Depuis hier?

— En effet.

— Et quel crime a-t-il commis? Que lui reproche-t-on? Quel danger peut-il faire courir à la Commune!

— Le crime de M. Carpentier, répondit Robert à voix lente mais ferme, est celui de tous les hommes pusillanimes qui sont prêts à passer d'un camp dans un autre et à sacrifier, au besoin, leurs propres amis pour assurer leur sécurité.

— Mais il n'est pas coupable...

— C'est ce que l'on examinera.

— Enfin, croyez-vous, monsieur, vous

qui exercez une partie du pouvoir redoutable de la Commune, croyez-vous qu'il soit
possible de rendre mon père à la liberté, ou
faut-il que je me résigne à le voir demeurer
prisonnier, sans que même il me soit permis de le visiter?

Robert ne répondit pas tout de suite. Il
paraissait réfléchir.

Enfin, il releva le front et enveloppa la
jeune fille d'un regard singulier, au fond
duquel on sentait une implacable et cruelle
résolution.

— La situation de M. Carpentier, dit-il,
ne présente pas précisément de danger im-
médiat, et je ne pense pas que la Commune
use de mesures rigoureuses à son égard.
Toutefois, il devra rester incarcéré jusqu'au
jour du triomphe ou de la défaite, à moins
que...

— A moins que?... répéta avidement
Berthe.

— A moins que vous ne consentiez...

— Achevez!

— A rendre au gouvernement de l'Hôtel-
de-Ville un service qu'il a à vous demander.

— A moi?

— A vous.

— Et de quelle nature est ce service, et
comment pourrais-je, moi...

— C'est ce que je vais vous expliquer.

En parlant de la sorte, Robert Linley
approcha du fauteuil de Berthe, et baissa la
voix, comme s'il eût craint qu'on l'entendit.

— Je n'ai point insisté tout à l'heure,
poursuivit Robert, lorsque vous avez paru
hésiter à me faire connaître la personne qui
vous avait si bien renseignée sur l'arrestation de M. Carpentier, et cependant il y a
pour moi, et pour mes amis, un détail de la
plus haute importance.

— Je ne vous comprends pas, répondit
Berthe.

— Vous allez me comprendre, interrompit Robert; quoi que vous puissiez faire pour

cacher le nom que je vous demande, ce
nom, je l'ai deviné tout de suite, et, si vous
en doutiez, je pourrais vous le dire.

— Mais, monsieur...

— C'est Maurice Bernard.

— Je vous assure...

— Ne niez pas, mademoiselle, c'est inutile; nul ne me l'a dit, mais j'en suis sûr.

— Cependant...

— Un seul homme avait intérêt à faire
bonne garde autour de vous, à épier, pour
les conjurer, tous les dangers qui pouvaient
vous menacer, vous et votre père, et cet
homme, c'est celui qui vous aime, et dont
vous avez agréé l'amour.

— Monsieur...

— Est-ce vrai?

— Mais...

— Répondez sans détour, sans chercher à
dissimuler.

— Eh bien! oui, c'est vrai, monsieur, je
suis aimée de M. Maurice Bernard, et je n'ai
aucune honte à dire que je l'aime. J'ajoute
qu'en effet, ainsi que vous le dites, et sans
que j'en eusse le soupçon, il veillait sur moi,
et c'est lui, pourquoi le cacher? c'est lui qui
m'a appris que mon père avait été arrêté.

— Et c'est également M. Maurice qui vous
a engagée à venir solliciter auprès de moi la
liberté de M. Carpentier.

— A-t-il eu tort?

— Non, mademoiselle.

— Ah! si c'était possible!...

— C'est possible, je vous l'ai dit et je le
répète, mais à une condition...

— Parlez! parlez!...

— Et il dépendra de vous qu'avant deux
heures M. Carpentier vous soit rendu.

— Que faut-il faire?

— Voici : bien que je ne sois pas l'insti-
gateur de l'arrestation de votre père, je ne
dois pas vous cacher cependant que c'est
moi qui ai donné à la préfecture de police
l'idée de cette arrestation.

— Vous, monsieur! fit Berthe avec stupeur.

— Moi-même, mademoiselle, répondit Robert; mais je m'empresse d'ajouter qu'en frappant M. Carpentier, ce n'est pas lui que la mesure provoquée par moi devait atteindre.

— Comment cela?

— J'avais à peu près prévu tout ce qui est arrivé : votre désespoir et votre inquiétude, la pensée qui vous serait suggérée de vous rendre auprès de moi; si bien que lorsque vous vous êtes présentée tout à l'heure, votre visite ne m'a pas surpris, et que je l'attendais d'un moment à l'autre.

— Enfin?...

— J'ai donc réussi.

— Quel était votre but!

— Mon but était de vous dire ceci : M. Carpentier n'est pas un citoyen dangereux, dont les menées innocentes puissent effrayer ou inquiéter la Commune. Nous sommes donc tout disposé à le relâcher.

— Eh bien?

— Mais il y a un homme qui nous fait en ce moment une guerre sérieuse, qui cherche à rallier à Versailles les sympathies des faubourgs, qui provoque, enfin, par tous les moyens possibles, la défection dans les rangs de nos plus zélés défenseurs, et c'est cet homme que nous voulons atteindre.

— Mais je ne le connais pas, balbutia Berthe avec un vague soupçon de la vérité.

— Vous le connaissez très-bien, mademoiselle, répliqua Robert, et j'ajoute même que vous seule pouvez nous le livrer.

— Moi?

— Vous! Toutes nos poursuites ont échoué jusqu'à ce jour, il semble qu'une puissance mystérieuse le protége... et pourtant nous constatons chaque jour la persistance de la haine qu'il nous porte et l'effet de la propagande qu'il a entreprise.

— Mais le nom de cet homme?

Robert la regarda fixement :

— Est-il besoin de vous le dire!

— Serait-ce de Maurice que vous voulez parler?

— De lui-même.

— Et vous avez espéré que je vous le livrerais?

— Je l'espère encore.

— C'est de la folie!

— N'en croyez rien.

— Mais je l'aime!

— Je le sais.

— Et je mourrais plutôt que de commettre une pareille lâcheté!

— Sans doute, mademoiselle, et Dieu me garde de méconnaître la profondeur d'un pareil amour; mais il ne faut pas oublier que nous avons entre les mains un otage précieux, que vous aimez aussi, et que si vous voulez sauver votre père...

— Que dites-vous! vous auriez la cruauté de me proposer une telle infamie?

Robert fit entendre un petit ricanement.

— On fait ce qu'on peut, mademoiselle, répondit-il avec ironie, et nous n'avons pas le choix des moyens.

— Mais mon père ne court aucun danger, vous le disiez vous-même à l'instant; sa détention ne peut durer longtemps, et ses juges reconnaîtront...

Robert haussa les épaules.

— Ses juges, dites-vous? répondit-il sur le même ton ; croyez-vous donc que la Commune, dans l'horrible désordre où elle se trouve, aura le temps d'observer les formalités si lentes de la justice ordinaire?

— Ah! c'est horrible!

— Réfléchissez.

— On n'a jamais proposé un pareil marché.

— Il dépend de vous de délivrer M. Carpentier...

Il y eut encore un moment de silence.

Berthe était en proie à la plus vive agitation; ce qu'elle souffrait est impossible à décrire; sa poitrine se soulevait avec effort, et elle se faisait violence pour ne pas éclater en sanglots.

Robert, lui, ne cessait de l'observer d'un regard cruel et froid. De temps en temps, un sourire venait contracter ses lèvres, et l'on eût dit qu'il retirait une vive jouissance du spectacle de cette douleur qui eût attendri le cœur le plus dur.

Il reprit peu après.

— Du reste, dit-il, il n'y a pas encore de péril imminent, et vous avez quelques jours pour réfléchir. Votre père sera traité avec égard jusque-là; mais croyez-moi, mademoiselle, et tenez bien compte de l'avis que je vous donne. Si vous tardez trop à prendre un parti, si entre M. Carpentier et Maurice vous hésitez à faire un choix, ne vous en prenez qu'à vous-même des résultats terribles qu'aucune puissance humaine ne pourra peut-être prévenir dans quelques jours.

— Est-ce votre dernier mot, monsieur? dit Berthe, plus morte que vive.

— Oui, mademoiselle, répondit Robert.

— Alors, je n'ai pas à insister?

— C'est inutile.

— Je puis me retirer?

— Et croyez que je regrette de n'avoir pu mieux reconnaître l'hospitalité de Varennes, dont le souvenir cependant m'est cher à plus d'un titre.

Berthe n'ajouta pas un mot.

Elle se leva, salua Robert, et gagna la porte.

Elle rentra à l'hôtel plus troublée, plus anxieuse qu'elle n'en était partie.

La situation était terrible, et elle ne pouvait en sortir qu'en sacrifiant ce qu'elle aimait le plus au monde.

Il n'y avait pas à hésiter, en effet; et pourtant comment se résigner à prendre un parti qui devait être la perte de Maurice?

Lucy attendait avec impatience le retour de sa maîtresse, et elle devina tout de suite à son attitude que le résultat de sa démarche n'était pas favorable.

Berthe lui raconta tout en pleurant, sans chercher à retenir ses sanglots.

Lucy mêla ses larmes aux siennes et essaya vainement de soutenir son courage abattu et de lui rendre un peu de force.

La nuit que Berthe passa à la suite de cet incident fut des plus agitées.

C'est à peine si elle put prendre quelques heures de repos.

Dès l'aube elle était réveillée.

Son premier mouvement fut d'appeler Lucy.

Celle-ci accourut.

A peine l'eut-elle vue entrer, que Berthe remarqua dans sa physionomie quelque chose d'inaccoutumé.

Elle en fut frappée.

— Qu'y a-t-il donc, Lucy? lui demanda-t-elle avec appréhension.

— Il y a, mademoiselle, répondit Lucy, que depuis un quart d'heure, quelqu'un attend là que vous vouliez bien le recevoir.

— Quelqu'un? dis-tu, fit Berthe; et qui cela?

— M. Maurice.

Le cœur de Berthe se serra douloureusement.

XXII

L'otage

— Maurice! répéta-t-elle, le malheureux est loin de se douter...

— Faut-il le faire entrer?

— Oui, oui? Lucy; qu'il entre! je veux lui parler, je veux...

Lucy était sortie en toute hâte, et, deux secondes après, Maurice était près de Berthe.

Si cette dernière avait été moins préoccupée en ce moment, elle n'eût pas manqué d'observer l'air contraint et soucieux de Maurice, et l'altération profonde de ses traits.

Mais Berthe était agitée d'autres pensées, et elle ne pensait guère à remarquer l'expression plus ou moins anxieuse des traits de Maurice.

Elle alla à lui et lui serra la main avec plus d'effusion encore que la veille.

— Ah! c'est vous, Maurice, lui dit-elle d'un ton atendri ; je vous attendais avec impatience, car j'avais bien hâte de vous voir.

— Vous avez fait la démarche que je vous ai conseillée hier? dit Maurice.

— Oui, mon ami, hier je suis allée trouver M. Robert Linley.

— Eh bien?

— Il m'a accueillie avec intérêt.

— Et que vous a-t-il promis ?

— Rien.

— Il ne veut point rendre votre père à la liberté ?

— Il prétend ne le pouvoir pas encore en ce moment, mais il m'a promis de s'en occuper, et dans quelques jours, demain peut-être...

— Demain, dans quelques jours, est-ce là la seule réponse qu'il vous ait faite?

— Sans doute.

— Et vous espérez, alors ?

Berthe eut un frisson et n'osa pas répondre.

Elle sentait les larmes emplir ses yeux et ne savait comment soutenir le regard de Maurice.

— Voyons, reprit celui-ci, voyons, Berthe, ne nous contentons pas de réponses évasives. Nous sommes à une heure terrible, ne l'oubliez pas, et il importe de ne pas s'arrêter devant les hésitations des situations ordi-

naires. Cette réponse de Robert est plus grave que vous n'avez l'air de le croire.

— Comment cela?

— Je connais Robert, moi ; je sais les visées des hommes avec lesquels il partage le pouvoir. Les événements se précipitent depuis quelques jours avec une rapidité vertigineuse ; nous touchons au moment des résolutions suprêmes et chaque heure de retard peut mettre la vie d'un homme en danger.

— Que dites-vous?

— La vérité, Berthe, rien que la vérité ; la Commune est perdue, Versailles gagne chaque jour du terrain ; dans quelques jours, demain peut-être, l'armée aura pénétré dans Paris.

— Mon père serait sauvé, en ce cas, s'écria Berthe avec un cri d'une expression inouïe.

— Votre père serait perdu! répondit Maurice. Il faut redouter l'entraînement de la dernière heure, les jugements sommaires provoqués par la folie de la vengeance, l'explosion des colères sauvages. Ces hommes ne reculeront, je le sais dès aujourd'hui, ni devant le massacre des otages, ni devant l'incendie des principaux quartiers de Paris.

— Ah! c'est épouvantable!

— Je vous l'ai dit.

— Que faire alors?

— Sauver votre père au plus tôt.

— Et comment?

— N'y a-t-il pas un moyen, ne vous a-t-on pas laissé entrevoir une issue à cette situation fatale ?

Berthe frémit dans tout son être.

Ces paroles de Maurice la rejetaient brutalement dans la réalité, et elle se rappelait avec épouvante l'effroyable alternative où la plaçait la proposition de Robert :

La vie de son père pour celle de Maurice !

Tout son sang se glaça dans ses veines ; son cœur cessa de battre quelques secondes et un nuage épais passa sur ses yeux.

Puisque tu n'as pas le cœur solide, avale-moi ça.

— Qu'avez-vous, Berthe? dit Maurice en se rapprochant et en lui prenant les mains.

— Rien! ce n'est rien, répondit la jeune fille éperdue; tout cela est horrible. Je pense à mon malheureux père, et je me demande si Dieu ne viendra pas à mon aide dans cette position extrême.

Maurice eut un triste et douloureux sourire.

— C'est horrible, en effet, dit-il, mais il n'est rien que je ne fasse moi-même pour leur arracher leur victime.

— Auriez-vous un moyen?

— Peut-être.

— Quel est-il?

— Vous le saurez plus tard.

— Quand cela?

— Demain, sans doute.

— Ah! prenez garde au moins, Maurice, prenez garde!

— A quoi donc?

— A vous, mon Dieu. Je ne sais plus guère ce que je dis, je suis troublée, j'ai peur.

Et comme Maurice faisait un mouvement pour s'éloigner, elle s'attacha à ses mains avec un effort presque désespéré.

— Où allez-vous? dit-elle, hors d'elle-même.

— Je vous quitte pour m'occuper de votre père.

— Déjà.

— Il n'y a pas de temps à perdre.

— Au moins, ne soyez pas imprudent.

— Je vous le promets.

— Sauvez mon père, mais ne vous exposez pas trop vous-même.

— Rassurez-vous.

— Quand vous reverrai-je?

— Je ne sais.

— Bientôt?

— Probablement.

Maurice fit encore un pas pour gagner la porte. Mais Berthe le tint par un nouvel effort.

— Attendez! dit-elle, plus troublée qu'elle n'eût voulu le paraître. Ne partez pas encore. J'ai tant de choses à vous dire! Si vous saviez...

— Pauvre Berthe! fit Maurice, qui n'était ni moins ému ni moins troublé que la jeune fille.

— Si j'allais ne plus vous revoir?

— Quelle idée!

— Ne l'avez-vous pas dit tout à l'heure, les heures que nous traversons sont terribles, et il n'est pas un homme qui ne coure des dangers?

— C'est vrai.

— Maurice!

— Berthe!

Berthe n'y tint plus. Tout son cœur se brisa sous l'effort d'une émotion violente, et elle courut se jeter palpitante, oublieuse, enivrée, dans les bras de Maurice.

— Non! non, s'écria-t-elle, en jetant ses deux bras, affolée, autour de son cou; écoutez-moi, ne vous étonnez ni de mes paroles, ni de mon attitude... Maurice.... vous savez que je vous aime, n'est-ce pas?... que vous êtes mon premier, mon seul amour?... eh bien, au moment de vous quitter, je ne sais quel déchirement se fait en moi, quelles épouvantes s'emparent de mon cœur; mais il me semble que cette séparation est solennelle entre toutes, qu'un malheur nous menace tous deux, que peut-être je ne vous reverrai plus jamais. Eh bien, Maurice, c'est votre fiancée, c'est votre femme qui vous parle et qui vous serre la main une dernière fois, et qui vous donne le baiser d'adieu.

En parlant ainsi, Berthe prit le front de Maurice dans ses mains, le baisa à plusieurs reprises avec un transport violent, puis, confuse de ce qu'elle venait de faire, elle s'arracha de ses bras et courut se réfugier dans sa chambre.

Maurice resta quelques minutes comme étourdi de ce qui venait de se passer.

Il était indécis, incertain, et une grande hésitation pesait sur son esprit.

Mais il reprit bientôt tout son sang-froid, secoua la tête avec force et finit par s'éloigner sous l'empire d'une résolution cette fois bien arrêtée.

Berthe était rentrée dans sa chambre, livrée à tous les désordres de l'inquiétude la plus cruelle.

A ses yeux, il lui paraissait certain que Maurice allait courir les plus grands dangers; que cette entrevue qu'elle venait d'avoir avec lui était peut-être la dernière, qu'il était perdu et qu'elle ne devait plus le revoir.

Elle pleura amèrement, pria Dieu du plus profond de son cœur et l'appela à son aide de toutes les voix de son âme éplorée.

Elle était épuisée, elle se sentait sans force, sans énergie pour lutter davantage, et ne demandait qu'à mourir si Maurice devait lui être ravi.

Elle en était là...

La nuit venait; elle n'était pas sortie de sa

chambre, où elle avait recommandé qu'on la laissât seule.

En ce moment un grand bruit se fit dans la maison, et elle tressaillit sur son prie-Dieu.

Puis, une voix connue s'éleva près d'elle, qui prononçait son nom.

Elle se leva et courut vers la porte.

Mais à peine l'eût-elle ouverte, qu'elle jeta un cri et tomba inanimée sur le parquet.

M. Carpentier était devant elle.


## XXIV


### Le coq rouge


A quelques jours de là, dans une misérable mansarde de la rue de la Bienfaisance, sous les toits de ce bouge infecte où nous avons déjà introduit le lecteur, une femme venait de rentrer seule, et s'était assise sombre, préoccupée, presque sinistre, sur une chaise dépenaillée, près d'un lit de sangle sur lequel il n'y avait guère qu'une méchante paillasse et un matelas éventré.

Il était minuit.

Une maigre chandelle éclairait le taudis, jetant çà et là de lugubres reflets rouges.

La femme était morne ; son regard fauve explorait de temps à autre les recoins de la mansarde, et par moment même un tressaillement agitait ses membres, comme si elle eût entendu un cri, un appel, s'élevant tout à coup de la mansarde déserte.

C'était Jeanne.

Nous avons dit qu'elle était ivre le jour où Berthe la rencontra dans l'église où elle s'était réfugiée pour prier.

Cette passion funeste l'avait prise en effet depuis le jour où son enfant lui avait été enlevé.

Elle n'avait pas perdu la raison, bien que la douleur eût profondément ébranlé son cerveau.

Mais elle avait voulu s'étourdir et avait cherché dans l'abus des liqueurs alcooliques l'oubli de ce chagrin poignant auquel, dans le premier moment, elle avait failli succomber.

Du reste, il y avait autour d'elle des misérables intéressés à la pousser dans cette voie.

Aussi, ce n'était plus que par intermittences qu'elle pensait encore parfois à l'enfant qu'elle avait perdu.

C'était toujours le même amour profond, la même tendresse, le même désir ardent de le retrouver.

Mais amour, tendresse, désir, tout cela s'abîmait à l'heure où, poussée par un démon implacable, elle trempait ses lèvres à la coupe empoisonnée où elle cherchait l'ivresse !

Nous l'avons dit, ce n'était déjà plus la Jeanne que nous avons connue.

Une dégradation précoce avait altéré ses traits ; sa voix était devenue sourde et rauque, et son œil n'avait plus guère que des reflets sauvages.

Tout sentiment maternel n'était cependant pas éteint en elle.

De loin en loin, par hasard, sous l'empire d'un instinct qui survivait à sa dégradation, parfois elle relevait la tête. Son œil s'injectait de lueurs éclatantes et elle demeurait attentive et muette, comme si la voix de son enfant eût parlé à son oreille.

Le soir où nous la retrouvons, Jeanne était rentrée après être restée une heure au moins au caboulot du rez-de-chaussée.

Elle avait bu.

Elle était ivre.

La bataille engagée par la Commune tirait à sa fin.

Les derniers combats avaient été des défaites sanglantes. Un des forts qui protégeaient la capitale était pris, la position devenait des plus critiques, la dernière heure allait sonner.

Ce fut le moment des résolutions suprêmes, l'heure de la folie, le signal des crimes inouïs !

Jeanne n'avait pas conscience de ce qui allait se passer ; mais, vaguement, pendant qu'elle était attablée au rez-de-chaussée, elle avait entendu des conversations qui l'avaient fait frissonner·

Robert n'était venu qu'un moment, et ce moment suffisait.

Elle se rappelait encore ses paroles, sa voix serrée à la gorge, son geste heurté et fébrile.

Au fond de son cœur, elle aimait toujours cet homme.

Ç'avait été son seul amour dans la vie.

Et une profonde terreur l'avait envahie.

Sans en démêler précisément la nature, elle comprenait qu'il y avait un danger pour Robert dans les événements qui se préparaient, et elle s'était demandé par quels moyens elle pourrait venir à son secours.

Elle remonta dans sa mansarde pour songer.

Là, seule, loin des excitations malsaines du caboulot, livrée à elle-même, elle pouvait réfléchir.

Elle s'accouda et chercha à se rappeler.

Mais que pouvait-elle ? quels services devait-on attendre d'elle ? Elle n'avait plus ni force, ni volonté, elle ne pouvait plus que souffrir, pleurer et mourir.

Elle pressa sa poitrine de ses deux mains crispées.

Tout à coup, cependant, elle se leva à demi et prêta l'oreille.

Il lui semblait avoir entendu marcher dans le couloir qui conduisait à sa mansarde.

Tout son sang se glaça dans ses veines.

Les pas venaient de s'arrêter à la porte.

Elle attendit...

Quelques secondes à peine.

Puis, plusieurs coups retentirent contre la porte, et tout son être se prit à tressaillir.

— Qui va là ? demanda-t-elle d'une voix étranglée.

La porte s'ouvrit, et à la vue de l'homme qui entra, elle jeta un cri et se dressa droite et presque épouvantée.

C'était Mathon !

Mathon, l'homme qui s'était trouvé mêlé à tous les malheurs de sa vie, le misérable qui tout récemment lui avait enlevé son enfant.

Ce qui restait d'énergie en elle se souleva à son aspect, et elle bondit sur lui avec des mouvements d'hyène irritée.

— Ah ! toi ! toi ici ! s'écria-t-elle en jetant ses deux mains, affolée, comme pour saisir le mineur.

Mathon fit quelques pas en arrière.

— Eh ! là ! là ! dit-il en souriant, qu'elle mouche te pique, la petite, et d'où te vient cette fureur ?

— Que viens-tu faire ici ?

— On va te le dire.

— As-tu encore quelque crime à commettre ?

— Pas de gros mots.

— Parle alors, mais parle donc !

Mathon avait réussi à s'emparer des mains de Jeanne, et, l'ayant ainsi maîtrisée, il s'était avancé dans la mansarde.

— Voyons ! voyons ! dit-il, tâchons d'être calme, ma fille ; que diable ! on n'étrangle pas ainsi les gens sans crier gare, et si tu connaissais le but de ma visite...

— Qu'as-tu à me dire ? interrogea Jeanne, qui essayait vainement de se dégager de l'étreinte du mineur.

— D'abord, je vais te dire qui m'envoie. Veux-tu le savoir ?

— J'écoute !

— Eh bien ! c'est Linley.

— Robert ? fit Jeanne avec tressaillement.

— Lui-même.

— Et que me veut-il?

— Voilà!... Au milieu de tous nos désastres, à l'heure où peut-être nous allons avoir tous à songer à notre sûreté, Robert a pensé à toi.

Jeanne croisa ses deux bras sur sa poitrine:

— Est-ce possible? balbutia-t-elle en fermant les yeux.

— C'est vrai.

— Et que veut-il?

— Il veut te sauver.

— Mon Dieu, c'est donc vrai? nous sommes donc menacés? Mais lui?

— Lui! il fera comme les autres: il tâchera de gagner la frontière.

— Comment?

— Ça, je ne sais pas encore.

— Et mon enfant! qu'avez-vous fait de mon enfant?

— C'est justement à ce propos qu'il m'envoie vers toi.

— Où est-il? parle... réponds!... je pourrai donc le revoir?...

— Sans doute.

— Bientôt?

— Quand tu voudras.

— Que faut-il faire?

— Me suivre.

Jeanne jeta à Mathon un regard soupçonneux.

— Te suivre? répéta-t-elle, à cette heure? et dans quels lieux?

— Tu te défies de moi!

— Mais...

— Cependant, quel intérêt ai-je dans cette affaire, et pourquoi serais-je venu, si Robert ne m'avait ordonné de le faire?

Jeanne eut un moment d'hésitation.

— Non! non! sans doute, dit-elle au bout d'un instant; et tu as raison. Mais j'ai été si souvent trompée, je suis si peu disposée à croire au bonheur...

— Il faut me suivre cependant.

— Et je le reverrai?

— Je te le promets.

— Mais pourquoi tant de précautions, de mystères? pourquoi ne pas me dire en quel endroit vous l'avez caché?

— Mathon haussa les épaules.

— Ah! tu raisonnes trop aussi, répondit-il; songe que nous n'avons pas de temps à perdre en soupçons inutiles; ton enfant t'attend, je t'offre de te conduire près de lui. Veux-tu, oui ou non, me suivre!

Jeanne fit un geste résolu et indiqua la porte de la mansarde.

— Soit! dit-elle, soit! il ne sera pas dit que j'aurai repoussé cette offre qui m'est faite. Marche... Montre-moi le chemin, et je te suivrai.

— Nous partons alors?

— Partons.

Ils sortirent.

En traversant le caboulot, Mathon se fit servir un verre d'absinthe, et il invita Jeanne à en faire autant.

Depuis quelque temps, la malheureuse ne savait plus résister à de pareilles tentations.

Quand elle vit l'affreuse liqueur verte dans le verre que l'on avait apporté pour elle sur le comptoir de Lucy, machinalement elle tendit la main et le porta à ses lèvres.

Elle but.

Elle était déjà bien surexcitée, mais un feu nouveau se mit à circuler dans ses veines, et son œil s'éclaira de lueurs fauves.

— Qu'attendons-nous? dit-elle à Mathon en replaçant son verre sur le comptoir.

— Rien, répondit Mathon.

— Partons alors.

— Partons.

Un instant après ils étaient dans la rue.

La nuit était noire.

Il y avait peu de monde aux carrefours qu'ils traversèrent: çà et là, quelques sentinelles l'arme au bras; de loin en loin, quelques rondes.

Seulement, on entendait, à une certaine distance, le grondement de la canonnade, et ce grondement allait toujours se rapprochant.

Chemin faisant, Mathon et Jeanne se croisèrent avec des groupes de femmes et d'enfants qui marchaient d'un pas rapide, mais dans un profond désordre.

Chaque personnage du groupe était porteur de certains objets dont la forme intrigua un moment la jeune femme.

— Où vont donc ces femmes? demanda-t-elle curieusement à Mathon.

— Elles sont enrôlées pour le compte de la Commune, répondit ce dernier,

— Mais quels services peuvent-elles rendre?

— Tu le sauras bientôt,

— Et que portent-elles ainsi presque toutes?

— Je te le dirai quand nous serons arrivés.

Jeanne se tut et continua de suivre son sinistre compagnon.

Ils franchirent ainsi la place de la Concorde, gagnèrent les ponts et arrivèrent enfin rue de Lille.

Comme ils allaient tourner l'angle de la rue, un gamin de seize ans à peine vint en courant se jeter dans les jambes de Mathon, qui faillit tomber.

— Prends donc garde, animal! dit le mineur en le secouant rudement par le bras.

— De quoi! de quoi! commença le gamin.

Mais il n'acheva pas.

Il venait de reconnaitre le mineur et avait poussé un cri de surprise mêlée de joie.

— Mathon! le père Mathon! dit-il en frappant des mains.

Mathon se prit à l'examiner, et à son tour il fit un geste d'étonnement.

— Le Palot! dit-il.

— Moi-même; et avec qui êtes-vous donc là?

Mais la question expira sur ses lèvres,

Il avait aperçu Jeanne, et, en dépit de son insouciance, malgré l'indifférence qui était le fond de son caractère, il avait été frappé de l'altération étrange des traits de la pauvre Jeanne.

Changée à ce point, et en si peu de temps! Il en demeura stupéfait...

— Jeanne! balbutia-t-il, c'est donc bien vous?

La jeune femme ébaucha un sourire contraint et allait répondre, quand Mathon coupa brusquement court à la conversation.

Il avait pris le bras du Palot et venait de l'entraîner à l'écart.

— Que fais-tu ici, toi! lui dit-il d'un ton impérieux.

— Eh bien, quoi? répondit le gamin, ne savez-vous pas que nous sommes commandés!

— Par qui?

— Par Robert.

— Est-il venu?

— Pas encore.

— Mais on l'attend.

— Dans une heure.

— Et en attendant?

— En attendant nous préparons nos outils. Ah! pour un beau feu, ce sera un beau feu, c'est moi qui vous le dis!

Jeanne s'était rapprochée.

— De quoi parlez-vous donc? demanda-t-elle avec une sorte de vague instinct.

— De rien, de rien, se hâta de répondre Mathon. Seulement, comme j'ai pas mal de besogne pour cette nuit, je demandais au Palot de vouloir bien se charger de toi.

— Mais il sait donc?...

— Il sait tout.

— Et il me conduira?

— Il te fera retrouver ce que nous sommes venus chercher.

— Vous me le promettez?

— Je le jure, et j'ajoute que Robert Liuley

ne peut tarder à arriver, et que c'est lui-même qui vous dira ce que vous aurez à faire.

Jeanne ne répondit pas.

Elle suivit docilement le Palot, qui s'était remis en marche, et quelques minutes plus tard elle pénétrait dans la cour d'un grand hôtel abandonné, où déjà se trouvaient réunis un grand nombre de femmes et d'enfants.

Sans se rendre bien compte de ce qu'elle éprouvait, Jeanne se sentit froid en mettant le pied dans cette cour.

As pas peur! lui dit le Palot en la soutenant; la compagnie n'est peut-être pas ce qu'il y a de plus distingué dans la capitale, mais nous sommes ici pour travailler, et pourvu que le travail se fasse, peu importent les gens avec lesquels on y prend part.

Le tableau que présentait cette cour était lugubre autant que curieux.

Il y avait, nous l'avons dit, des femmes, des enfants et même des vieillards.

Ils se tenaient par groupes, dans l'ombre des murs, les uns accroupis, les autres debout; ceux-ci achevant un souper grossier, arrosé d'eau-de-vie et de vin; les autres fumant la pipe en devisant sur les événements.

La physionomie des hommes était irritée et sombre. De temps en temps, une imprécation s'élevait qui était accueillie par les murmures de ceux qui avaient pu l'entendre; parfois c'étaient des menaces, des gestes pleins de colère, des regards enflammés de haine.

Mais tout cela, contenu encore, n'attendait qu'un signal pour l'explosion.

Les femmes, elles, se montraient plus expansives; elles causaient, les unes sur un diapason élevé, les autres dans une langue intraduisible.

Quelques-unes d'entre elles étaient dignes d'être signalées.

Elles ne pouvaient rester en place, elles allaient, revenaient, bondissant plutôt que marchant; tantôt explorant les recoins de la cour, tantôt s'élançant jusqu'à la porte de la rue, comme si elles eussent attendu l'arrivée de quelqu'un.

Rien ne saurait rendre l'expression qui se trahissait par instant sur leur physionomie.

C'était plus que de la haine, c'était de la rage implacable.

La voix était rauque. C'était des cris et non des paroles qu'elles jetaient en bondissant; et ce qui s'agitait ainsi en elles provenait moins de la femme que de la bête fauve.

Jeanne n'avait jamais assisté à un pareil spectacle; cela lui rappelait les plus horribles visions de ses nuits de fièvre, et tout son être tressaillait quand passait devant elle la silhouette d'une de ces mégères.

A un moment même, elle se rejeta effarée contre la muraille, comme si elle eût craint leur contact.

La mégère s'arrêta, et son œil lança un éclair farouche.

— Eh bien... quoi! dit-elle avec une méprisante ironie, est-ce que l'on te fait peur, la belle?

— Moi! balbutia Jeanne, étourdie de l'interpellation.

— Ah! c'est qu'il ne faut pas trembler ici, et nous avons besoin de bras solides et de cœurs résolus, tu m'entends?

— Oui, oui!

— Qui es-tu?

— Mais... vous le voyez!

— Je vois que tu trembles, voilà tout. Voyons... qui t'a amenée ici?

— Un ami.

— Qui cela?

— Mathon.

— Ah! ah!

— Et puis... encore... le Palot...

La mégère approuva du geste.

— Bien! bien! dit-elle; je n'ai rien à dire. Mathon est un bon; il sait ce qu'il fait... et les femmes qu'il a choisies doivent être sûres ; seulement, veille sur toi, et puisque tu n'as pas le cœur très solide, avale-moi cela !...

Et elle lui tendit un gobelet plein d'eau-de-vie.

Jeanne n'hésita pas et vida le gobelet d'un trait.

La mégère sourit, et elle allait poursuivre, quand un grand mouvement s'opéra tout à coup dans les rangs des divers groupes.

Tout le monde se leva, et tous les regards se tournèrent avec avidité vers la porte de la rue.

— C'est lui ! c'est lui ! dirent plusieurs voix.

Et un chuchotement d'émotion parcourut la sinistre bande.

— Qui, lui ? balbutia Jeanne intriguée. Quelle est donc la personne que l'on attend ?

— Ah ! ça tu ne sais donc rien, toi ? lui répondit-on. Mais c'est le chef... celui qui doit nous indiquer notre poste à chacun... Robert Linley, enfin.

— Robert ! fit Jeanne avec un cri.

— Vas-tu te trouver mal ?

— Robert ! Robert ! mon Dieu !

— Silence dans les rangs ! cria la voix d'un gamin.

— Et le silence se fit comme par enchantement, et Robert entra, monté sur un magnifique cheval qui provenait des écuries impériales.

Il s'avança alors jusqu'au milieu de la cour ; tous les assistants firent cercle autour de lui, et quelques gamins vinrent même se placer, avec des torches de résine, à ses côtés.

Robert promena un regard ardent sur ceux qui l'entouraient, cherchant à leur communiquer une partie de la colère qui débordait de son cœur, et après un moment de silence :

— Mes amis, dit-il d'une voix forte, je vous remercie de votre exactitude et de votre courage. A l'heure où nous voici arrivés, il faut en effet une grande résolution pour prêter son concours à l'acte que nous allons accomplir.

Au moment où je vous parle, les Versaillais, c'est-à-dire la réaction, c'est-à-dire les royalistes, sont maîtres d'une partie de Paris.

Un grognement prolongé l'interrompit sur ces mots ; mais il se hâta de reprendre :

— Mais puisqu'ils ont eu l'impudence d'y pénétrer, il ne faut pas qu'ils en sortent, et la Commune a décidé que nous nous ensevelirions plutôt tous sous les décombres de la capitale.

— A mort ! à mort ! les Versaillais !

— A la bonne heure ! Vous êtes tous bien résolus, n'est-ce pas ?

— Oui ! oui !

— Vous ne reculerez pas au moment décisif ?

— Parlez, nous voici prêts !

— Ecoutez-moi donc. Jusqu'ici, chaque fois que le peuple a tenté de briser ses chaînes, les bourgeois, avec la plus cruelle des perfidies, ont toujours manœuvré de manière à renfermer l'émeute dans les faubourgs mêmes ; de telle sorte que ceux qui souffraient de la lutte c'étaient ceux-là seuls qui l'avaient provoquée. Quelques-uns d'entre vous n'ont pas oublié les journées de juin 48, et ils savent ce que l'armée de la réaction a fait à cette époque de notre pauvre faubourg Saint-Antoine.

— C'est vrai ! il a raison ! dirent quelques vieillards.

— Eh bien, il ne faut pas que cela se renouvelle.

— Non ! non !

— Il faut que, désormais, nous transportions le théâtre de la lutte chez ces bourgeois qui nous méprisent ; c'est leur luxe qu'il faut atteindre, c'est leur palais qu'il faut faire disparaître ; comprenez-vous ?

— Bravo ! bravo ! à bas les bourgeois... Parlez ! Où faut-il nous rendre ?

Place ... place!... cria-t-elle avec une autorité farouche.

— Vous êtes arrivés.

— Comment?

— Ce soir, Mathon vous a fait distribuer à chacun les outils qui vous sont nécessaires: il vous a indiqué, en outre, le lieu du rendez-vous; il ne vous reste donc plus qu'à vous répandre dans le quartier où vous vous trouvez, et à porter l'incendie et la mort partout où vous pourrez pénétrer.

Et maintenant, ajouta Robert en faisant signe à un homme qui l'avait accompagné, comme il importe de tout prévoir, et qu'au landemain des désastres qui se préparent vous pouvez avoir à défendre votre vie contre les persécutions et la misère, je suis chargé de distribuer à chacun de vous la somme jugée nécessaire pour vous mettre pendant quelque temps à l'abri du besoin. Approchez donc, mes amis, et la personne qui me suit va vous faire cette distribution.

Un mouvement général s'opéra à cette nouvelle dans tous les rangs; des cris de: *Vive la Commune!* vive Robert! retentirent de toutes parts, et Linley crut un moment qu'il ne pourrait pas facilement se dégager.

Il y parvint cependant, et, profitant du désordre qu'avait provoqué le commencement de la distribution annoncée, il piqua des deux et gagna la porte.

Mais au moment où il allait en franchir le seuil, une femme vint se placer devant lui et tenta un moment de prendre son cheval à la bride.

— Eh bien, qu'y a-t-il?... que me veux-tu? dit Robert d'un ton irrité.

— Robert! dit la femme d'un ton suppliant, ne me reconnais-tu pas?

— Qui es-tu?

— Regarde-moi!

— Jeanne! toi!... Et qui t'a conduite ici?

— Ne le savez-vous pas?

— Je l'ignorais.

— C'est Mathon!

— Lui!

— Il m'a dit qu'il venait de votre part, et je suis venue. Il a ajouté qu'il me rendrait mon enfant, et, avec cette parole, je l'aurais suivi au bout du monde.

Robert avait sauté à terre; il demeura un moment pensif, puis relevant tout à coup le front :

— Eh bien, soit! dit-il avec une résolution farouche, soit! Ce Mathon est un infâme misérable; mais son idée, que je devine, n'est peut-être pas après tout si insensée. Écoute-moi, Jeanne, écoute-moi!

Et comme la jeune femme se rapprochait, émue, troublée, haletante, Robert poursuivit.

— A toi, dit-il, à toi, Jeanne, je puis tout avouer, et, à cette heure d'ailleurs, il n'y a plus d'hésitation possible ni de réticence permise... Nous sommes perdus!

Jeanne jeta un cri.

— Tais-toi! tais-toi! fit Robert avec un geste impérieux, ne donne pas aux autres le soupçon de la réalité, car tout n'est pas fini,

et nous avons à préparer, à assurer, veux-je dire, le dernier acte de ce drame.

— Quel est donc votre projet? dit Jeanne bouleversée, et que prétendez-vous faire?

— Nous venger!

— Comment?

Un éclair sillonna l'œil de Robert.

— Comment? répéta-t-il, tu demandes comment on se venge dans la situation où nous sommes? Tu demandes comment des hommes comme nous sortiront de l'impasse dans laquelle ils se sont laissés acculer? Eh bien, tu vas le comprendre. Viens! viens!

Et Robert s'empara de la main de Jeanne et l'entraîna jusque dans la rue.

Jeanne était profondément intriguée. L'ivresse que lui avaient communiquée les libations auxquelles elle s'était livrée commençait à produire son funeste effet. Son esprit était violemment surexcité, son regard s'arrêtait incertain sur les objets qu'elle rencontrait; sa poitrine se soulevait avec force sous l'effort des sentiments qui la dominaient.

Arrivée dans la rue, elle s'arrêta.

— Où me conduis-tu? demanda-t-elle.

— Viens, viens toujours, répéta Robert.

Et ils firent quelques pas et arrivèrent sur le quai.

— Regarde! dit alors Linley en étendant son bras vers le palais des Tuileries.

Jeanne regarda et fut comme frappée de stupeur.

Le palais était en flammes.

Une colonne de fumée et de feu tourbillonnait au-dessus des combles et projetait au loin ses sanglantes lueurs.

Le long du quai, une foule curieuse, avide, diversement impressionnée, stationnait, livrée au plus effroyable désordre, et, de loin en loin, les sentinelles qui les contenaient semblaient prendre leur part dans l'ivresse et la folie communes.

C'était horrible à voir, et, un moment, Jeanne voila son visage de ses deux mains pour se soustraire à l'horreur d'un pareil spectacle.

— Le feu! le feu! balbutia-t-elle éperdue.

— Oui! le feu! répondit Robert d'un ton amer. Ah! ils nous ont poussés à bout! Ah! ils ont repoussé l'énergique revendication du peuple en armes..! Eh bien! ils sauront à quel prix leur reviendra la victoire, et l'Europe saura ce que nous avons fait de cette capitale immorale qui faisait l'orgueil des rois.

— Horrible! horrible! fit Jeanne réellement épouvantée.

— C'est la vengeance! répliqua Robert; écoute encore : avant deux jours il ne restera debout aucun de ces monuments qui consacraient le souvenir de l'asservissement du peuple et de la tyrannie des grands ; nous n'avons pu fonder le gouvernement de la démocratie moderne, mais nous leur aurons appris une bonne fois ce qu'il en coûte de méconnaître les aspirations du peuple. Jeanne, l'heure où je te parle est solennelle entre toutes... si tu m'aimes, tu feras ce que je t'aurai ordonné.

— Ah! parle! parle! répondit Jeanne, qui n'avait plus conscience d'elle-même.

— Tu te joindras aux autres?

— Puisque tu le veux...

— Tu n'auras de pitié pour aucun de ceux qui seront désignés à la vengeance des nôtres!

— Je t'obéirai, sans chercher à comprendre.

— Et si le sort veut que nous survivions à ce dernier désastre, Robert, moi, ton amant, moi le père de ton enfant, Jeanne, je te jure de ne jamais t'abandonner.

— Ah! c'est assez, Robert, c'est trop! Je suis à toi, toujours, dans l'amour comme dans le crime, et je ferai tout ce que tu voudras.

— Adieu donc, Jeanne!

— Adieu! adieu! Robert, je t'aime! je t'aime!

Et ils se séparèrent sur ces mots, Robert fuyant vers d'autres quartiers réservés aux vengeances populaires, Jeanne regagnant l'endroit qu'elle venait de quitter.

Cependant ceux qu'elle avait laissés dans la cour de la rue de Lille n'étaient pas restés inactifs.

Les lueurs de l'incendie allumé aux Tuileries les avaient arrachés à leur torpeur et à leur inertie.

Poussés par les plus impatients, ils s'étaient aussitôt armés à la hâte, et, prêts à tout, ils n'attendaient plus que le signal.

Le Palot était là, aux premiers rangs.

Pour lui, c'était une sorte de fête.

Jamais il n'avait traversé de pareilles péripéties, et l'étrangeté de la situation semblait exalter son ardeur.

Il brandissait dans sa main affolée un énorme pinceau trempé de pétrole et il provoquait ainsi, par des lazzi empruntés aux bouges les plus infects, l'impatience et les dernières hésitations de ses complices.

Tout à coup, Mathon parut sur le seuil de la porte et lança un coup de sifflet.

— Enfin! s'écria la mégère dont nous avons parlé.

— Est-ce le signal? demanda Jeanne.

— Eh, sans doute, répliqua le Palot. Aux armes! aux armes!

— Aux armes! répétèrent cent voix en même temps.

Et de tous les coins de la cour, la bande se précipita vers l'unique issue où l'attendaient les principaux chefs chargés de la diriger.

Puis, on se répandit de toutes parts, les uns portant des torches, les autres d'énormes pinceaux, les derniers enfin des seaux remplis de pétrole jusqu'à déborder.

Et d'abord, ce fut une sorte de silence, coupé de mots d'ordre, recueillis et répétés à intervalles réguliers.

On donnait un numéro de maison ; on en brisait la porte, si elle ne s'ouvrait à une première injonction, et on pénétrait aussitôt à l'intérieur.

Ce qui s'y passait, nul ne le savait, si ce n'est les intéressés.

Mais, au bout d'un quart d'heure à peine, un crépitement se faisait entendre. Une fumée épaisse s'élevait, et bientôt une couronne de flammes tournoyait au-dessus de l'édifice.

Le *coq rouge* chantait,

Et, alors, le désordre commençait.

De tous les étages de l'hôtel incendié descendaient les locataires surpris et effarés. C'étaient des cris, des prières, des larmes mêlées d'imprécations. Tout cela éclairé par des lueurs rouges et sanglantes

Dans le premier moment, Jeanne s'était laissée gagner par une suprême pitié ; elle n'avait pu assister à ces odieux sinistres sans en être profondément touchée, et, à travers son ivresse, le cris des victimes avait pénétré jusqu'à son cœur.

Mais la cruauté est communicative, paraît-il, et, au bout d'une demi-heure, confondue et mêlée avec les incendiaires, elle avait fini par partager le sentiment qui les poussait à ces déportements.

Machinalement, elle en était arrivée à ce point ; elle courait devant elle, répétant les cris qu'elle entendait proférer à ses côtés, sans plus se préoccuper du désordre de ses vêtements, de ses cheveux épars, de l'expression hideuse que son visage avait prise depuis quelques instants.

A ce moment une main s'appesantit brusquement sur son épaule.

Elle se retourna et se trouva en face de la mégère qui l'avait déjà interpellée.

— Que fais-tu là ? demande cette dernière d'une voix éraillée.

— Eh ! ne vois-tu pas ? répondit Jeanne.

— Qu'as-tu fait jusqu'ici ?

— Presque rien.

— Eh bien, suis-moi.

— Où cela ?

— Au numéro 150. On vient de me désigner la maison. — Ne perdons pas de temps.

Jeanne suivit sans répondre.

La porte de la maison indiquée était fermée.

Quelques hommes ébranlèrent la porte à coups de pioche, et la porte céda au bout de cinq minutes.

Il n'y avait personne dans la loge.

Les concierges avaient fui.

Les incendiaires pénétrèrent dans la cour, puis l'une d'elles commença son œuvre.

Jeanne avait saisi à son tour un seau rempli de pétrole, et, imitant celles auxquelles elle se trouvait mêlée, elle se mit à enduire les murailles du rez-de-chaussée.

Derrière, le Palot se tenait debout, armé d'une torche, et communiquait le feu aux murs fraîchement badigeonnés.

La besogne était facile et s'effectuait avec une rapidité vertigineuse.

— Bien ! cela va bien ! disait à quelques pas Mathon qui les accompagnait ; il faudra bien tout à l'heure que les bourgeois sortent de leur tannière.

— Il y a donc quelqu'un encore dans la maison ? objecta Jeanne avec un dernier scrupule.

— Parbleu ! répondit Mathon en haussant les épaules.

Et il échangea un rire grossier avec une autre femme.

Cependant la flamme léchait les murs, et déjà elle s'élançait avec une sorte de fureur jusqu'au premier étage.

Des applaudissements enthousiastes accueillirent ce résultat.

— Les pompes peuvent venir maintenant ! s'écria le Palot avec un geste de défi.

Il n'avait pas achevé qu'un homme effaré se précipitait hors de la maison incendiée, entraînant à sa suite une jeune fille, les traits couverts d'une pâleur livide et les cheveux en désordre.

— Grâce! grâce! disait la jeune fille en élevant ses mains vers ses bourreaux.

— Pitié! pitié pour mon enfant! ajoutait le père, non moins troublé, et en proie à une épouvante sans nom.

Jeanne écouta ces deux voix, et tous ses membres se prirent à trembler.

— Quoi? qu'y a-t-il? qui a parlé? murmura-t-elle glacée de terreur.

Et elle se dirigea éperdue vers le père et la fille.

— M. Carpentier! s'écria-t-elle aussitôt en reconnaissant le vieillard.

— M<sup>lle</sup> Berthe... ajouta-t-elle défaillante en rencontrant le regard de M<sup>lle</sup> Carpentier.

Mais Berthe aussi l'avait reconnue, et mue par un sentiment spontané et irréfléchi, elle avait couru à elle et lui avait pris la main.

— Toi! c'est toi, dit-elle, qui prêtes ton concours à ces misérables!

— Mademoiselle... fit Jeanne confuse.

— Mais tu ne sais donc pas ce qu'il y a dans cette maison que tu viens d'incendier?

— Qu'y a-t-il?

— Tu ne sais donc pas que là, dans une de ces chambres que va dévorer le feu allumé par toi-même, il y a...

— Achevez?

— Ah! pauvre femme, apprends donc qu'il y a là l'enfant que tu cherches, et qui, à cette heure, appelle de tous ses cris à son secours la malheureuse mère qui le tue.

Un cri inarticulé déchira la poitrine de Jeanne à cette révélation.

— Quoi! que dites-vous? dit-elle. Mon enfant, mon pauvre enfant, est-ce vrai?... est-ce possible?

— Tu en doutes?

— Non.

— Et tu hésites?

Jeanne ne trouvait pas une parole à répondre.

Ce que l'on venait de lui apprendre l'avait, comme par miracle, arrachée à l'ivresse et venait de lui rendre une partie de sa présence d'esprit.

Elle comprenait.

Mais il fallait se hâter, — la flamme montait toujours, incessamment activée par les flots de pétrole répandus alentour. Une minute encore, et peut-être tout espoir était perdu.

Elle n'hésita pas.

D'un mouvement convulsif, elle s'empara de la main de Berthe, sur laquelle elle colla énergiquement ses lèvres, dans un baiser où palpitait toute sa reconnaissance, puis, sans prononcer une parole, folle de désespoir, ivre de colère, elle repoussa les femmes qui l'entouraient, et courut vers la maison en feu.

— Allons, place!... place!... cria-t-elle avec une autorité farouche, et malheur à celle qui tenterait de me faire obstacle!

Elle avait ramassé à la hâte une hache dont elle s'était armée et dont elle menaçait ceux qui paraissaient vouloir s'opposer à sa marche.

Elle atteignit bien vite le seuil de l'hôtel.

Le feu s'était développé et avait gagné les principales pièces de plain-pied avec la cour.

Les flammes grimpaient le long de la muraille et faisaient un cadre de feu à la porte d'entrée.

Rien ne pouvait plus arrêter la malheureuse mère.

Pour elle, il n'y avait plus de danger: on venait de lui dire que son enfant était là, et elle n'avait plus qu'une pensée — le sauver.

Elle se précipita donc à travers la porte et pénétra dans le vestibule.

Les flammes qui s'étaient, en quelque sorte, écartées pour la laisser passer, se refermèrent aussitôt derrière elle, et, quelques secondes plus tard, elle avait disparu dans la fournaise.

Que devint-elle alors?

Ce fut tout un drame.

Un escalier était devant elle, elle s'y précipita, éperdue.

Il s'agissait de gagner l'étage supérieur, et jusqu'alors l'incendie ne l'avait pas atteint.

Elle marcha résolûment et sans regarder à droite ou à gauche.

Elle ne se demanda pas comment, une fois au premier étage, elle pourrait redescendre dans la cour et se sauver elle-même.

Que lui importait?

Elle ne réfléchit à rien et continua d'avancer.

Arrivée sur le palier, pourtant elle s'arrêta.

Plusieurs portes étaient devant elle, et elle ne savait laquelle il fallait ouvrir.

Elle hésita.

Ce ne fut pas longtemps.

A peine commençait-elle à se consulter, quand tout à coup son corps tout entier se prit à frissonner et une pâleur mortelle se répandit sur ses traits.

Un cri venait de s'élever à quelques pas.

Cri de frayeur, cri aigu, auquel une mère ne pouvait guère se tromper.

Elle le reconnut tout de suite.

Il y avait déjà longtemps qu'elle ne l'avait entendu, mais toutes les nuits, depuis bientôt un mois, elle l'écoutait l'oreille tendue et le cœur palpitant.

Elle bondit du côté d'où ce cri était parti, et, à ce moment, elle vit paraitre Lucy tenant un enfant dans ses bras.

Ce fut un éblouissement inouï, une tendresse folle, un élan inconscient auquel concoururent à la fois en elle, sentiments mêlés, le désespoir, la joie, la crainte, tout ce qui vibre au cœur d'une mère!

Lucy s'arrêta étonnée et tremblante, et comme Jeanne tendait vers elle ses deux bras suppliants:

— Qui êtes-vous? que me voulez-vous? demanda la jeune soubrette, qui crut avoir affaire à quelque prêtresse du pétrole.

— Ah! vous ne me reconnaissez donc pas? s'écria Jeanne.

— Je ne vous ai jamais vue.

— Mais, moi, je le reconnais.

— Qui cela?

— L'enfant.

— Que voulez-vous dire?

— Tenez! tenez! regardez-moi, je pleure, je ris, je suis folle. C'est lui! c'est mon Robert; mon enfant!

Lucy la regarda alors avec plus d'attention, et ne tarda pas à se rappeler la fille du père Morion.

— Vous! balbutia-t-elle, troublée jusqu'au fond de l'âme.

— Oui! moi, moi! Jeanne! Je viens de rencontrer M<sup>lle</sup> Berthe; elle m'a dit qu'il était ici; et maintenant vous n'aurez plus de soupçon, n'est ce pas, et vous me le laisserez embrasser?

Pour toute réponse, Lucy tendit l'enfant à la pauvre femme.

Celle-ci le reçut dans ses bras, avec une joie qui touchait au délire, et pendant quelques minutes, haletante, oppressée, elle le serra contre sa poitrine et sur ses lèvres, comme si elle eût craint qu'on ne le lui ravit de nouveau.

Lucy la contempla un moment en silence, mais rappelée bientôt à la réalité par les bruits sinistres de l'incendie qui gagnait du terrain:

— Prenez garde! revenez à vous! lui dit-elle vivement.

— Prendre garde! répéta Jeanne d'un ton égaré, et à quoi donc?

— Vous ne voyez donc pas où nous sommes?

— Où nous sommes!

— N'entendez-vous pas l'incendie, ne voyez-vous pas les flammes qui montent et nous menacent? Encore quelques minutes peut-être, et nous ne pourrons plus fuir, et vous périrez ici avec votre enfant.

Jeanne poussa une imprécation sauvage; elle releva sa robe d'un geste fébrile, en enveloppa son enfant, et revint vers l'escalier par lequel elle était venue.

Lucy marchait sur ses pas.

Et ce fut un spectacle vraiment touchant que celui de cette malheureuse mère, passant au mileu des flammes, sans se préoccuper d'autre chose que de préserver son enfant; portant avec une sorte d'orgueil le précieux fardeau qui lui avait été remis; offrant héroïquement, insoucieusement, sa vie, pour protéger celle de la faible créature.

L'enfant, du reste, s'était tu.

Soit que, caché contre le sein de sa mère, il ne vit plus les lueurs de l'incendie qui l'avaient épouvanté, soit qu'un instinct supérieur lui fît comprendre qu'il était dans les bras de sa mère, il ne proféra plus une parole et ne faisait plus un mouvement.

Elles descendirent ainsi l'escalier, franchirent la fournaise que présentait déjà le rez-de-chaussée, et atteignirent la cour au moment même où, derrière elles, s'effondraient les planchers du premier étage.

Il était temps.

Dès qu'elles eurent gagné la rue, cependant, Lucy s'arrêta et crut devoir interroger Jeanne.

— Vous voici sauvée! lui dit-elle à voix rapide; que comptez-vous faire maintenant?

— Moi! répondit Jeanne, ramenée par cette question à la réalité.

— Sans doute! Paris est en feu; on se bat dans toutes les rues. Vous entendez le canon et la fusillade? Que comptez-vous faire jusqu'à ce que le calme soit rétabli?

— Mais je ne sais... moi, je n'ai personne au monde; mon père a disparu, et j'ignore ce qu'il est devenu, et puisque j'ai retrouvé mon enfant, je n'ai plus qu'une chose qui m'inquiète à cette heure!

— Laquelle?

— Peut-être est-il mort au moment où je vous parle.

— Qui cela?

Peut-être que ce pauvre petit être ne reverra jamais son père.

Lucy se tut; elle comprenait et n'osa pas faire d'objection.

— Enfin, que voulez-vous faire? insista-t-elle.

— Mon Dieu, je suis si troublée que je ne puis vous répondre... Tenez, laissez-moi, abandonnez-moi, allez retrouver M<sup>lle</sup> Berthe, dites-lui toute ma joie et toute ma reconnaissance, et ajoutez que jamais je n'oublierai ce qu'elle a fait pour moi.

— Alors, vous êtes bien décidée! fit Lucy.

— Tout à fait.

— Vous restez?

— Oui.

— Qu'il soit donc fait comme vous le désirez. Je vais vous quitter; mais je vous reverrai.

— Dites-moi adieu, mademoiselle; cela vaudra mieux, et embrassez mon enfant, cela lui portera bonheur.

Lucy ne se fit pas répéter l'invitation.

Elle pressa de ses lèvres le front de l'enfant, serra les mains de la mère et ne tarda pas à s'éloigner.

Quant à Jeanne, elle resta un moment indécise : puis, prenant tout à coup son parti, elle se remit en marche et gagna les quais.

Le jour commençait à poindre...

La fusillade ne cessait pas; les sourds grondements du canon continuaient de se faire entendre, et, par instants, de sanglantes lueurs rayaient le ciel noir, annonçant de nouveaux incendies.

Jeanne ne se laissa pas épouvanter... elle avait son but; elle y marchait courageusement.

De temps à autre, sur les trottoirs, le long des gueules d'égout, elle rencontrait des monceaux de cadavres horriblement mutilés... plus d'une fois, son pied glissa dans le sang, et elle entendit les balles passer en sifflant à ses oreilles.

Mais elle s'était d'avance préparée au spectacle de toutes ces horreurs... et son cœur ne faiblit pas une seconde, elle continua d'avancer d'un pas ferme.

Toutefois, un incident des plus dramatiques devait bientôt interrompre sa marche d'une façon aussi cruelle qu'inattendue...

Nous avons dit que le jour commençait à poindre et à éclairer les désordres épouvantables de la nuit.

Ç'avait été, pendant les douze heures qui venaient de s'écouler, un carnage affreux où s'étaient accomplis les drames les plus douloureux que l'histoire ait jamais enregistrés.

Toute la partie de Paris occupée par les troupes de Versailles, victorieuses de l'insurrection, portait les traces sanglantes d'une lutte acharnée et implacable.

Du côté du droit, comme du côté de la révolte, le combat avait été obstiné.

Et la bataille continuait toujours.

L'insurrection, refoulée dans ses derniers retranchements, essayait encore de se défendre et menaçait d'incendier et de bombarder les quartiers les plus riches de la capitale...

De toutes parts le chassepot et le canon avaient fait leur œuvre.

Il était peu de maisons qui n'eussent été atteintes, peu de carrefours où l'on ne rencontrât de barricades, peu de rues qui ne fussent jonchées de cadavres.

Les combattants n'en prenaient guère de souci.

Les ambulances se multipliaient, il est vrai, avec un zèle que l'on ne saurait trop louer, mais la besogne était au-dessus des forces humaines, et bon nombre de victimes, simplememt blessées ou mourantes, se traînaient ou râlaient, couchées à côté des cadavres déjà glacés.

C'était affreux.

Ceux qui ont vu ce tableau ne l'oublieront jamais, et ils ont puisé l'horreur éternelle des guerres civiles et des batailles de la rue.

Jeanne avait déjà franchi bien des barricades à la suite des vainqueurs, et elle allait tourner la rue des Saints-Pères, pour chercher un chemin moins sanglant, quand, à l'angle de la rue, elle suspendit tout à coup sa marche et s'appuya d'une main défaillante à la muraille.

Un soupir pénible, quelque chose qui ressemblait au râle d'un mourant, venait de s'élever à côté d'elle, et elle avait senti tout son sang se glacer dans ses veines.

Il y avait là un vieillard, dont elle ne voyait pas le visage, et auprès de lui, un homme debout, dont les traits frappèrent vivement la malheureuse femme.

Elle ne se rappela pas tout d'abord en quelle circonstance, ni en quels lieux elle avait vu cet homme, mais elle était certaine qu'il ne lui était pas inconnu.

Elle prêta l'oreille, collée anxieuse contre le mur et cherchant à voir, aux premières lueurs du jour.

Le vieillard était blessé — mortellement sans doute — et, avec l'aide de son compagnon, il avait essayé de se soulever.

Mais le sang qu'il avait perdu l'avait considérablement affaibli, et il était retombé en poussant cette sorte de râle que Jeanne avait entendu.

— Voyons! voyons! dit l'homme, il ne faut pas se laisser abattre ainsi; l'hôpital est à deux pas, et, avec un dernier effort...

Le vieillard secoua la tête.

— Non! non! murmura-t-il, c'est fini. Je le sens, la vie m'abandonne, je vais mourir.

— Allons donc!

— J'en suis sûr, et je ne le regrette pas; si vous saviez, j'ai été bien malheureux.

— Ne parlons pas de cela, songeons à vous soigner.

Mais qui donc vous a amené près de moi ?

— Et puis..., fit le vieillard en levant vers
son compagnon un regard attendri, il y a
autre chose.

— Quoi donc ?

— Ma fille !

— Vous y pensez encore...

— Toujours ! toujours, pauvre Jeanne ; si
au moins je pouvais la voir, l'embrasser, lui
pardonner...

Un hoquet coupa brusquement la parole au
moribond.

— J'étais si heureux quand elle était toute
petite, reprit-il au bout d'un instant ; elle
était si belle plus tard et si courageuse, si
bonne ! Tenez, mourir ainsi loin d'elle,
voyez-vous, c'est trop dur... aussi.

— Eh bien ! vous la reverrez, père Morion,
fit l'homme, c'est moi qui vous le dis. Seulement, il faut faire un dernier effort, vous
remettre sur pied, et ma foi, au besoin, moi,
je vous porterai bien jusqu'au bout de la
rue.

Le vieillard allait obéir et faire ce qu'on
lui conseillait, mais au moment où, d'une

main tremblante, il essayait une dernière fois de se soulever, il se trouva en face de Jeanne, qui, pendant le colloque des deux hommes, s'était traînée à genoux jusqu'à son père

— Mon Dieu! est-ce un fantôme... une illusion! s'écria le moribond avec une sorte d'épouvante superstitieuse. Voyez, Lemonnier, regardez donc, je ne me trompe pas, n'est-il pas vrai? C'est elle! c'est ma Jeanne!

— Mon père! balbutia cette dernière, en proie à la plus poignante des émotions.

— Ah! Dieu est bon, dit Morion, il a entendu ma prière et l'a exaucée. Maintenant, je puis mourir.

— Mais vous ne mourrez pas! interrompit Jeanne.

— La mort ne m'effraye plus, puisque te voilà.

— Nous vous sauverons.

— Ne l'espère pas, j'ai été blessé en pleine poitrine, là, tiens! je n'ai plus de force, c'est fini, mais qu'importe maintenant? Te voilà, je puis t'embrasser. Ah! je t'ai fait souvent du chagrin.

— Mon père!

— Mais quoi! il faut pardonner aux vieillards, qui sont souvent irritables et moroses.

— Ne dites pas cela.

— Tu n'as pas été toi-même tout à fait exempte de reproches, et c'est de là que viennent tous nos malheurs.

— Si l'on pouvait racheter le passé!

Le vieillard eut un regard plein de larmes, et un sanglot serra sa gorge.

Ses traits commençaient à se décomposer, l'œil devenait terne, les tempes s'évidaient, un cercle d'un blanc mat se dessinait autour de ses narines gonflées.

C'était un symptôme.

Lemonnier se tourna vers Jeanne et mit un doigt sur ses lèvres...

— Le père Morion s'est bien battu... dit-il... il s'était réfugié à Versailles pendant la Commune, et a voulu absolument suivre les troupes, qui entraient dans Paris... je l'ai pris avec moi... et j'espérais qu'il ne lui arriverait pas malheur... mais les balles sont aveugles... il a été frappé, il y a une heure à peine.

— Sa blessure n'est peut-être pas aussi grave que vous le supposez...? répondit Jeanne, qui, malgré elle, s'effrayait de l'altération subite des traits de son père.

— Peut-être, en effet...! fit Lemonnier en remuant la tête en signe d'incrédulité.

Cependant Morion gardait le silence.

Son regard s'était attaché avec une fixité morne sur le front de sa fille; sa poitrine se soulevait avec des sifflements pénibles, et il jetait devant lui ses mains frémissantes, comme pour écarter une image invisible, dont l'approche l'épouvantait.

— Je vais mourir! s'écria-t-il tout à coup.

— Mon Dieu! mon Dieu! fit Jeanne en joignant les mains.

— C'est la dernière heure... je n'entends plus... je n'y vois plus... Jeanne, où es-tu?

— Là... mon père... près de vous!

— Bien... parle-moi! que je t'entende jusqu'à mon dernier souffle... que je... qu'est-ce donc?...

— Qu'avez-vous?

— Rien... encore...! Oh! c'est affreux... te quitter, toi, quand je te retrouve!

— Espérez!

— Non.

— Je ne vous quitterai plus.

— Oh!... la vie... le misérable...! Nous pouvions être si heureux... mais...

— Que ne puis-je mourir avec vous!

— Oui, là-bas... Varennes... Robert... attends!... ma pauvre femme!... je la vois... c'est Jeanne! Jeanne, ne m'abandonne pas... Ah!

— Jeanne avait pris les mains de son père. Ses mains eurent une dernière contraction, ses lèvres murmurèrent encore quelques paroles incohérentes, puis, un dernier soupir, un suprême adieu, et il retomba lourdement sur les dalles du trottoir.

Il était mort.

Nous renonçons à peindre le désespoir de Jeanne. Elle avait été si violemment troublée pendant cette nuit fatale, que l'on eût pu craindre que ce terrible dénoûment ne mît en danger sa vie ou sa raison.

Il n'en fut rien.

Et lorsque, quelques heures plus tard, des brancardiers arrivèrent pour emporter le corps du père Morion, elle se leva et les suivit, avec son enfant dans ses bras.

Comme on approchait de l'hôpital où l'on devait déposer le mort, en attendant que l'on pût lui donner la sépulture, elle vit Lemonnier, qui l'avait suivi avec elle, la quitter brusquement et se diriger à la rencontre d'un personnage d'allure suspecte.

Un soupçon lui traversa l'esprit.

Et quand Lemonnier revint cinq minutes après, elle l'accueillit d'un regard avide.

Lemonnier prévint l'interrogation qu'elle allait lui adresser :

— Cet homme que je viens de quitter, dit-il, vient de me donner une bonne nouvelle.

— Quelle nouvelle? fit Jeanne.

— Le père Morion sera vengé!

— Que voulez-vous dire?

— Je veux dire, Jeanne, que l'homme dont il a prononcé le nom à ses derniers moments, le misérable auquel il attribue une partie de ses malheurs, n'échappera pas au châtiment!

— De quel homme parlez-vous? demanda Jeanne.

— De Robert...

— Est-il donc pris?

— Non, mais il ne peut tarder à l'être.

— Pourquoi?

— Il a été blessé cette nuit.

— Ah!

— Dès à présent, la police est sur ses traces, et avant ce soir, nous saurons où le prendre.

Jeanne ne répondit pas.

Elle fut sur le point de perdre connaissance, mais elle trouva dans son cœur brisé assez de forces encore pour se contenir et dissimuler.


## XXV

### Un blessé

La nuit suivante fut non moins féconde en péripéties dramatiques que celle dont nous venons d'essayer de tracer le tableau.

La lutte n'était pas finie; elle continuait sur plusieurs points encore, et elle donnait lieu à mille incidents dont la plupart sont restés ignorés.

On se rappelle — les journaux l'ont surabondamment raconté — comment fut pris le Palais de Justice, et de quelle façon émouvante les malheureux prisonniers qui s'y trouvaient renfermés, et auxquels la Commune accorda la liberté vers la dernière heure, parvinrent à travers des dangers de toutes sortes à échapper à la mort dont ils étaient menacés.

Maurice avait été de ce nombre.

Seulement, il s'était trouvé pris un moment entre le feu des troupes de Versailles et celui des fédérés, et quand ces derniers avaient été mis en déroute, il venait d'être frappé par une balle et gisait étendu au seuil même de la Conciergerie qu'il s'apprêtait à quitter.

Il fut trouvé là par les premiers soldats qui pénétrèrent dans le Palais.

Ces derniers étaient irrités — on l'eût été

à moins — et disposés à procéder sommairement au châtiment de leurs assassins.

En trouvant sous leurs pas un homme blessé, qu'ils avaient tout lieu de prendre pour un des combattants de la Commune, ils s'emparèrent de lui et le traitèrent comme un prisonnier.

Quelques-uns même voulaient l'achever.

Ils savaient que les fédérés ne faisaient point de quartier à leurs camarades; ils avaient appris l'odieux assassinat des otages, ils voyaient autour d'eux les lueurs sanglantes des incendies, ils ne se sentaient guère disposés à l'indulgence.

Deux hommes s'emparèrent donc de Maurice, qui pouvait à peine se soutenir, et l'un d'eux le menaçait déjà de sa baïonnette, quand une voix sonore s'éleva au milieu du désordre et vint sauver le prisonnier.

C'était un officier supérieur...

Les deux hommes lachèrent prise, et Maurice rendu à lui-même, se cramponna au mur pour ne pas tomber.

— Eh! ne voyez-vous pas que cet homme est blessé! dit celui qui venait d'intervenir. Ses mains sont pures de poudre, il n'a aucune arme sur lui, c'est peut-être un malheureux prisonnier qui profitait de notre arrivée pour s'évader.

En écoutant ces paroles, Maurice tourna un regard vers son sauveur.

Ses lèvres remuèrent, mais il n'avait pas la force de parler, et il aurait roulé sur les dalles, si l'officier ne s'était précipité pour le soutenir.

Mais il ne l'eût pas plutôt examiné de près, qu'il jeta un cri de stupéfaction et de surprise.

— Vous! vous ici! dit-il avec un frisson. Ah! pardieu, je me félicite doublement en ce cas d'être arrivé si à propos.

— Vous me connaissez donc? balbutia Maurice.

— Mais regardez-moi donc.

— Le colonel Villeron!

— Précisément. Ah! dame, je comprends votre hésitation; voilà huit jours et huit nuits que je ne me suis couché, et vos communeux peuvent se vanter de nous avoir donné du mal.

— Que de remerciements ne vous dois-je pas?

— Remerciez le hasard où la Providence; moi, je n'y suis pour rien. Seulement, puisque je me trouve là, je vous rendrai le seul service sérieux qui dépende de moi.

— Lequel, colonel?

— Vous êtes blessé?

— Oui.

— Grièvement?

— Je ne sais.

— Eh bien, c'est ce qu'il faut savoir; mais vous ne pouvez être soigné comme il faut au milieu de la rue; on va faire un brancard, et quatre hommes de mon régiment vous porteront à domicile; cela vous va-t-il?

— Vous le demandez?...

— Où demeurez-vous?

— Rue de Charenton.

— Chez votre père?

— Mon père doit être aux ambulances, mais on le fera prévenir.

— Tout est pour le mieux, en ce cas. Ne parlez plus, assayez-vous là; je vais donner des ordres pour que tout s'exécute à votre satisfaction, et avant une heure j'espère que vous serez à l'abri de tout danger sérieux.

— Mais, ne vous reverrai-je pas? demanda Maurice.

Villeron fit un geste insouciant.

— Est-ce qu'on sait? répondit-il gaiement. Moi, je n'ai pas fini et je vais partir avec mes hommes.

— Que Dieu vous protége alors!

— Mais il me semble que jusqu'à présent je n'ai pas trop à me plaindre de lui..

— Au revoir, colonel.

— Au revoir, monsieur Bernard.

Les deux hommes se serrèrent la main, et Villeron disparut après avoir, comme il l'avait dit, donné des ordres pour que Maurice fût transporté sans délai à l'adresse qu'il avait indiquée.

Quelques heures plus tard, le jeune blessé était installé rue de Charenton ; et son père, prévenu immédiatement, était accouru pour lui donner les premiers soins.

La blessure était grave, mais elle n'était pas mortelle.

Il ne fallait que des soins et du repos.

M. Bernard se promit de ne le pas quitter de toute la journée, et, vers le soir, il constatait, à sa profonde satisfaction, que tout danger avait disparu.

Il en était là, et il se disposait à se jeter sur un divan, pour prendre quelques heures de sommeil dont il avait grand besoin, quand son domestique entr'ouvrit la porte et lui adressa un signe mystérieux.

M. Bernard passa dans une chambre contiguë, et demanda au valet ce qu'il lui voulait.

— Voici ce que c'est, dit le domestique, il y a là quelqu'un qui demande à vous parler.

— Quelle est cette personne ?

— Une femme.

— Que veut-elle ?

— Elle a dit qu'on lui avait indiqué M. le docteur.

— Est-ce qu'elle est souffrante ?

— Ce n'est pas pour elle.

— Pour qui donc ?

— Un blessé.

Le docteur fit un mouvement.

— Un blessé, répondit-il, mais pourquoi ne l'a-t-on pas transporté dans une ambulance ?

— Je l'ignore.

— Où est cette femme !

— Elle attend dans la rue.

— Pourquoi ne l'a-t-on pas invitée à monter ?

— Je le lui ai proposé ; elle a refusé.

Tout cela était mystérieux. Le docteur eut un moment d'hésitation.

Mais le sentiment du devoir l'emporta, et il prit aussitôt son parti.

Il rassembla à la hâte les objets divers qui composaient sa trousse, et ayant passé un paletot, il se hâta de descendre l'escalier.

Sur le seuil de la rue il trouva, en effet, une femme qui attendait.

Elle était vêtue plus que simplement, à ce qu'il jugea tout d'abord ; mais un voile épais couvrait ses traits.

Il alla à elle.

— Me voici, madame, lui dit-il, et tout à votre disposition ; où allons-nous ?

— Si vous le voulez bien, monsieur, répondit la femme, je veux marcher devant et vous me suivrez.

— Comme vous voudrez.

— C'est un peu loin.

— Cela importe peu.

— Mais je connais peu le quartier ; j'ai demandé un médecin, et l'on m'a indiqué votre demeure, sans même me dire votre nom.

— C'est d'un blessé qu'il s'agit ? demanda M. Bernard.

— Oui, monsieur.

— La blessure est-elle grave ?

— Je le crains.

— Quel âge a le blessé ?

— Trente ans.

— Et pourquoi ne l'a-t-on pas transporté dans une ambulance ?

La femme garda le silence et le docteur ne crut pas devoir faire d'autres objections.

Vaguement il comprenait une partie du mystère...

La femme s'était mise en marche, il la suivit.

Ils traversèrent ainsi plusieurs rues étroites et sombres, s'engagèrent dans quelques passages déserts, puis, au bout d'une heure environ, la femme s'arrêta devant une porte, dans la serrure de laquelle elle introduisit une clef qu'elle venait de tirer de sa poche.

— C'est ici ! dit-elle d'une voix tremblante.

— Est-ce que vous avez laissé le blessé tout seul pour venir chercher du secours ?

— Oui, monsieur.

— C'était fort imprudent ; il eût fallu au moins laisser près de lui quelqu'un qui pût lui donner quelques soins en votre absence.

— Il n'y avait personne.

— Comment, aucun voisin !

La femme fit un geste intraduisible.

— Les voisins... répondit-elle, en ce temps-ci, qui est sûr de ne pas avoir affaire à un traître ?

— Comment ! fit le docteur.

— Vous ne comprenez pas ?

— C'est donc un insurgé ?

— Sans doute ; le médecin a-t-il besoin de connaître la qualité d'un blessé pour lui donner ses soins ?

— Non, certes.

— Alors, vous venez ?

— Sans hésitation.

La porte était ouverte.

La femme s'effaça pour laisser passer le docteur Bernard, et celui-ci fit quelques pas.

Mais, au moment où il effectuait ce mouvement, un rayon de gaz tombé d'un réverbère prochain, vint à tomber sur le visage de la femme.

Il ne put retenir un cri.

— Jeanne ! dit-il, effaré.

Jeanne avait tressailli de son côté, et, prise d'une épouvante subite, elle s'était penchée vers le docteur.

— Ah ! malheur à moi ! s'écria-t-elle à son tour. Vous ! c'est vous qui êtes là, et que je suis allée chercher ?

— Quel est donc l'homme qui nous attend ? demanda le docteur d'une voix impérieuse.

Mais Jeanne avait déjà surmonté le sentiment d'effroi qui l'avait saisie.

Il n'y avait plus à reculer d'ailleurs, et elle prit bien vite son parti.

— Vous demandez quel est cet homme ! répondit-elle avec une sombre énergie. Eh bien ! venez ! monsieur, et, dans quelques minutes, vous n'aurez plus rien à ajouter, ni moi... peut-être, plus rien à espérer.

XXVI

L'honneur de la profession

La chambre dans laquelle ils pénétrèrent un moment plus tard était faiblement éclairée par les lueurs tremblotantes d'une veilleuse.

Le docteur fut quelque temps avant de distinguer les objets qui l'entouraient.

Mais, peu à peu, cependant, son regard s'habitua à cette lumière incertaine, et il finit par se rendre compte du milieu dans lequel il venait d'être introduit.

La chambre était absolument nue.

Une chaise et une mauvaise table étaient placées auprès d'une alcôve, au fond de laquelle gisait un véritable grabat qui se composait d'une paillasse et d'un matelas éventré en plusieurs endroits.

Sur le grabat, un homme étendu.

Le docteur s'approcha vivement de ce dernier.

Sa respiration était si faible que c'est à peine s'il l'entendit. Cependant, il n'était pas mort. Par moments, sa poitrine se soulevait avec effort, et un tressaillement convulsif crispait ses doigts.

— Y a-t-il longtemps qu'il a été transporté ici ? demanda le docteur en se tournant vers Jeanne.

— Voilà trois heures environ, répondit celle-ci.

— La blessure a-t-elle été faite par une balle ?

— Oui, monsieur.

— A quel endroit du corps ?

— A la poitrine, au côté droit.

— A-t-il perdu beaucoup de sang ?

— Fort peu.

— Au moins, l'a-t-on pansé ?

Un chirurgien était là. Mais l'opération s'est faite rapidement. Tous ses amis avaient fui ; il ne restait que le chirurgien et moi, et c'est à grand'peine que j'ai trouvé quelques hommes qui ont bien voulu m'aider à l'amener ici.

— Fort bien. Et qu'est-il arrivé dès que vous avez été seule avec le blessé ?

— Oh ! monsieur, répondit Jeanne avec un sanglot, il est arrivé une chose horrible. Moi, je n'avais pas voulu avoir de confident ; on est si facilement dénoncé en ce moment. Je suis restée seule, et je croyais pouvoir suffire. Pendant la première heure, tout s'est bien passé : il paraissait calme et ne bougeait pas ; même il semblait avoir conscience de son état et ne s'en effrayait pas. Mais tout à coup.

— Une crise est survenue ?

— C'est cela.

— Le cerveau s'est pris ?

— Oui, monsieur

— Il a eu le délire, il a appelé à son aide, et, vous trouvant seule, vous avez pris peur ?

— J'ai cru que j'allais devenir folle ; je suis sortie, j'ai appelé, j'ai demandé l'adresse d'un médecin, et l'on m'a donné la vôtre, après avoir vainement frappé à la porte d'autres médecins plus rapprochés.

Le docteur approuva du geste, et, coupant court à l'interrogatoire, il se rapprocha de nouveau du malade et lui prit la main.

Cette main était devenue inerte, mais au contact de celle du médecin elle fit un mouvement, comme pour se retirer.

En même temps, le blessé se soulevait péniblement, en jetant un regard sur le docteur.

Ce fut comme un coup de théâtre !

Le blessé poussa un soupir qui ressemblait à un râle, pendant que le docteur se reculait effrayé.

— Vous, monsieur ! s'écria-t-il, c'est vous que je devais retrouver en cet état !

— Mais qui donc vous a amené près de moi ? répliqua le blessé, avec un geste violent.

Le docteur eut un éclair dans le regard.

— Vous m'avez reconnu ? dit-il avec un sourire étrange.

— N'êtes-vous pas le docteur Bernard ?

— Lui-même. Eh bien, cela prouve au médecin que votre état n'est pas désespéré, et au père... que vous avez quelque remords de l'action que vous avez commise en emprisonnant son fils.

Robert se tut.

Mais il était en proie à une agitation qui pouvait exercer une funeste influence sur sa position.

Le docteur lui prit la main avec autorité.

— Voyons, lui dit-il, il ne faut pas vous laisser émouvoir de la sorte, votre état réclame du repos, du calme, et je vois...

— Et comment voulez-vous que je reste calme, se récria Robert lorsque, dans le médecin qui tient ma vie entre ses mains, je découvre tout à coup un ennemi ?

— Cette parole est votre condamnation même, dit le docteur d'un ton sévère.

— Comment !

— Vous n'admettez donc pas l'honneur chez vos adversaires ?

— Mais...

— Certes, la vengeance me serait facile à cette heure, puisque le hasard m'amène à votre chevet. Je pourrais, si je n'écoutais que mon ressentiment, ou faire un mort de celui qui n'est qu'un blessé, ou livrer à la justice l'ennemi dont peut-être j'ai le plus à me plaindre.

— Eh bien?

— Mais je suis médecin, monsieur.

— Ah!

— Et le médecin, comme le prêtre, sait observer l'honneur de la profession, et l'un ne connaît pas plus le nom du blessé que l'autre ne retient le nom du pénitent. Comprenez-vous?

— Alors vous ne me trahirez pas?

— J'ai oublié qui vous êtes.

— Et vous me donnerez vos soins?

— Ce serait déjà fait si votre méfiance ne m'en avait empêché.

Et sans ajouter une parole de plus le docteur se mit en devoir de panser la blessure de Robert.

Et ce fut, il faut le dire, un spectacle particulièrement touchant que celui de cet homme prodiguant ses soins attentifs à celui qui avait mis les jours de son fils en danger et pensant avec le plus profond intérêt sa blessure, sans se rappeler que celui qu'il tentait de disputer à la mort avait quelques jours auparavant mis tout en œuvre pour livrer son enfant au sort réservé aux otages.

Mais le père avait disparu et il ne restait plus que le médecin.

Le pansement dura à peine cinq minutes.

Robert se laissait faire.

Il éprouvait même un bien-être sensible; sa respiration, un moment haletante, était redevenue presque régulière; son regard s'imprégnait de reconnaissance en s'adressant à celui qui le soignait, et quand l'opération fut terminée, ses yeux se fermèrent malgré lui et il ne tarda pas à s'endormir.

C'était ce qu'attendait le docteur.

Il se retourna vers Jeanne.

— Cela va bien, lui dit-il; la blessure n'est pas mortelle, et j'espère que demain il sera beaucoup mieux.

— Ah! c'est le ciel qui m'a conduite vers vous! balbutia Jeanne.

— Je reviendrai le voir.

— Quand cela?

— Demain soir. Je ne pourrai m'absenter avant.

— Quel contre-temps!

— Pourquoi?

— C'est que...

— Achevez...

— Non! non, je ne puis tout vous dire, et pourtant...

Le docteur n'insista pas devant l'hésitation de Jeanne.

Il prit son chapeau et se dirigea vers la porte.

Jeanne l'y suivit.

Sur le seuil, il s'arrêta.

Son regard venait de remarquer dans l'ombre d'un cabinet un objet d'une forme singulière et qui le frappa.

C'était un cercueil!

Qu'est-ce que cela? demanda-t-il étonné à la jeune femme.

Celle-ci baissa les yeux et rougit.

— C'est... balbutia-t-elle interdite.

— Aviez-vous donc prévu qu'il devait mourir si vite?

Jeanne joignit les mains, par un sentiment de muette protestation.

— Soit! soit! fit le docteur; je ne veux point être indiscret, je m'éloigne; seulement, je vous le répète, le blessé est dans les meilleures conditions; à la rigueur...

Et il apuya tout particulièrement sur ces paroles :

— A la rigueur, il pourrait être transporté en un autre lieu ; vous m'entendez?

— Oh! parfaitement! parfaitement! murmura Jeanne en pâlissant affreusement.

— A demain donc, mon enfant, dit le docteur

— A demain! oui, à demain, répéta la jeune femme sans avoir précisément conscience dans ce qu'elle disait.

Et le docteur sortit.

Le lendemain, ainsi qu'il l'avait annoncé, il revint vers huit heures du soir.

La nuit était profonde.

C'est à grand'peine qu'il reconnut son chemin.

Arrivé devant la porte, il frappa plusieurs coups, mais on fut quelque temps avant de lui répondre.

Enfin, un vieillard entr'ouvrit la porte et se présenta au docteur.

— Qu'y a-t-il? que voulez-vous? demanda-t-il en examinant M. Bernard.

— Je suis médecin, mon ami, répondit ce dernier, et je viens voir le blessé que j'ai visité hier.

— Un blessé? repartit le vieillard.

— Sans doute.

— C'est vous qui l'avez soigné?

— Moi-même.

— Eh bien, monsieur le docteur, je crois que vous pouvez vous en retourner.

— Comment!

— Il n'a plus besoin de vos soins.

— Que voulez-vous dire?

— Je veux dire que, depuis ce matin, le malheureux a cessé de vivre.

Et comme le docteur avait paru tressaillir à cette nouvelle :

— Du reste, ajouta le vieillard, il paraît qu'il était dans un bien triste état, et que sa mort était prévue, car sa femme avait, dès la veille, fait apporter ici un cercueil en volige, dans lequel il a pu être déposé dès sa mort.

— Mais il n'y a pas eu de constatation?

— Bah! dans ce temps-ci est-ce que l'on meurt régulièrement, comme sous l'empire?

Le docteur ne répondit pas.

Il fit un geste de la main au vieillard, et s'éloigna, l'esprit fort soucieux et très-intrigué par ce qu'il venait d'apprendre.

## XXVII

### L'enterrement

Ce que le docteur venait d'apprendre était vrai, tout invraisemblable que cela pût lui paraître.

Voici du moins ce que les rares voisins qui se trouvaient dans le long passage où Robert avait été déposé ont raconté à ceux qui depuis les ont interrogés à ce sujet.

Le docteur avait quitté la maison vers minuit; on n'a pas constaté l'heure précise.

Jusqu'à cinq heures du matin rien d'extraordinaire ne s'était passé.

Il est probable que jusque-là Robert avait été assez calme et que son état ne présenta aucun symptôme alarmant.

Mais, à cinq heures, on entendit un grand cri partir de la chambre, et, bientôt après, Jeanne, échevelée, hors d'elle-même, presque folle, se précipita sur le palier et appela au secours.

Quelques bonnes gens accoururent, quoique à ce moment chacun fût bien préoccupé pour son propre compte par les événements qui s'acomplissaient au dehors.

L'un de ces hommes était un menuisier, l'autre un charpentier; un autre encore exerçait le métier de fondeur... enfin, un dernier, que nul ne connaissait, mais qui était évidemment un ouvrier.

Ce fut celui-ci qui se montra le plus empressé.

On pénétra dans la chambre et l'on trouva le blessé étendu raide et sans mouvement sur le grabat.

— Mort! il est mort! s'écria Jeanne en sanglotant.

— Ça me fait bien cet effet-là, approuva l'ouvrier mystérieux.

Puis, il ajouta presque aussitôt :

— Seulement, comme on ne peut pas enterrer comme ça le pauvre monde, il faut aller chercher un médecin qui constate qu'il n'y a point erreur; y a-t-il un médecin par ici?

— Prenez celui qui est venu cette nuit, objecta le menuisier.

— Celui-là demeure trop loin, mais je saurai bien me débrouiller, et avant une demi-heure je serai de retour.

Il fit quelques pas pour s'éloigner, mais il se ravisa, et revint vers le menuisier qu'il entraîna à l'écart, comme s'il eût voulu que les paroles qu'il allait prononcer ne pussent être entendues par la jeune femme.

— Voyez-vous, lui dit-il à voix basse, ça me connaît, ça. Je n'ai fait que l'examiner tout à l'heure, et je puis vous dire qu'il a trépassé.

— Vous croyez?

— J'en suis sûr.

— Mais alors?...

— A'ors, il faut faire les choses dans les règles. En ce moment, on enterre rapidement, attendu que ce ne sont pas les cadavres qui manquent. Mais encore est-il bon de s'assurer que l'on n'inhume pas un vivant.

— Vous avez raison.

— Je vais chercher le médecin.

— C'est cela.

— Mais, en attendant, si j'ai un conseil à vous donner, c'est de ne pas perdre de temps.

— Comment?

— Vous êtes menuisier?

— Sans doute.

— Eh bien! hâtez-vous; prenez-lui mesure, et faites-lui un vêtement de sapin qui ne le gêne pas!

Le menuisier fit un mouvement à ce conseil qui lui était donné d'un ton cynique.

Son interlocuteur haussa les épaules.

— Faites ce que je vous dis! insista-t-il, et les voisins vous en seront reconnaissants, car dans ce temps-ci il ne fait pas bon laisser traîner les morts.

Et il s'éloigna.

Un quart d'heure plus tard, il revenait accompagné d'une sorte de docteur qu'il avait rencontré, assura-t-il.

Ce médecin n'était pas du quartier, et on ne l'avait jamais vu.

Mais il portait un habit noir râpé, une cravate blanche effiloquée, et l'on n'y regarde pas de si près.

Le médecin examina le mort, souleva ses mains, appliqua son oreille contre sa poitrine, et après ces observations sommaires, il fronça le sourcil et se tourna vers Jeanne.

— Eh bien, monsieur? demanda celle-ci les mains jointes.

Le médecin lui prit les mains avec émotion.

— Du courage, mon enfant, lui dit-il sentencieusement.

— C'est donc fini?

— Tout à fait.

— Mort! il est mort!

Le médecin fit un signe affirmatif, et pendant que Jeanne se jetait sur le corps inanimé de Robert, il s'adressa mystérieusement aux trois ou quatre voisins et voisines qui l'entouraient.

— Oui! bien mort! ajouta-t-il, et vous savez ce qui nous menace?

— Non! non! parlez! parlez! dirent les commères.

— Vous n'ignorez pas qu'un grand nombre de cadavres jonchent depuis deux jours les rues de la capitale.

— Eh bien!

— Eh bien! si l'on n'y prend garde, avant huit jours ces émanations pestilentielles nous donneront la plus terrible des épidémies.

— Que faire? que faire?

— Si vous m'en croyez, vous ne garderez pas ce mort-là jusqu'à ce soir.

Puis il salua et sortit.

Il n'en fallait pas davantage et l'on fit bien vite comprendre à Jeanne qu'il fallait obéir aux recommandations du médecin dans son propre intérêt, et surtout dans celui de la maison.

Jeanne dut se résigner ; on lui sut gré même de la facilité avec laquelle elle accueillit cette proposition.

Le menuisier avait travaillé, pendant ce temps, et, en moins d'une heure, le cercueil était prêt.

Jeanne voulut ensevelir son amant de ses propres mains, ne demandant pour l'aider que le concours de l'ouvrier qui était allé chercher le médecin.

On ne fit pas d'objection, et on les laissa seuls se livrer à cette funèbre besogne.

Une heure environ fut consacrée à cette opération.

Quand les voisins rentrèrent dans la chambre, la bière était placée dans un coin sombre, l'ouvrier debout d'un côté, Jeanne agenouillée de l'autre.

L'ouvrier alla à ceux qui arrivaient.

— J'espère, leur dit-il, que vous voudrez bien me donner un coup de main.

— Oui, certes, répondit le menuisier. Seulement, il ne faut pas songer à le transporter au Père-Lachaise, puisque l'on s'y bat encore à l'heure qu'il est, et dans cette situation, je me demande où nous allons le déposer.

— Je m'en suis informé, répondit son interlocuteur ; et je vous indiquerai le chemin.

En attendant que les pompes funèbres aient repris leur service, on dépose les morts dans un enclos du boulevard Voltaire, et c'est là que nous allons nous rendre.

— Pour lors, nous commençons ! dit le fondeur au menuisier, et quand nous serons fatigués, le charpentier et l'autre nous remplaceront.

— Ça tout de même, dit le menuisier.

— En route, alors !

— En route !

Ils se mirent en marche, suivis à quelques pas par le charpentier et *l'autre*, comme avait dit le fondeur.

— Seulement, cet autre, avant de les suivre, s'était arrêté soit pour consoler Jeanne, soit pour lui dire quelques mots.

On avait vaguement surpris quelques brides de leur conversation.

— Ah! veillez bien sur lui! disait Jeanne avec un geste suppliant.

— N'ayez pas peur, répondit l'ouvrier.

— Ne le quittez pas !

— Je vous l'ai promis.

— Et, dès que vous l'aurez mis en lieu sûr, ne manquez pas de m'en prévenir tout de suite,

L'ouvrier haussa les épaules.

— Allons, du calme! dit-il ; reposez-vous sur moi de tout cela. Est-ce que vous croyez que je n'y suis pas aussi intéressé que vous?

— Pauvre Robert! murmura Jeanne, s'il allait lui arriver malheur !

Et une vieille femme, qui avait entendu ces dernières paroles, disait à ses amis :

— Vrai! c'te pauvre femme... ça fendait le cœur... elle en parlait encore, comme s'il avait été vivant.

Cependant, le cercueil continuait sa route. Un moment plus tard, il disparaissait à l'angle de la rue, toujours suivi par les deux ouvriers.

Deux jours plus tard, voici ce qu'on lisait dans les journaux de Paris, sous cette rubrique :

LES HOMMES DE LA COMMUNE

« Un des plus tristes héros de cette Commune, dont le règne vient de finir dans le sang et l'incendie, Robert Linley, le plus dangereux des membres de *l'Internationale,* a trouvé la mort dans les combats des derniers jours.

« Blessé à la barricade du Château-d'Eau, il a été transporté, dit-on, dans une maison du faubourg Saint-Antoine, par quelques-uns de ses séides.

« Mais son état, qui ne paraissait pas tout d'abord présenter trop de gravité, n'a pas tardé à prendre un caractère dangereux ; une crise est survenue, et il a été enlevé en quelques heures.

« Nous tenons ces détails d'un de nos reporters qui a vu le cercueil de Robert Linley dans un enclos du boulevard Voltaire, où il avait été déposé en attendant que le Père-Lachaise fût rendu aux inhumations régulières. »

Personne, dès ce jour, ne douta de la réalité d'un fait affirmé avec autant d'assurance.

Quand nous disons personne, cependant nous devons faire une exception.

Il y eut en effet à Paris un homme qui, après avoir lu cet article, se permit encore de douter.

Cet homme, c'était Lemonnier.

Quand il eut parcouru ces lignes, dont il pesa bien chaque mot, il se mit à branler la tête et à froncer le sourcil.

— Je la connais, celle-là ! se dit-il à lui-même, et elle n'est pas des plus neuves, mais ce n'est pas à un vieux singe comme moi que l'on apprend à faire des grimaces, et ils auront beau chanter tous les matins leurs *de profondis,* ça ne m'empêchera pas d'ouvrir l'œil et de lâcher mes limiers sur leur piste ! Dès demain, je me mettrai en campagne.

# ÉPILOGUE

Deux mois s'étaient écoulés.

On était à la fin mois de juillet, et nous nous retrouvons, comme au début de ce récit, dans cette vallée si pittoresque de la Marne, où nous avons vu fonctionner naguère l'usine de M. Carpentier.

L'usine n'est plus.

Depuis l'incendie, on n'a pas cherché à la relever de sa ruine, et il ne reste debout que le pavillon dont M. Carpentier et sa fille, Berthe, avaient fait leur habitation.

Le paysage a gardé son charme pénétrant et doux.

Le soleil se couche lentement à l'horizon, inondant des flots de sa lumière éclatante les bois qui couronnent les hauteurs voisines et les profondeurs des rives encaissées de la Marne.

C'est le même tableau que celui que nous avons présenté plus haut.

Les troupeaux regagnent leurs étables respectives ; les paysans rentrent du labour, poussant les bœufs devant eux ; les pâtres envoient à la nuit leurs psalmodies agrestes, et l'on se croirait encore aux temps heureux des débuts de cette histoire, si, de temps à autre, à travers les peupliers dont le feuillage frissonne sur les bords de la Marne, on ne voyait passer quelques uhlans qui font le guet pour assurer la sécurité de l'occupation prussienne.

Le village de Varennes a perdu son animation d'autrefois ; le mouvement, la vie semblent l'avoir fui. C'est à peine si l'on rencontre quelques ménagères sur le pas des maisons ou quelques enfants courant et s'appelant sur la route.

Mais le charme n'est pas rompu pour cela, au contraire.

Cette tranquillité, ce calme ont leur saveur particulière, et au lendemain des troubles sanglants par lesquels on vient de passer, on se demande si ce n'est pas à ces *ruraux*, que l'on a tant et si souvent calomniés, qu'il faut demander le secret de la vie humaine.

*O rus, quandò te aspiciam !*

s'écriait le poëte latin.

Et il avait raison !

Au seuil de cette oasis s'arrêtent tous les bruits sinistres du monde civilisé, et le cœur, pénétré d'amour, s'endort oublieux, bercé par les harmonies éternelles de la nature.

Six heures venaient de sonner à l'humble église du bourg.

En ce moment quatre personnes gravissaient doucement le chemin qui monte de la Marne et se dirige, à travers quelques sinuosités charmantes, vers le pavillon occupé par M. Carpentier.

Les deux premières personnes étaient deux jeunes gens :

Un jeune homme et une jeune fille.

Le jeune homme était pâle et marchait à pas lents.

La jeune fille le soutenait de son bras et réglait sa marche sur la sienne.

Et c'était si charmant de voir ce couple si jeune, si heureux, qui s'avançait, sans paraître se douter qu'il y avait autre chose au monde qu'eux-mêmes, le visage éclairé d'un sourire céleste, le regard perdu dans l'infini de l'horizon, l'âme noyée dans un ravissement qui empruntait son ivresse aux joies d'une sphère supérieure !

— O Berthe ! Berthe ! dit tout à coup le jeune homme, qui m'eût prédit que je dusse jamais revoir ces lieux dans des conditions semblables à celles où nous nous trouvons. Ah ! Dieu est bon, puisqu'il m'accorde aujourd'hui la seule joie, le seul bonheur que j'eusse jamais ambitionné.

— Maurice ! balbutia Berthe en serrant doucement la main du jeune homme.

— Si vous saviez comme je vous ai aimée, comme je vous aime, répondit Maurice ; du jour où je vous ai vue, je n'ai plus eu d'autre pensée, ce fut comme une révélation de l'amour, comme une initiation du bonheur.

— Pauvre ami !

— Ah ! j'ai bien souffert, allez, Berthe, ma Berthe bien-aimée, je comprenais bien que mon rêve était insensé, que jamais il ne pourrait se réaliser ; j'avais appris que votre père avait des vues bien arrêtées, qu'il voulait trouver un successeur dans son gendre ! et moi, j'étais pauvre, inconnu, timide, et je ne pouvais qu'enfermer à jamais mon secret dans mon cœur comme dans une tombe ! Alors, j'ai maudit la vie et désespéré de Dieu.

— Que dites-vous !

— Ah ! ne m'en veuillez pas, Berthe ! la joie même la plus pure, la moins intéressée, bénéficie des contrastes, et ce désespoir par lequel j'ai dû passer a doublé, si c'est possible, l'amour que je vous avais voué ?

Berthe ne répondit pas tout de suite, mais son regard plongea un moment dans le regard de Maurice, et une sensation profonde, inconnue, ignorée plutôt, pénétra son cœur ému jusqu'à la défaillance.

— Moi, Maurice, dit-elle peu après, je n'ai pas eu tout de suite conscience de ce qui se passait dans mon cœur. Du jour où je vous ai vu, cependant, je ne me retrouvai plus la même. Une certaine mélancolie s'empara de moi et il me sembla qu'un sentiment nouveau pénétrait mon esprit. Puis, je vous vis plus souvent. Je rencontrai quelquefois votre regard, et bientôt il ne me fut plus possible d'ignorer que je vous aimais. Ah ! je n'ai pas pu cacher longtemps ce pauvre amour éploré et tremblant que je ressentais, et vous avez dû bien vite le deviner.

— On croit si difficilement au bonheur.

— Enfin ces temps d'épreuves sont passés.

— Vous avez raison.

— Mon père, que vous avez sauvé en exposant vos jours, en vous offrant comme otage à sa place, mon père a été lui-même au-devant de votre demande.

— Quelle ivresse ce jour-là.

— Vous êtes d'ailleurs rendu à la santé.

— Grâce à vos soins.

— Et dans un mois, nous serons unis, et rien ne pourra plus nous séparer.

Maurice prit la main de Berthe et la baisa avec transport.

Puis, ils continuèrent leur route jusqu'à l'habitation sans échanger une parole de plus, perdus dans leur rêve infini, n'écoutant, à travers les doux bruits de la nature, que leurs cœurs, qui chantaient à l'unisson l'hymne sacré de l'amour.

Derrière eux venaient M. Carpentier et le docteur Bernard.

Ils marchaient lentement, réglant leur

pas sur celui des deux amoureux, et leur conversation s'était naturellement portée sur l'avenir qui leur était réservé.

— Singuliers mystères de la vie! dit le docteur, nous voici revenus pour ainsi dire à notre point de départ. et il a fallu bien des catastrophes, bien des malheurs, pour que se réalisât le rêve formé par ces deux enfants.

— Sans doute! sans doute! fit M. Carpentier, et je ne regrette pas, pour ma part, d'avoir été forcé par les événements à cette conclusion inespérée. J'espère que ma Berthe sera heureuse, et quel que soit mon regret du passé, si j'assure son bonheur, je n'aurai plus rien à demander à la vie.

— N'avez-vous reçu aucune nouvelle de Paris depuis votre départ?

— Aucune! répondit M. Carpentier; je compte bien que l'on ne fera pas grâce aux misérables qui nous ont mis à deux doigts de l'abîme.

— Il vont être jugés sous peu.

— Et parmi les plus coupables, j'éprouve une certaine satisfaction à penser que Robert Linley a succombé des premiers.

Un nuage passa, à ces paroles, sur le front du docteur.

— Robert! répéta-t-il avec un tressaillement.

— Ne m'avez-vous pas dit qu'il était mort?

— En effet.

— Vous l'avez visité à ces derniers moments?

— Oui.

— Et n'avez-vous pas appris qu'il avait été inhumé?

Le docteur fit un geste impatient.

— Oui, tout cela est vrai, répondit-il, et cependant...

— Quoi donc?

— Il y a dans cette affaire un point obscur que je n'ai jamais complétement éclairci.

— Quel est-il?

— Ce serait long à expliquer.

— Auriez-vous quelques raisons de croire que ce misérable a pu échapper au châtiment qui l'attendait?

— Peut-être!

— Comment cela?

— Je vous dirai tout cela quelque jour, ce soir même, si vous le voulez.

— Mais je vous en prie.

— Eh bien, venez, monsieur Carpentier; et vous pourrez peut-être vous-même fixer, par vos conseils, toutes mes irrésolutions.

Les deux jeunes gens s'étaient arrêtés dans le jardin; les deux vieillards franchirent la grille et se dirigèrent vers la maison.

Seulement, comme ils en atteignaient la porte, un homme parut tout à coup sur le seuil.

M. Carpentier fit un mouvement.

— Qu'est-ce? que voulez-vous? demanda-t-il en s'adressant à cet homme qu'il ne connaissait pas.

— C'est à M. Carpentier que j'ai l'honneur de parler? dit l'inconnu.

— Oui, monsieur.

— Et monsieur est le docteur Bernard?

— Précisément.

— Eh bien, messieurs, c'est à vous que j'ai affaire et je vous demande l'honneur d'un entretien particulier.

— Mais à quel propos? sous quel pretexte? fit M. Carpentier.

L'étranger se plaça bien en face de ce dernier.

— Regardez-moi bien, monsieur, dit-il d'une voix assurée, et dites-moi si vous ne me reconnaissez pas.

— Mais, monsieur, c'est en vain...

— Vous ne vous rappelez pas...?

— Il me semble, en effet...

— C'était ici même, la nuit de la grève.

— Quoi!...

— Un mendiant!

— C'était vous?

— Moi-même.

— Mais alors, vous êtes...?

— Lemonnier.

— Agent de police?

— Pour vous servir, si j'en étais capable.

Et sur ces mots, Lemonnier s'inclina en souriant.

### Les Bohèmes

A la même heure, les habitants du bourg de Varennes assistèrent à un singulier spectacle.

Au moment même où M. Carpentier s'arrêtait à causer avec l'agent Lemonnier, une voiture de forme étrange, débouchant par la route de Chaumont, s'engageait dans le chemin vicinal qui conduisait naguère à l'usine, et qui, mal entretenu depuis, était probablement défoncé en plusieurs endroits.

On sentait que l'ennemi, qui avait passé par là, n'avait pas dû respecter l'œuvre patiente des administrateurs locaux, et la voie, fort peu praticable désormais, avait été pour ainsi dire abandonnée par les messagers du pays.

La voiture qui venait de s'engager dans ce chemin était, nous l'avons dit, de forme étrange, et le conducteur qui la dirigeait était évidemment étranger au pays. Sans cela les voies praticables lui eussent été familières, et il n'eût point exposé son véhicule à rester dans les fondrières.

Toutefois, il n'était point tombé d'eau depuis quelque temps, et relativement la route n'offrait pas en ce moment des difficultés insurmontables.

Mais le fait seul d'avoir pris cette direction ne pouvait manquer d'attirer l'attention des indigènes, et cette particularité, jointe à la forme inusitée de la voiture, enleva pour un instant les villageois à leur apathie et à leur indifférence ordinaire.

En moins d'un quart d'heure, la nouvelle s'en répandit de tous côtés, et une vingtaine de gamins, de petites filles et de paysannes s'avancèrent au-devant des étrangers.

La voiture était une de ces grandes machines comme la province en voit encore arriver de temps à autre aux jours de foire périodique.

Leur contenance est invraisemblable et rappelle le prodige de la bouteille inépuisable.

Divisées en plusieurs compartiments, elles contiennent d'ordinaire une chambre à coucher, une salle à manger et une cuisine, sans compter les magasins où se trouvent entassés des objets de toute nature, en quantité suffisante pour approvisionner un canton tout entier.

Autrefois, le métier de marchand nomade était, paraît-il, très-lucratif. On cite encore aujourd'hui des fortunes colossales qui n'ont pas eu d'autres points de départ.

Mais cette industrie tend à disparaître.

L'invention des chemins de fer l'a tuée et on ne la retrouve encore de loin en loin que dans les provinces éloignées du centre et que les railways ne sillonnent pas.

Cependant la voiture avançait avec peine, mais elle avançait.

Le conducteur était un homme d'une quarantaine d'années environ. Un grand chapeau de paille couvrait son front, et la nuit qui tombait empêchait que l'on ne distinguât ses traits.

Tout ce que l'on en pouvait dire, c'est qu'il paraissait robuste... et fort.

Ses épaules étaient larges et hautes, il avait le dos voûté, et ses mains calleuses et rudes témoignaient de l'habitude de rudes labeurs.

Il marchait seul à côté de la voiture. Seu-

Tu veux donc me trahir, tu veux donc me livrer à mes ennemis ?

lement, de temps à autre, il échangeait quelques paroles avec des compagnons invisibles qui voyageaient assis à l'intérieur de la voiture.

Quels étaient ces personnages ? Impossible de répondre à cette question.

La voiture était hermétiquement fermée, et le regard le plus aigu n'aurait pu y pénétrer.

C'était vraisemblablement et tout simplement le marchand et sa femme.

Car si l'on ne voyait pas, on entendait, et parfois le bruit de deux voix, l'une d'homme, l'autre de femme, arrivait à l'oreille des curieux.

Ces derniers ne tardèrent pas, au surplus, à éprouver un bien vif désappointement ; car au moment où ils s'apprêtaient à escorter les étrangers jusque sur la place de Varennes, la voiture s'arrêta tout à coup sur le bord d'un terrain vague, et le conducteur manifesta, par des dispositions non équivoques, qu'il comptait bien ne pas aller plus loin...

Comme la voiture venait de s'arrêter, une voix partit de l'intérieur.

— Sommes-nous donc arrivés, Jacques? demanda cette voix, sans que celui qui prononçait ces paroles parût disposé à se déranger.

— Oui, bourgeois, répondit le conducteur; nous y voici.

— Et c'est ici que nous allons coucher!

— Précisément.

— Comment appelle-t-on ce village?

— Varennes!

L'homme et la femme qui occupaient la voiture passèrent la tête au dehors et plongèrent leurs regards autour d'eux.

Et l'on eût dit que le tableau qu'ils avaient sous les yeux n'avait pas seulement pour eux l'attrait banal d'un paysage ordinaire.

Ils restèrent cinq minutes dans cette contemplation, et quand la femme se fut retirée la première, l'homme fit signe à Jacques de se rapprocher et il se pencha à son oreille.

— Combien as-tu d'argent? lui demanda-t-il à voix rapide et basse.

— Trois francs! répondit Jacques.

— Et nous n'avons rien mangé depuis ce matin.

— A qui le dites-vous?

— Que vas-tu faire?

— Dame! je vais aller voir...

— Toi?

— Et qui donc?

— Dans ce village?

— Vous avez peur.

— Si l'on te reconnaissait?

Jacques haussa les épaules.

— Allons donc! s'écria-t-il en montrant une énorme cicatrice qui lui partageait la figure; avec cette balafre et ma barbe en moins, qui diable voulez-vous qui me reconnaisse?

Et puis, d'ailleurs, n'avons-nous pas nos papiers en règle?

— C'est vrai.

— Des papiers qui nous viennent des autorités prussiennes?

— Tu as raison.

— Et ce n'est pas en pays occupé que l'on y trouverait à redire.

— Va donc, dit le marchand, va, mais ne t'attarde pas, et tâche d'apporter quelques provisions.

Jacques jeta son fouet sous la voiture, prit un énorme gourdin noueux dont il arma sa main, et, se tournant de nouveau vers son interlocuteur :

— Du reste, dit-il du même ton, ce n'est plus que quelques jours de patience ; une fois à Épinal, je sais quelqu'un qui nous achètera la voiture et le cheval, et nous pourrons prendre le chemin de fer.

— Ce serait le salut, en effet.

— Eh bien! du courage encore, ne désespérons pas; après ce que nous avons vu, nous devrions être plus confiants dans notre étoile.

— Va donc, Jacques, et-hâte toi de revenir.

Jacques partit, et celui qui paraissait être son maître rentra dans la voiture.

La femme venait d'allumer une petite lampe fumeuse. Son visage était amaigri et pâle; deux grosses larmes coulaient le long de ses joues creuses.

L'homme fit un mouvement.

Était-ce de la pitié? Était-ce de l'irritation?

— Tu pleures? dit-il d'un ton contenu.

La femme réprima un sanglot.

— Oh! vous savez, reprit-elle violemment troublée, c'est plus fort que moi... tout à l'heure... quand j'ai vu...

— Quoi?

— Ce pauvre petit bourg de Varennes, je n'ai pu me défendre d'un profond sentiment de tristesse. Vous, mon ami, vous êtes vaillant, vous n'avez pas de ces faiblesses, mais moi! moi!

Il y eut un long silence.

L'homme s'était assis dans un coin.

La femme songeait, le regard plongé au dehors.

— Et puis, reprit-elle au bout d'un instant, il y a tant de souvenirs dans ce paysage,
j'ai été si heureuse, dans ce misérables village !

Robert, c'est là que je vous ai aimé ?

L'homme se leva, le regard courroucé à ces
paroles.

— Tais-toi ! tais-toi ! dit-il d'une voix irritée, ne prononce jamais ce nom. Tu veux
donc me trahir, tu veux donc me livrer à mes
ennemis ?

— Moi ! Robert !

— Encore !

— Non ! non ! je ne dirai plus ce nom, je
l'oublierai, si vous voulez, mais ne me parlez
pas ainsi, je vous en prie ; demandez-moi ma
vie, et je vous la donnerai, mais, par pitié, de
temps à autre un mot qui me console, un
regard qui me fasse vivre, dites , le voulez-
vous !

Robert ne répondit pas.

Il était en proie à une vive agitation.

Depuis qu'il se trouvait dans ce pays, il lui
semblait qu'il n'était plus en sûreté.

Il s'attendait à chaque instant à être reconnu, arrêté, fusillé.

Depuis sa fuite de Paris, il n'avait pas eu
un instant de repos.

Il avait dû traverser mille dangers, affronter
mille morts, et c'est au moment où il se
croyait sauvé, où la frontière n'était plus qu'à
une faible distance, qu'il voyait se dresser
devant lui de nouvelles menaces.

Il s'était rejeté au fond de la voiture sombre, inquiet, taciturne.

Jeanne le regardait, retenant son souffle,
évitant de prononcer une parole.

Tout à coup, Robert se leva pâle, effaré,
les traits livides.

— Qu'y a-t-il ? qu'avez-vous ? fit Jeanne en
se levant à son tour.

— Écoute, fit Robert.

— Quoi donc ?

— N'entends-tu pas ?

— En effet.

— Des pas précipités

— C'est cela !

— Ils viennent dans cette direction.

— Oui.

— Nous sommes perdus !

— Robert ! Robert !

Robert la repoussa rudement, et colla son
visage au carreau de la voiture.


### La confession


Mais la nuit était venue, et il ne vit rien.

Il se tourna vers Jeanne

— Mais qu'y a-t-il donc ? dit-il avec fureur. Maintenant que je devrais être plus
calme, puisque le plus fort des dangers est
passé, il me semble que je sens de nouvelles
appréhensions me gagner, et puis... et puis...

Il frappa rudement sur la table.

— Qu'as-tu donc ? demanda faiblement la
malheureuse femme.

— Ce que j'ai... tu demandes ce que j'ai,
quand je suis obligé de contenir cette rage
qui me brûle le cœur ; ce que j'ai ?...

Et il eut un éclat de rire amer.

— Crois-tu que j'aie rien oublié, murmura-t-il les poings fermés. Ils nous ont traqués
comme des bêtes fauves ; ils ont répandu à
flots le sang le plus pur de nos défenseurs ;
et j'aurais assisté à un pareil spectacle sans
chercher à en tirer une vengeance éclatante ?

— Robert !

— Malheur à eux ! malédiction sur tous !
Peut-être un jour ce sera notre tour et il
verront comment nous nous relèverons.

— Tu songes donc encore à la lutte ?

— Je ne songe plus à autre chose.

— Tu n'as pas couru assez de dangers !
Après avoir été sauvé comme par miracle,

grâce au stratagème imaginé par Mathon ; après avoir, vingt fois, été sur le point d'être repris, quand nous pouvons respirer un peu, tu n'as d'autre pensée que de recommencer le combat d'où tu sors sanglant ! C'est tenter Dieu ! vois-tu.

— Est-ce que je connais Dieu !

— Ne parle pas ainsi.

— Je l'ai maudit plus d'une fois, depuis que je suis sur ce monde d'injustice et d'infamie.

— Tu blasphèmes !

Robert s'était levé, il se mit à tourner l'étroit compartiment dans lequel il se trouvait avec des mouvements saccadés et des rugissements prolongés qui ressemblaient à ceux d'une bête fauve.

— Le bruit s'est éloigné, dit-il tout à coup ; ce n'était qu'une fausse alerte, et Mathon va revenir sain et sauf ! Mais tu viens de réveiller le lion, Jeanne, le tigre même, si tu le préfères ; et peut-être à cette heure, qui va sonner, inaugurant une nouvelle existence pour nous tous, peut-être est-il bon que tu connaisses enfin l'homme auquel tu veux consacrer ta vie.

— Mais je n'ai pas sollicité cette confidence !

— C'est moi qui veux te la faire.

— A quoi bon ?

— Ecoute.

— Que vas-tu m'apprendre ?

Robert s'était arrêté devant la jeune femme profondément troublée ; son œil était sillonné d'éclairs, l'expression de son visage était effrayante. Jeanne eut presque peur, et un frisson glacé lui parcourut tous les membres.

— Robert ! Robert ? supplia-t-elle une dernière fois.

L'homme sourit.

— Oui, tu as raison, dit-il d'un ton ardent : c'est bien sous le nom de Robert que tu m'as connu, que tu m'as aimé ; mais avant de venir à Varennes j'en avais un autre, et le jour où je serais arrêté, ce n'est pas Robert seulement que l'on frapperait, mais c'est aussi le jeune homme qui s'appelait naguère Gilbert Dumesnil !

— Mais pourquoi changer de nom, pourquoi ?

— Parce que celui de Gilbert désignerait à la police un homme qu'elle a cherché longtemps, qu'elle cherche encore peut-être et sur lequel pèse une accusation des plus redoutables.

— Laquelle ?

— Celle d'un double assassinat.

— Ah ! ce n'est pas vrai !

— C'est vrai !

— Mais vous n'êtes pas Gilbert.

— Je suis Gilbert Dumesnil.

— Et vous avez ?...

Jeanne ne put achever ; sa voix s'étrangla dans sa gorge, et elle se voila le visage par un geste involontaire d'horreur et d'épouvante.

— Vous ! vous ! s'écria-t-elle. Non, Robert c'est impossible. Vous vous calomniez. Jamais un pareil forfait...·

— Robert s'était assis ; il avait appuyé ses coudes sur la table.

Son regard était sombre, sa poitrine haletait, un rictus hideux plissait ses lèvres.

Il y avait de l'hyène dans cet homme, et l'on sentait qu'au fond de son cœur il ne restait plus aucun sentiment humain.

— Ah ! sans doute ! reprit-il au bout d'un instant ; mais qui pourrait dire par quelles pentes mystérieuses, insensibles, fatales, — fatales ! entends-tu bien ? — on descend les degrés de cette échelle sanglante ; quelles voix vous attirent, quel démon vous pousse, quel vertige vous aveugle ! La veille encore, on est honnête, selon le sens social ; on a horreur de sa propre pensée ; mais déjà on se sent troublé, inquiet, hésitant ; les mots n'ont plus la même signification ; le regard n'a plus la sûreté. Comme ces taureaux sauvages des plaines de la Camargue, que l'on affole en agitant devant eux une loque de toile rouge, il arrive que l'on ne voit plus que du sang partout; on perd conscience de son être... et c'est à croire que l'on a été tout à coup frappé de folie !

— Mon Dieu !

— Moi aussi, Jeanne, j'ai voulu être honnête, comme les autres.

— Eh bien ?

— Je connaissais une jeune femme riche, qui m'avait aimé, quoique je fusse pauvre, et dont l'amour aurait pu me préserver peut-être.

— Parlez ! parlez !

— Mais l'ambition, l'impatience des jouissances du luxe et de la fortune, et ces excitations perfides qui se dégagent du contact d'individualités funestes... j'étais heureux alors, je voulais courageusement obtenir la vie de mon travail seul. J'étais jeune, ardent, j'avais reçu de la nature des facultés sérieuses, mais ma pauvreté ne tarda pas à me peser. Je me sentis humilié dans ma condition modeste, et le bruit que faisaient autour de moi les heureux de ce monde finit par irriter ma résignation; l'envie pénétra dans mon cœur, les notions du bien s'oblitérèrent, et je ne vis d'issue à cette situation que dans le crime.

Il y eut un silence.

Jeanne avait joint ses mains et elle priait.

— Comment cela se fit-il? Est-ce que je le sais? continua Robert; de toutes les péripéties sanglantes de cette nuit terrible, je ne me rappelle plus rien! rien! D'ailleurs, j'avais la fièvre, et si la voix du remords s'était élevée de mon cœur défaillant, la possession d'une fortune considérable, l'assurance presque certaine de l'impunité auraient suffi pour l'étouffer à jamais !

Robert se tut.

Jeanne releva la tête, et osa le regarder quelques secondes.

Cette confidence l'avait terrifiée, mais, au-dessus de l'horreur que lui inspirait le crime dont elle venait d'entendre l'aveu, planait toujours l'amour profond qu'elle avait voué à Robert.

— Ce souvenir est affreux ! dit-elle après un court silence, et je ne veux pas m'y appesantir en ce moment. Mais songez-y, Robert, et puisque le ciel a permis que vous puissiez échapper au châtiment, pensez-vous que vous n'ayez pas un grand devoir à accomplir ?

— Lequel? fit Robert.

— On peut toujours se repentir, on peut tenter de redevenir honnête homme ; et celui-là qui se relève après avoir failli, rachète, en partie du moins, la faute ou le crime qu'il a commis.

Robert fit un geste ironique.

— C'est impossible! dit-il brusquement.

— N'en croyez rien.

— Ce n'est point à un palais brûlé par le vitriol qu'il faut offrir des boissons lactées... Le bras est pris dans l'engrenage, tout le corps y passera.

— Ah! quel avenir ! et pourtant, si vous vouliez...

Robert l'arrêta du geste.

— Assez! dit-il d'un ton rapide; n'avez-vous pas entendu?

— En effet, répondit Jeanne.

— Cette fois, ce n'est point une erreur. Ecoutez! j'entends des pas qui se dirigent de ce côté, et ce misérable Palot qui est resté à Chaumont... Ah! qui me délivrera de toutes ces appréhensions?

Il achevait à peine, quand plusieurs coups furent frappés discrètement contre la porte de la voiture.

— Qui est là? fit la voix de Jeanne.

— C'est moi, Jacques, ouvrez ! répondit-on du dehors.

Jeanne ouvrit, et Jacques entra.

Mais il avait les traits si bouleversés, son visage était si soucieux et si pâle, que Robert ne put réprimer un mouvement.

— Qu'y a-t-il donc ? demanda-t-il avec vivacité.

— Il y a, répondit Jacques, que nous avons donné dans la gueule du loup. Toute la nichée des Carpentier et des Bernard est au bourg depuis quelques semaines !

### Les deux uhlans

La lune s'était levée et jetait sur le paysage cette lumière vaporeuse et transparente des belles nuits d'été.

Tout était calme et silencieux.

La vallée entière était endormie, et l'on n'entendait plus rien, si ce n'est de temps en temps l'aboiement prolongé d'un chien de ferme ou le roulement lointain d'une voiture de roulier qui passait sur la route, derrière la montagne.

Lemonnier ne perdait pas la piste.

Le père Robin, du reste, marchait à pas lents et comme un homme qui connaît son but et n'a pas besoin de demander son chemin.

Cela dura un quart d'heure à peine.

Lemonnier le vit descendre une pente raide qui conduisait à la Marne. Une fois là, il s'arrêta, posa son fusil à ses pieds et s'adossa à un énorme peuplier.

Puis il attendit.

Lemonnier se trouvait à ce moment sur une éminence d'où il pouvait tout observer sans être vu, et quand il vit le père Robin s'arrêter, il s'assit sur un tertre de gazon et s'apprêta à suivre la scène qui allait se passer.

Il avait bien un vague soupçon de la réalité, mais il pouvait se tromper.

D'ailleurs, ce n'était pas précisément le père Robin qui l'intéressait ; mais instinctivement il comprenait que l'acte qu'il allait accomplir devait servir ses propres projets.

Une heure s'écoula.

Le père Robin n'avait pas bougé, et Lemonnier commençait à craindre que cette excursion nocturne n'amenât aucun résultat.

Peut-être même allait-il renoncer à prolonger plus longtemps une observation qui menaçait d'être stérile, lorsqu'un bruit presque imperceptible vint tout à coup troubler le calme profond de la nuit.

Le père Robin l'avait perçu le premier, et il venait de saisir son fusil qu'il avait armé.

Lemonnier tressaillit.

Presque au même moment, il vit à travers les peupliers, et sur le côté opposé à celui où se tenait Robin, deux cavaliers prussiens qui cheminaient tranquillement, l'un suivant l'autre.

C'étaient deux uhlans.

Ils avançaient au pas monotone de leur monture, fumant placidement leur pipe d'écume, indifférents à la beauté du paysage, sans échanger une parole, rêvant peut-être aux parents, aux amis, à la femme aimée, qu'ils avaient laissés au pays allemand.

L'un d'eux, on l'a su depuis par l'enquête qui a été faite, l'un d'eux était marié.

Il avait deux beaux enfants, auxquels il avait promis, en les quittant, de leur rapporter des beaux jouets de France.

Il était âgé de trente ans à peine.

Sa femme était jeune aussi, et elle pleurait amèrement au moment de la séparation

L'homme, lui, souriait avec confiance.

A ce moment, les premiers désastres de la France étaient déjà accomplis ; les nouveaux contingents que la Prusse envoyait allaient bien plus à la curée qu'à la bataille.

Le bon uhlan savait que les dangers sérieux étaient passés et qu'il ne restait plus qu'à recueillir le butin.

Et il souriait aux appréhensions de sa *Gretchen*, qu'il traitait de puériles.

C'était d'ailleurs un bon époux, un bon père.

S'il avait eu quelques craintes fondées pour lui-même, son cœur se serait fondu à l'idée qu'il ne devait plus revoir ses deux beaux petits enfants, et que sa femme devait bientôt être veuve.

Il partit, et, pendant plusieurs mois, il put croire, en effet, qu'il ne s'était pas trompé.

La guerre était finie, et dans ce bon département de la Haute-Marne il ne songeait qu'à faire ses quatre repas, à boire du vin de Champagne et à dormir sur les deux oreilles.

Encore quelques semaines et il retournerait en Allemagne, et il retrouverait son pays intact, heureux, enrichi d'un butin glorieux autant que profitable.

Il fumait, et sa pensée, mollement bercée par l'harmonie de la nature, entrevoyait ce paradis terrestre qui l'attendait par delà le Rhin.

Soudain, un coup de feu retentit, et un cri de détresse s'éleva au milieu de la nuit.

Le coup de feu avait été tiré par le père Robin; le cri avait été poussé par le uhlan dont nous venons de parler.

Lemonnier ne perdit aucun des détails de la scène.

Il avait vu le père Robin épauler son arme, viser pendant quelques secondes et le coup partir.

Puis, presque aussitôt, le uhlan oscilla sur son cheval, porta ses deux mains à son front et finit par s'affaisser sur lui-même et rouler sur le chemin.

Il avait été tué roide par un projectile qui lui avait fracassé le crâne.

Il y eut, pour le deuxième cavalier, un moment de stupeur qui l'empêcha de se rendre un compte bien exact de l'incident.

Il crut à une attaque nocturne, une vengeance de vaincu: il était fort éloigné de penser que son compagnon eût été atteint mortellement et il se persuada qu'il n'avait reçu qu'une blessure légère.

Mais quand il le vit tomber de cheval, et qu'une fois à terre il s'aperçut qu'il restait étendu sans mouvement, la peur le gagna instantanément et, sans chercher à porter secours au malheureux qui venait de succomber, il tourna brusquement bride et voulut assurer son propre salut par une fuite précipitée.

Il n'en eut pas le temps.

Le père Robin veillait.

A peine la première victime fut-elle tombée, qu'il épaula de nouveau son arme et mit son ennemi en joue.

Ce fut l'affaire d'un instant.

L'éclair raya la nuit, un second coup partit et l'autre cavalier alla rejoindre son compagnon.

Tous les deux avaient été frappés à la tête, tous les deux avaient été tués roides!

Lemonnier n'en demanda pas davantage.

Toutefois, il remarqua qu'après ce double meurtre le père Robin s'était empressé de jeter son fusil dans la Marne, et qu'il s'était, en courant, dirigé vers l'auberge du Cheval-Blanc.

Lemonnier en fit autant.

Ils marchaient vite l'un et l'autre. Ils arrivèrent presque en même temps au seuil de l'auberge.

Le père Robin allait franchir la porte quand il se trouva en face de l'agent.

Il tressaillit.

— Vous encore! dit-il en fronçant le sourcil.

— Et pourquoi pas? repartit Lemonnier.

— Vous êtes donc sorti encore une fois?

— Certainement.

— Dans quel but?

— Voulez-vous le savoir !

— Mais sans doute.

Lemonnier sourit.

— C'est que, voyez-vous, dit-il, je suis fort curieux de ma nature, et tantôt, quand je vous ai vu fourbir votre arme dans l'appentis, j'ai voulu connaître à quel usage vous la destiniez.

— Comment? fit le père Robin en pâlissant.

— Allons! allons! ne vous effrayez pas, dit Lemonnier ; il est peut-être fort heureux pour vous que j'aie assisté à votre expédition de cette nuit.

— Quoi! vous savez…?

— Je vous ai vu.

— Ah! malheureux que je suis..! c'est que vous ignorez…

— Je sais que vous vous êtes vengé, et voilà tout. Mais vous allez être recherché, poursuivi, et si l'on vous découvre…

— Ils me fusilleront!

— C'est certain.

— Eh! que m'importe?

— Mais il importe beaucoup, père Robin, et si je vous parle en ce moment, c'est surtout pour vous rassurer sur les conséquences de votre attentat.

— Que voulez-vous dire ?

— Rien… sinon que je puis vous sauver, en éloignant de vous les soupçons

— Je ne comprends pas.

— Il n'est pas nécessaire que vous compreniez. Seulement, il est indispensable que vous fassiez exactement ce que je vous dirai de faire.

— Vous!

— Moi-même.

— Qui êtes-vous donc

— Encore une chose qu'il est inutile que vous sachiez.

Cependant… demain, quand on viendra faire chez vous, comme chez tous les habitants de Varennes, des perquisitions à l'effet de découvrir le coupable de cette nuit, je serai à vos côtés et vous me laisserez parler sans m'interrompre ; vous m'entendez?

— Parfaitement.

— C'est convenu ?

— C'est convenu !

— Eh bien, en ce cas, regagnez votre chambre, père Robin, dormez tranquille comme si rien d'extraordinaire ne s'était passé, et n'ayez aucune appréhension sur les suites de cette affaire.

— A demain, alors! dit le père Robin.

— A demain ! répondit Lemonnier.

Le lendemain, ainsi que l'avait prévu Lemonnier, l'affaire de la nuit amena à Varennes un bataillon de Prussiens qui avait reçu mission de battre le pays en tous sens et de découvrir l'assassin des deux uhlans.

Des perquisitions devaient être faites dans toutes les maisons avec un soin minutieux, et la plus grande latitude était accordée aux autorités pour faciliter les recherches à entreprendre.

Dès l'aube, toutes les maisons furent occupées ou gardées à vue et les perquisitions commencèrent.

Mais pendant que ces dispositions étaient prises, peut-être est-il intéressant de dire ce qui se passait dans la voiture où nous avons laissé Robert Linley, en compagnie de Mathon et du Palot.

### Le père Robin

Robert devint affreusement pâle.

— Bernard! Carpentier! s'écria-t-il, ici, près de nous! nous sommes perdus alors!

— Pas encore, répondit Mathon.

— Quel espoir nous reste ?

Il avait vu le père Robin épauler son arme et tirer.

— N'avons-nous pas des passe-ports visés par l'autorité prussienne?

— Eh bien?

— Eh bien, que nous importent M. Carpentier, et Mauricé et le docteur? Nous sommes en pays occupé et l'ennemi nous protége.

— Il a raison, fit Jeanne un peu rassurée.

— Oui, peut-être, balbutia-t-il, mais, je ne sais pourquoi, j'ai peur; il me semble que la frontière s'éloigne à mesure que nous marchons, que jamais il me sera donné de l'atteindre. Oh! si je pouvais mettre une fois le pied sur la terre de Suisse, revoir nos amis qui, plus heureux que nous, ont pu gagner un sol hospitalier!....

— Cela viendra.

— Quand?

Robert alla vers un coffre caché sur le lit, il l'attira à lui, et l'ouvrit.

Il y avait là quelques armes, deux ou rois révolvers dissimulés sous des marchandises de pacotille.

Il les examina avec soin, et vérifia s'ils étaient chargés.

— Au moins, dit-il, comme se parlant à lui-même, ce sera là le dernier mot, et le bourreau ne me mettra pas la main sur l'épaule.

— Robert! fit Jeanne suppliante.

Mathon allait répliquer. Il se retint. Pour la seconde fois, on venait de frapper à la porte.

— Déjà! fit Robert, qui serra la poignée du revolver qu'il tenait à la main.

Mathon venait de jeter un regad en dehors.

— Eh! non, dit-il aussitôt, c'est un ami.

— Qui cela? interrogea Robert.

— Le Palot.

— D'où vient-il à cette heure?

— C'est ce que nous allons savoir.

La porte s'était ouverte. Le Palot entra.

— Il était essoufflé; — il avait fourni une longue course; son œil soupçonneux fit le tour du compartiment.

— Eh bien, quoi? qu'y a-t-il? demanda Mathon.

— Vous en parlez à votre aise, vous autres, répliqua le jeune voyou, vous ne savez pas ce que je viens d'apprendre.

— Qu'as-tu appris?

— Laissez-moi respirer... et d'abord, j'arrive de Chaumont.

— Après?

— N'allons pas plus vite que les violons. A Chaumont, je m'étais arrêté dans un petit caboulot, situé aux portes de la ville, histoire d'étrangler un perroquet.

— Abrége...

— Une fois là, j'ai fait causer l'aubergiste. Je lui ai demandé si le commerce reprenait, si les voyageurs étaient rares, et il m'a répondu que ça ne battait que d'une aile, et que, depuis huit jours, il n'en était reçu qu'un, et encore, ajouta-t-il, il n'y avait pas trop à s'enorgueillir de la visite de celui-là...

— Pourquoi?

— C'est ce que je lui ai demandé: — Pourquoi? — Parce que le voyageur en question est, paraît-il, un employé de la rousse...

— Un roussin! fit Mathon.

— Ah! ah! tu dresses l'oreille! répliqua le Palot, et c'est ce que j'ai fait, moi aussi. Alors, sans avoir l'air, j'ai tâché de lui arracher le nom du personnage.

— Et tu le sais?

— Parbleu!

— Quel est-il?

— Une ancienne connaisance.

— Son nom? son nom?

— Lemonnier.

La réponse du Palot jeta un froid glacial dans la conversation.

— Lemonnier! répéta Mathon, Que vient-il faire à Chaumont?

— Oh! il n'y est plus, continua le Palot.

— Où est-il donc?

— A l'auberge du *Cheval-Blanc*.

— Ici?

— Précisément.

— C'est impossible.

— Je l'ai vu.

— Alors, c'est à nous qu'il en veut!

— Ça me fait cet effet.

— Eh bien, partons à l'instant, dit Robert, ne restons pas une seconde de plus dans le voisinage de cet homme, sinon, demain matin nous serons dénoncés et arrêtés.

Mathon le retint du geste.

— Là! là! dit-il avec un calme relatif, la position, je le répète, n'est pas si désépérée, et le conseil ne vaut rien. D'abord, nous ne pouvons nous remettre en route avant vingt-quatre heures au plus tôt, le cheval est éreinté, et il a besoin de repos; ensuite, j'en suis pour ce que j'ai dit, et s'il prend fantaisie à Lemonnier de nous dénoncer à l'autorité prusienne, ça ne lui sera pas aussi facile qu'il le suppose, et puis, j'ai une idée.

— Laquelle? fit Robert.

— Je vous l'expliquerai en temps et lieu. Pour le moment, restons tranquilles; ouvrons l'œil seulement et n'ayons pas l'air de nous cacher, ce qui serait le meilleur moyen de nous faire suspecter.

La conversation en resta là, et la nuit, d'ailleurs, se passa sans autre incident.

Lemonnier était occupé ailleurs.

En quittant M. Carpentier, il était rentré à l'auberge fort soucieux.

A quelques pas de lui il savait que Robert se trouvait en compagnie de Mathon, et c'étaient ces deux hommes qu'il voulait atteindre.

Robert surtout!

Il y avait longtemps qu'il le poursuivait, et, au moment où le succès lui semblait assuré, il voyait des difficultés sans nombre entre lui et cet homme.

L'auberge du *Cheval-Blanc* n'était plus ce qu'elle était naguère avant l'invasion.

Autrefois, il y avait là une ménagère avec son homme et une petite fille.

Il ne restait plus que l'homme, — le père Robin.

La femme était morte après avoir subi les outrages des Prussiens; — la petite fille ne tarda pas à suivre sa mère. L'homme seul avait survécu.

Mais, depuis la catastrophe, il était sombre, taciturne et fuyait toute société. Lemonnier l'avait remarqué, mais bien qu'il eût cherché à le sonder le matin, il n'avait rien pu en tirer.

Le soir, l'agent rentra un peu tard. L'auberge était fermée. Un garçon à moitié endormi vint lui ouvrir. Il prit la chandelle qu'on lui remit, et monta à sa chambre. Puis, au lieu de se coucher, il s'accouda silencieusement à la fenêtre.

La fenêtre donnait sur un coin obscur, où l'on avait élevé un appentis qui servait de lieu de décharge.

Lemonnier fut tout surpris, en plongeant son regard de ce côté, d'apercevoir les rayons d'une lumière qui filtraient à travers les ais mal joints.

Qui donc pouvait veiller à cette heure dans l'auberge? La curiosité s'empara de lui, cela lui parut étrange, il voulut voir.

Il descendit à pas de loup, et, une fois dans la cour, il alla coller son visage contre les planches de l'appentis.

— Oh! oh! fit-il à part lui, dès qu'il eut jeté un regard à l'intérieur, je me doutais bien de quelque chose comme cela.

Il venait d'apercevoir le père Robin qui nettoyait un vieux fusil de chasse.

Il retint son souffle pour ne rien perdre de la scène. Ce ne fut pas long.

Le père Robin, après avoir fourbi le vieux fusil, alla prendre une poire à poudre cachée derrière des fagots et chargea son arme en coulant dans le canon quelques bonnes chevrotines.

— A qui en veut-il donc avec son arquebuse? se dit Lemonnier.

Et il continua de regarder.

Mais le père Robin avait fini. Il regarda l'heure à une grosse montre d'argent qu'il tira de son gousset, et alla déposer l'arme dans un coin de l'appentis.

Puis il gagna la porte pour sortir.

Lemonnier n'eut pas le temps de se retirer dans l'ombre. Mais si vite qu'il eût effectué ce mouvement, Robin, qui avait l'oreille fine, perçut le bruit et se prit à tressaillir.

— Qui va là? dit-il d'une voix éclatante.

— Lemonnier s'avança en souriant.

— Ami! répondit-il.

Robin fronça le sourcil.

— Que faites-vous donc par ici? demanda-t-il brusquement.

— Dame, la nuit est belle, et j'ai si peu envie de dormir.

Robin ne répondit pas.

— Et vous-même, père Robin, poursuivit

Lemonnier, est-ce que vous n'avez pas envie de vous aller coucher?

— Oh! moi, fit le vieillard, il y a longtemps que je ne dors plus.

— Oui, oui, je sais, les Prussiens ont été cruels pour vous.

— Dites qu'ils ont été infâmes.

— On m'a raconté cela; mais quoi! ils sont les plus forts, et il faudra attendre quelque temps pour la revanche.

Un éclair sillonna le regard de l'aubergiste; mais, presque aussitôt, une pensée subite traversa son cerveau, et il se contint.

— Oui, vous avez raison, dit-il; il faut attendre! Eh bien, nous attendrons.

— Bonsoir, monsieur Robin.

— Bonsoir, monsieur.

— Décidément, je vais me mettre au lit.

— Et moi de même.

Les deux hommes se séparèrent.

Lemonnier ferma sa fenêtre avec bruit, souffla sa chandelle qui était restée allumée, et, au lieu de se mettre au lit, il prêta l'oreille et attendit.

Minuit sonna bientôt à l'horloge du village.

Comme le douzième coup finissait de vibrer dans l'air, un bruit se fit entendre dans la cour. Lemonnier y regarda. Il ne s'était pas trompé. C'était le père Robin.

Le vieillard avait son fusil sous le bras.

Il traversa la cour avec mille précautions, pour ne donner l'éveil à personne, franchit la porte qui donnait sur la campagne, et disparut enfin aux yeux de l'agent.

— Où diable peut-il bien aller à cette heure? murmura ce dernier fort intrigué.

Puis, tout à coup, il se frappa le front.

— Pardieu! ajouta-il, comme éclairé d'une idée subite, si cela était, la question se trouverait bien simplifiée et le Robert n'aurait qu'à bien se tenir. Il faut voir!

### La nuit fatale

Et il sortit de la chambre et ne tarda pas à quitter l'auberge dans la direction qu'avait prise Robin.

La nuit que passèrent les hôtes de la voiture ambulante fut pleine d'inquiétudes et de péripéties des plus dramatiques.

Il faisait un temps fort doux. La lune s'était levée, nous l'avons dit, et le Palot et Mathon quittèrent Jeanne et Robert, et allèrent chercher un abri pour s'y livrer au repos.

Toutefois ils ne s'éloignèrent pas de plus de quelques centaines de mètres.

Ils comprenaient, d'une part, qu'il était imprudent de s'exposer, en se rapprochant du bourg, à donner l'éveil aux anciens amis ou camarades qu'il pouvait y avoir; et, d'autre part, qu'il fallait veiller avec une étroite et constante sollicitude sur Robert Linley.

Les premières heures furent calmes.

Robert s'était jeté sur une natte tressée au fond de la voiture, et pendant que Jeanne allait et venait, en proie aux plus horribles tortures, il avait fini par s'endormir.

Cela dura jusqu'à une heure environ.

A ce moment, Robert fit un soubresaut et se dressa droit et effaré sur son séant.

Un coup de feu venait de retentir, celui qui avait tué le pauvre uhlan.

— Qu'est cela? fit Robert, ai-je rêvé? n'ai-je pas entendu?...

— Le bruit d'un coup de fusil, compléta Jeanne.

— Je n'ai pas rêvé, qu'est-ce que cela peut être?

Jeanne remua la tête.

— Quelque Prussien à l'affût! répondit-elle la gorge serrée, — car elle avait peur, elle aussi, — et il n'y a pas lieu de s'en préoccuper davantage.

— Tu crois?

— Tu peux reprendre ton sommeil interrompu.

L'explication était acceptable.

Robert le crut ainsi, et il allait reprendre sa position horizontale, quand un nouveau bruit se fit entendre.

— Encore! dit-il en se levant tout à fait.

Jeanne avait couru à la fenêtre.

— Qu'y a-t-il? demanda Robert.

— Attends.

— Tu vois quelque chose?

— Oui.

— Parle! parle!

— C'est le Palot... puis Mathon.

— Que font-ils?

— Ils viennent de ce côté.

— Ils sont poursuivis, peut-être?

— Je ne crois pas..

— Ah! que se passe-t-il?

La porte s'ouvrit.

Le Palot et Mathon venaient d'entrer.

— Eh bien! fit Robert, vous avez entendu comme nous? Que signifient ces deux coups de feu?

Mathon fronça le sourcil et fit un geste violent:

— Si j'ai bien vu, répondit-il d'une voix sourde, il y a là une mauvaise affaire pour nous.

— Qu'est-ce donc?

— C'est un double meurtre. Deux uhlans que l'on vient de décrocher sur les bords de la Marne.

— En es-tu sûr?

— Oh! parfaitement sûr, si l'on ne découvre pas le meurtrier, d'ici à demain, nous sommes exposés à passer un mauvais quart d'heure.

Robert réfléchit un moment:

— Ainsi nous pouvons être compromis? dit-il avec une anxiété haletante.

— Précisément!

— Arrêtés, peut-être?

— C'est probable!

— Mais alors il ne faut pas attendre; il faut partir à l'instant et nous soustraire à toute investigation.

Mathon fit un geste de refus.

— C'est le parti le plus imprudent que l'on puisse nous conseiller, répondit-il, et nous ne pourrions rien faire qui nous désignât mieux aux soupçons des Prussiens.

— Mais que faire alors?

— Rester!

— Malgré le danger?

— Malgré le danger!

Robert bondit vers Mathon.

— Non, non! s'écria-t-il, c'est impossible. D'ailleurs, je n'ai plus le sang-froid, ni la présence d'esprit nécessaires. S'ils viennent, je le sens, je me trahirai, je dirai qui je suis, je vous perdrai sans me sauver moi-même.

— Quelle est donc ton idée? fit Mathon.

— Partir.

— Nous abandonner! ·

— Vous me rejoindrez.

— Ah! je m'en doutais depuis quelque temps! répliqua l'ex-mineur d'un ton méprisant, et voilà bien les hommes qui nous poussent et auxquels nous obéissons bêtement. Quand le danger est loin, ils ont la parole impudente et le front haut, mais quand vient l'heure de la résolution, on ne trouve plus que des lâches.

— Mathon! fit Robert avec fureur.

— Des lâches! répéta le mineur, sans se laisser intimider.

Et il reprit presque aussitôt avec une sombre et implacable énergie.

— Mais il n'est plus temps, dit-il; tu es engagé dans une voie où nous ne sommes entrés que poussés par toi, et il faut que tu restes à nos côtés jusqu'au bout.

Jusqu'au bout, entends-tu bien ? cela veut dire jusqu'à la mort, et si tu bronches, si tu fais mine de nous lâcher ou de nous trahir, c'est à moi que tu auras affaire !

Et, en prononçant ces paroles, Mathon tira un revolver de sa poche et en dirigea les canons vers Robert.

Robert se rejeta en arrière.

— Ah ! tu me payeras ton insolence ! balbutia-t-il au paroxysme de la fureur.

— Je te payerai ce que tu voudras ! répliqua Mathon, mais je te répète que je ne te quitte plus et que, s'il nous arrive malheur de ton fait, c'est à toi seul que je m'en plaindrai... Règle ta conduite là-dessus.

Il y eut un silence profond à la suite de ce colloque.

Mathon s'éloigna tout en grommelant et alla s'asseoir au dehors sur le seuil.

Là il bourra sa pipe et ne dit plus mot.

Robert lui lança un regard farouche, et il eut besoin de toute sa force sur lui-même pour ne pas lui sauter à la gorge.

Mais il se contint.

Seulement, par un mouvement rapide comme la pensée, et pendant que Mathon, le dos tourné, observait avec attention la plaine, il ouvrit de nouveau le coffre placé sous le lit et en tira un revolver qu'il s'empressa de faire disparaître dans sa poche.

Auparavant, il s'était assuré qu'il était chargé.

Tout cela s'était passé avec une telle rapidité que Jeanne seule l'avait remarqué.

Je ne sais quelle pensée traversa alors son esprit, mais elle devint blême, comprima sa poitrine et adressa un regard suppliant à Robert.

Elle avait lu dans les yeux de ce dernier et avait compris son horrible projet.

— Ah ! Robert ! Robert, balbutia-t-elle à voix basse, que voulez-vous faire ?

— Silence ! fit ce dernier.

— Vous ne ferez point cela !

— Tais-toi, te dis-je.

— Mais c'est épouvantable. Même à cette heure où nous sommes menacés, où nous courons les plus grands dangers, vous songez à un nouveau crime !

— J'ai mon idée.

— Réfléchissez.

— C'est notre salut ! et puis cet homme m'est devenu odieux ; il m'a appelé lâche ! Peut-être veut-il nous livrer à nos ennemis, et j'ai un moyen sûr de l'en empêcher.

— Mon Dieu ! mon Dieu ! murmura Jeanne plus morte que vive.

— Encore une fois, silence ! interrompit Robert.

Et de ses mains il saisit le poignet de la malheureuse qu'il serra à le briser.

Jeanne se tut.

Le jour était venu tout à fait, et avec lui le mouvement recommençait à animer le paysage.

Mais ce n'était pas le mouvement des jours précédents.

Il était facile de remarquer, en effet, qu'il régnait une certaine animation inaccoutumée dans le bourg.

On allait, on venait, on formait des groupes.

De temps à autre passaient des uhlans lancés au galop, et au loin on voyait scintiller les baïonnettes des soldats de la landwehr.

Mathon regardait ce mouvement, ces allées et venues, ces baïonnettes, et à chaque instant son front se rembrunissait davantage.

Enfin il se leva.

Une sorte de grondement avait soulevé sa poitrine, et, l'œil ardent fixé sur l'auberge du *Cheval-Blanc*, il proféra un cri inarticulé.

— Qu'y a-t-il ? fit Jeanne.

— Ils viennent.

— Qui cela ?

— Les Prussiens.

— Mais ce n'est pas à nous qu'ils en veulent.

— Qui sait?

A ce moment, la tête de Palot parut derrière celle de Mathon.

— Oui! qui sait? tu as raison, approuva-t-il, car il est arrivé d'étranges choses cette nuit.

— Quelles choses?

— Un double meurtre.

— Je m'en doutais.

— Des perquisitions s'effectuent en ce moment de tous côtés, et l'on ne va pas tarder à venir ici.

— Alors, tenons-nous bien! dit Mathon.

Et il fit quelques pas pour aller au-devant des Prussiens qui s'avançaient.

Mais, à ce moment même, Robert s'était porté en avant, par un mouvement spontané et presque involontaire, et comme s'il eût été sous l'empire d'une résolution subite, il serra la poignée du revolver qu'il venait d'armer, et en dirigea froidement le canon vers Mathon.

Le coup partit, et Mathon, frappé entre les deux épaules, roula sur le sol, en poussant un cri de douleur et de rage.

— Ah! le malheureux! il l'a tué, s'écria Jeanne épouvantée.

Mathon avait été atteint mortellement.

Son sang s'échappait en abondance de sa blessure et il se tordait dans les convulsions suprêmes de l'agonie. Toutefois, il eut encore la force de se traîner jusqu'à Robert, auquel il lança un regard chargé de haine farouche et altéré de vengeance.

— Robert! lui dit-il les mains crispées sur le sol que ses doigts labouraient avec fureur, assassin! lâche!... Ah! si je pouvais vivre assez pour me venger!

Robert haussa les épaules et sourit.

— Ils viennent, poursuivit Mathon, les entends-tu? Je leur dirai tout. Ils écouteront la voix d'un mourant, et toi! toi!...

— Moi! répondit Robert d'un ton incisif, et en se penchant vers le moribond, moi je leur dirai que c'est toi qui es le meurtrier des deux uhlans, et quand ils apprendront que je t'ai puni de ce double crime, ils n'auront plus aucune raison pour m'arrêter, et je serai libre, et je serai sauvé!

Mathon roulait des yeux hagards.

Il écoutait sans entendre; une pâleur livide s'était répandue sur ses traits; un voile sombre obscurcissait sa vue.

— Misérable! balbutia-t-il, c'est lui qui m'a poussé à la révolte et au crime. Ah! si j'avais su!... mais trop tard!

Je vais mourir... déjà... où suis-je? qui me parle? qui vient? Ah! Jeanne! Palot! mon Dieu!

Ce furent ses dernières paroles.

Sa poitrine s'était soulevée avec force, il avait jeté ses deux bras affolés devant lui, et sa tête était retombée lourdement à terre. Il était mort!

Au même moment, quelques soldats prussiens commandés par un officier, qu'accompagnait Lemonnier, se présentaient auprès de la voiture.

La vue du cadavre de Mathon les fit hésiter une seconde, puis le commandant s'adressa à Robert.

— Qu'est-ce que cela? demanda-t-il en français.

— Cet homme est l'assassin que vous cherchez, répondit Robert; cette nuit, il m'a quitté sans me prévenir, et ce matin, il est revenu me raconter audacieusement son crime... Alors, je n'ai pas été maître de moi, et je lui ai donné la mort.

Le commandant fit un signe de tête.

— Pas mal imaginé, observa Lemonnier, et j'avoue que je n'aurais pas trouvé celle-là. Seulement vous avez commis un crime en pure perte, M. Robert.

— Comment? fit ce dernier.

— Est-ce que par hasard vous ne m'auriez pas reconnu?

— Il me semble en effet.

— N'ayez pas l'air de chercher. Je m'appelle Lemonnier. J'appartiens à la police de sûreté, et c'est vous que je poursuis.

— Moi !

— Oui, vous, et vous devez comprendre que, si vous me voyez en ce moment, c'est que toutes mes précautions sont prises.

— Que voulez-vous dire ?

— Que vous ayez assassiné votre ami Mathon pour un motif ou pour un autre, cela ne me regarde pas ; mais je trouve enfin l'occasion de m'emparer de votre personne, et j'en profite.

— De quel droit ?

— De celui que me concède l'autorité prussienne.

— Sous quel prétexte ?

— Sous le prétexte que vous êtes un misérable assassin que je recherche depuis plusieurs années.

— Assassin !

— Vous avez déjà oublié l'hôtel de la rue du Rocher ?

— Je ne sais ce que vous voulez dire.

— Toutes les preuves sont entre mes mains. C'est pour un crime de droit commun que je vous arrête, et ce soir vous serez enfermé entre les quatre murs d'une prison.

Robert comprit qu'il était perdu.

Mais il était résolu à mourir, il ne voulait pas de la mort des criminels et de la fin terrible de l'échafaud. Il eut vite pris son parti.

Le revolver avec lequel il avait tué Mathon était encore dans sa main. Par un geste rapide et prompt, il en appliqua le canon sur sa tempe, et il allait lâcher la détente, quand Lemonnier le lui arracha brusquement et le jeta à terre.

— Tu appartiens au bourreau ! dit-il avec ironie, et tu n'échapperas pas à la mort infamante qui t'attend... Marche ! marche ! et n'oublie pas que je veille sur toi.

Robert ne répondit pas.

La petite troupe s'était mise en marche, et il s'apprêtait à la suivre, quand il sentit tout à coup une main serrer la sienne.

— Jeanne ! fit Robert.

La malheureuse femme lui glissa un flacon dans la main.

— Robert, murmura-t-elle, Robert, tu ne veux pas mourir sur l'échafaud, n'est-ce pas ? Eh bien ! prends ce flacon, bois le poison qu'il contient, et pardonne-moi cette preuve suprême d'amour que je t'apporte.

Robert fit un geste exalté, prit le flacon des mains de la jeune femme, et, avant qu'on eût pu s'opposer à son dessein, il en avait avalé le contenu.

— Merci ! merci ! s'écria-t-il, toi seul m'as aimé, à toi seule ma dernière pensée !

Il prit alors la tête de Jeanne dans ses mains et l'embrassa avec un transport fou.

C'est tout ce qu'il put faire.

Une minute plus tard, il tombait comme foudroyé aux pieds de Lemonnier.

FIN.

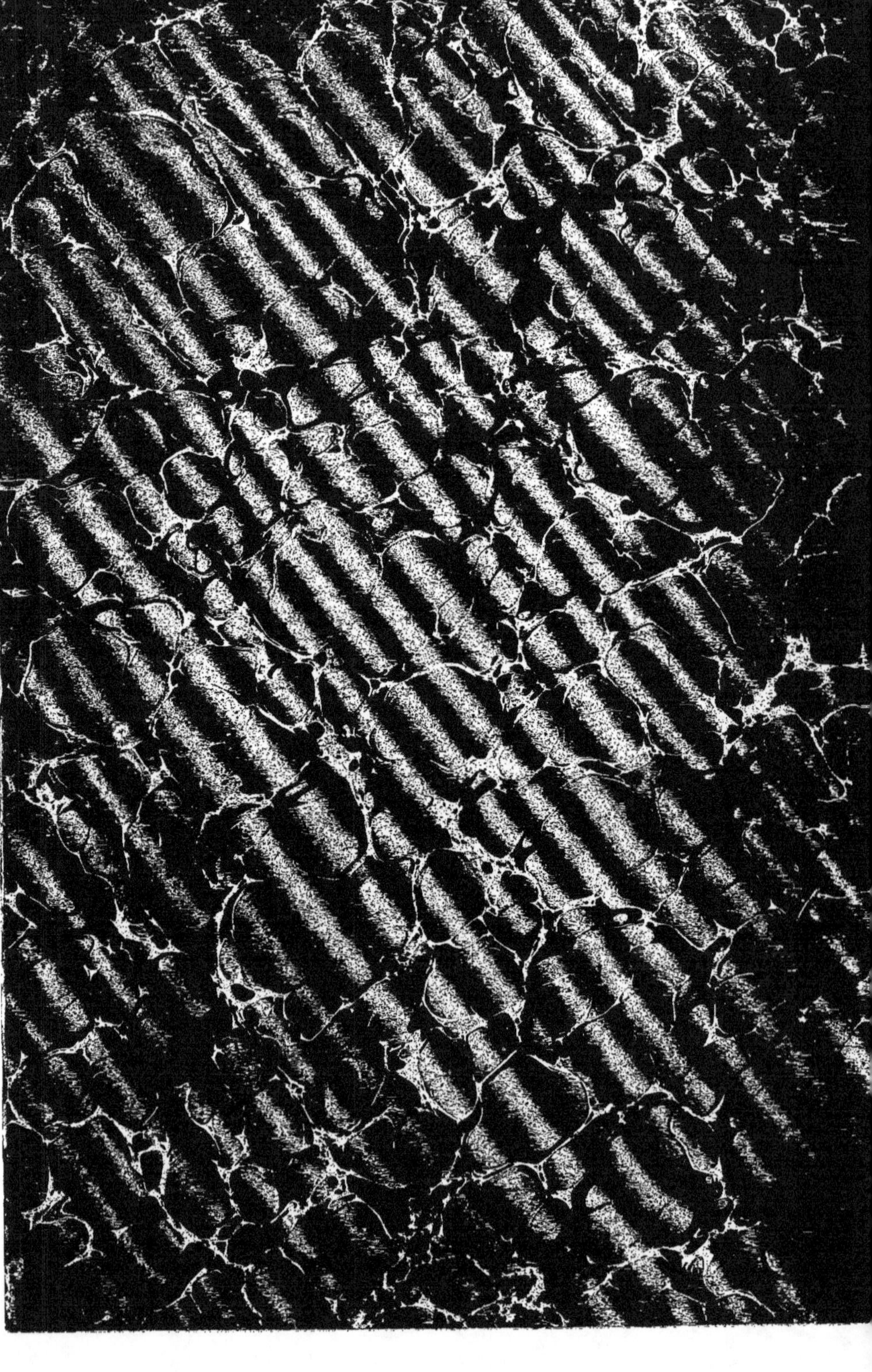

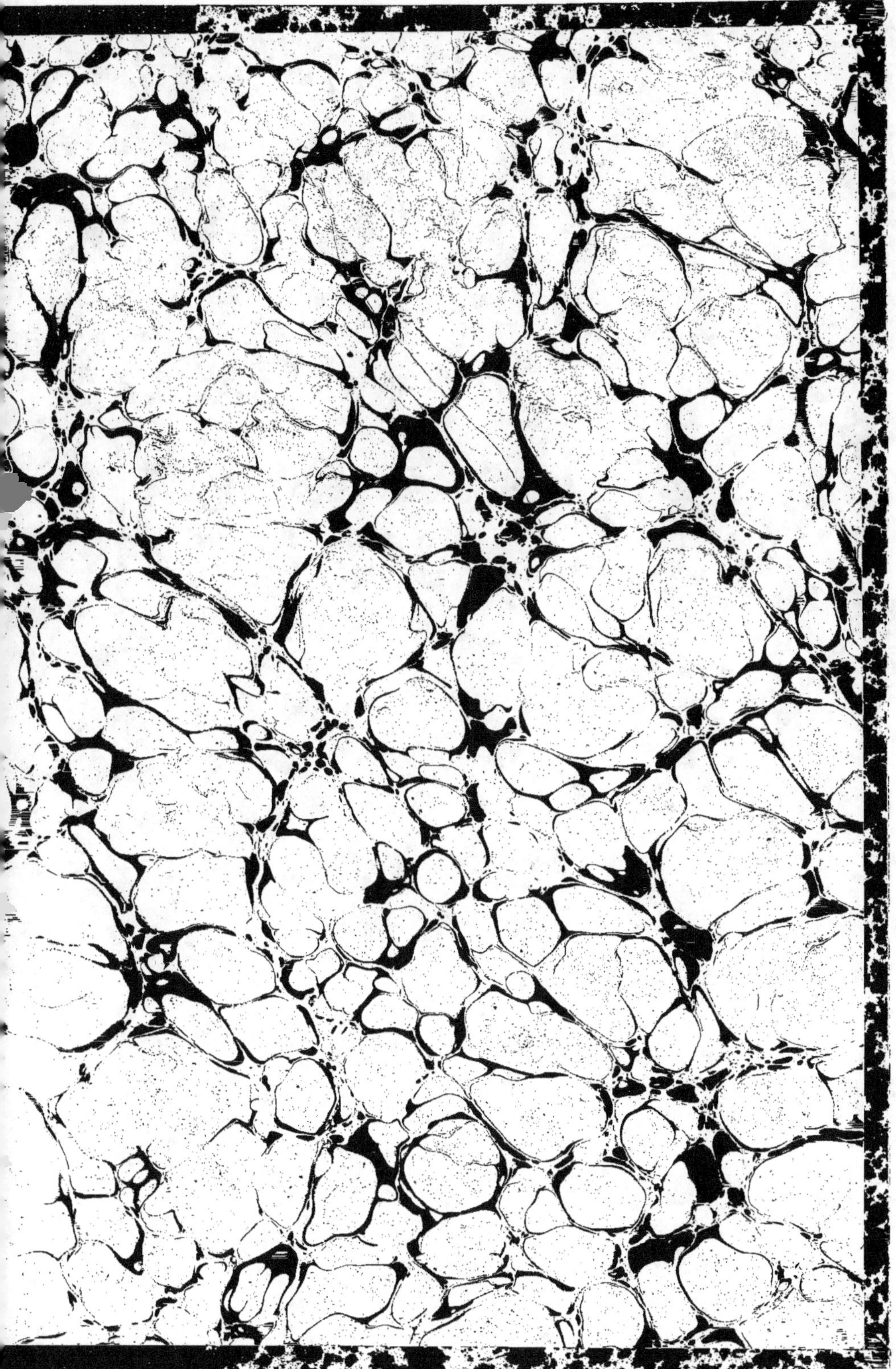

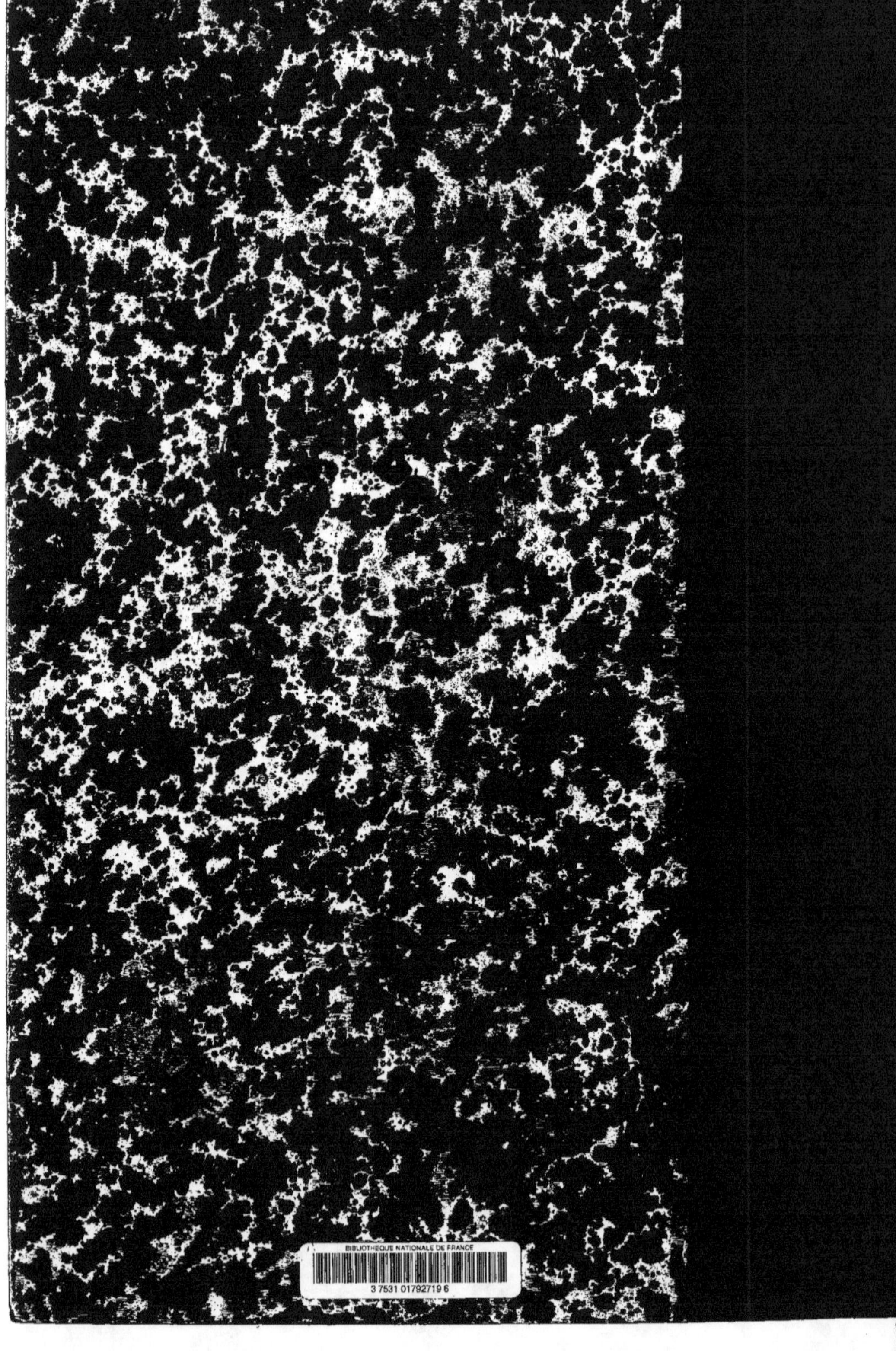